普通高等教育经管类专业"十三五"规划教材

# 现代企业管理

黄燕萍　王玫　主编
黄庆华　副主编

清华大学出版社
北　京

## 内 容 简 介

本书重点突出系统性、新颖性和实用性的特色，内容安排上体现专业、创新、适用的教学要求，重点讲解现代企业管理的基本概念、基本原理和基本方法，注重理论联系实际，强化训练学生分析和解决企业管理中实际问题的能力，致力于培养高层次应用型企业管理人才的创新精神和实践能力。

本书结合当前企业发展环境，对现代企业管理的研究和应用进行了深入研究。本书共计 13 章，重点阐述现代企业管理的基本理论、主体思想、管理职能及企业创新与国际化。各章章首设有学习目标与要求、导入案例，章末设有本章小结、思考题、案例分析和技能训练，书中还加入了多个阅读链接，包括前沿理论、管理故事和经典人物介绍等拓展内容。本书突出了企业管理理论与实践相互影响和相互促进的特点，可以帮助读者更好地掌握和吸收现代企业管理理论和方法。

本书可以作为经济管理类相关专业本科生的教材，也可以供相关领域研究生、企业界人士以及非管理类专业的学生阅读学习。

本书配套的电子课件、习题及参考答案可以到 http://www.tupwk.com.cn/downpage 网站下载，也可以通过扫描前言中的二维码进行下载。

本书封面贴有清华大学出版社防伪标签，无标签者不得销售。
版权所有，侵权必究。举报：010-62782989，beiqinquan@tup.tsinghua.edu.cn。

图书在版编目(CIP)数据

现代企业管理 / 黄燕萍，王玫 主编. 一北京：清华大学出版社，2020.5（2025.2重印）
普通高等教育经管类专业"十三五"规划教材
ISBN 978-7-302-53954-4

Ⅰ. ①现… Ⅱ. ①黄… ②王… Ⅲ. ①企业管理－高等学校－教材 Ⅳ. ①F272

中国版本图书馆 CIP 数据核字(2019)第 224298 号

责任编辑：胡辰浩
封面设计：周晓亮
版式设计：妙思品位
责任校对：成凤进
责任印制：丛怀宇

出版发行：清华大学出版社
网　　址：https://www.tup.com.cn，https://www.wqxuetang.com
地　　址：北京清华大学学研大厦 A 座　　　邮　编：100084
社 总 机：010-83470000　　　　　　　　　　邮　购：010-62786544
投稿与读者服务：010-62776969，c-service@tup.tsinghua.edu.cn
质 量 反 馈：010-62772015，zhiliang@tup.tsinghua.edu.cn

印 装 者：三河市铭诚印务有限公司
经　　销：全国新华书店
开　　本：185mm×260mm　　印　张：24　　字　数：660 千字
版　　次：2020 年 5 月第 1 版　　印　次：2025 年 2 月第 5 次印刷
印　　数：4001～4500
定　　价：78.00 元

产品编号：083778-01

# 前　言

简单来讲，企业管理就是对企业的生产经营进行组织、计划、指挥、监督和调节等一系列活动的总称。现代企业管理是一门应用性、综合性的学科，也就是说，它不是基础理论科学，而是指导管理实践的应用学科；它也不只限于某一领域、某一学科，而是涉及企业战略、生产、人力、物资等多个领域，综合运用经济科学、自然科学以及社会学、心理学、哲学等社会科学的成果而形成的多学科交叉的综合性学科。现代企业管理的内容覆盖了企业发展过程中的全部工作内容，包括战略管理、生产管理、财务管理、市场营销、人力资源管理、物流管理、企业文化建设等。当前，大数据时代的到来和中国梦的实现都要求重新定义企业的目标、使命和责任，新时代的发展要求我们在企业管理理论的基本逻辑框架下，重新审视企业经济管理的理论、方法、技巧与过程，深入分析企业发展的要素、环境与机理。为此，我们精心组织、编排和撰写了本书。

结构科学规范、内容精简扼要、紧扣时代发展背景是本书编写的基本原则。按照高等学校经济管理类专业规范、培养方案和课程大纲的要求，本书合理定位，由长期在教学第一线从事教学工作的教师编写，立足于21世纪经济管理类学科发展的需要，深入分析经济管理类专业本科学生的现状及存在的问题，探索经济管理类专业学生综合素质培养的途径。本书各章明确和细化了学习目的与要求，阐述了相关理论，增加了紧跟时代的导入案例，让读者带着任务和思考进行学习。部分章节补充了相关阅读链接，包括前沿理论、管理故事和经典人物介绍等拓展内容。本书共计13章，主要包括现代企业管理概述、现代企业管理职能、现代企业战略管理、现代企业管理制度、现代企业文化管理、现代企业生产与运作管理、现代企业质量管理、现代企业人力资源管理、现代企业财务管理、现代企业市场营销管理、现代企业物流管理、现代企业创新、现代国际企业管理。本书重点突出系统性、新颖性和实用性的特色，有助于提高学生的学习兴趣，启发和引导学生在学习中理论联系实际，升华知识为能力，给学生以企业管理理论与实践的全貌，有助于学生综合素质的提高。

本书由黄燕萍、王玫任主编，黄庆华任副主编，编写人员及其合作分工如下：黄燕萍编写第一章、第二章、第十章、第十一章和第十二章；王玫编写第三章、第五章、第七章、第八章和第九章；黄庆华编写第四章、第六章和第十三章。全书由刘自敏教授负责审稿工作。

本书的编写得到了清华大学出版社和西南大学经济管理学院等有关单位领导和同仁的指导与大力支持，在此深表感谢。在编写本书的过程中，编者借鉴了许多国内外公开出版与发表的有关专著、教材和论文，在此向相关作者表示衷心感谢！

虽然我们竭尽全力想编写出一本在体系、结构、内容上都有新意并响应时代精神的教材，但由于水平所限，书中可能存在错漏和不当之处，敬请广大读者和专家批评指正，以便不断修改和完善。我们的电话是 010-62796045，邮箱是 huchenhao@263.net。

本书配套的电子课件、习题及参考答案可以到 http://www.tupwk.com.cn/downpage 网站下载，也可以通过扫描下面的二维码进行下载。

编　者

2019 年 12 月

# 目 录

第一章 现代企业管理概述 ………………… 1
  第一节 企业概述 …………………………… 2
    一、企业的概念与特征 …………………… 2
    二、企业的类型 …………………………… 4
  第二节 管理与企业管理 …………………… 7
    一、管理的概念 …………………………… 7
    二、企业管理的概念与特征 ……………… 8
    三、企业管理者的任务和技能 …………… 9
  第三节 企业管理的基本原理 …………… 13
    一、系统原理 …………………………… 13
    二、分工原理 …………………………… 14
    三、效益原理 …………………………… 15
    四、弹性原理 …………………………… 16
    五、激励原理 …………………………… 17
    六、动态原理 …………………………… 17
    七、创新原理 …………………………… 17
  第四节 企业管理思想的形成与演变 …… 18
    一、古典管理理论 ……………………… 18
    二、行为管理理论 ……………………… 22
    三、现代管理理论 ……………………… 23
  【本章小结】 ……………………………… 25
  【思考题】 ………………………………… 26
  【案例分析】 ……………………………… 26
  【技能训练】 ……………………………… 27

第二章 现代企业管理职能 ……………… 29
  第一节 企业决策 ………………………… 30
    一、决策与决策理论 …………………… 30
    二、决策的过程 ………………………… 32
    三、决策的类型 ………………………… 34
  第二节 企业计划 ………………………… 35
    一、计划的含义 ………………………… 35
    二、计划的性质 ………………………… 36
    三、计划的分类 ………………………… 37
    四、计划的编制 ………………………… 38
  第三节 组织管理 ………………………… 40
    一、组织与组织结构 …………………… 40
    二、组织管理理论 ……………………… 44
  第四节 领导理论 ………………………… 46
    一、领导的含义与职能 ………………… 46
    二、领导理论概述 ……………………… 46
    三、激励与沟通 ………………………… 49
  第五节 企业控制管理 …………………… 54
    一、控制的概念和必要性 ……………… 54
    二、控制系统 …………………………… 55
    三、控制的基本过程 …………………… 55
  【本章小结】 ……………………………… 56
  【思考题】 ………………………………… 57
  【案例分析】 ……………………………… 57
  【技能训练】 ……………………………… 58

第三章 现代企业战略管理 ……………… 59
  第一节 企业战略与战略管理 …………… 60
    一、企业战略概述 ……………………… 60
    二、战略管理的概念及战略管理过程 … 64
    三、战略管理的本质 …………………… 65
  第二节 企业战略分析 …………………… 66

一、企业外部环境分析 ………………… 67
　　二、企业内部环境分析 ………………… 70
　　三、企业环境分析方法 ………………… 71
第三节　企业战略制定 …………………………… 73
　　一、企业战略制定的程序 ……………… 73
　　二、企业战略制定的方法 ……………… 75
第四节　企业战略实施 …………………………… 76
　　一、企业战略实施的主体及其职责 …… 76
　　二、企业战略实施的内容 ……………… 77
　　三、战略实施的模式 …………………… 78
第五节　企业战略控制 …………………………… 79
　　一、企业战略控制的概念 ……………… 79
　　二、企业战略控制的过程 ……………… 79
　　三、企业战略控制的方法 ……………… 80
【本章小结】 ……………………………………… 82
【思考题】 ………………………………………… 82
【案例分析】 ……………………………………… 83
【技能训练】 ……………………………………… 85

第四章　现代企业管理制度 ………………………… 87
第一节　现代企业制度概述 ……………………… 88
　　一、企业制度的含义及类型 …………… 88
　　二、现代企业制度的含义及特征 ……… 91
第二节　公司制企业 ……………………………… 94
　　一、公司的含义及特征 ………………… 94
　　二、公司的类型 ………………………… 95
第三节　公司治理结构 …………………………… 98
　　一、公司治理结构的定义 ……………… 98
　　二、公司治理结构的内容 ……………… 99
　　三、公司治理结构中各机构的权责界定 … 101
第四节　现代企业制度的环境保证 …………… 105
　　一、完善的市场体系 ………………… 105
　　二、健全的法律制度 ………………… 105
　　三、建立社会保障体系 ……………… 106
　　四、转变政府职能 …………………… 107
【本章小结】 …………………………………… 107
【思考题】 ……………………………………… 108

【案例分析】 …………………………………… 108
【技能训练】 …………………………………… 110

第五章　现代企业文化管理 ……………………… 111
第一节　企业文化概述 ………………………… 112
　　一、文化与企业文化的含义 ………… 112
　　二、企业文化的基本特征 …………… 113
第二节　企业文化理论的
　　　　产生与演变 ………………………… 115
　　一、企业文化理论产生的背景 ……… 115
　　二、企业文化理论的发展 …………… 116
第三节　企业文化的构成与功能 ……………… 117
　　一、企业文化的构成 ………………… 117
　　二、企业文化的功能 ………………… 121
第四节　企业文化构建 ………………………… 123
　　一、企业文化构建的原则 …………… 123
　　二、企业文化构建的关键环节 ……… 125
　　三、企业文化的设计技术 …………… 127
【本章小结】 …………………………………… 128
【思考题】 ……………………………………… 129
【案例分析】 …………………………………… 129
【技能训练】 …………………………………… 131

第六章　现代企业生产与运作管理 ……………… 133
第一节　生产与运作管理概述 ………………… 134
　　一、生产与运作管理的含义、
　　　　基本内容与目标 ………………… 134
　　二、生产与运作管理的类型 ………… 135
第二节　生产过程的组织 ……………………… 138
　　一、生产过程的概念和构成 ………… 138
　　二、合理组织生产过程的基本要求 … 139
　　三、生产过程的时间组织 …………… 139
　　四、生产过程的空间组织 …………… 141
第三节　生产与运作系统的设计 ……………… 143
　　一、选址 ……………………………… 143
　　二、设施布局 ………………………… 145
　　三、工作设计 ………………………… 146

第四节 生产运作计划与作业控制……149
  一、生产运作计划……………………149
  二、生产运作作业控制………………154
第五节 现代企业新型生产
       与管理方式………………156
  一、大量生产方式……………………156
  二、准时生产制………………………157
  三、看板管理…………………………159
  四、敏捷制造…………………………160
  五、6S管理……………………………162
【本章小结】……………………………163
【思考题】………………………………164
【案例分析】……………………………164
【技能训练】……………………………165

## 第七章 现代企业质量管理………167
第一节 质量管理概述…………………167
  一、质量的概念及其发展……………168
  二、质量管理的发展过程……………171
  三、全面质量管理……………………173
第二节 质量成本………………………184
  一、质量成本的定义…………………184
  二、质量成本的构成和分析…………184
  三、质量成本的控制和分析…………185
第三节 质量管理体系
       及ISO 9000族标准………186
  一、ISO 9000族标准的产生与发展…186
  二、ISO 9000族标准的主要内容……187
  三、推行ISO 9000族标准的作用……188
第四节 六西格玛管理…………………188
  一、六西格玛的兴起…………………188
  二、六西格玛组织……………………190
【本章小结】……………………………191
【思考题】………………………………191
【案例分析】……………………………192
【技能训练】……………………………194

## 第八章 现代企业人力资源管理……195
第一节 人力资源管理概述……………196
  一、人力资源…………………………196
  二、人力资源管理的定义与任务……197
第二节 人力资源规划…………………201
  一、人力资源规划的定义和内容……201
  二、人力资源规划的编制程序………202
  三、人力资源需求与供给预测………204
第三节 招聘与甄选……………………209
  一、人员招聘概述……………………209
  二、人员招聘的程序…………………210
  三、人员招聘的渠道…………………211
  四、人员甄选的办法…………………211
第四节 培训与开发……………………213
  一、培训与开发的意义………………213
  二、培训与开发的常用方法…………214
第五节 绩效考核与薪酬管理…………215
  一、绩效考核…………………………215
  二、薪酬管理…………………………217
【本章小结】……………………………220
【思考题】………………………………220
【案例分析】……………………………221
【技能训练】……………………………224

## 第九章 现代企业财务管理…………227
第一节 财务管理概述…………………227
  一、企业财务活动……………………228
  二、企业财务管理的原则……………228
  三、企业财务关系……………………229
  四、财务管理的特点…………………230
  五、财务管理的环境…………………231
第二节 资金筹集管理…………………233
  一、资金筹集管理概述………………233
  二、短期筹资方式……………………235
  三、长期筹资方式……………………237
  四、互联网金融下的新型融资方式…238
第三节 企业投资管理…………………239

一、企业投资的概念 ………………… 239
　　二、流动资产投资管理 ……………… 239
　　三、固定资产投资管理 ……………… 241
　　四、证券投资管理 …………………… 241
第四节　成本和利润管理 …………………… 243
　　一、成本与成本核算 ………………… 243
　　二、成本控制 ………………………… 244
第五节　企业财务分析和控制 ……………… 249
　　一、财务分析 ………………………… 249
　　二、财务控制 ………………………… 250
【本章小结】 ………………………………… 252
【思考题】 …………………………………… 252
【案例分析】 ………………………………… 253
【技能训练】 ………………………………… 254

第十章　现代企业市场营销管理 ……………… 257
第一节　市场营销概述 ……………………… 258
　　一、市场的概念 ……………………… 258
　　二、市场营销的概念 ………………… 259
　　三、市场营销学的形成及发展 ……… 259
第二节　消费者市场的
　　　　 购买行为分析 ……………………… 260
　　一、消费者购买行为模式 …………… 260
　　二、影响消费者购买行为的因素 …… 261
　　三、消费者购买行为的类型 ………… 262
　　四、消费者做出购买决策的过程 …… 263
　　五、市场营销机会分析 ……………… 265
第三节　市场营销战略 ……………………… 267
　　一、目标市场影响战略 ……………… 267
　　二、竞争性市场营销战略 …………… 271
第四节　市场营销策略 ……………………… 275
　　一、产品策略 ………………………… 275
　　二、定价策略 ………………………… 278
　　三、分销策略 ………………………… 280
　　四、促销策略 ………………………… 282
【本章小结】 ………………………………… 286
【思考题】 …………………………………… 286

【案例分析】 ………………………………… 287
【技能训练】 ………………………………… 287

第十一章　现代企业物流管理 ………………… 289
第一节　物流概述 …………………………… 290
　　一、物流的定义 ……………………… 290
　　二、物流管理的目标 ………………… 291
　　三、物流的作用与价值 ……………… 292
　　四、第三方物流与第四方物流 ……… 293
第二节　物流采购管理 ……………………… 297
　　一、采购管理的内容 ………………… 297
　　二、采购管理的过程 ………………… 298
第三节　物流运输管理 ……………………… 300
　　一、运输方式的分类 ………………… 300
　　二、运输的基本方式 ………………… 302
第四节　物流库存管理 ……………………… 304
　　一、库存管理的概念 ………………… 304
　　二、库存管理的方法 ………………… 304
第五节　物流配送管理 ……………………… 308
　　一、配送的定义与特点 ……………… 308
　　二、配送的模式 ……………………… 309
　　三、配送的业务流程 ………………… 311
【本章小结】 ………………………………… 312
【思考题】 …………………………………… 313
【案例分析】 ………………………………… 313
【技能训练】 ………………………………… 315

第十二章　现代企业创新 ……………………… 317
第一节　企业创新概述 ……………………… 318
　　一、创新的含义与特性 ……………… 318
　　二、创新的过程 ……………………… 319
　　三、创新与企业的可持续发展 ……… 321
　　四、企业创新的内容 ………………… 322
　　五、技术创新、管理创新及
　　　　制度创新之间的关系 …………… 324
第二节　企业技术创新 ……………………… 325
　　一、企业技术创新的含义 …………… 325
　　二、企业技术创新的内容 …………… 326

三、企业技术创新的过程……………327
四、企业技术创新战略……………329
第三节　企业制度创新……………332
一、企业制度创新概述……………332
二、制度创新的一般过程……………332
三、企业制度创新的内容……………333
第四节　企业管理创新……………335
一、管理创新的定义……………335
二、管理创新的特点……………335
三、管理创新的分类……………336
【本章小结】……………337
【思考题】……………338
【案例分析】……………338
【技能训练】……………340

第十三章　现代国际企业管理……………341
第一节　国际企业概述……………342
一、国际企业的相关概念……………342
二、企业国际化……………343
三、全球化进程中的企业国际化……………345

第二节　国际企业全球化战略模式
　　　　及其选择……………347
一、贸易型市场进入模式……………348
二、契约型市场进入模式……………348
三、投资型市场进入模式……………351
四、战略联盟进入模式……………353
五、市场进入模式的选择……………355
第三节　跨国公司经营管理……………357
一、企业全球化演变的路径……………357
二、跨国公司作为网络……………358
三、跨国公司作为网络之外的结构……………359
第四节　中国企业国际化经营……………359
一、中国企业国际化经营的特点……………360
二、中国企业国际化经营的问题和挑战……………360
三、中国企业国际化发展的战略选择……………362
【本章小结】……………365
【思考题】……………365
【案例分析】……………366
【技能训练】……………366

**参考文献**……………369

# 第一章

# 现代企业管理概述

【学习目标与要求】
- 正确理解企业、管理和企业管理的概念。
- 了解企业管理的特征。
- 掌握现代企业管理制度的内容。
- 了解企业管理思想的形成与演变过程。

【导入案例】

雀巢：践行社会责任，缔造美好生活

1866年，瑞士籍药剂师亨利·内斯特尔(Henri Nestle, nestle "幼鸟巢"之意)用一种由牛奶、麦粉和糖科学配比而制成的婴儿麦片粥，成功挽救了邻家婴儿的生命，雀巢公司由此诞生。

1868年，雀巢公司在巴黎、法兰克福、伦敦设立了销售点，雀巢的国际化进程迈出了第一步。

1938年，雀巢咖啡上市，随后雀巢柠檬茶也开始推向市场。

1947年，雀巢公司进入加速发展时期，推出了数十个新产品，并与包括瑞士美极公司在内的多家企业进行收购与合并，使公司的销售额从8.33亿瑞士法郎提高到13.4亿瑞士法郎。

1948年，速溶巧克力饮料雀巢巧伴伴(Nesquik)在美国研发成功并推向市场。

1974年，雀巢开始涉足食品以外的领域，并成为全球知名化妆品制造商欧莱雅的主要股东。

1981年，世界卫生大会通过《国际母乳代用品销售守则》。雀巢是第一家根据《国际母乳代用品销售守则》制定集团政策的公司。

1984年，雀巢公开募股30亿美元，收购美国食品巨头三花公司，这是当时食品行业历史上最大的一笔收购业务。

1991—1995年，雀巢开始重点开发中东欧地区和中国等市场的业务。

2005年，雀巢集团董事长包必达(Peter Brabeck)宣布雀巢开始从农产品加工商转型为具有附加价值的食品生产商，并致力于成为营养、健康与幸福生活领域众多产品和服务的提供商。

2007年，雀巢以55亿美元收购了美国著名婴幼儿食品生产商嘉宝公司。

2014年10月，国外著名食品网站Foodengineering公布了2014全球100大食品和饮料公司的排行榜单，其中，雀巢以721亿瑞士法郎的年销售额稳居榜首。

2015年，雀巢持续加大品牌支持力度，加速创新，并确保定价紧跟消费者需求。这一举措促进了企业销售额的增长，同时带来了效率的提升及结构成本的节省，从而提高了利润空间，使现金流更加充足。雀巢还加强了产品线管理，虽然产生了一些费用，但也得到了更好的机遇。

资料来源：胡茉. 欧洲企业管理经典案例解析[M]. 上海：上海交通大学出版社，2016.

**案例启示：**

如今，雀巢已发展成为最国际化的跨国集团之一，其销售额的98%来自瑞士本土以外的其他国家和地区，拥有适合当地市场与文化的丰富的产品系列。从家喻户晓的雀巢婴幼儿营养品、雀巢咖啡到宠物食品等，雀巢产品的销量在全球遥遥领先。雀巢严格采用注重利润增长和资源效率的"雀巢模式"，有条不紊地提升公司的业绩。是什么使雀巢成为世界领先的企业？这家老牌欧洲食品公司的发展历程及其不断创新的经营策略或许能告诉我们答案。

# 第一节 企业概述

## 一、企业的概念与特征

### (一) 企业的概念

企业一般是指从事生产、流通、服务等经济活动，通过产品或劳务交换满足社会需要从而取得利润，实行独立核算，进行自主经营，自负盈亏、自担风险的依法设立的经济组织。企业是国民经济的基本单位。

企业的概念主要包括以下四方面内容。

(1) 企业必须依法设立。企业的设立必须依照法律法规规定的程序。依法设立的企业具有法人资格。

(2) 企业是以赚取利润为目的的经济实体。企业的一切生产经营活动都是为了赚取利润，获得最好的经济效益。因此，企业不同于一般的事业单位或行政单位。

(3) 企业进行自主经营，实行独立核算，自负盈亏。企业具有自主决策权和独立的经济权益，单独计算成本费用，单独计算盈亏。

(4) 企业是国民经济的基本单位。国民经济包含各行各业，各行业中都有或大或小的企业，因此，企业是国家的基本经济单位，是国民经济的基础。企业生产力的高低、经济效益的好坏，对国民经济有直接的影响。

### (二) 企业的特征

#### 1. 企业的基本特征

1) 企业是一个经济组织

企业不同于政治组织、文化组织、军事组织、福利性机构等，也不同于个人，它的基本目标是在市场上获得经济利益，具体表现为企业为满足市场需求而从事多方面的活动，有工业和农业等生产性活动，也有商品或劳务的交换性活动。企业追求经济性就是要以尽可能少的投入来获得尽可能多的回报。

2) 企业是一个社会组织

企业是一个向社会全面开放的系统，企业的产、供、销的运作过程已不仅是经济问题，同时也是政治、法律、道德、社会等要素的综合体现。企业的经济活动必然受到自然环境、社会环境、政治环境等的制约和影响。企业会对社会发展、政治进步、文化繁荣产生重大影响。企业在追求利润的同时，还要承担一定的社会责任。企业发展面临诸多问题，如企业制度模式、企业创新及可持续发展方法、如何对待职工、如何对待社会等。

3) 企业是一个独立的商品生产经营者

企业除了具有独立法人的自主权利与责任所要求的自主行动之外，还应是一个自主经营系统。企业是产权关系明确，具有独立利益的资金运动实体。在市场活动中，企业是具有明确的收益与风险意识的利益主体，基于自身的利益进行独立的经营决策和市场选择，根据市场信号所提供的信息从事各类生产经营活动。

**2. 现代企业的特征**

现代企业是由领取薪水的高、中、基层经理人员所管理，是企业资产所有者和经营者相分离的多单位企业。现代企业是相对于传统企业而言的，传统企业是小规模的、由个人拥有和经营的单一单位企业。根据现代企业与传统企业的区别可以得出现代企业的四个特征。

1) 所有者与经营者相分离

现代企业是指具有现代企业制度、采用现代化大生产方式、从事大规模产销活动的经济组织，以公司制为主要形式，实行有限责任制度。实现有限责任制度的现代企业实现了将所有者的所有权与经营者的经营权相分离。

2) 拥有现代技术

技术作为第四生产要素，在企业运营过程中起着越来越重要的作用。现代企业生产要素的集合有别于传统企业。

$$传统企业生产要素=土地+劳动力+资本+技术$$
$$现代企业生产要素=(土地+劳动力+资本)×技术$$

现代企业将现代科学技术广泛应用于生产的全过程中，不仅把繁重的体力劳动交给了自动机械去做，而且把重复的脑力劳动也移交给了计算机，人们将侧重于从事创造性活动。

3) 拥有现代管理制度

现代企业内部生产社会化程度空前提高，使劳动分工更加细致，劳动协作更加严密，工作计划更加严谨。现代企业生产的自动化程度提高，要求有严格的计划性、比例性和节奏性，因而要求在精细分工的基础上实行更加科学的管理制度。现代企业管理是适应现代生产力发展的客观要求，运用科学的思想、组织、方法和手段，对企业的生产经营进行有效管理，创造最佳经济效益的过程。

4) 规模不断扩大

现代企业的成长过程就是企业进行规模扩张的过程。企业的规模扩张可以通过扩充其本身业务来实现，也可以通过对外实行并购或合并来实现。企业实现规模扩张的方式主要有三种：垂直型或纵向型扩张，即收购或合并在生产上或销售上有业务联系的企业；水平型或横向型扩张，即收购或合并生产同一产品或相近产品的同一产业内的其他企业；混合型扩张，即收购或合并在生产上或业务上彼此没有多大联系的企业。

## 二、企业的类型

### (一) 企业的法律形式

企业按照组织形式和财产责任方式的不同可分为独资企业、合伙企业和公司。根据企业的财产责任方式的不同而进行的分类是当今世界各国通行和公认的企业法律形式。

**1. 独资企业**

《中华人民共和国个人独资企业法》(以下简称《个人独资企业法》)第二条规定：本法所称个人独资企业，是指依照本法在中国境内设立，由一个自然人投资，财产为投资人个人所有，投资人以其个人财产对企业债务承担无限责任的经营实体。

个人独资企业一般规模较小，内部管理机构简单，其优点是建立和歇业的程序比较简单；产权能够比较自由地转让；经营者和所有者合二为一，经营方式灵活，决策迅速，利润独享，保密性强。其缺点是多数个人独资企业本身财力有限，偿债能力有限，取得贷款的能力较差，难以从事需要大量投资的大规模工商业活动。企业的生命力弱，如果业主无意经营或因健康状况不佳无力经营，企业的业务就要中断。

在市场经济体制下，这种形式的企业数量庞大，占企业总数的大部分，而且是最早出现的企业形式，但由于规模较小，发展能力有限，在社会经济中不占有支配地位。个人独资企业通常存在于零售商业、自由职业、个体农业等领域。

在我国，现代企业组织中的国有独资企业(公司)是有限责任公司形式的独资企业，是国家授权的投资机构或者国家授权的部门单独投资设立的有限责任公司。国有独资企业以公司的全部资产对公司的债务承担责任。国有独资企业的章程由国家授权的投资机构或国家授权的部门依照《中华人民共和国公司法》(以下简称《公司法》)制定，或者由董事会制定，报国家授权的投资机构或国家授权的部门批准。国有独资企业不设股东会，股东会的权力一般由董事会行使。一些重大问题，如公司的合并、分立、解散、增减资本和发行债券，必须由国家授权的投资机构或国家授权的部门决定。

**2. 合伙企业**

《中华人民共和国合伙企业法》(以下简称《合伙企业法》)第二条规定：合伙企业，是指依照本法在中国境内设立的由合伙人订立合伙协议，共同出资、合伙经营、共享收益、共担风险，并对合伙企业债务承担无限连带责任的营利性组织。

根据合伙人在合伙企业中享有的权利和承担的责任不同，可将其分为普通合伙人和有限合伙人。普通合伙人拥有参与管理和控制合伙企业的全部权利，对企业债务负有无限连带责任，其收益是不固定的。有限合伙人无参与企业管理和控制合伙企业的权利，对企业债务和民事侵权行为仅以出资额为限，负有限责任，根据合伙契约中的规定分享企业收益。由普通合伙人与有限合伙人共同组成的企业为有限合伙企业。

**3. 公司**

《公司法》第二条和第三条规定：我国的公司是指股东依照本法的规定、以出资方式设立、股东以其出资额或所持股份为限对公司承担责任、公司以其全部资产对公司债务承担责任的企业法人。

最早的公司出现在三百多年前，目前已形成了各种类型的公司。如果按公司责任关系划分，公司可分为无限责任公司、有限责任公司、股份有限公司等。本书第四章现代企业管理制度将从企业制度的角度详细介绍独资企业、合伙企业和公司的特点及优缺点。

### (二) 企业的其他形式

**1. 按经济部门的类型划分**

(1) 农业企业。农业企业是指从事农、林、牧、副、渔等生产经营活动的企业。农业企业主要以动植物和微生物为劳动对象，以土地为基本生产资料，应用现代化技术装备和生产工具，培育植物和饲养动物，生产满足人们需要的产品。

(2) 工业企业。工业企业是指以机械或机器体系作为劳动手段，采掘自然资源和对工业品、农业品原料进行加工、经营等活动的企业。工业企业主要包括冶金企业、电力企业、燃料企业、化工企业、机械制作企业、食品加工企业、纺织企业、造纸企业及文化用品生产企业等。

(3) 商业企业。商业企业是指专门从事商品和劳务流通的商业贸易企业与服务企业。商业企业通过商品的购销活动，把商品从生产领域转到消费领域。

(4) 金融企业。金融企业是指专门经营货币和信用业务的企业，其业务范围包括吸收存款、发放贷款、发行有价证券，从事保险、投资、信托业务，发行信用流通工具，办理货币支付、转账结算、国内外汇兑业务，经营黄金、白银、外汇交易等，以及提供其他金融服务等。

(5) 物流企业。物流企业是指从事物流活动的经济组织，至少从事运输(含运输代理、货物快递)或仓储中的一种经营业务，并能够按照客户的物流需求对运输、储存、装卸、包装、流通加工、配送等基本活动进行组织和管理，具有与自身业务相适应的信息管理系统。

(6) 旅游企业。旅游企业是指以旅游资源、服务设施为条件，向旅客提供劳务的服务性企业。

(7) 邮电通信企业。邮电通信企业是指通过邮政和电信，传递信息、办理通信业务的企业。

(8) 房地产企业。房地产企业是指从事房地产综合开发、经营或中介服务等活动的企业。具体可划分为房地产开发企业、房地产经营租赁企业、物业管理企业及中介服务机构。

**2. 按企业生产规模划分**

按企业生产规模划分，企业可分为超大型企业、大型企业、中型企业和小型企业。衡量企业生产规模的标准有企业的生产能力、固定资产原值、职工人数、总投资或注册资本、销售收入等，不同的工业部门有不同的分类标准。例如汽车行业一般以生产能力的大小即汽车的年产量作为划分标准，而综合经营的公司一般以年销售收入作为划分标准。规模不同的企业，其内部组织结构、运行方式以及在市场竞争中所占的优劣势地位各不相同，对经营者素质的要求也不同。另外，以企业生产规模为标准进行划分也为企业确立了合理的经济规模划分标准，为获得规模经济效益创造了条件。

### 3. 按财产所有制性质划分

(1) 国有企业。国有企业也称全民所有制企业，其全部生产资料和劳动成果归全体劳动者所有，或归代表全体劳动者利益的国家所有。在计划经济体制下，国有企业全部由国家直接经营。

(2) 集体企业。集体企业即集体所有制企业。在集体企业里，企业的全部生产资料和劳动成果归一定范围内的劳动者共同所有。

(3) 私营企业。私营企业是指企业全部资产属私人所有的企业。《中华人民共和国私营企业暂行条例》(以下简称《私营企业暂行条例》)规定：私营企业是指企业资产属于私人所有，雇工 8 人以上的营利性经济组织。

(4) 混合所有制企业。混合所有制企业是指具有两种或两种以上所有制经济成分的企业，如中外合资经营企业、中外合作经营企业、国内具有多种经济成分的股份制企业等。

(5) 中外合作经营企业。中外合作经营企业是指由外国企业、个人或其他经济组织与我国企业或其他经济组织共同投资或提供合作条件在中国境内共同创办，以合作形式规定双方权利和义务关系的企业。中外合作经营企业可具备中国法人资格，也可不具备。中外合作经营企业的合作双方依照合同的约定进行收益或产品的分配，承担风险和亏损，并可依合同的规定收回投资。

### 4. 按资源密集程度划分

(1) 劳动密集型企业。劳动密集型企业是指使用劳动力较多，技术装备程度低，人工工资支出在产品成本中所占比重较大的企业，如服装、皮革、日用小五金、工艺美术等行业的企业。

(2) 知识技术密集型企业。知识技术密集型企业是指综合运用现代先进的科学技术成果的企业，具有高效益、高智力、高投入、使用人力少、物资消耗小等特点，如电子计算机、飞机及宇宙航空工业、大型集成电路、生物工程、新材料、新能源、技术和管理咨询服务等行业的企业。

(3) 资金密集型企业。资金密集型企业是指单位产品所需要的投资额大，技术装备程度高并且比较复杂，用人相对较少的企业，如钢铁企业、重型机器制造企业、汽车制造企业、石油化工企业等。

---

**阅读链接 1-1**

**世界各国或地区中小企业划分标准**

美国：雇员人数不超过 500 人。

英国：小制造业，从业人员在 200 人以下；小建筑业、矿业，从业人员在 25 人以下；小零售业，年销售收入在 18.5 英镑以下；小批发业，年销售收入在 73 万英镑以下。

欧盟：雇员少于 250 人，年营业额不超过 4000 万欧元，或者年资产负债表总额不超过 2700 万欧元，并且不被一个或者若干企业(本身不是中小企业)拥有该企业的 25%或者更多的资本或投票权的，都属于中小企业。

日本：制造业，从业人员 300 人以下或资本额 3 亿日元以下；批发业，从业人员 100 人以下或资本额 1 亿日元以下；零售业，从业人员 50 人以下或资本额 5000 万日元以下；服务业，从业人员 100 人以下或资本额 5000 万日元以下。

# 第二节 管理与企业管理

## 一、管理的概念

福莱特曾对"管理"做出经典定义："管理是指通过他人来完成工作的艺术"。这一定义将管理视为艺术，强调人的因素在管理中的重要性。下面援引有代表性的定义，据此给出本书的定义。

"科学管理之父"弗雷德里克·泰勒(Frederick Winslow Taylor) 认为："管理就是确切地知道你要别人干什么，并使他用最好的方法去干。"在泰勒看来，管理就是指挥他人用最好的办法去工作。

诺贝尔奖获得者赫伯特·西蒙(Herbert A. Simon) 对管理的定义是："管理就是制定决策。"

彼得·德鲁克( Peter F. Drucker )认为："管理是一种工作，它有自己的技巧、工具和方法；管理是一种器官，是赋予组织以生命的、能动的、动态的器官；管理是一门科学，一种系统化的并到处适用的知识；同时，管理也是一种文化。"

亨利·法约尔(Henri Fayol) 在其名著《工业管理与一般管理》中给出管理的概念，对西方管理理论的发展具有重大的影响力。法约尔认为，管理是所有的人类组织都有的一种活动，这种活动由五项要素组成：计划、组织、指挥、协调和控制。法约尔对管理的看法颇受后人的推崇与肯定，形成了管理过程学派。孔茨(Koontz)是"二战"后这一学派的继承与发扬人，使该学派风靡全球。

斯蒂芬·罗宾斯对管理的定义是："所谓管理，是指同别人一起，或通过别人使活动完成得更有效的过程。"

综上所述，本书认为，管理是指通过计划、组织、领导、控制等职能活动，合理整合、分配、协调资源，来实现组织目标的过程。

### 阅读链接 1-2

**亚当·斯密和劳动分工**

最早的管理学思想可以追溯到亚当·斯密(Adam Smith)在 1776 年的《国富论》中提出的劳动分工。他在书中举了这样一个例子：

一个劳动者，如果没有受过职业训练，又不知怎样使用专门的机械，那么纵使竭力工作，也许一天也制造不出一枚针，要做 20 枚，当然是不可能的了。但如果按照现在的经营方法，这种作业被分成若干操作步骤，每个步骤的操作人彼此协作，一个人抽铁线，一个人拉直，一个人切截，一个人削尖铁线的一端，一个人磨另一端，以便装上圆头。要做圆头，就需要有两三种不同的操作。装圆头，涂白色，乃至包装，都由专门的人操作。这样，将针的制造分为 18 个操作步骤。有些工厂，这 18 个操作步骤分别由 18 个专门的工人完成。我见过一个这样小工厂，只雇用 10 个工人，因此在这个工厂中，一个工人负责两三个操作步骤。这样一个机械设备很简陋的小工厂，如果工人们勤勉努力，一日能做出 12 磅重的针。以每磅针有 4000 枚计，这 10 个工人每日就可制成 48 000 枚针，即一人一日可制成 4800 枚针。如果他们各自独立工作，不专习一种技能，那么无论是谁，绝对不能一日制造 20 枚针，说不定一天连一枚针也制造不出来。

就制造业来说，许多工作不能进行如此细密的分工，其操作也比较复杂，但分工的效果是一样的。凡能采用分工制的工艺，一经采用分工制，便能相应地提高劳动生产率。

有了分工，同样数量的劳动者能完成比过去多得多的工作量，其原因有三个：第一，劳动者的技巧因业专而日进；第二，由一种工作转到另一种工作，通常会损失不少时间，分工可以避免这种损失；第三，许多简化劳动和缩减劳动的机械发明，使一个人能够完成许多人的工作。

资料来源：李道芳，姚和平. 企业管理概论[M]. 北京：高等教育出版社，2014.

## 二、企业管理的概念与特征

### (一) 企业管理的概念

企业管理是社会化大生产发展的客观要求和必然产物，是由人们从事交换过程中的共同劳动所引起的。在社会生产发展的一定阶段，一切规模较大的共同劳动都或多或少地需要指挥，以协调个人的活动。通过对整个劳动过程的监督和调节，使个体的劳动服从生产总体的要求，以保证整个劳动过程按人们预定的目标正常进行。尤其是在科学技术高度发达、产品日新月异、市场瞬息万变的现代社会中，企业管理就显得愈加重要。

有学者认为，企业管理就是由企业经理人员或经理机构对企业的经济活动过程进行计划、组织、领导、控制和创新，以提高经济效益，实现营利这一目标的活动总称。也有人认为，企业管理就是由企业的经营者和职工，按照客观规律，对企业的生产经营活动进行计划、组织、领导、控制和创新，以适应企业外部环境的变化，充分利用各种资源，调整企业内部管理机构，提高企业和社会经济效益的活动。

本书对企业管理的定义为：企业管理就是在一定的生产方式和文化背景下，由企业的高管人员或管理机构按照一定的原理、原则和方法，对企业的人、财、物、信息和技术等生产要素进行计划、组织、领导、控制和创新，以提高经济效益，实现经营目标的活动总称。

### (二) 企业管理的特征

#### 1. 企业管理是一种文化现象和社会现象

社会现象的存在必须具备两个条件，即两个人以上的集体活动和一致认可的目标。在人类社会的生产活动中，多人组织起来分工完成的活动都会达到个人活动所不能达到的效果。只要是多人共同活动，都需要通过确定目标、制订计划等来获得协作的好处，这就需要管理。因此，管理活动存在于组织活动中，或者说管理的载体是组织。

组织的类型、形式或规模可能千差万别，但都含有五个基本要素，即人、物、信息、机构和目的。外部环境对组织的效果与效率有很大影响，外部环境一般包含八个要素：行业，原材料供应，财政资源，产品市场，技术，经济形势，政治状况及国家法律、规章、条例，社会文化。一般来说，组织内部要素是可以控制的，组织外部要素包括可以控制的要素(如产品市场)和不可控制的要素(如国家政策)。

#### 2. 企业管理的主体是管理者

既然管理是让别人和自己一起实现既定目标，管理者就要对管理的效果负重要责任。管理者的第一责任是管理一个组织，管理者的第二责任是管理管理者，管理者的第三责任是管理工作和工人。

企业管理者在企业生产活动中处于领导地位，具有特殊和重要的作用，他们独立于企业的资本所有者之外，自主地从事企业经营活动，是企业的最高决策者和各项经营活动的统一领导者。

### 3. 现代企业管理追求多目标的经营管理理念

现代企业管理主张利用集体的智慧，强调创新，注重激发员工的潜在智能，在管理中引进数量分析的方法，使决策更具合理性。现代企业走上"多目标"经营之道的原因有四个：一是为满足顾客的需求。经济发展，国民生活水平提高，顾客对产品的需求越来越多样化，企业为满足顾客越来越复杂的需求，争相走上多样化经营之道。二是为适应激烈的市场竞争。产品的生命周期缩短，单一产品容易被淘汰，企业唯有走上多目标的经营之道才可求得企业的持续生存。三是企业的内部经济原理。多目标经营不仅可以在原料的采购上得到某些方面的利益，而且可充分利用副产品与废料。四是由于科技不断革新，企业重视研究，其结果是不断地有新产品出现。

### 4. 管理的核心是处理好人际关系

人既是管理的主体又是管理的客体，在大多数情况下，管理就是和人打交道。管理的目的是实现多人共同完成目标，因此，管理者一定要处理好人际关系。

## 三、企业管理者的任务和技能

### (一) 管理者的含义

管理者是指组织中指挥他人活动的人，或对他人的工作负有责任的人。管理者是通过管理他人来完成工作，他们做出决策、分配资源、指导别人的活动从而实现工作目标。

根据管理者在组织中的层次可以分为基层管理者、中层管理者和高层管理者。

#### 1. 基层管理者

基层管理者又称一线管理者，具体指工厂里的班组长、小组长等。他们的主要职责是传达上级计划、指示，直接分配每一个成员的生产任务或工作任务，随时协调下属的活动，控制工作进度，解答下属提出的问题，反映下属的要求。基层管理者工作质量的好坏直接关系到组织计划的落实和目标的实现。所以，基层管理者在组织中有着十分重要的作用。一般来说，对基层管理者的技术操作能力及驭下能力要求较高，但并不要求其拥有统筹全局的能力。

#### 2. 中层管理者

中层管理者处于企业组织架构中的中层位置，在决策层与执行层中间承担桥梁的作用，是企业中重要的中枢系统。中层管理者将决定企业能否健康、持续发展。

中层管理者的具体身份是比较复杂的：在人事关系方面，中层管理者在上级面前是命令的执行者，在下级面前是企业形象的代表，受上司的委托管理某一部门，与其他中层管理者互相配合，完成上级布置的任务；在企业决策方面，中层管理者是情报的提供者和支持者，是企业文化的传播者和建设者。

#### 3. 高层管理者

高层管理者位于企业组织架构的最高层，需要对整个组织负责。他们一般具有如下职位或称呼：总裁、董事长、执行总裁和首席执行官等。高层管理者负责确定组织目标，制定实现既定目标的战略，监督、解释外部环境状况，以及对影响整个组织的问题进行决策。他们需要考虑长远问题，需要关心一般环境的发展趋势和组织总体的成功。在高层管理者的所有职责中，最重要的责任是沟通组织的共同远景，塑造企业文化和培育各方面的专业人才，并使企业适应快速变化的社会环境。高层管理者必须了解、培育和运用每个员工的独特知识与技能，并建立合理的薪酬和奖罚制度，从而用科学、有效的方法帮助企业快速实现任务和目标。

### (二) 管理者的任务

管理者在实施管理职能时，在人际关系、信息传递和决策三方面扮演了重要的角色。20世纪60年代后期，亨利·明茨伯格对五位高级主管进行了认真的现场观察与研究。他认为，管理者在实际工作中扮演人际关系、信息传递、决策三方面的10种不同角色。

#### 1. 人际关系方面

1) 挂名首脑角色

挂名首脑角色是管理者所担任的最基本的角色。由于管理者是组织正式的权威代表，是一个组织的象征，因此要履行挂名首脑的职责。作为组织的首脑，管理者要主持一些仪式、接待重要的访客、参加某些职员的婚礼、与重要客户共进午餐等。很多职责可能仅仅是日常事务，却对组织能否顺利运转起着非常重要的作用，不能被忽视。

2) 领导者角色

管理者是一个企业的正式领导，要对该组织成员的工作负责，此时管理者扮演的就是领导者角色。管理者通常负责雇用和培训职员，负责对员工进行激励或者引导，以某种方式使他们的个人需求与组织目的达到和谐。在领导者的角色里，正式的权力赋予了管理者强大的潜在影响力。

3) 联络者角色

管理者要与他所领导的组织以外的无数个人或团体维持重要的关系网络，此时管理者扮演的就是联络者角色。通过对管理工作的研究发现，管理者花费在同事和单位之外的其他人身上的时间与花费在自己下属身上的时间一样多。这样的联络通常都是通过参加组织外部的各种会议，参加各种公共活动和社会活动来实现的。实际上，管理者利用联络者角色建立了管理者自己的外部信息系统，这个外部信息系统是非正式的、私人的，但却是有效的。

#### 2. 信息传递方面

1) 监控者角色

管理者为了得到信息而不断审视自己所处的环境，此时管理者扮演的就是监控者角色。他们询问联系人和下属，通过各种内部事务、外部事情和分析报告等主动收集信息。扮演监控者角色的管理者所收集的信息很多都是口头形式的，通常是传闻和流言，当然也有一些是董事会的意见或社会机构的质问等。

2) 信息传播者角色

作为信息传播者，管理者必须分享并分配在外部收集到的信息，把外部信息传递到企业内部，把内部信息传播给更多的人知道。当下属彼此之间缺乏便利联系时，管理者有时会需要分别向他们传递信息。

3) 发言人角色

发言人角色是面向组织外部的。扮演发言人角色时，管理者作为组织的权威，要求对外传递关于本组织的计划、政策和成果信息,使那些对企业有重大影响的人能够了解企业的经营状况。例如,首席执行官可能要花费大量时间与对企业有影响的人周旋,要向董事会和股东报告财务状况,还要履行组织的社会责任等。

### 3. 决策方面

1) 企业家角色

管理者在其职权范围之内充当本组织变革的发起者和设计者,此时管理者扮演的就是企业家角色。管理者必须努力组织资源去适应周围环境的变化,要善于寻找和发现新的机会。作为企业家,当出现一个好项目时,管理者要么直接监督项目的进展,要么把它委派给一个雇员进行运作。

2) 危机处理者角色

企业家角色把管理者描述为变革的发起人,而危机处理者角色则说明管理者是非自愿地回应压力。作为危机处理者,管理者需要能够控制迫在眉睫的罢工,处理某个主要客户的破产或某个供应商违背了合同等变化。危机大多是一些突发的紧急事件,因此在危机的处理中,时机是非常重要的。实际上,因为没有组织能够事先考虑到每个偶发事件,所以每位管理者都要花大量时间处理突发事件。

3) 资源分配者角色

作为资源分配者,管理者负责在组织内分配责任,他所分配的最重要的资源就是他的时间。更重要的是,管理者的时间安排决定着组织利益。管理者还负责设计组织的架构,即决定分工和协调工作,分配下属的工作。重要决策在被执行之前,首先要获得管理者的批准,这能确保决策是互相关联的。

4) 谈判者角色

组织要不停地进行各种重大的、非正式化的谈判,这多半由管理者带领进行,此时管理者扮演的就是谈判者角色。对各个层次的管理工作进行的研究显示,管理者花了相当多的时间用于谈判。一方面,因为管理者的参加能够增加谈判的可靠性;另一方面,因为管理者有足够的权力来支配各种资源并迅速做出决定。谈判是管理者不可推卸的工作职责,而且是其工作的主要部分。

### (三) 管理者的技能

管理学者 R. I. 卡兹在《哈佛商业评论》中发表了一篇名为《能干的管理人员应具有的技能》的论文,指出管理者需要具备三种基本技能,即技术技能、人文技能和构想技能。后来,管理学家孔茨和韦里奇在卡兹观点的基础上又补充了一种设计技能。另一位管理学者格里芬又增加了诊断和分析两项技能。

### 1. 技术技能

技术技能是指对某一项特殊活动(尤其是包含方法、过程、程序或技术的技能)的理解和熟练度,包括在工作中运用知识、工具或技巧的能力。

### 2. 人文技能

人文技能又称人际关系技能、人事技能,是指一个人能够以群体成员的身份有效工作,并在所领导的群体中发扬协作精神的能力。简而言之,即理解、激励、与他人融洽相处的能力。这项技能不仅要求管理者要善解人意,而且能创造一种使下级感到安全并能自由发表意见的氛围。

### 3. 构想技能

构想技能又称思想技能或观念技能，是指把组织看成一个整体的能力，包括识别一个组织中彼此相互依赖的各种职能，部分的改变如何影响其他各部分，并进而设想个别企业与整个产业、社团间以及与宏观环境中的政治、社会和经济力量间的总体关系。管理者应能胸怀全局，认清形势，评价各种机会并决定如何采取行动。

尽管上述三种技能对各个层次的管理者来说都是重要的，但其相对重要性则取决于管理者在组织中所处的管理层次。

技术技能对于一线管理人员而言是至关重要的，随着管理者职位的提升，对技术技能的要求逐渐下降，高层管理人员对技术技能的要求最低。尽管许多高级经理人员都有一定的技术背景，但和一线管理人员不同，他们很少需要在日常工作中运用具体的技术技能。例如，有的公司总裁自己也是一位训练有素的工程师，但他不必自行设计机器。然而，许多公司的最高领导往往因为具有相当高的技术技能而受下属的尊敬。

人文技能对各级管理人员都很重要。有一项研究表明，人文技能对于领班一级的管理者极为重要，领班作为基层的行政管理者，其主要职责就是取得生产小组成员的合作。

职位越高，越需要构想技能。在组织的最高层，构想技能是所有成功的行政管理者最重要的技能。一个行政管理者可能在技术技能和人文技能上有所欠缺，但只要他的下级在这方面较强，他仍可以成为一个成功的行政管理者。但是，如果他的构想技能不强，则将危及整个组织。

### 4. 设计技能

设计技能是指采取对组织有利的方法解决问题的能力。一个有效的管理者，特别是组织的高层管理者，不仅要善于发现问题，而且要能够根据实际条件找出解决问题的方法。管理者如果仅能看到问题，就成了"问题观察家"。所以，有效的管理者必须能够面对现实，设计出解决问题的切实可行的办法。

### 5. 诊断技能和分析技能

诊断技能是指管理者根据组织出现的症状来诊断问题，通过表象分析问题实质的能力。分析技能类似于思想技能，是对诊断技能的补充，是管理者在某一形势下鉴别关键变量的能力，分析它们之间的相互关系，并找出最值得关注的因素。诊断技能可以使管理者理解并认识所处的形势，而分析技能则可以使管理者做出在该形势下如何行动的决策。分析技能与进行决策的技能很相似，但分析技能不涉及实质性的决定。

## 阅读链接 1-3

### 烟囱的故事

有位客人到某人家里做客，看见主人家灶上的烟囱是直的，旁边又有很多木柴。客人告诉主人说，烟囱要改弯，木柴须移去，否则将来可能会有火灾。主人听了没有做任何表示。不久，主人家里果然失火，四周的邻居赶紧跑来救火，最后火被扑灭了。于是主人烹牛宰羊，宴请四邻，以酬谢他们救火的功劳，但是并没有邀请当初建议他将木柴移走、烟囱改弯的人。有人对主人说："如果当初听了那位先生的话，今天就没有火灾的损失，现在论功行赏，原先给你建议的人没有被感恩，而救火的人却是座上客，真是很奇怪的事啊！"主人顿时醒悟，赶紧去邀请当初给予建议的那位客人来吃酒。

【启示】一般人认为，能够解决企业经营过程中各种棘手问题的人就是优秀的管理者，其实这是有待商榷的。俗话说"预防重于治疗"，防患于未然更胜于治乱于已成之后。可见，企业问题的预防者其实比企业问题的解决者更重要。

# 第三节 企业管理的基本原理

企业管理的基本原理是指经营和管理企业必须遵循的一系列最基本的管理理念和规则。目前，关于企业管理基本原理的表述存在诸多不同观点，归纳起来，主要有系统原理、分工原理、弹性原理、效益原理、激励原理、动态原理和创新原理等。

## 一、系统原理

### (一) 系统的概念和特征

系统是指由两个或两个以上相互区别又相互联系、相互作用的要素组成的，有特定功能的有机整体。一般来说，系统具有整体性、相关性、目的性、层次性、环境适应性等特点。系统本身又是它从属的一个更大系统的组成部分。

从管理的角度来看，系统一般具有以下基本特征。

(1) 目的性。任何系统的存在都是为了达到一定的目的，为了达到这一目的，系统必须有相应的结构与特定的功能。

(2) 整体性。任何系统都不是各个要素的简单集合，而是各个要素按照同一目的，遵循一定规则组成的有机整体。管理需要依据系统的总体要求协调各要素之间的相互联系，使系统的整体功能达到最优。

(3) 层次性。任何系统都是由分系统构成，分系统又由子系统构成。最下层的子系统是由组成该系统基础单元的各个部分组成。

(4) 独立性。任何系统都不能脱离环境而孤立存在，只能适应环境，只有既受环境影响又不受环境左右而独立存在的系统，才是具有充分活力的系统。

(5) 开放性。管理过程必须不断地与外部社会环境交换能量与信息。

(6) 交换性。管理过程中的各种因素都不是固定不变的，组织本身也存在变革。

(7) 相互依存性。管理的各要素之间是相互依存的，而且管理活动与相关的社会活动之间也是相互依存的。

(8) 控制性。有效的管理系统必须有畅通的信息与反馈机制，使各项工作能够及时、有效地得到控制。

在对系统进行研究和实践的过程中必须具备以下观点。

(1) 整体观点。整体的功效应大于各个个体的功效之和。

(2) 开放性与封闭性观点。若系统与外部环境交换信息与能量，就可把它看成一个开放的系统；反之，就可把它看成一个封闭的系统。

(3) 封闭则消亡的观点。凡是封闭的系统，都具有消亡的倾向。

(4) 模糊分界的观点。将系统与其所处的环境分开的分界线往往是模糊的。

(5) 保持内部动态平衡的观点。开放的系统要生存下来，必须至少从环境中摄取足够的投入物来补偿产出物的消耗和其自身在运动中所消耗的能量。

(6) 信息反馈观点。系统要达到内部动态平衡，就必须有信息反馈。

(7) 分级观点。每个系统都有子系统，同时它又是一个更大系统的组成部分，系统和子系统之间是等级形态。

(8) 不断分化和完善的观点。

(9) 等效观点。在一个社会系统内，可以用不同的输入或不同的过程去实现同一个目标，不存在唯一的最好的方式。

**(二) 企业管理系统的特点**

企业管理系统是一个多级、多目标的大系统，它本身又是国民经济庞大系统的一个组成部分。企业管理系统具有以下主要特点。

(1) 企业管理系统具有统一的生产经营目标，即生产适应市场需求的产品，提高经济效益。

(2) 企业管理系统的总体具有可分性，即可将企业管理工作按照不同的业务需求分解为若干个不同的分系统或子系统，使各个分系统、子系统互相衔接、协调，以产生协同效益。

(3) 企业管理系统的建立要有层次性，各层次的系统组成部分必须职责分明，各司其职，具有各层次功能的相对独立性和有效性，高层次功能必须统率其隶属的下层次功能，下层次功能必须为上层次功能的有效发挥竭尽全力。

(4) 企业管理系统必须具有相对的独立性，任何企业管理系统都处于社会经济发展的大系统之中，因此，必须适应这个大系统，但又要独立于这个大系统，才能使企业管理系统处于良好的运行状态，达到企业管理系统的最终目的——获利。

## 二、分工原理

分工原理产生于系统原理之前，是指在承认企业及企业管理是一个可分的有机系统的前提下，对企业管理的各项职能与业务按照一定的标准进行适当分类，并由相应的单位或人员来承担各类工作。

分工是生产力发展的要求，早在 17 世纪机器工业开始形成时期，英国经济学家亚当·斯密就在他的《国富财富的性质和原因研究》一书中，系统地阐述了劳动分工的理论。20 世纪初，泰勒又对分工原理做了进一步的研究。分工的好处主要包括以下几方面。

(1) 分工可以提高劳动生产率。劳动分工使工人重复完成单项操作，从而提高劳动的熟练程度，带来劳动生产率的提高。

(2) 分工可以减少因变换工作而损失的时间。劳动分工使工人长时间从事单一的工作项目，可以减少因变换工作而损失的时间。

(3) 劳动分工有利于技术革新。劳动分工可以简化劳动，使劳动者的注意力集中在一个特定的对象上，有利于劳动者创造新工具和改进设备。

(4) 分工有利于加强管理，提高管理工作效率。自从泰勒将管理业务从生产现场分离出来之后，随着现代科学技术和生产的不断发展，管理业务也得到了进一步的划分，并成立了相应的职能部门，配备了专业人员，从而提高了管理工作的效率。

分工原理使用范围广泛，从整个国民经济来说，可分为工业、农业、交通运输、邮电、商业等部门。以工业部门为例，可按产品进行分工设立产品专业化车间，也可按工艺进行分工设立工艺专业化车间。在工业企业内部，还可按管理职能的不同，将企业管理业务分为不同的类型，分别由相应的职能部门去执行，从而提高管理工作的效率，使企业处于正常的、连续的良好运转状态。

分工要讲究实效，要根据实际情况进行认真分析，要实事求是。一般来说，企业内部分工既要职责分明，又要团结协作，在分工协作的同时要注意建立必要的制约关系。分工不宜过细，界线必须清楚，才能避免推诿、扯皮现象的出现。在专业分工的前提下，按岗位要求配备相应技术人员，是企业产品质量和工作质量得到保证的重要措施。在搞好劳动分工的同时，还要注意加强对职工的技术培训，以不断适应新技术、新方法带来的新要求。

## 三、效益原理

效益原理是指企业通过加强企业管理工作，以尽量少的劳动消耗和资金占用生产出尽可能多的符合社会需要的产品，不断提高企业经济效益和社会效益。

效益原理就是指管理要讲求实效，使企业创造更多的经济效益与社会效益，为社会的发展做出贡献。提高经济效益是社会主义经济发展的客观要求，是每个企业的基本职责。企业在生产经营管理过程中，一方面要努力降低消耗、节约成本；另一方面又要努力生产适销对路的产品，保证质量，增加附加值。要从节约和增产两个方面来提高经济效益，以促进企业的生产和发展。

企业在提高经济效益的同时，也要注意提高社会效益。一般情况下，经济效益与社会效益是一致的，但有时也会发生矛盾。企业应从大局出发，首先满足社会效益，在保证社会效益的前提下，最大限度地追求经济效益。

所有的管理都致力于提高效益，但并不是所有的管理都是有效的。从管理的角度来看，效益的提高涉及的因素是多种多样的，包括管理思想、管理制度、管理方法、管理环境和管理措施等，这些因素对管理效益的影响是重大的，尤其是管理者的思想观念、行为方式，能够直接影响管理的决策、组织、领导和控制等一系列活动，并对管理效益产生直接的作用。因此，遵循效益原理，就要求管理者把握以下三个方面。

**1. 确立可持续的发展效益观**

自然资源的短缺与自然环境的恶化已成为整个人类社会生存和发展的重大威胁，因此，组织管理者在提高效益的过程中，必须确立可持续发展的观念。所谓可持续发展，就是满足目前的需要，而不影响下一代的发展。

将可持续性发展与效益原理结合起来，就是要兼顾需要与可能，在讲究经济效率的同时，保持生态环境和社会环境的协调发展，既要注重技术的先进性、经济的合理性，又要注重社会资源的效用性和企业与环境的和谐性。对于那些在生产过程中排放大量的工业废气、污染周围环境的企业，或以次充好而高价出售产品的企业，社会必须通过经济、法律、行政和教育的手段给予严厉的制裁，创造出具有一定的强制性约束力的激励环境，使各组织能够正确处理经济效益与社会效益、局部效益与全局效益、短期效益与长远效益、间接效益与直接效益等方面的关系，把过程与结果、动机与效果有机地结合起来。

### 2. 提高管理工作的有效性

管理学家德鲁克认为，作为管理者，不论职位高低，都必须力求有效。管理的有效性应是管理的效率、效果和效益的统一，其实现的重要途径是确立有效管理的评价体系。

(1) 在评价标准上，要注意直接的成果和价值的实现。从组织获取的产值、利润等方面看组织目标实现的状况，以考察组织在产品或服务的质量方面获得的效果和效益。而价值的实现需要更高的管理水平，是一种深层次的管理，如组织文化、经营哲学、组织形象的塑造、开发，以及向市场推出受民众欢迎的产品、服务特色等，就是价值意义上的管理追求。

(2) 在评价内容上，应以工作绩效为主，以贡献为主，并分清主客观条件对工作绩效的影响。具体来讲，对管理者主要考察其德、能、勤、绩等方面的内容，对管理集体主要考察其管理的服务态度、质量，与相关管理部门的协调性等。

(3) 在评价方法上，应综合不同评价主体的评价结果。一般来说，评价主体可以是管理者(机构)本身，也可以是上级主管或职工，还可以是有工作往来、服务关系的其他管理者或管理部门。只有综合不同评价主体的评价结果，并做到定性与定量相结合，才能保证评价结果的全面性、客观性和公正性。

### 3. 追求长期、稳定的高效益

管理者要追求长期、稳定的高效益，不仅要正确地做事，更为重要的是要做正确的事。这是因为效益与组织的发展方向紧密相关：如果发展方向正确，工作效率越高，获得的效益越大；如果发展方向完全错误，工作效益越高，效益反而会出现负值。因此，管理者在管理工作中，首先要确定正确的发展方向，搞好组织的战略管理，并在此前提下提高工作的效率。只有这样，才能获得较高的经济效益和社会效益。另外，组织管理者必须具有创新精神。企业管理者不能只满足眼前的经济效益水平，而应该居安思危，不断地开发新产品，以高质量、低成本的优势去迎接市场的挑战。只有积极地进行企业的技术改造、技术开发、产品开发和人才开发，才能保证企业有长期、稳定的高效益。

## 四、弹性原理

弹性原理是指企业为了达到一定的经营目标，在企业外部环境或内部条件发生变化时，有能力适应这种变化，并在管理上表现出灵活的可调节性。现代企业是国民经济系统中的一个子系统，它的投入与生产都离不开国民经济这个系统。它所需要的生产要素由国民经济各个部门向其投入，它所生产的产品又需要向其他部门输出。可见，国民经济系统乃是企业系统的外部环境，是企业不可控制的因素，而企业内部环境则是企业自身可以控制的因素。当企业外部环境发生变化时，企业可以通过改变内部环境来适应这种变化，以保证达到既定的经营目标。

弹性原理在企业管理中的应用范围很广。计划工作中留有余地的思想，仓储管理中保险储备量的确定，新产品开发中技术储备的构想，劳动管理中弹性工作时间的应用等，都是弹性原理在管理工作中的具体应用，并且取得了良好的成效。

近年来，在实际管理工作中，人们曾无意间把弹性原理应用于产品价值领域，收到了意想不到的效果，这种效果被称为产品弹性价值。产品价值包括刚性价值和弹性价值，弹性价值又称无形价值或精神价值，即在产品使用价值形成或实现过程中形成的附着在产品价值中的非实物形态的精神资源。例如产品设计者、制造者、销售者、商标及企业的声誉价值,是产品市场价值可调性的重要标准,是企业获得超额利润的无形源泉,在商品交换中呈弹性状态,是当今企业孜孜追求的目标之一。

## 五、激励原理

激励是指通过科学的管理方法激发人的内在潜力,使每个人都能在组织中尽其所能,发展其所长,为完成组织规定的目标而自觉、勤奋地工作。

人是生产力诸多要素中最活跃的因素,创造团结、和谐的环境,满足不同职工的需求,正确运用奖惩办法,实行合理的按劳分配制度,开展不同形式的劳动竞赛等,都是激励原理的具体应用,都能较好地调动人的劳动热情,激发人的工作积极性,从而达到提高工作效率的目的。

激励理论主要有需要层次理论、双因素理论、强化理论、期望理论、公平理论等。激励有正激励和负激励两种模式,对有工作业绩贡献的个人实行奖励,在更大程度上调动其积极性,鼓励其完成更艰巨的任务,属于正激励;对因个人工作失误且造成一定损失的人实行惩罚,迫使其吸取经验和教训,做好工作,完成任务,属于负激励。在管理实践中,按照公平、公正、公开、合理的原则,正确运用这两种激励模式,可以较好地调动人的积极性,激发人的工作热情,充分挖掘人的潜力,激励人们把工作做得更好。

## 六、动态原理

动态原理是指企业管理系统随着企业内外环境的变化而不断更新自己的经营观念、经营方针和经营目标,为达到目的必须采取相应的管理方法和手段,使其与企业的经营目标相适应。

企业在发展,事业在前进,管理能否跟得上,关键在于更新。运动是绝对的,不动是相对的,因此企业既要随着经营环境的变化,适时变更自己的经营方法,又要适当地保持管理业务的稳定。没有相对稳定的企业管理制度,也就失去了有效管理的基础。

动态原理认为管理是一个动态过程,是管理人员与被管理人员共同达到既定目标的活动过程。管理的要素,如人、财、物、时间和信息等,都处在一定的时间和空间之中,并随着时空的运动而发展、变化。管理的动态原理体现在管理主体、管理对象、管理手段和方法的动态变化上。同时,组织的目标和管理的目标也处于动态变化之中,因此有效的管理是一种因地制宜,因情况而调整的管理。动态管理原理要求管理者不断更新观念,避免僵化的、一成不变的思想和方法,不能凭主观臆断行事。

在企业管理中,与此相关的理论还有矛盾论、辩证法。好与坏、多与少、质与量、新与老、利与弊等,都是一对矛盾的两个方面,在实际操作过程中,要运用辩证的方法正确、恰当地处理矛盾,使其向有利于实现企业经营目标的方向转化。

## 七、创新原理

创新原理是指企业为实现总体战略目标,在生产经营过程中,根据内外环境变化的实际情况,采取科学的态度,不断否定自己,创造具有自身特色的新思想、新思路、新经验、新方法、新技术,并加以组织实施。

组织的发展是一个动态的过程。要使这个过程不断地持续下去，组织就不能停止创新。尤其是在知识经济时代，组织的内外部环境发生了较大的变化，组织的发展与竞争优势更多地取决于组织的创新能力，可以说，不创新就意味着灭亡，创新已成为组织发展壮大过程中的关键性因素。

实行创新管理是组织竞争的取胜之道，而构建创新管理体系则是保证创新管理有效进行的前提。创新管理体系主要包括技术创新、制度创新和管理方法创新等。技术创新是组织竞争的主要形式。技术创新就是指新产品或新工艺设想的提出、研究与开发、工程化、商业化生产，以及市场推广应用等一系列活动组成的完整过程。制度创新是组织发展的动力。由于制度具有整合功能，能够帮助管理者实现资金、人才和技术要素的互动与集成，因而它在整个创新体系中居于基础地位。制度创新是指对一切现存原则、规范、限制等方面的扬弃和改革，以适应组织面临的新情况。制度创新实际上是引入一项新的制度安排来代替原来的制度，推动组织的发展。管理创新是组织的中心环节。管理创新是以管理者为主体，有效整合组织资源，使管理工作处于动态协调之中的活动的总称。管理创新是创新活动的综合体现，这是因为现代企业的创新活动是一种有计划、有目的的集体活动，在发展过程中，必然面临相应的管理问题，无论是技术创新还是制度创新，其前提都是管理创新。

# 第四节　企业管理思想的形成与演变

## 一、古典管理理论

古典管理理论形成于19世纪末和20世纪初，主要包括科学管理理论和组织管理理论。

### (一) 科学管理理论

如何提高单个工人的生产率是科学管理理论着重研究的问题。在科学管理理论中，最具代表性的人物是被誉为"科学管理之父"的泰勒。

科学管理理论的主要内容可以概括为以下几方面。

1. 工作定额

泰勒认为，要制定出有科学依据的、合理的日工作量，就必须对工人进行工时和动作研究。方法是选择技术熟练的工人，把他们的每一项动作、每一道工序所用的时间记录下来，加上必要的休息时间和其他延误时间，就能得出完成该项工作所需要的总时间，据此确定一个工人合理的日工作量，这就是所谓的工作定额原理。

2. 标准化

使工人采用标准化的操作方法，使用标准化的工具、机器和材料，并使作业环境标准化，这就是标准化原理。泰勒认为，用科学的方法对工具、劳动和休息时间的搭配、机器的安排和作业环境的布置等进行分析，消除各种不合理的因素，把各种好的因素结合起来，从而形成最好的操作方法，这是管理的重要职责。

### 3. 能力与工作相匹配

为了提高劳动生产率，必须为工作挑选第一流的工人。第一流工人是指一个愿意且有能力高效地把该工作完成的人。在制定工作定额时，泰勒是以在不损害第一流工人身心健康的前提下维持较长时间的速度为标准的。泰勒认为，把工人分配在与其能力相适应的工作中，激励其努力工作，并对其进行培训，将其培养成第一流的工人是人事管理的基本原理。我国自古就有"知人善任"和"用人之所长"的说法，这体现了我国古人的先知。

### 4. 差别计件工资制

差别计件工资制是指按照工人实际完成数额的不同而给予不同的工资报酬，完成数额超过工作定额越多则得到的工资报酬越高，没有达到工作定额的则按低工资付酬。这种奖罚制度也被叫作"胡萝卜加大棒"，体现了公平，从而调动了工人的积极性，促使工人大大提高劳动生产率。差别计件工资制是泰勒在当时计时工资体制下，工人消极怠工的背景下提出的一种新的报酬制度。

### 5. 计划职能与执行职能分离

泰勒认为，应该用科学的工作方法取代经验工作方法。经验工作方法是指每一个工人采用什么操作方法、使用什么工具等，都根据个人经验来确定。科学工作方法是指每一个工人采用什么操作方法、使用什么工具等，都根据实验和研究的结果来确定。为了采用科学的工作方法，泰勒主张把计划职能与执行职能分开，由专门的计划部门承担计划职能，由所有的工人和部分工长承担执行职能。计划部门的具体工作包括：进行时间和动作研究；制定科学的工作定额和标准化的操作方法；选用标准化的工具；拟订计划，发布指示和命令；对照标准，对实际的执行情况进行控制等。

---

**阅读链接 1-4**

**"科学管理之父"——弗雷德里克·温斯洛·泰勒**

美国工程师、科学管理学者、发明家泰勒，1856年3月20日出生于美国费城杰曼顿一个富有的律师家庭。在接受中学教育后，其进入艾克塞特市菲利普斯·埃克赛特专科学校学习，1874年，考入哈佛大学法律系，不久，因眼疾辍学。1875年，其进入费城恩特普利斯水压工厂当模具工和机工学徒，后转入费城米德维尔钢铁公司工作。他从机械工人做起，历任车间管理员、小组长、工长、技师、总工程师等职。1890年，他离开米德维尔公司，到费城一家造纸业投资公司任总经理。此后，他独立从事工厂管理咨询工作，并在多家公司进行科学管理的实验。

泰勒研究和推广了工业企业的科学管理，并于1911年出版了《科学管理原理》一书。他首创的工业企业科学管理受到当时欧美科学技术界和工商界的重视，他本人被美国实业界誉为"科学管理之父"。同时，他还在大学里兼职讲授科学管理课程，并参加这方面的社会活动。泰勒获40余项科学技术专利，他的主要著作还有《皮带传动》(1894)、《计件工资制》(1895)、《车间管理》(1903)、《金属切削工艺》(1906)等。

资料来源：李道芳，姚和平. 企业管理概论[M]. 北京：高等教育出版社，2014.

## (二) 组织管理理论

组织管理理论着重研究管理职能和整个组织结构，其代表人物主要有亨利·法约尔(Henri Fayol, 1841—1925)和马克斯·韦伯(Max Weber, 1864—1920)。

### 1. 法约尔的贡献

法约尔，法国人，1860年从圣埃蒂安国立高等矿业学校毕业后进入康门塔里一福尔香堡采矿冶金公司，成为一名采矿工程师。不久后，他被提升为公司的矿井经理。1888年，他出任该公司总经理。1916年，法国矿业协会的年报公开发表了他的著作《工业管理与一般管理》，这是他一生管理经验和管理思想的总结。他认为，他的管理理论虽以大企业为研究对象，但不仅可以用于工商企业，还可以用于政府、教会、慈善机构和军事组织等。所以，法约尔被公认为是第一位概括和阐述一般管理理论的管理学家。他的理论贡献主要体现在他对管理职能的划分。

1) 企业的6种基本活动

法约尔指出，任何企业都存在6种基本活动，管理只是其中的一种。

(1) 技术活动，指生产、制造和加工。

(2) 商业活动，指采购、销售和交换。

(3) 财务活动，指资金的筹借、运用和控制。

(4) 安全活动，指设备的维护和人员的保护。

(5) 会计活动，指货物盘点、成本统计和核算。

(6) 管理活动，指计划、组织、指挥、协调和控制。

法约尔认为，所谓经营，就是努力确保6项基本活动的顺利运转，从而把组织拥有的资源变成最大的成果，进而促进组织目标的实现。

2) 管理的14条原则

(1) 分工。在技术工作和管理工作中进行专业化分工可以提高效率。

(2) 权利与责任。权利是指挥他人的权及促使他人服从的力。在行使权力的同时，必须承担相应的责任，不能出现有权无责和有责无权的情况。更为重要的是，法约尔区分了管理者的职位权力和个人权利，前者由个人的职位高低形成，后者由个人的品德、智慧和能力等个人特性形成。一个优秀的管理者必须两者兼备。

(3) 纪律。纪律是企业领导者与下属在服从、勤勉、积极、举止和尊敬等方面所达成的一种协议。组织内所有成员都要根据各方达成的协议对自己在组织内的行为进行控制。

(4) 统一指挥。组织内每一个人只能服从一个上级并接受他的命令。

(5) 统一领导。凡目标相同的活动，只能有一个领导、一个计划。

(6) 个人利益服从集体利益。集体的目标必须包含员工个人的目标，但个人和小集体的利益不能超越组织利益。当两者矛盾时，领导人要以身作则使其一致。

(7) 报酬合理。报酬制度应当公平，对工作成绩和工作效率优良者给予奖励，但奖励应有一个度。法约尔认为，任何优良的报酬制度都无法取代优良的管理。

(8) 集权与分权。提高下属重要性的做法是分权，降低下属重要性的做法是集权。要根据企业的性质、条件和环境，以及人员的素质来恰当地决定集权和分权的程度。当企业的实际情况发生变化时，要适时改变集权和分权的程度。

(9) 等级链与跳板。等级链是指从最高的权威者到最低层管理人员的等级系列，用于信息传递。为了保证命令的统一，不能轻易违背等级链，请示要逐级进行，指令也要逐级下达。有时这样做会导致信息的延误，鉴于此，法约尔设计了一种"跳板"，便于同级之间的横向沟通。但在横向沟通前要征求各自上级的意见，并在事后立即向各自的上级汇报，从而维护统一指挥的原则。

(10) 秩序。秩序是指有地方放置每件东西，且每件东西都放在该放置的地方；有职位安排每个人，且每个人都安排在应安排的位置上。

(11) 公平。在待人方面，管理者必须做到善意与公平结合。

(12) 人员稳定。培养一个人胜任目前的工作需要花费时间和金钱，所以，人员特别是管理人员的经常变动对企业很不利。

(13) 首创精神。首创精神是创立和推行一项计划的动力。管理者不仅本人要有首创精神，还要鼓励全体人员发挥他们的首创精神。

(14) 集体精神。在组织内部形成团结、和谐和协作的气氛。

**2. 韦伯的贡献**

韦伯是德国著名的社会学家，他对管理理论的主要贡献是提出了"理想的行政组织体系"理论。韦伯认为，等级、权威和行政制度是一切社会组织的基础。对于权威，他认为有三种类型：个人崇拜式权威、传统式权威和理性—合法的权威。其中，个人崇拜式权威的基础是对个人明确而特殊的尊严、英雄主义或典范品格的信仰等；传统式权威的基础是先例和惯例；理性—合法的权威的基础是法律或处于掌权地位的人发布命令的权利。韦伯认为，在三种权威中，只有理性—合法的权威才是理想组织形式的基础。

韦伯的理想的行政组织体系或理想组织形式具有以下特点。

(1) 存在明确的分工。把组织内的工作分解，按职业专业化对成员进行分工，明文规定每个成员的权利和责任。

(2) 按等级原则对各种公职或职位进行法定安排，形成一个自上而下的指挥链或等级体系。

(3) 根据经过正式考试或教育培训而获得的技术资格来选拔员工，并根据职务的要求来任用。

(4) 除个别需要通过选举产生的公职(例如，选举产生的公共关系负责人或在某种情况下选举产生的整个单位负责人等)以外，所有担任公职的管理人员都是任命的。

(5) 行政管理人员是专职的管理人员，领取固定的薪金，有明确的升迁制度。

(6) 行政管理人员不是其管辖的企业的所有者，只是其中的工作人员。

(7) 行政管理人员必须严格遵守组织中的规则、纪律和办事程序。

(8) 组织中各成员之间的关系以理性准则为指导，不受个人感情的影响。组织与外界的关系也是这样。

韦伯认为，这种高度结构化的、正式的、非人格化的理想行政组织体系是强制控制的合理手段，是达成目标、提高效率的最有效形式。这种组织形式在精确性、稳定性、纪律性和可靠性等方面都优于其他形式，适用于当时日益增多的各种大型组织，如教会、国家机构、军队、政党、经济组织和社会团体。韦伯的这一理论是对泰勒、法约尔理论的补充，对后来的管理学家，特别是组织理论家产生了很大影响。

## 二、行为管理理论

行为管理理论形成于 20 世纪 20 年代,早期被称为人际关系学说,之后发展成为行为科学,即组织行为理论。

### (一) 梅奥及其领导的霍桑实验

梅奥(George E. Mayo,1880—1949),原籍澳大利亚,后移居美国。作为心理学家和管理学家,他领导了 1924—1932 年在芝加哥西方电器公司霍桑工厂进行的一系列实验(霍桑实验)中后期的重要工作。霍桑实验分成 4 个阶段。

**1. 第 1 阶段:工作场所照明实验(1924—1926 年)**

研究人员选择一批工人,并把他们分成两组:一组是实验组,变换工作场所的照明强度,使工人在不同照明强度下工作;另一组是对照组,工人在照明强度保持不变的条件下工作。研究人员希望通过实验得出照明强度对生产率的影响,但实验结果却发现,照明强度的变化对生产率几乎没有影响。这说明,工作场所的照明只是影响工人生产率的微不足道的因素。由于影响工人生产率的因素较多,难以控制,且其中任何一个因素都有可能影响实验结果,所以照明对生产率的影响无法准确衡量。

**2. 第 2 阶段:继电器装配室实验(1927—1928 年)**

从这一阶段起,梅奥参加了实验。研究人员安排 5 名女装配工和 1 名女画线工在单独的工作室内工作,1 名观察员被指派加入这个小组,记录室内发生的一切,以便对影响工作效率的因素进行控制。这些女工们在工作时间可以自由交谈,观察员对她们的态度也很和蔼。在实验中分期改善工作条件,如改进材料供应方式、增加工间休息时间、供应午餐和茶点、缩短工作时间、实行集体计件工资制等,这些条件的变化使女工们的产量上升。但过了半年,在取消工间休息、午餐和茶点并恢复每周工作 6 天后,她们的产量仍维持在高水平上。看来其他因素对产量无太大影响,而监督和指导方式的改善能促使工人改变工作态度并增加产量。于是,进一步研究工人的工作态度和可能影响工人工作态度的其他因素成为霍桑实验的一个转折点。

**3. 第 3 阶段:大规模访谈(1929—1931 年)**

研究人员在上述实验的基础上进一步在全公司范围内进行访问和调查,参与此次访问和调查的达两万多人次。结果发现,影响生产力的最重要因素是工作中发展起来的人际关系,而不是待遇和工作环境。每个工人的工作效率不仅取决于他们自身的情况,还与其所在小组中的同事有关。任何一个人的工作效率都会受到同事们的影响。

**4. 第 4 阶段:接线板接线工作室实验(1931—1932 年)**

在这一阶段有许多重要发现:①大部分成员都自行限制产量。公司规定的工作定额为每天焊接 7312 个接点,但人们只完成 6000~6600 个接点,原因是怕公司再提高工作定额,也怕因此造成一部分人失业,他们这样做保护了工作速度较慢的同事。②工人对不同级别的上级持不同的态度。他们把小组长看作小组的成员,对于小组长以上的管理者,级别越高,工人对其越尊敬,但同时工人对其的顾忌心理就越强。③部门里存在派系,每个派系都有自己的行为规范,谁要加入这个派系,就必须遵守这些规范。派系中的成员如果违反了这些规范,就要受到惩罚。

梅奥对其领导的霍桑实验进行了总结，出版了《工业文明中人的问题》一书。书中，梅奥阐述了与古典管理理论不同的观点——人际关系学说，该学说主要包括以下内容。

(1) 工人是社会人，而不是经济人。科学管理学派认为金钱是刺激人们工作积极性的唯一动力，把人看作经济人。梅奥认为，工人是社会人，除物质需要外，还有社会、心理等方面的需要，因此不能忽视社会心理因素对工人工作积极性的影响。

(2) 企业中存在非正式组织。企业成员在共同工作的过程中，相互间必然产生共同的感情、态度和倾向，形成共同的准则和惯例，形成非正式组织。非正式组织以它独特的情感、规范和倾向，左右着其成员的行为。古典管理理论仅注重正式组织的作用是欠妥的，非正式组织不仅存在，而且与正式组织相互依存，对生产率有重大影响。

(3) 生产率主要取决于工人的工作态度以及他和周围人的关系。梅奥认为，提高生产率的主要途径是提高工人的满足度，即工人对社会因素，特别是人际关系的满足度。如果满足度高，工作的积极性、主动性和协作精神就高，生产率就高。

### (二) 行为科学

1949年，美国芝加哥大学召开了一次由哲学家、精神病学家、心理学家、生物学家和社会学家等参加的跨学科的科学会议，讨论了应用现代科学知识来研究人类行为的一般理论。会议给这门综合性的学科命名为"行为科学"。行为科学的蓬勃发展，促使了一大批影响力很大的行为科学理论的诞生，主要有马斯洛(Abraham Maslow, 1908—1970)的需要层次理论、麦克利兰(David C. McClelland, 1917—1998)的三种需要理论、赫茨伯格(Frederick Herzberg, 1923—2000)的双因素理论、弗鲁姆(Victor Vroom)的期望理论等。

## 三、现代管理理论

### (一) 数量管理理论

数量管理理论产生于第二次世界大战期间。它以现代自然科学和技术科学的成果(如先进的数学方法、电子计算机技术、系统论、信息论和控制论等)为手段，运用数学模型，对管理领域中的人、财、物和信息资源进行系统的定量分析，并做出最优规划和决策。

#### 1. 运筹学

运筹学是数量管理理论的基础。第二次世界大战期间，一些英国科学家为解决雷达的合理布置问题而开发了一些分析与计算机技术，这些技术构成了运筹学的雏形。就其内容来讲，运筹学是一种分析的、实验的和定量的方法，专门研究在既定的物质条件下，为达到一定目的，如何最经济、最有效地使用人、财和物等资源。后来，运筹学被运用到管理领域。

#### 2. 系统分析

"系统分析"这一概念由美国兰德公司于1949年提出，是指解决管理问题要从全局出发进行分析和研究，以制定出正确的决策。

系统分析一般包括以下步骤。

(1) 确定系统的最终目标，同时明确每个特定阶段的目标和任务。

(2) 必须把研究对象视为一个整体、一个统一的系统，然后确定每个局部要完成的任务，研究它们之间以及它们与总体目标之间的相互关系和相互影响。

(3) 寻求完成总体目标及各个局部任务的可选择的方案。

(4) 对可供选择的方案进行分析和比较，选出最优方案。

(5) 实施组织所选方案。

### 3. 决策科学化

决策科学化是指决策要以充足的事实为依据，按照事物的内在联系对大量的资料和数据进行分析和计算，遵循科学的程序，进行严密的逻辑推理，从而做出正确决策。电子计算机、管理信息系统、DSS(决策支持系统)、ERP(企业资源计划)等的应用为决策科学化提供了可能。

## (二) 系统管理理论

系统管理理论是指运用系统理论中的范畴、原理，对组织中的管理活动和管理过程，特别是组织结构和模式进行分析的理论。这一理论的要点如下。

(1) 组织是一个系统，是由相互联系、相互依存的要素构成的。根据需要，可以把系统分解为子系统，子系统还可以再分解。例如，为了研究一个系统的构成，可以把系统分解为各个结构子系统；为了研究一个系统的功能，可以把系统分解为各个功能子系统。这样，对系统的研究就可以从研究子系统与子系统之间的关系入手。

(2) 系统在一定条件下生存，与环境进行物资、能量和信息的交换。系统从环境输入资源，把资源转换为产出物，一部分产出物为系统自身所消耗，其余部分则输出到环境中。系统在投入—转换—产出的过程中不断进行自我调节，以获得自身的发展。

运用系统观点来考察管理的基本职能，可以提高组织的整体效率，使管理人员不至于只重视某些与自己有关的特殊职能而忽视了大目标，也不至于忽视了自己在组织中的地位和作用。

## (三) 权变管理理论

权变管理理论是20世纪70年代在美国形成的一种管理理论。这一理论的核心是力图研究组织与环境的关系，并确定各种变量的关系类型和结构类型。它强调管理要根据组织所处的环境随机应变，针对不同的环境寻求相应的管理模式。

权变管理理论着重考察有关环境变量与各种管理方式之间的关系。在通常情况下，环境是解释变量，而管理方式是被解释变量。这就是说，组织所处的环境决定何种管理方式更适合组织。例如，在经济衰退时期，由于企业面临的市场环境是供大于求，集权的组织结构可能更为适合；在经济繁荣时期，由于企业面临的市场环境是供不应求，分权的组织结构可能更为适合。

## (四) 全面质量管理

20世纪八九十年代，西方的工商企业界和公共管理部门掀起了一场质量管理革命——全面质量管理。

戴明(W. Edwards Deming)和朱兰(Joseph M. Juran)是质量管理之父。20世纪50年代，戴明和朱兰的思想在美国没有得到支持和欢迎，而在日本却得到广泛的应用。截至20世纪80年代，在电子、家电、汽车等产业，日本产品的质量和竞争力超越美国，这引起了西方理论界和企业界对全面质量管理的高度重视。全面质量管理的本质是由顾客需求和期望驱动企业持续改善的管理理念，主要包括以下几个要点。

(1) 关注顾客。顾客不仅包括购买组织产品或服务的外部顾客，而且包括组织内相互联系的内部顾客。

(2) "很好"不是终点，质量永远能够被提升和改善。

(3) 关注流程。全面质量管理把工作流程视为产品或服务质量持续改善的着眼点，而不仅仅是产品和服务本身。

(4) 精确测量。全面质量管理运用统计方法对组织工作流程的每一个关键工序或工作进行测量，把测量的结果与标准或标杆进行比较，识别问题，深究问题根源，消除问题产生的原因。

(5) 授权于员工。质量管理是全体员工而不仅仅是管理者或质检员的职责和任务。全面质量管理事关组织中的所有员工、质量管理小组、工作团队，并且被广泛运用于工作中。

### 阅读链接 1-5

#### 丰田的精益管理模式

过去的几十年里，西方汽车生产商都在危机四伏的市场中蹒跚前行，他们追赶的公司是"日本巨人"——丰田汽车公司。

精益生产管理是使公司达到低成本经营状态的一系列技巧与手段，由丰田汽车公司于 20 世纪 80 年代提出。1984 年，为了获得美国市场的利益，丰田与通用汽车公司在加利福尼亚建立了合资企业。由此，西方理论界和企业界对丰田汽车公司的管理方法产生了兴趣。丰田汽车公司的精益生产管理模式主要包括以下三点内容。

(1) 重新设计每一个生产步骤，使每一个步骤成为一个持续的流程中的一部分。

(2) 在企业中设立兼有多项职能的工作团队。

(3) 持续不断地对生产流程进行改进，改进的内容既包括提高产品质量，也包括降低产品成本。

精益生产是丰田汽车公司对质量承诺的必要组成部分，其根源可追溯到20世纪50年代戴明的思想。精益生产建立在三个简单原则的基础上：第一，及时生产。在盲目预期顾客需求的情况下，生产汽车或其他任何产品都是没用的，生产必须与市场需求紧密联系。第二，每个人都对质量负责，一旦发现任何质量缺陷都应尽快纠正。第三，价值流。强调不要把企业看成一系列互不相关的产品和过程，而应将其看成一个连续的统一整体，一个包括了供应商、中间商到最终顾客的价值流。

资料来源：李道芳，姚和平. 企业管理概论[M]. 北京：高等教育出版社，2014.

## 【本章小结】

企业一般是指从事生产、流通、服务等经济活动，通过产品或劳务交换满足社会需要从而取得利润，实行独立核算，进行自主经营、自负盈亏、自担风险的依法设立的经济组织。企业是经济组织、社会组织、独立法人和独立的商品生产经营者。现代企业中，所有权与经营权相分离，其拥有现代技术、现代的管理，规模不断扩大。企业按照组织形式和财产责任方式的不同，可分为独资企业、合伙企业和公司；按经济部门的类型划分，可分为农业企业、工业企业、商业企业、金融企业等；按企业生产规模划分，可分为超大型企业、大型企业、中型企业和小型企业；按财产所有制性质划分，可分为国有企业、集体企业、私营企业和混合所有制企业；按资源密集程度划分，可分为劳动密集型企业、知识技术密集型企业和资金密集型企业。

管理是指通过计划、组织、领导、控制等职能活动，合理整合、分配、协调资源，来实现组织目标的过程。管理者是指组织中指挥他人活动的人，或对他人的工作负有责任的人。管理者通过做出决策、分配资源、指导别人的活动实现工作目标。

根据管理者在组织中的层次可以将其分为基层管理者、中层管理者和高层管理者。管理者在工作中扮演三方面10种不同角色，他们需要具备三种基本技能，即技术技能、人文技能和构想技能。

现代企业制度是指以市场经济为基础，以完善的企业法人制度为主体，以有限责任制度为核心，以公司企业为主要形式，以产权清晰、权责明确、政企分开、管理科学为条件的新型企业制度。构成企业制度的要素主要有现代企业产权制度、现代企业组织制度、现代企业管理制度。

企业管理思想形成于19世纪末20世纪初，主要是以泰勒为代表的科学管理理论和以法约尔、韦伯为代表的组织管理理论。行为管理理论形成于20世纪20年代，早期被称为人际关系学说，日后发展为行为科学，即组织行为理论。20世纪40年代，管理思想得到较大发展，形成了行为科学理论，主要有马斯洛的需要层次理论、麦克利兰的三种需要理论、赫茨伯格的双因素理论等。现代管理理论包括数量管理理论、系统管理理论、权变管理理论、全面质量管理等。

## 【思考题】

1. 什么是企业，企业的法律形式有哪些？
2. 什么是企业管理，企业管理的内容有哪些？
3. 什么是管理者，管理者的任务是什么？
4. 试描述现代企业制度的内容。
5. 古典管理理论阶段的代表人物和主要管理思想是什么？
6. 现代管理理论有哪些？

## 【案例分析】

### 爱多公司的风雨路

爱多从一个名不见经传的手工作坊，在短短两三年时间内成长为中国家电行业的一名"骄子"，被媒体称为"爱多神话"，被管理界喻为"爱多奇迹"。但爱多公司成功快，消失也快。成也志标，败也志标。今天让我们简要看一看爱多公司的发展过程，也许会从中悟出点管理的道理。

1995年7月20日，广东中山爱多电器公司正式成立，胡志标任总经理，他的好朋友陈天南出任法人代表。在此之前，两人曾一起给人修电视机、做变压器，各出资2000元办起爱多的前身升达电子厂，先做游戏机，后做被中山小霸王上门打假的学习机。按常理，这间小厂会随电子产品需求的不断变化而转产各类小家电，但胡志标的胆识和雄心使他所创办的企业不可能平庸，他选择了当时前程无限的VCD项目。

千辛万苦上了VCD生产线，胡志标想把它做大，但对于一个身处中山东升镇的无名小厂来说，又谈何容易？胡志标选择了一条捷径——依靠高强度的密集广告，把"爱多"两个字强行输入市场和消费者的心中，快速提升品牌和企业知名度。

1996年年底，产品投放市场取得不俗收获，胡志标开始了更大范围的广告宣传。他先花450万元请影星成龙拍"爱多VCD，好功夫！"的广告片，又花8200万元投标中央电视台天气预报后的5秒钟广告。其后的事实证明，这笔钱花得绝对值：飞利浦公司对爱多给予了充裕的机芯供应；各级经销商纷至沓来；销售网络进一步理顺并得到了充实，产品供不应求，爱多取得巨大成功。1996年产值达到2亿元，1997年猛增至16亿元。爱多VCD真正应验了其广告代理人胡刚的一句话："登高一呼，应者云集。"

大手笔的广告制作和抢占中央电视台广告时间制高点所带来的企业高速成长，再加上争做VCD品牌龙头老大的雄心，使胡志标在1997年年底的中央电视台广告竞标中放出更大的手笔。他的广告代理公司请来成龙和张艺谋，花费上千万元拍摄了一条"真心英雄"的广告片，尽情诠释和传递出"我们一直在努力"的企业理念。接着在竞标会上，以2.1亿元的标价突破竞争对手的围追堵截，勇夺中央电视台1998年标王，爱多的风头一时无二。

1997年与1998年交替之际，爱多在胡志标的率领下，激情四溢地攀上了企业发展的顶点。没有人能算出爱多赚了多少钱又花了多少钱，太快的成功不免让人浮躁，此时，胡志标的心理也许不仅仅是浮躁，而是狂妄了。也正是从此时开始，爱多走上了下坡路。

先是爱多为争做行业老大，不惜血本与新科在市场上"斗法"，结果数千万的投入却没带来合理的市场回报和利润回报；接着，为夺回丢失的一线零售市场，其铺开了收复失地的拯救行动，结果恰逢VCD行业的转折期，1998年3月前，VCD供不应求，但3月后，供过于求，爱多的拯救行动无疾而终；再接着，因拖欠材料供应商的款项太多，一些供应商停止供货，爱多VCD在市场上出现断货现象，爱多公司也开始了债主盈门的日子；其后，多元化战略的失败和高层人才的流失，将爱多和胡志标一步步逼上了绝境。

为应付追债人，爱多开出了空头支票；为逃避追债人，胡志标也减少了抛头露面；胡志标为解困境欲与他人合作经营品牌，爱多另一大股东陈天南声明不予承认；爱多被多家债权人告上法庭，不同的法院分批查封了爱多的财产……这就是1998年8月以后，胡志标和爱多面临的困境。

从品牌诞生到顶峰，广东爱多用了两年多的时间；从顶峰跌落深渊，只用了一年多的时间。一家年产值曾高达16亿元的企业，何以至此？大起大落的原因，很少有人能看懂。曾任公司副总经理的吴正喆说过："爱多的事情，也许5~10年后才能弄明白，也许永远都不能弄明白。"

资料来源：张文昌，曲英艳，庄玉梅. 现代管理学(案例卷)[M]. 济南：山东人民出版社，2004.

**分析导读：**

爱多公司的成功与失败可以充分体现企业管理的重要性。管理适当，可以使一家手工作坊一夜成名；管理失误，也可以使一家知名企业在一年内垮掉。纵观国际企业兴衰史，大多数大公司都是从小公司起家的，而绝大多数小公司都没有成长为大公司。从爱多公司的成败可以体会办企业的微妙之处。

**问题讨论：**

1. 爱多公司迅速成功的诀窍是什么？
2. 分析一下爱多失败的主要原因。

## 【技能训练】

**训练目标：**

1. 增强对现代企业管理思想的认识。
2. 培养分析组织管理思想的能力。

**训练方法：**
1. 以小组为单位，每组 4~6 人，选取小组长。
2. 每个小组在报纸、杂志或网络中收集 2~4 个我国企业在管理方面的案例。
3. 应用所学理论分析其管理思想。
4. 组织一场关于管理理论与管理思想的讨论。每个小组派代表对收集的案例进行 15 分钟的陈述、分析，其他成员做适当补充。最后留 10 分钟的提问和互动时间。

**训练要求：**
1. 通过资料收集与调研，获得较为完整的资料。
2. 每个小组以书面稿的形式准备发言稿。
3. 结合理论与实际管理思想进行分析和讨论。
4. 根据中国传统文化与当前的社会环境来分析，力求认识到具有中国特色的管理思想。

**成果检验：**
1. 每个小组提交一份书面报告。
2. 每个小组派一个代表发言，各组之间相互讨论。
3. 教师根据报告的质量和小组成员的表现给予评价，并确定成绩。

# 第二章

# 现代企业管理职能

【学习目标与要求】
- 了解计划的编制过程。
- 掌握组织结构的形式。
- 掌握领导和激励的理论思想。
- 能够运用企业管理过程理论分析和解决实际问题。

【导入案例】

## 苹果公司为失败决策付出代价

20世纪70年代由两个年轻人创立而成名的苹果计算机公司,到80年代,在美国和整个世界的计算机市场上都有了一席之地。1984年,该公司开发出一款具有多项优势的新产品——Mac微型计算机。该机的功能多、价廉、体积小,对水、热等多方面具有优异的抗性,这些优势使其在美国计算机市场上供不应求,即使十分保守的估计,当年的需求量至少也在数百万台。然而,遗憾的是,苹果公司本身的生产能力有限,即使拿出十二万分努力,它也只能提供不到这个数字1/6的数量。其他计算机制造商闻风赶来,要求苹果公司给予该型号计算机的制作许可权。

一个企业如果获得此项授权,那么,它每生产、销售一台该型号计算机,虽然要支付苹果公司一笔可观的许可权费用,但自己也会受益。显然这是对双方都有利的事情,苹果公司当然也清楚这一点。但有两个原因使苹果公司对授予其他公司生产制作权的决策迟迟得不到实施:其一是苹果公司对该型号计算机拥有垄断生产销售地位,这种地位令公司财源滚滚、生意兴隆,而授予其他公司制作权实际上就等于部分地放弃这种垄断地位;其二是其他计算机制造商为获得制作权的竞争非常激烈。苹果公司在评价、比较不同厂商提供的竞争味十足的合同文件方面劳心费力、左右为难,难以做出选择,时间就这样流逝。数月后,一家小公司开发出一种计算机接口系统——Windows,该系统可以提高计算机的性能。显然,凡是已购买了微型计算机的消费者都会去装这种系统,而且费用并不高。但是问题出现了,社会上微型计算机的类型颇多,Windows系统目前还不能在技术上做到对任何一种计算机都适用,此时,它只能选择一种微型计算机作为定型生产的依据。它选择的必然是人们使用得最多的计算机型号。这样,选择自然落在IBM公司生产的PC上。

尽管这种计算机的性能不如苹果公司的Mac计算机,但是有一点是Mac不能比拟的,那就是较早面世的PC机在社会上的保有量已达上千万台,而Mac计算机才生产出不足百万台。有了Windows系统配套,PC机在功能上足以与苹果的Mac计算机相抗衡。最可怕的是,那些原本想购买Mac计算机的顾客,由于Mac供给不足,终于失去了等待的耐心,转而购买IBM的PC机。假如苹果公司能及早把制作许可权给予多家计算机厂商从而迅速扩大生产能力占领市场,增大Mac计算机的社会保有量,那么Windows系统还会选择IBM的PC机吗?决策实施时机的迟疑让苹果公司付出了惨重的代价。

**案例启示:**

在瞬息万变的现代商业竞争环境中,没有任何一个公司能够成为常胜将军。如果一个企业的领导者在决策的关键时刻着眼于短期利益,行动迟缓,不能把握消费者和市场环境的变化,不能自我变革,那么必然会错失发展的良机,最终被其他企业超越。因为苹果公司在重要决策上的优柔寡断,使Windows系统得以抓住市场机会成为受众面最广的计算机应用系统。能否把握行业领域所带来的巨大发展机会,促进企业高速发展,企业的战略选择和对环境的迅速反应至关重要。管理者要善于发现、抓住和利用一切机遇,制定对策,运筹帷幄,使企业经营活动得到进一步拓展。

# 第一节 企业决策

## 一、决策与决策理论

### (一) 决策

在管理学发展过程中,许多管理学家对决策进行了诠释和定义。杨洪兰指出,从两个以上的备选方案中选择一个的过程就是决策。周三多认为,决策是组织或个人为了实现某种目标而对未来一定时期内有关活动的方向、内容及方式的选择或调整过程。张石森、欧阳云则认为,人们为了达到一定的目标,在掌握充分的信息和对有关情况进行深刻分析的基础上,用科学的方法拟订并评估各种方案,从中选出合理方案的过程就是决策。综上所述,我们可以总结出决策的几个特点。

(1) 决策是一个过程,这个过程由多个步骤组成,尽管每个人对决策过程的理解不尽相同。

(2) 决策需要收集足够多的辅助信息,足够多的辅助信息才能得出多个备选方案,最终得出最优方案。

(3) 决策的主体是管理者,因为决策是管理者的职能之一,通常分为个体决策和群体决策。

本书采用路易斯、古德曼和范特对决策的定义:决策就是管理者识别并解决问题的过程,或者管理者利用机会的过程。

### (二) 决策理论

**1. 古典决策理论**

古典决策理论又称规范决策理论,是基于经济人假设提出来的,主要盛行于20世纪50年代以前。古典决策理论认为,应该从经济的角度来看待决策问题,即决策的目的在于为组织获取最大的经济利益。古典决策理论主要有以下四方面内容。

(1) 决策者必须全面掌握有关决策环境的信息和情报。

(2) 决策者要充分了解有关备选方案的情况。

(3) 决策者应建立一个合理的、自上而下的执行命令的组织体系。

(4) 决策者进行决策的目的始终都是使本组织获取最大的经济利益。

古典决策理论描述了决策者应该怎样做出决策,但不能告诉我们管理者是如何做出决策的。古典决策理论的价值在于促使管理者在制定决策时具有理性。古典决策理论代表了一种理想的决策模型,在程序化决策、确定性决策与风险性决策中,古典决策理论模型具有很强的应用价值。但是,古典决策理论忽视了非经济因素在决策中的作用，这种理论不一定能指导实际的决策活动，从而逐渐被更为全面的行为决策理论代替。

#### 2. 行为决策理论

行为决策理论源于阿莱斯悖论和爱德华兹悖论，是针对理性决策理论难以解决的问题另辟蹊径发展起来的。行为决策理论的主要内容如下。

(1) 人的理性介于完全理性和非理性之间，即人是有限理性的，这是因为在高度不确定和极其复杂的现实决策环境中，人的知识、想象力和计算力是有限的。

(2) 决策者在识别和发现问题的过程中容易受到知觉上的偏差的影响，但在对未来的状况做出判断时，直觉的运用往往多于逻辑分析方法的运用。所谓知觉上的偏差，是指由于认知能力有限，决策者仅把问题的部分信息当作认知对象。

(3) 由于受决策时间和可利用资源的限制，决策者即使充分了解和掌握了有关决策环境的信息情报，也只能做到尽量了解各种备选方案，而不可能做到全部了解。所以，决策者的理性是相对的。

(4) 在风险型决策中，基于对经济利益的考虑，决策者对待风险的态度起着更为重要的作用。决策者往往厌恶风险，倾向于接受风险较小的方案，尽管风险较大的方案可能带来较为可观的收益。

(5) 决策者在决策中往往只追求满意的结果，而不愿费力寻求最佳方案。

行为决策理论的主要研究方法包括观察法、调查法(问卷调查法、访谈调查法)和实验法(心理学实验法和经济学实验法)。随着实验经济学的逐渐成熟，行为决策理论的研究方法有逐渐向经济学实验法靠拢的趋势。多种实证研究方法的应用，尤其是经济学实验法的逐渐成熟和应用，使人们对实际决策行为的规律有了一个比较全面的认识，为行为决策理论的蓬勃发展，及其在经济、金融、管理等领域的广泛应用奠定了坚实的基础。

#### 3. 古典决策理论和行为决策理论的对比

(1) 古典决策理论仅注重正式组织的作用，而行为决策理论既注重正式组织的作用又兼顾到非正式组织的作用。

(2) 古典决策理论忽略了工人的满足度对生产率的影响，而行为决策理论却认为提高工人的满足度是提高工人生产率的主要途径，特别是工人对人际关系的满足程度。

(3) 古典决策理论认为金钱是唯一可以刺激人们工作积极性的物质，把人看作经济人，而行为决策理论认为工人是社会人而不是经济人。

### 阅读链接 2-1

#### 扁鹊三兄弟的故事

扁鹊有两个哥哥，三兄弟都精通医术。大哥的医术最高，二哥其次，扁鹊的医术在三兄弟中是最差的。

大哥能在人还没有出现生病的症状时预测到疾病，并及时预防，但由于人还没有出现生病的迹象，不相信自己不久会生病，因此都认为扁鹊的大哥是骗子。

二哥能在人出现一些生病的迹象后发现病的严重性并及时医治，但由于刚发病，病情很轻，大家一般不医治或者以为是小病，即使二哥将他们的病治好了，他们也认为医生能治好这种小病是再平常不过了。因此也不认为二哥的医术有多高明。

扁鹊能在病人病入膏肓时发现病情并医治。由于人已病入膏肓，在扁鹊的医治下恢复，人们认为他是神医，能让人起死回生，因此认为扁鹊的医术最高，故三兄弟中唯有扁鹊最出名。

## 二、决策的过程

决策的制定是一个过程而不是简单的选择方案的行为。决策的过程可以分为 6 个步骤,从识别问题开始,到明确目标,到拟定备选方案,到评价并选择方案,到执行方案,最后结束于评价决策效果。决策的过程如图 2-1 所示。

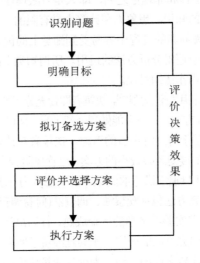

图 2-1　决策的过程

### (一) 识别问题

所谓问题,是指应有状况与实际状况之间的差距。组织在进行决策的过程中,要着重思考以下几个方面的问题。

(1) 组织在何时何地已经或将要发生何种不平衡?这种不平衡会对组织产生何种影响?

(2) 不平衡的原因是什么?其主要根源是什么?

(3) 针对不平衡的性质,组织是否有必要改变或调整其活动的方向与内容?

### (二) 明确目标

一旦确定了需要解决的问题,就必须对问题进行系统的分析,着手调查研究,收集与解决问题相关的信息并加以整理。在明确决策目标时,必须注意以下几个方面的要求。

(1) 提出目标的最低理想水平。

(2) 明确多元目标间的关系。

(3) 限定目标的正面和负面效果。

(4) 保持目标的可操作性。

### (三) 拟订备选方案

识别问题、明确目标顺利完成之后,接下来就应开始拟订备选方案。拟订备选方案主要是为了寻找达到目标的有效途径,因此这一过程是一个具有创造性的过程。决策者必须开拓思维,充分发挥集体的主观能动性,尽可能多地提出可供选择的方案,可供选择的方案越多,解决办法就越完善。

## (四) 评价并选择方案

备选方案拟订出之后,决策者必须认真地分析每一个方案的可操作性和有效性。对每一个备选方案所希望的结果和不希望的结果出现的可能性进行估计,根据决策所需的时间和其他限制性条件对备选方案进行层层筛选。如果所有的备选方案都不令人满意,决策者就必须进一步寻找新的备选方案。在这一阶段,决策者可以依靠可行性分析和各种决策技术,如决策树法、矩阵汇总决策、统计决策、模糊决策等,尽可能科学地对比各种方案的利弊。选择方案就是在各种可供选择的方案中权衡利弊,然后选取其中一个或一些各有利弊的备择方案。

评价并选择方案是决策的关键过程。方案的选择小到影响具体的经济行为的效果,大到影响一个企业、一个地区,甚至一个国家的经济发展。因此,在方案全面实施之前,可以进行局部试行,验证在真实条件下是否真正可行。若方案是不可行的,为避免更大损失,则须再次考察上述各个步骤,修正或重新拟订方案;若方案是可行的,便可以进行全面实施。

## (五) 执行方案

将所决定的方案付诸实施是决策过程中至关重要的一步,这一过程中应做好以下工作。

(1) 制定相应的具体措施,保证方案的正确执行。

(2) 确保有关方案的各项内容被参与实施的人充分接受和彻底了解。

(3) 运用目标管理方法把决策目标层层分解,落实到每个执行单位和个人。

(4) 建立重要工作的报告制度,以便随时了解方案的进展情况,及时调整行动。

## (六) 评价决策效果

决策者最后的职责是定期检查计划的执行情况,并将实际情形与计划进行对比。在这一阶段,应根据已建立的标准来衡量方案实施的效益,通过定期检查来评价方案的合理性。这种评价必须是全方位的,在方案实施过程中要不断进行追踪。若在方案执行过程中发现重大差异,在反馈、上报的同时,决策者应查明原因并进行具体分析,根据具体情况区别处理。若是执行有误,应采取措施加以调整,以保证决策的效果;若方案本身有误,应会同有关部门和人员协商修改方案;若方案有根本性错误或运行环境发生不可预测的变化,使执行方案产生不良后果,则应立即停止方案的执行,待重新分析、评价方案及运行环境后再考虑是否继续执行。值得注意的是,评价应针对每一个阶段的工作,而不是仅仅针对方案实施阶段的工作。特别是重大的决策,必须时刻注意信息的反馈和工作的评价,以便迅速解决突发问题,避免造成重大损失。

## 阅读链接 2-2

一只小狐狸对一只老狐狸抱怨说:"真是生不逢时啊!我制订好的计谋,不知为什么,几乎总是不成功。"

老狐狸问:"你告诉我,你是在什么时候制订你的计谋的?"小狐狸说:"啥时候?都是肚子饿了的时候呗。"老狐狸笑了:"对啦,问题就在这里!饥饿和周密考虑从来走不到一块。你以后在肚子饱的时候制订计谋,这样就会有好的结果了。"

## 三、决策的类型

### (一) 战略决策、管理决策与执行决策

按决策的重要性划分,可以把决策划分为战略决策、管理决策与执行决策。

战略决策是组织最重要的决策,是影响组织整体和全局的大政方针,决定组织向什么方向发展、是否在走一条正确的道路,关系到组织的生存与发展。这种决策通常包括组织使命、愿景、目标的确定等重要内容,具有长期性和方向性。战略决策往往是非程序化决策,并不过分依赖复杂的数学模式及技术,对决策者的洞察力、判断力有很高的要求。

管理决策又称战术决策,是在组织内贯彻的决策,属于战略决策执行过程中的具体决策,是为了实现组织中各环节、各部门的协调和资源的合理使用而制定的决策。例如企业生产计划和销售计划的制订、设备的更新、新产品的定价及资金的筹措等,都属于管理决策的范畴。

执行决策又称业务决策,是根据战略决策和管理决策而对日常工作做出的决策,涉及范围较小,只对组织产生局部影响。例如工作任务的日常分配和检查、工作日程的安排和监督、岗位责任制的制定和执行、库存的控制及材料的采购等,都属于执行决策的范畴。

### (二) 群体决策与个人决策

按决策的主体划分,可把决策划分为群体决策与个人决策。

群体决策是指多个人一起做出的决策。组织中的许多决策,尤其是那些对组织有重大影响的决策往往是由集体来决定的。例如股东大会、董事会、薪酬委员会等做出的决策就是群体决策。据调查,管理者的时间大部分花费在各种会议上,他们分析、研究问题,提出决策方案,评价决策方案,以及决定如何实施方案,因此群体决策是普遍存在的。

个人决策是指单个人做出的决策。例如总经理签署一项权限内的销售合同就是个人决策。和个人决策相比,群体决策在决策的创造性、减少失误、提高质量、增加可接受程度方面更具有优越性,但在效率、决策成员责任感等方面却又逊于个人决策。因此,只要决策效果的提高足以抵消效率的损失,就应更多地采用群体决策。

### (三) 程序化决策与非程序化决策

按决策所涉及问题的例行程度划分,可把决策划分为程序化决策与非程序化决策。

程序化决策又称重复性决策、定型化决策和规范性决策,是指按预先的程序、处理方法和标准来解决管理中经常重复出现的例行问题的决策。一般情况下,例行问题非常直观,且在企业活动中重复出现,决策者的目标非常明确,与问题相关的信息是确定和完整的。

非程序化决策又称一次性决策、非定型化决策和非规范性决策,是指为了解决不经常出现的、新的、不同寻常的问题而做出的决策。一般情况下,有关问题的信息也是不完整、不清楚的。有些企业董事会对项目的投资决策就属于非程序化决策,因所需决策的问题无决策程序和决策标准,又没有事先准备好的规则、政策可遵循。非程序化决策是可以转变成程序化决策的。例如企业进行第一次对外投资时,进行的是非程序化决策,但由于还要不断地进行投资,就把投资决策程序化了,以后的投资决策就成了程序化决策。

#### (四) 定量决策与定性决策

按决策的量化程度划分，可把决策划分为定量决策与定性决策。

定量决策是指决策目标与决策变量等可以用数量来表示的决策。例如企业管理中有关提高产量、降低成本之类的决策就属于定量决策。定量决策要求有一定的量化指标，一般能够用数学方法寻求答案。

定性决策是指决策目标与决策变量等不能用数量来表示的决策。定性决策一般难以用数学方法来解决，而主要依靠决策者的经验来分析、判断。例如企业要进入一个目标市场的决策属于定性决策，进入一个目标市场后对市场占有率的要求属于定量决策。

在进行决策时，定量决策和定性决策要结合起来进行，定量决策确定时间、程度，定性决策确定性质、方向、阶段。

#### (五) 单目标决策与多目标决策

按决策的目标数量划分，可以把决策划分为单目标决策与多目标决策。

单目标决策是指只需要实现一个目标的决策。单目标决策是我们研究决策问题的基础，处理决策问题的大多数方法都是从研究单目标决策问题入手而得到的。

多目标决策是指决策的目标有两个或两个以上的决策。多目标决策比单目标决策的制定难度大一些，因为需要实现的多目标有可能是相互矛盾的，所以决策制定起来难度更大。

#### (六) 经验决策与科学决策

按决策者是基于经验还是基于科学分析做出决策划分，可以将决策划分为经验决策与科学决策。经验决策是指决策者主要根据其个人或群体的知识、智慧、阅历和直觉判断等人的素质因素而做出的决策；科学决策是指通过理性思考和分析，依据科学的决策过程和科学依据而做出的决策。

---

**阅读链接 2-3**

**决策的三因素**

企业进行战略决策时需要考虑的因素非常多，诸多成功企业认为企业在做重大决策时首先要考虑的三个必要因素就是市场、顾客与员工。

企业生存于市场之中，再好的计划、方案或策略都必须到市场上去检验。

在市场上企业最关注的就是顾客，因为顾客构成了市场并进而决定了企业能否生存，企业一定要从满意度、忠诚度等各种可能的角度来关注顾客。

企业的员工构成了企业内部的战略能力，没有内部员工的努力，企业就失去了执行任何方案的可能性。

---

## 第二节　企业计划

### 一、计划的含义

计划包括广义上的计划和狭义上的计划。广义的计划是指制订计划、执行计划和监督计划的执行情况。狭义的计划是指确定目标和实现目标的措施、手段。哈罗德·孔茨认为，计划工作是一座桥梁，它把我们所处的此岸和我们要去的彼岸连接起来。

计划者可以把行动方式具体化为可操作的"5W1H"指令，告诉组织成员做什么(What to do it)、为什么要做(Why to do it)、何时做(When to do it)、何地做(Where to do it)、何人做或何部门做(Who to do it)，以及怎么做(How to do it)？本书对计划的定义为：预先明确所追求的目标以及相应的行动方案的活动。

## 二、计划的性质

### (一) 目的性

每一个计划及其派生计划都是在促使企业或各类组织的总目标和一定时期目标的实现。计划工作是最直白地显示出管理的基本特征的职能活动。

### (二) 首位性

相对于其他管理职能，计划工作的重要性处于首位。把计划工作放在首位，不仅因为从管理过程的角度来看，计划工作要先于其他管理职能，而且因为在某些场合，计划工作是付诸实施的唯一管理职能。计划工作的结果可能直接得出一个决策，即无须进行随后的组织工作、领导工作及控制工作等。例如，对于一个是否要建立新工厂的问题，如果得出的结论是新工厂在经济上是不合算的，那么也就没有筹建、组织、领导和控制等后续问题了。计划工作具有首位性的原因还在于，计划工作影响组织的人员配备、指导、领导和控制工作。

计划工作可能需要在局部或整体上改变一个组织的结构，设立新的职能部门或改变原有的职权关系。例如，一个企业要开发某种重要的新产品，可能要为此专门成立一个项目小组，并实行一种矩阵式组织结构和职权关系。计划工作还会对人员配备产生影响，例如可能需要委任新的部门主管，调整和补充关键部门的人员，以及培训员工等。组织结构和员工构成的变化，必然会影响组织的领导方式和激励方式。

### (三) 普遍性

虽然计划工作的特点和范围随各级管理人员职权的不同而不同，但却是各级管理人员的一个共同职能。所有的管理人员，无论是总经理还是班组长，都要从事计划工作。管理人员的主要任务是决策，而决策本身就是计划工作的核心。如果将管理人员的决策权限制过严就会束缚他们，使他们无法自由地处理那些本应由他们处理的问题。久而久之，管理人员就会失去计划工作的职能与职责，养成依赖上级的习惯，也就丧失了管理人员的基本特征。

### (四) 效率性

计划工作不仅要确保实现目标，而且要从众多方案中选择最优的资源配置方案，以求合理利用资源和提高效率。通俗地讲，就是既要做正确的事又要正确地做事。显然，计划工作的任务与经济学所追求的目标是一致的。计划工作的效率是根据实现企业的总目标和一定时期的目标所得到的利益，扣除为制订和执行计划而支出的费用和其他预计不到的损失之后的净收益来测定的。

效率是指投入和产出之间的比率。效率不仅包括人们通常理解的按资金、工时或成本表示的投入产出比率，如企业资金利润率、劳动产出和成本的利润率，还包括个人、组织和群体的动机与程度这一类主观的评价标准。所以，只有实现收入大于支出，并且顾及国家、集体和个人三者利益的计划才是一个有效的计划，才能真正体现出计划的效率。

### (五) 创造性

计划工作总是针对需要解决的新问题和可能发生的新变化、新机会而做出决定，因而它是一个创造性的管理过程。计划类似于一项产品或一项工程的设计，它是对管理活动的设计。正如一种新产品的成功在于创新一样，成功的计划也依赖于创新。

综上所述，计划工作是一个指导性、预测性、科学性和创造性都很强的管理活动，但同时又是一项复杂而且困难的工作。当前，我国正面临实现社会主义现代化的宏伟目标，我国企业在世界范围内面临激烈的竞争，这就要求我国企业要迅速提高宏观和微观的管理水平，而计划工作的科学性是全面提高管理水平的前提和关键。

## 三、计划的分类

计划是对未来行动的事先安排，是对决策实施所需完成的任务进行时间和空间上的分解。计划的种类很多，可以按不同的分类标准进行分类，如表2-1所示。

表2-1 计划的分类

| 分类标准 | 类型 |
| --- | --- |
| 时间期限 | 1. 长期计划；2. 中期计划；3. 短期计划 |
| 组织职能 | 1. 业务计划；2. 财务计划；3. 人力资源计划 |
| 综合性程度 | 1. 战略性计划；2. 战术性计划 |
| 明确性程度 | 1. 具体性计划；2. 指导性计划 |
| 例行化程度 | 1. 程序性计划；2. 非程序性计划 |
| 计划的对象 | 1. 综合计划；2. 专项计划 |

### (一) 长期计划、中期计划和短期计划

按时间期限划分，可以把计划分为长期计划、中期计划和短期计划。一般来讲，期限在1年以内的计划称为短期计划；期限为1～5年的计划称为中期计划；而期限在5年以上的计划称为长期计划。例如企业制订战略发展计划时，往往将5年以上划为一个时期，3～5年划为一个时期。这种划分不是绝对的，计划的长短是一个相对的概念。例如，一项航天发展项目的短期实施计划可能需要5年，而一家小的食品厂，由于市场变化迅速，它的短期计划仅能使用两个月。所以，我们应根据长期计划、中期计划和短期计划的相互关系认识并区分它们。

### (二) 业务计划、财务计划和人力资源计划

按组织职能划分，我们可以将企业计划分为业务计划、财务计划和人力资源计划。我们通常用人、财、物、产、供、销六个字来描述企业运营所需的要素和企业的主要活动。

### (三) 战略性计划和战术性计划

按综合性程度划分，可以将计划分为战略性计划和战术性计划。战略性计划是指应用于整体组织，为组织未来较长时期(通常为 5 年以上)设立总体目标和寻求组织在环境中的地位的计划。战术性计划主要是指某一段时间，根据战略计划，针对某一件事情或某几件事情制订的详细的实施计划，具有小规模、局部性、及时性、严密性等特点。

战略性计划和战术性计划最根本的区别在于，战略计划通常从长远考虑，从全局考虑；战术计划通常从短期考虑，从局部考虑。

### (四) 具体性计划和指导性计划

按明确性程序划分，可以将计划分为具体性计划和指导性计划。

具体性计划是指具有明确的目标，不存在模棱两可，不容易引起误解的计划。具体性计划具有很强的可操作性，一般是由基层制定的。

指导性计划只规定一般的方针和行动原则，给予行动者较自由的处置权，它指出重点但不把行动者限定在具体的目标或特定的行动方案上。相对于指导性计划而言，具体性计划虽然更易于执行、考核及控制，但是缺少灵活性，它要求的明确性和可预见性条件往往很难满足。

例如，一个增加利润的具体性计划可能具体规定在未来 6 个月中，成本要降低 4%，销售额增加 6%；而指导性计划也许只提出未来 6 个月利润增加 5%～10%。显然，指导性计划具有内在的灵活性，具体性计划则更明确。

### (五) 程序性计划和非程序性计划

按例行化程度划分，可以将计划分为程序性计划和非程序性计划。

程序性计划是针对那些经常重复出现的工作或问题而按既定的程序来制订的计划，是相对于例行活动的程序化决策而言。非程序性计划是针对不经常重复出现的非例行活动所制订的计划，是相对于例外问题的非程序化决策而言。

### (六) 综合计划和专项计划

按计划的对象划分，可以将计划分为综合计划和专项计划。

综合计划是对企业生产经营过程所做出的整体安排，具体涉及多个目标和多方面的内容。综合计划的特点是从整体出发，强调综合性，促使各部门、各环节协调发展。习惯上把预算年度的计划称为综合计划，如企业年度生产经营计划，又包括销售计划、生产计划、物资供应计划、财务计划等，这些计划都有各自的内容，但它们相互联系，相互影响，相互制约，形成一个有机整体。

专项计划是指限于指定范围的计划，是在综合计划的基础上制订的，是综合计划的子计划。专项计划特点是内容单一、期限不定，而且比较具体，包括各种职能部门制订的职能计划，如技术改造计划、设备维修计划等。制订专项计划时，一方面必须以综合计划为指导，避免与综合计划脱节；另一方面还应该注意各个专项计划相互间的协调。

综合计划和专项计划是整体与局部的关系。专项计划是综合计划中某些项目的特殊安排，有助于制定该项目的实施方案。

## 四、计划的编制

计划的具体编制本身就是一个过程。为了保证所编制计划的合理性，确保决策的落实，计划的编制必须采用科学的方法并且遵循计划编制的原则。计划的编制分为 8 个步骤,如图 2-2 所示。

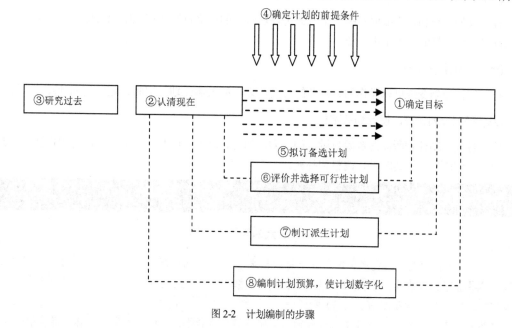

图 2-2 计划编制的步骤

### (一) 确定目标

一定时期内,组织期望达到怎样的目标?组织的发展方向是什么?要实现什么?什么时候实现?这些问题是确定总体目标时必须思考的基本问题,这些问题的答案在很大程度上取决于机会估量结果。因此,在计划编制过程中收集到的信息、资料和评估结果决定了整个计划的方向。

### (二) 认清现在

认清现在就是要了解外部环境,将竞争对手和组织自身进行比较。不仅要研究环境给组织带来的机会与威胁、组织自身的优势和不足,还要认清对手及组织自身随时间的变化而发生的变化。

### (三) 研究过去

探索过去发生的事件,从中探求事物发展的一般规律,其基本方法有两种:演绎法和归纳法。演绎法是指从已知的大前提出发加以立论;归纳法是指有步骤地把个别情况集中起来,再从中发现规律。根据所掌握的材料,研究过去时可以采用个案分析、时间序列分析等形式。

### (四) 确定计划的前提条件

计划的前提条件包括外部条件和内部条件。进行外部条件分析时,常采用 PEST 法对各个方面进行分析,如政治、环境、文化等。进行内部条件分析时,必须考虑组织的规模、产业结构、竞争力等。

### (五) 拟订备选计划

为实现组织目标,有哪些可行途径和办法?拟订备选计划时通常可以采用头脑风暴法、专家小组讨论法等。

### (六) 评价并选择可行性计划

各方案的收益和代价如何？哪一个方案可以以较小的代价较好地实现组织目标？多因素评价法是选择可行性计划的一个常用办法。

### (七) 制订派生计划

把可行性计划变成可以操作的、具体的行动计划，如采购计划、招聘计划、研究开发计划等。

### (八) 编制计划预算，使计划数字化

确定各项行动计划所需的资源数量，如人力、物力、财力，以及何时需要，同时根据计划实施情况评价计划质量，必要时进行调整和补充。

---

**阅读链接 2-4**

**袋鼠的笼子**

有一天，动物管理员们发现袋鼠从笼子里跑出来了，于是开会讨论，一致认为是笼子的高度过低，所以决定将笼子的高度由原来的10米增加到20米。第二天，他们发现袋鼠又从笼子里跑出来了，所以他们又决定将笼子的高度增加到30米。

没想到隔天居然又看到袋鼠全跑到外面，管理员们大为紧张，决定一不做二不休，将笼子的高度增加到100米。

一天长颈鹿和几只袋鼠闲聊，"你们看，这些人会不会再继续加高你们的笼子？"长颈鹿问。"很难说，"袋鼠说，"如果他们再继续忘记关门的话！"

思考：动物园的管理员们所制订的计划和目标的关系是什么？

---

## 第三节  组织管理

### 一、组织与组织结构

#### (一) 组织

在管理学中，组织有两方面的含义：一是把组织当成名词使用，是指实现某一个共同目标，由分工和协作及不同层次的权利和责任制度构成的，并与外界环境相适应的有机结合体；二是把组织当成动词使用，即管理的一项基本职能，是指设计和维护合理的分工协作关系，有效地实现组织目标的过程。

本书认为，组织是由两个或两个以上的个人为了实现共同的目标而组成的有机整体。其中，组织的三要素包括目标、有机结构和人。

#### (二) 组织结构

**1. 组织结构设计**

1) 组织结构设计的含义

组织结构是指如何对工作任务进行分工、分组和协调合作。组织结构设计是通过对组织资源(如

人力资源)的整合和优化,确立企业某一阶段的最合理的管控模式,从而实现组织资源价值最大化和组织绩效最大化。狭义地说,在人员有限的状况下,通过组织结构设计可以提高组织的执行力和战斗力。

2) 组织结构设计的程序

企业的部门是承担某种职能模块的载体,按一定的原则把它们组合在一起,便表现为组织结构。组织结构设计的程序如下。

(1) 分析组织结构的影响因素,选择最佳的组织结构模式。组织结构设计必须认真研究企业环境、企业规划、企业战略目标和信息沟通四个方面的影响因素,至于究竟应主要考虑哪个因素,应根据企业具体情况而定。

(2) 根据所选的组织结构模式,将企业划分为不同的、相对独立的部门。根据企业的实际需要设置相应的部门,部门与部门之间分工合作、互相监督。

(3) 为各个部门选择合适的结构,进行组织结构设置。确定各个部门的职责是组织结构设计的一个难点,部门的职责容易产生交叉,因此,设置一个有一定规律和规章制度的组织结构是很有必要的。

(4) 将各个部门组合起来,形成特定的组织结构。在现实生活中,存在机械式和有机式两种组织结构,但往往只有有机式组织才可以在激烈的竞争中存活下来。对于设置好的部门,可以根据其重要性、相关性、机密性等特点形成特定的组织结构。

(5) 根据环境的变化不断调整组织结构。任何企业的组织结构都处于社会系统中,社会系统是复杂的、动态的、交叉的,因而一成不变的组织结构无法适应社会的变化,组织应根据环境的变化对组织结构做出相应的调整。

**2. 组织结构的形式**

1) 直线型组织结构

直线型组织结构如图2-3所示。

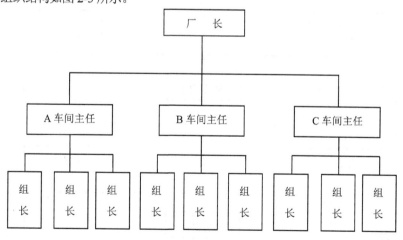

图2-3 直线型组织结构

优点:权力集中,责权分明,信息沟通简捷、方便,便于统一指挥、集中管理。

缺点:各级行政主管,尤其是最高行政首脑,必须是全能管理者;组织规模扩大时,行政主管可能由于经验、精力有限而顾此失彼;缺乏横向协调,行政主管容易忙乱。

适用范围:技术性不强、业务单纯、规模较小的组织。

2) 职能型组织结构

职能型组织结构如图 2-4 所示。

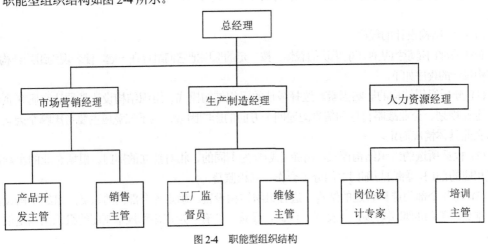

图 2-4 职能型组织结构

优点：职责明确，组织系统稳定性强；有利于强化专业管理，管理权力高度集中。

缺点：横向协调差，对环境变化的适应性差，组织高层领导负担较重；不利于培养精英及管理整个组织的人才。

适用范围：产品品种比较单一、生产技术发展变化较慢、外部环境比较稳定的中小型组织。

3) 直线职能型组织结构

直线职能型组织结构如图 2-5 所示。

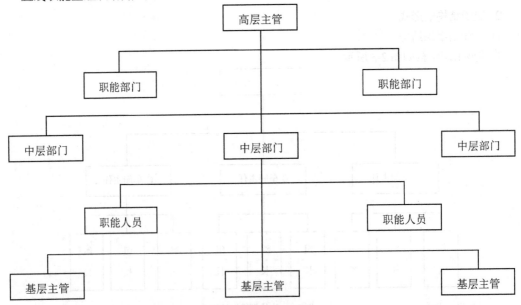

图 2-5 直线职能型组织结构

优点：既保持了直线型组织结构权力集中、便于统一指挥的优点，又吸收了职能型组织结构分工细密、注重专业化管理的长处，有助于提高管理工作的效率。

缺点：权力集中于高层，下级缺乏自主权；横向联系较差，易产生脱节和矛盾；职权分离，难以确定责任的归属；信息传递路线长，反馈慢，难以适应环境的迅速变化。

适用范围：产品单一、销量大、决策信息较少的组织。

4) 事业部制组织结构

事业部制组织结构又称 M 型结构或多部门结构，有时也称产品部式结构，即一个组织按地区或按产品类别被分成若干个事业部。其特征是分级管理、分级核算、自负盈亏。

优点：总公司领导可摆脱日常事务，可以集中精力考虑全局问题；自主经营、独立核算更利于组织专业化生产和实现内部协作；各事业部之间有竞争，有利于组织的发展；事业部经理要从整个事业部的角度考虑问题，有利于培养和训练全能型管理人才。

缺点：职能机构重叠，造成管理人员浪费；独立核算，各事业部只考虑自身利益，影响事业部之间的协作；科研资源的分散使用使深层次的研究活动难以开展。

适用范围：提供多种产品的大型组织。

5) 矩阵制组织结构

矩阵制组织结构是指把按职能划分的部门和按产品(项目)划分的小组结合起来组成一个矩阵。在矩阵制组织结构中，一名员工既与原职能部门保持组织和业务上的联系，又参加项目小组的工作。

优点：组织的横向关系与纵向关系结合，有利于协作生产和适应环境变化的需要；针对特定任务进行人员配置有利于发挥个体优势，提高劳动生产率。

缺点：项目负责人的责任大于权力，对来自不同部门的员工进行管理比较困难；员工面临双重的职权关系，易产生无所适从和混乱感。

适用范围：拥有中等规模和中等数量产品线的组织，或环境充满不确定性和部门之间存在高度依存关系时。

6) 控股型组织结构

控股型组织结构是以股权关系为连接纽带的组织模式。公司总部下设若干子公司，公司总部作为母公司持有子公司部分或全部股份。母公司对子公司通过控制性股权进行管理。

优点：一是降低了管理成本，提高了管理效率；二是在更大范围内实现了供应链与销售环节的整合；三是简化了机构和管理层次，实现了充分授权式的管理。

缺点：母公司对子公司评估能力有限；子公司各自为政；限制组织资源共享。

适用范围：跨地区、跨国经营，多领域经营的组织。

## 阅读链接 2-5

### 温水煮青蛙的故事

如果把一只青蛙放进沸水中，它会立刻试着跳出。但是如果把青蛙放进温水里，不去惊吓它，它将待着不动。然后，慢慢地加温，当水的温度从70℃升至80℃，青蛙仍显得若无其事，甚至自得其乐。可悲的是，当温度慢慢上升时，青蛙将变得越来越虚弱，最后无法动弹。虽然没有外在条件限制它脱离困境，但青蛙仍留在那里直到被煮熟。

思考：这个故事给我们带来什么启示？

## 二、组织管理理论

### (一) 组织层级与管理幅度

#### 1. 组织层级

组织层级是指从高层主管到基层工作人员之间的层次。

通常所说的组织层级有两种结构。

(1) 锥形(宝塔式)结构。最高层与基层之间层次众多,每个层次的管理幅度比较小,并且受到严密监督、控制。主管的职位较多,为下属提供较多晋升机会。但层次多可能造成管理费用增加、信息传递时间长、信息内容被扭曲等问题。

(2) 扁平式结构。这种结构管理层次少,管理幅度大,结构扁而平,管理费用较少,且沟通快,可以减少信息失真,更多的授权有利于激发下属的工作热情。但管理人员负担重,难以对下属进行细致指导,下级人员需要具有自动、自发、自律意识,同级之间沟通比较困难。

#### 2. 管理幅度

管理幅度是决定组织层级数目的最基本因素。管理幅度又称管理宽度,是指在一个组织结构中,管理人员能直接管理或控制的部属数量。这个数量是有限的,当超某个限度时,管理的效率就会随之下降。因此,主管人员要想有效地领导下属,就必须认真考虑自己究竟能直接管辖多少个下属,即管理幅度问题。

根据孔茨和奥唐奈的介绍,美国五星上将艾森豪威尔在第二次世界大战中任盟军欧洲部队最高司令官时,有3名直属下级,而这3名下属没有一人有多于4名下属的;1975年,通用汽车公司的总经理有两名执行副总经理和一个由13名副总经理组成的小组向他直接报告工作;同年,一家管理较好的运输公司的最高主管直接领导7名主要下属。

这些事实表明,确定一种适用于所有组织的管理幅度是没有意义的,也是不可能有结果的。有效的管理幅度受到诸多因素的影响,如管理人员的工作能力、下属的空间分布状况、组织变革的速度、管理工作的内容和性质、信息沟通的情况等。

#### 3. 组织层级与管理幅度的关系

一般情况下,组织层级决定组织的纵向结构,而管理幅度决定组织的横向结构。在管理幅度给定的条件下,管理层次与组织规模的大小成正比,即组织规模越大,成员人数越多,管理层次就越多;在组织规模给定的条件下,组织层级与管理幅度成反比,即管理者直接领导的下属越多,组织所需的层次就越少。

组织层级与管理幅度常常联系在一起,按组织层次的多少和管理幅度的大小,可分为高耸的组织结构和扁平的组织结构。高耸的组织结构,组织层级较多,管理幅度小,沟通渠道多。其优点是管理严密,分工明确,上下级容易协调;其缺点是管理层次多从而增加了管理费用,信息沟通时间长,容易由于管理严密而影响下级人员的满意感和创造性。

一般来说,管理幅度越大,人与人之间的关系就越复杂。法国数学家格雷·卡耐斯提出,管理幅度与关系数量成指数函数关系,即下属数量按等差级数增加时,关系数量按几何级数增加。这就提示我们,如果一个管理者管理的下属太多,就会产生复杂的人际关系。因此,一方面要把管理幅度控制在适度的范围,另一方面要加强部门和人员之间的沟通。

企业实践表明,应尽量减少管理幅度与组织层级,这样不仅可以避免政出多门,还可以简化办事

# 第二章 现代企业管理职能

程序,从而提高办事效率。虽然管理幅度和组织层级有较大的弹性,但对于公共行政组织来说,应尽量保持相对稳定,并用法规形式固定下来,防止机构不断膨胀、部门之间职责不清和扯皮现象的发生。

### (二) 组织授权

授权就是组织为了共享内部权力、激励员工努力工作,而把某些权力或职权授予下级。

#### 1. 授权的内容

(1) 分派任务。向被托付人委派任务。
(2) 委任权力。授予被托付人相应的权力,使之有权处理原本无权处理的工作。
(3) 明确责任。要求被托付人对托付的工作负全责。

授权并不是将职权放弃或让渡,授权者也不会由于将职权授予别人而丧失它,授出的一切职权都可由授权者收回和重新授出。

#### 2. 有效授权的要素

(1) 信息共享。组织中的信息是一种共享资源。组织如果能够使员工充分地获取必要的信息资料,就会大大提高员工的积极性和工作主动性。
(2) 提高授权对象的知识和技能。组织必须对员工进行及时、有效的培训,以帮助他们获取必需的知识和技能。
(3) 充分授权。组织若要充分发挥团队的作用,就必须真正地放权给团队中的各个专家和基层人员,使每个成员都能根据工作过程的实际情况进行适当安排,这样,各种类型的能力才能得到充分的发挥。
(4) 奖励绩效。组织应制定合理的绩效评估和奖励系统,对组织成员的绩效给予奖励。这种奖励系统应该既包括工资和利润提成,也包括一定的股权比例,如职工持股计划。

### 阅读链接 2-6

金鱼缸是玻璃做的,不仅美观而且透明,这就有助于养鱼者及时了解鱼的生存状况,方便管理,有利于鱼的正常生长。金鱼缸效应在实践中为许多管理者所用,管理者既要做到对下属的充分信任和授权,让他们自由发挥,又不能对他们放任自由。

金鱼缸效应告诉我们,要实行透明化阳光管理,加强监控,保持信任与监控的和谐,将授权与监控相结合,最终实现完善的管理体制。

### (三) 集权与分权

集权与分权一般是指领导方式,即领导者在进行领导活动时,对待下属的态度和行为的表现。集权与分权其实是权力(主要是决策权)在领导和下属之间的分配格局,往往反映了某种类型的领导体制和组织体制。

集权意味着决策权在很大程度上向处于较高管理层次的职位集中,是以领导为中心的领导方式。分权是指决策权在很大程度上分散到处于较低管理层次的职位上,是以下属为中心的领导方式。

不管集权与分权的争论是多么针锋相对、势不两立,但作为一对相对的概念,在管理中不存在绝对的集权或分权,关键在于管理者对集权和分权的权衡。在企业管理中,集权与分权的钟摆定律也在发挥着作用,企业应根据各种因素采取权变策略,宜集权则集权,宜分权则分权。

# 第四节  领导理论

## 一、领导的含义与职能

### 1. 领导的含义

领导是指领导者运用各种影响力，使其他个人或某个组织服从、接受和实现某个或某些目标的过程。这一定义包含两个方面的内容：第一，领导是一个有目的的活动过程，是一种行为，这一活动过程的成效取决于领导者、被领导者和环境三种因素；第二，领导者对下属具有影响力。

### 2. 领导的职能

领导的职能是指领导者运用组织赋予的权力，组织、指挥、协调和监督下属人员完成领导任务的职责和功能。领导主要有以下四种职能。

(1) 指挥作用。领导者在组织活动中需要头脑清醒、胸怀全局，能高瞻远瞩、运筹帷幄的领导者可以帮助组织成员认清所处的环境和形势，指明活动的目标和达到目标的路径。

(2) 激励作用。领导者为组织成员主动创造能力发展空间和职业生涯发展路径。

(3) 协调作用。组织受内外因素的干扰，需要领导者来协调组织成员之间的关系和活动，从而朝着共同的目标前进。

(4) 沟通作用。领导者必须与下级进行有效的沟通，同时，必须了解下级如何理解工作并及时捕捉下级的灵感和想法，这些都有助于工作更好地进行。

## 二、领导理论概述

### (一) 领导行为理论

领导行为理论试图从研究领导者的行为特点与绩效的关系出发，来寻找最有效的领导风格。相关学者主要从领导者更关心工作绩效还是更关心群体关系，以及是否让下属参与决策等方面研究领导行为。

#### 1. 领导行为的四分图理论

领导行为的四分图理论是由美国俄亥俄州立大学的领导行为研究者们在1945年提出来的，他们列出了一千多种刻画领导行为的因素，通过高度概括归纳为组织和体贴两个方面。研究结果认为，领导者的行为是组织与体贴两个方面的任意组合，即可以用两个坐标的平面组合来表示。用四个象限来表示四种类型的领导行为，它们是高组织与高体贴、低组织与低体贴、高组织与低体贴、高体贴与低组织，这就形成了领导行为的四分图，如图2-6所示。领导行为的四分图属于一种两维模式图：抓组织，即以工作为中心；关心人，即以人际关系为中心。

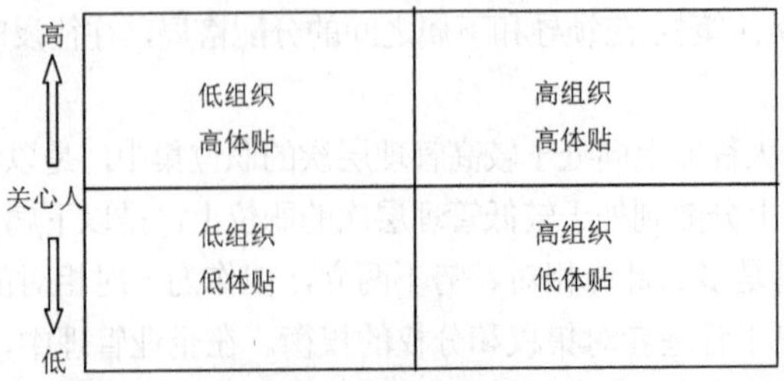

| | | |
|---|---|---|
| 高↑<br>关心人<br>↓低 | 低组织<br>高体贴 | 高组织<br>高体贴 |
| | 低组织<br>低体贴 | 高组织<br>低体贴 |

图 2-6  领导行为的四分图

## 2. 管理方格理论

管理方格理论(Management Grid Theory)是由美国德克萨斯大学的行为科学家罗伯特·布莱克(Robert R. Blake)和简·莫顿(Jane S. Mouton)在1964年出版的《管理方格》(1978年修订再版,改名为《新管理方格》)一书中提出的。管理方格图(见图2-7)的提出改变以往各种理论中非此即彼(要么以生产为中心,要么以人为中心)的绝对化观点,指出在关心生产和关心人的两种领导方式之间,可以进行不同程度的互相结合。

如图2-7所示,有代表性的领导行为包括:(1,9)型,又称乡村俱乐部型管理,表示领导者只注重支持和关怀下属而不关心任务和效率;(1,1)型又称贫乏型管理,表示领导者不愿意努力工作,对工作绩效和人员的关心都很少,很难维持组织成员的关系,也很难有良好的工作绩效;(5,5)型又称中庸之道型管理,表示领导者只重视任务效率和令人满意的士气;(9,1)型又称任务型管理,表示领导者只重视任务效果而不重视下属的发展和士气;(9,9)型又称团队型管理,表示领导者通过协调和综合工作相关活动而提高任务效率和士气。他们认为(9,9)型的管理方式是最佳的领导方式,并提出,原则上达不到(9,9)等级的管理人员,要接受如何成为一个(9,9)型领导人的培训。

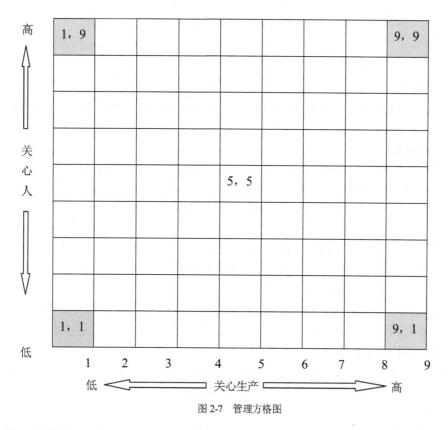

图2-7 管理方格图

### (二) 领导情景理论

#### 1. 权变领导理论

权变领导理论(Contingency Leadership Theory)由美国伊利诺伊大学的费德勒(F. E. Fiedler)在

1951年提出，这一理论的主要内容是领导者所领导的群体若要高效地完成工作任务，应随领导者本身的需要结构，以及在特定情境下的控制和影响程度而权变。这个模式把领导人的特质与领导行为有机地结合起来，并与情境分类联系起来。他提出，有效的领导行为依赖领导者与被领导者相互影响的方式，以及情境给予领导者的控制和影响程度的一致性。

领导环境包括上下级关系、任务结构、职位权力。

人际关系型：关系第一，任务第二。

工作任务型：任务第一，关系第二。

不同的情景采用不同的领导风格，具体如表2-2所示。

表2-2　权变领导理论领导类型与情景变量之间的关系

| 对领导的有利性 | 情景类型 | 上下级关系 | 任务结构 | 职位权力 | 有效领导类型 |
| --- | --- | --- | --- | --- | --- |
| 有利 | 1 | 良好 | 有结构 | 强 | 工作任务型 |
|  | 2 | 良好 | 有结构 | 弱 | 工作任务型 |
|  | 3 | 良好 | 无结构 | 强 | 工作任务型 |
| 中间状态 | 4 | 良好 | 无结构 | 弱 | 人际关系型 |
|  | 5 | 不良 | 有结构 | 强 | 人际关系型 |
|  | 6 | 不良 | 有结构 | 弱 | 无资料 |
|  | 7 | 不良 | 无结构 | 强 | 无资料 |
| 不利 | 8 | 不良 | 无结构 | 弱 | 工作任务型 |

**2. 领导生命周期理论**

领导生命周期理论(Situational Leadership Theory，SLT)是由科曼首先提出，后由保罗·赫西和肯尼斯·布兰查德予以发展的，也称情景领导理论，这是一个重视下属的权变理论。赫西和布兰查德认为，依据下属的成熟度，选择正确的领导风格，就会取得领导的成功。领导生命周期理论图如图2-8所示。

领导生命周期理论使用的两个领导维度与费德勒的权变领导理论的划分相同，即划分为工作行为和关系行为两个维度。但是，赫西和布兰查德的研究向前迈进了一步，他们认为每一个维度有低有高，从而形成以下四种具体的领导风格。

(1) 命令型领导方式(高工作—低关系)。下属的成熟度为第一阶段(M1)时，在这种领导方式下，由领导者进行角色分类，并告知人们做什么，如何做，何时以及何地去完成不同的任务。它强调指导性行为，通常采用单向沟通方式。

(2) 说服型领导方式(高工作—高关系)。下属的成熟度为第二阶段(M2)时，在这种领导方式下，领导者既提供指导性行为，又提供支持性行为。领导者除向下属布置任务外，还与下属共同商讨工作，比较重视双向沟通。

(3) 参与型领导方式(低工作—高关系)。下属的成熟度为第三阶段(M3)时，在这种领导方式下，领导者极少下命令，而是与下属共同进行决策。领导者的主要作用就是促进工作的进行和沟通。

(4) 授权型领导方式(低工作—低关系)。下属的成熟度为第四阶段(M4)时，在这种领导方式下，领导者几乎不提供指导或支持，通过授权鼓励下属自主做好工作。

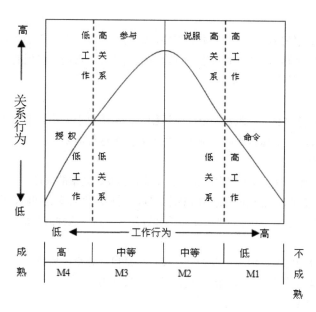

图 2-8　领导生命周期理论图

## 三、激励与沟通

### (一) 激励

激励有激发和鼓励的意思,是管理过程中不可或缺的环节和活动。有效的激励可以成为组织发展的动力保证,有利于实现组织目标。激励有自己的特性,它以组织成员的需要为基点,以需求理论为指导。激励有物质激励和精神激励、外在激励和内在激励等不同类型。

激励是指激发人的行为的心理过程。激励这个概念用于管理,是指激发员工的工作动机,也就是说用各种有效的方法去调动员工的积极性和创造性,使员工努力完成组织的任务,实现组织的目标。有效的激励会点燃员工的激情,使他们的工作动机更加强烈,让他们产生超越自我和他人的欲望,并将潜在的内驱力释放出来,为企业的远景目标而努力工作。

对于激励的方式现在学术界有很多种理论和方法,比如著名的马斯洛需要层次理论、激励—保健双因素理论。其中激励因素为满意因素,有了它便会感到满意并得到激励。保健因素为不满意因素,没有它会产生意见和消极行为。其实,很多激励模式中都不外乎正面激励与反面激励两种方式。

### (二) 激励理论

#### 1. 需要层次理论

马斯洛需要层次理论又称基本需求层次理论,是行为科学的理论之一,由美国心理学家亚伯拉罕·马斯洛于 1943 年在《人类激励理论》论文中提出。该理论将需要分为五种,像阶梯一样从低到高,按层次逐级递升,分别为生理的需要、安全的需要、情感和归属的需要、尊重的需要、自我实现的需要。另外,还有两种需要:求知需要和审美需要,这两种需要未被列入到马斯洛的需要层次排列中,他认为这两者应居于尊重需要与自我实现需要之间。

按照马斯洛的理论,个体成长发展的内在力量是动机,而动机是由多种不同性质的需要所组成,各种需要之间有先后顺序与高低层次之分,每一个层次的需要与满足,将决定个体人格发展的境界或程度,如图 2-9 所示。

1) 生理的需要

生理上的需要是人们最原始、最基本的需要,包括:空气、水、食物、衣服、住宅、医疗等。若生理上的需要得不到满足,则可能有生命危险。也就是说,它是最强烈的、不可避免的最底层需要,也是推动人们行动的强大动力。

2) 安全的需要

安全的需要包括劳动安全、职业安全、生活稳定、希望免于灾难、希望未来有保障等。安全需要比生理需要高一级,当生理需要得到满足以后就要保障这种需要。

3) 情感和归属的需要

情感和归属的需要是指个人渴望得到家庭、团体、朋友、同事的关怀、爱护和理解,是对友情、信任、温暖、爱情的需要。情感和归属的需要比生理需要和安全需要更细微、更难捉摸,它与个人性格、经历、生活区域、民族、生活习惯、宗教信仰等都有关系,这种需要是难以察觉、无法度量的。

4) 尊重的需要

尊重的需要可分为自尊、他尊和权力欲三类,包括自我尊重、自我评价及尊重别人。尊重的需要很少能够得到完全的满足,但基本的满足就可产生推动力。

5) 自我实现的需要

自我实现的需要是最高等级的需要,满足这种需要就要求完成与自己能力相称的工作,最充分地发挥自己的潜在能力,成为所期望的人物,这是一种创造的需要。有自我实现需要的人总是竭尽所能,使自己趋于完美。自我实现意味着充分地、活跃地、忘我地、全神贯注地体验生活。

图2-9 马斯洛需要层次理论图

## 阅读链接 2-7

亚伯拉罕·马斯洛(Abraham Harold Maslow,1908—1970) 出生于纽约市布鲁克林区,美国社会心理学家、人格理论家和比较心理学家,人本主义心理学的主要发起者和理论家,心理学第三势力的领导人。

马斯洛,1926年进入康乃尔大学,三年后转至威斯康星大学攻读心理学,在著名心理学家哈洛的指导下,1934年获得博士学位,之后留校任教;1935年,在哥伦比亚大学任桑代克学习心理研究工作助理;1937年任纽约布鲁克林学院副教授;1951年,被聘为布兰戴斯大学心理学教授兼系主任,1969年离任,成为加利福尼亚劳格林慈善基金会第一任常驻评议员;第二次世界大战后,转到布兰戴斯大学任心理学教授兼系主任,开始对健康人格或自我实现者的心理特征进行研究;曾任美国人格与社会心理学会主席和美国心理学会主席(1967),是《人本主义心理学》和《超个人心理学》两个杂志的首任编辑。

其主要著作有《动机和人格》(1954)、《存在心理学探索》(1962)、《科学心理学》(1967)、《人性能达到的境界》(1970)等。

### 2. 双因素理论

双因素理论 (Two Factors Theory)又称激励—保健理论(Motivator-Hygiene Theory),是由美国的行为科学家弗雷德里克·赫茨伯格(Fredrick Herzberg)提出来的。双因素理论认为引起人们工作动机的因素主要有两个:一是保健因素,二是激励因素。只有改善激励因素才能够给人们带来满意感,而改善保健因素只能消除人们的不满,不会带来满意感。

保健因素是指造成员工不满的因素。保健因素不能得到满足,易使员工产生不满情绪、消极怠工,甚至引起罢工等对抗行为。但在保健因素得到一定程度的改善以后,无论再如何进行改善,往往也很难使员工感到满意,因此也就难以再由此激发员工的工作积极性。就保健因素来说,"不满意"的对立面应该是"没有不满意"。

激励因素是指能使员工感到满意的因素。激励因素的改善能使员工感到满意,能够极大地激发员工工作的热情,提高劳动生产效率。但即使管理层不在激励因素上给予满足,往往也不会因此使员工感到不满意,所以就激励因素来说,"满意"的对立面应该是"没有满意"。

根据赫茨伯格的理论,在调动员工积极性方面可以分别采用以下两种基本做法。

1) 直接满足

直接满足又称工作任务以内的满足,是一个人通过工作所获得的满足,这种满足是通过工作本身和工作过程中人与人的关系得到的。它能使员工学习到新的知识和技能,产生兴趣和热情,使员工具有光荣感、责任心和成就感。因此可以使员工受到内在激励,产生极大的工作积极性。对于这种激励方法,管理者应该予以充分重视。这种激励虽然有时所需的时间较长,但是员工的积极性一经激励,不仅可以提高生产效率,而且能够持久地保持,所以管理者应该充分运用这种方法对员工进行激励。

2) 间接满足

间接满足又称工作任务以外的满足。这种满足不是从工作本身获得的,而是在工作完成后获得的,如晋升、授衔、嘉奖、物质报酬和福利等。其中福利方面,如工资、奖金、食堂、托儿所、员工学校、俱乐部等,都属于间接满足。间接满足虽然也与员工所承担的工作有一定的联系,但它毕竟不是直接的,因此在调动员工积极性上往往有一定的局限性,常常会使员工感到与工作本身关系不大而不在乎。在实际工作中,借鉴这种理论来调动员工的积极性,不仅要充分注意保健因素,使员工不至于产生不满情绪,更要注意利用激励因素去激发员工的工作热情,使其努力工作。

### 3. 公平理论

公平理论又称社会比较理论,是美国行为科学家斯塔西·亚当斯在《工人关于工资不公平的内心冲突同其生产率的关系》(1962,与罗森合写),《工资不公平对工作质量的影响》(1964,与雅各布森合写)、《社会交换中的不公平》(1965)等著作中提出来的一种激励理论。该理论侧重于研究工资报酬分配的合理性、公平性及其对职工生产积极性的影响。

该理论的基本思想是人的工作积极性不仅与个人的实际报酬有关,而且与人们对报酬的分配是否感到公平的关系更为密切。人们总会无意识地将自己付出的劳动代价以及所得到的报酬与他人进行比较,并对公平与否做出判断。公平感直接影响职工的工作动机和行为。因此,从某种意义上来讲,动机的激发过程实际上是人与人进行比较,做出公平与否的判断,并据以指导行为的过程。

员工选择的与自己进行比较的参照类型有三种，分别是其他人、制度和自我。其他人包括在本组织中从事相似工作的其他人以及其他组织中与自己能力相当的同类人，包括朋友、同事、学生甚至自己的配偶等。制度是指组织中的工资政策和程序以及这种制度的运作。自我是指自己在工作中付出与所得的比率。对于某项工作的付出，包括教育、经验、努力水平和能力。通过工作获得的所得或报酬，包括工资、表彰、信念和升职等。

调查结果表明，不公平感的产生，绝大多数是由于经过比较认为自己目前的报酬过低而产生的，但在少数情况下，也会由于经过比较认为自己的报酬过高而产生。

### 4. 期望理论

期望理论(Expectancy Theory)又称效价—手段—期望理论，由北美著名心理学家和行为科学家维克托·弗鲁姆(Victor H. Vroom)于1964年在《工作与激励》中提出。

期望理论是通过三个因素反映需要与目标之间的关系，即要激励员工，就必须让员工明确：

(1) 工作能提供给他们真正需要的东西；

(2) 他们欲求的东西是和绩效联系在一起的；

(3) 只要努力工作就能提高他们的绩效。

激励(Motivation，M)等于行动结果的价值评价(即效价，Valence，V)和其对应的期望值(Expectancy，E)的乘积：

$$M = V \times E$$

不同效价和不同期望值的结合，会产生不同的激发力量，一般存在以下几种情况。

(1) 高 E×高 V=高 M。

(2) 中 E×中 V=中 M。

(3) 低 E×低 V=低 M。

(4) 高 E×低 V=低 M。

(5) 低 E×高 V=低 M。

这表明，组织管理要收到预期的激励效果，要以激励手段的效价(能使激励对象带来的满足)和激励对象获得这种满足的期望值都足够高为前提。只要效价和期望值中有一项的值比较低，就难以使激励对象在工作岗位上表现出足够的积极性。

## (三) 沟通

### 1. 沟通及其作用

沟通是为了一个设定的目标，把信息、思想和情感在个人或群体间传递，并且达成共同协议的过程。沟通有三大要素：①要有一个明确的目标；②达成共同的协议；③沟通信息、思想和情感。沟通在管理中可以发挥信息传递、情感交流、控制等功能。

沟通的要素包括沟通的内容、沟通的方法、沟通的动作。就各要素的影响力来说，沟通的内容占7%，影响最小；沟通的动作占55%，影响最大；沟通的方法占38%，居于两者之间。松下幸之助有句名言："企业管理过去是沟通，现在是沟通，未来还是沟通。"管理者的真正工作就是沟通。不管到了什么时候，企业管理都离不开沟通。沟通的作用如下。

(1) 沟通是领导者激励下属，实现领导职能的基本途径。

(2) 沟通是协调各个体、各要素，使企业成为一个整体的凝聚剂。

(3) 沟通是企业与外部环境之间建立联系的桥梁，各企业的社会存在性使企业不得不和外部环境进行有效的沟通。

## 2. 沟通管理

1) 有效沟通的障碍

(1) 个人原因。人们对人和事的态度、观点和信念的不同造成沟通的障碍。知觉选择的偏差是指人们有选择地接受，例如，符合自己利益需要又与自己切身利益有关的内容很容易被人们接受，而对自己不利或可能损害自己利益的内容则不容易被接受。

个人的个性特征差异引起沟通的障碍。在组织内部的信息沟通中，个人的性格、气质、态度、情绪、兴趣等差别，都可能引起信息沟通的障碍。语言表达、交流和理解也能造成沟通的障碍，同样的词汇对不同的人来说含义是不一样的。在一个组织中，员工常常来自不同的背景，有着不同的说话方式和风格，对同样的事物有着不一样的理解，这些都造成了沟通的障碍。

(2) 人际原因。人际原因主要包括沟通双方的相互信任程度和相似程度。沟通是发送者与接收者之间"给"与"受"的过程。信息传递不是单方面，而是双方的事情，因此，沟通双方的诚意和相互信任至关重要。上下级之间的猜疑只会增加抵触情绪，减少坦率交谈的机会，也就不可能进行有效的沟通。沟通的准确性与沟通双方的相似性也有着直接的关系。沟通双方的特征，包括性别、年龄、智力、种族、社会地位、兴趣、价值观、能力等相似性越大，沟通的效果也会越好。

(3) 结构原因。信息传递者在组织中的地位、信息传递链、团体规模等结构因素也会影响有效的沟通。许多研究表明，信息传递者地位的高低对沟通的方向和频率有很大的影响。信息传递层次越多，它到达目的地的时间也越长，信息失真概率越大，越不利于沟通。另外，组织机构庞大，层次太多，也会影响信息沟通的及时性和真实性。

(4) 技术原因。技术原因主要包括语言、非语言暗示、媒介的有效性和信息过量等。

2) 实现有效沟通的办法

(1) 团队领导者的责任。领导者要认识到沟通的重要性，并把这种思想付诸行动。企业的领导者必须真正地认识到与员工进行沟通对实现组织目标十分重要。如果领导者通过自己的言行表达认可了沟通，这种观念就会逐渐渗透到组织的各个环节中去。

(2) 团队成员提高沟通的水平。团队成员要克服沟通的障碍必须注意以下几点：①在沟通过程中要认真感知，集中注意力，以便信息准确而又及时地传递和接收，避免信息错传和减少信息接收时的损失；②增强记忆的准确性是消除沟通障碍的有效心理措施，记忆的准确性水平高的人，传递信息可靠，接受信息也准确；③提高思维能力和水平是提高沟通效果的重要心理因素，高的思维能力和水平对于正确地传递、接受和理解信息，起着重要的作用；④培养镇定的情绪和良好的心理气氛，创造一个相互信任、有利于沟通的小环境，有助于人们真实地传递信息和正确地判断信息，避免因偏激而歪曲信息。

(3) 正确地使用语言和文字。语言和文字运用得是否恰当直接影响沟通的效果。使用语言和文字时要简洁、明确，叙事说理要言之有据，条理清楚，富于逻辑性；措辞得当，通俗易懂，不要滥用词语，不要讲空话、套话。非专业性沟通时，少用专业性术语。可以借助手势和表情动作，以增强沟通的生动性和形象性，使对方容易接受。

(4) 学会有效的倾听。有效的倾听能增加信息交流双方的信任感，是克服沟通障碍的重要条件。要提高倾听的技能，可以从以下几方面去努力：①使用目光接触；②展现赞许性的和恰当的面部表情；③避免分心的举动或手势；④要提出意见，以显示自己不仅在充分聆听，而且在思考；⑤复述，用自己的话重述对方所说的内容；⑥要有耐心，不要随意插话、随便打断对方的话；⑦不要妄加批评和争论；⑧使听者与说者的角色顺利转换。

(5) 缩短信息传递链，拓宽沟通渠道。信息传递链过长，会减慢流通速度并造成信息失真，所以要减少组织机构重叠，拓宽信息沟通渠道。另外，团队管理者应激发团队成员自下而上地沟通。例如，运用交互式广播电视系统，允许下属提出问题，并得到高层领导者的解答。如果是在同一个公司，公司内部刊物应设立有问必答栏目，鼓励所有员工提出自己的疑问。让领导者走出办公室，亲自和员工们交流信息。坦诚、开放、面对面的沟通会使员工觉得领导者理解自己的需要和关注，会取得事半功倍的效果。

### 阅读链接 2-8

#### 惠普之道

威廉·休利特，惠普创始人之一，曾这样总结惠普的精神：“惠普之道，归根结底就是尊重个人的诚实和正直。"

惠普是最早实行弹性工作制的企业，公司没有作息表，也不进行考勤，职工可以从早上 6 点、7 点或 8 点开始上班，只要完成 8 小时工作即可，每个人都可以按照自己的生活需要来调整工作时间。在惠普，存放电器和机械零件的实验室备品库是全开放的，不仅允许工程师任意取用，而且鼓励他们拿回家供个人使用。惠普的观点："不管这些零件是否用在工作相关之处，反正只要他们摆弄这些玩意儿总能学到点东西。"惠普的包容性很强，它只问你能为公司做什么，而不强调你从哪里来。在处理问题时只有基本的指导原则，把具体细节留给基层经理，以利于其做出更加合适的判断，这样公司可以给员工保留发挥的空间。

资料来源：邬适融. 现代企业管理[M]. 2 版. 北京：清华大学出版社，2008.

## 第五节　企业控制管理

### 一、控制的概念和必要性

#### （一）控制的概念

就一般意义而言，控制就是指引导一个动态系统达到预定状态。例如，采用温度控制器使室内温度保持在一定的范围内；采用经济杠杆使国民经济供求总量趋于平衡。控制的两个前提是系统未来的状态有几种可能性，并且系统可以改变其输入参数而影响运行。

从现代企业管理的角度出发，控制就是管理者为了保证实际工作与计划要求相一致，按照既定的标准对组织的各项工作进行检查、监督和调节。控制的主要内容包括以下三点。

(1) 控制有很强的目的性，即控制是管理者为了保证实际工作与计划要求相一致而采取的行为。
(2) 控制是通过检查、监督、调节来实现的。
(3) 控制是一个过程。

#### （二）控制的必要性

**1. 环境的变化**

对于企业来说，它面对的是一个动态的市场，市场供求、产业结构、技术水平、用户期望、绿色物流等影响企业活动的因素在时刻发生变化，这些变化导致企业原先所制订的计划与目前的市场有一定的差距。另外，随着经济全球化的发展，竞争逐渐无国界化，市场和劳务全球化，世界经济呈现多元化的格局。在这种环境下，任何企业都要不断提高自我适应能力，加快改革步伐。

### 2. 管理权力的分散

前文曾提到,组织层级与管理幅度成反比,组织层级越多,管理幅度越小。只要企业经营达到一定规模,企业主管就不可能直接、面对面地组织和指挥全体员工的劳动。因此,任何企业的管理权限都制度化或非制度化地分散在各个管理部门和层次。企业分权程度越高,控制就越有必要,以保证权力得到正确的利用,在权力被滥用或者活动不符合计划要求时及时得到纠正。

### 3. 工作能力的差异

需要层次理论中提到人的需要分为生理、安全、情感和归属、尊重、自我实现五个层次,每个人所处的需要层次不同。另外,组织成员在不同的时空里进行工作,这些必然导致他们的认识能力和工作能力不同,从而导致他们的实际工作结果也可能在质和量上与计划要求不符。某个环节可能产生的这种偏离计划的现象,会对整个企业的活动造成冲击。因此,加强对这些成员的工作控制是非常必要的。

---

**阅读链接 2-9**

对任何管理控制理论的评价都可以从以下三方面进行。
(1) 这个理论所包括的潜在重要变量的范围如何。
(2) 控制系统变量与组织战略取得的成就之间的因果关系的明显程度。
(3) 证据的可靠性和真实性。

---

## 二、控制系统

控制系统是由控制的标准和目标、偏差或变化的信息,以及纠正偏差或调整标准和目标的行动措施这三部分要素构成的。这三个构成要素共同决定了控制系统的效率和效能,因此,它们也是有效控制的基本条件。

在一个常规的控制系统中,为了保证计划能得以实现,通常是由管理人员对人员、财务、作业、信息、组织绩效进行相应的事前、事中、事后控制。在控制过程中,管理当局必须首先根据计划阶段形成的目标制定行为标准,然后用这个标准来衡量实际的工作绩效。如果标准与实际工作之间有偏差产生,那么管理当局必须根据情况调整实际工作或调整标准,或什么也不调整。

## 三、控制的基本过程

### (一) 确定控制标准

标准是评定工作成绩的尺度,是衡量实际成果与预计状况之间偏差的依据和基础。建立标准首先应明确体现目标特性及影响目标实现的对象或要素,然后根据计划的需要建立专门的标准。

### (二) 衡量执行绩效

这一阶段,管理者按照控制标准对受控系统的资源配置、运行情况、工作成果等进行监测,并把计划执行结果与计划预期目标进行比较,从而确定是否存在偏差,以便提供纠正措施所需的最适当的依据,这就是衡量绩效的过程。

根据绩效衡量的结果，管理者不仅能及时发现那些已经发生或预期将要发生的偏差，还可以据此实施必要的奖惩。

### (三) 纠正偏差

根据衡量绩效的结果，管理者应该在下列三种控制方案中选择：维持现状、纠正偏差、修订标准。

#### 1. 维持现状方案

如果衡量绩效的结果令人满意，可采取此方案；如果发现偏差，就要分析产生偏差的原因，可能是人员不称职或技术设备条件跟不上等，也可能是计划或标准有误，针对不同的情况要采取相应的措施。

#### 2. 纠正偏差方案

如果偏差是由于绩效不足产生的，管理者就应该采取纠正措施，例如调整管理策略、改善组织结构、加强人员培训，以及进行人事调整等。

#### 3. 修订标准方案

工作中的偏差也可能来自不合理的标准，即标准定得太高或太低，或由于时间的推移，原有的标准不再适用，这时采取的控制措施就应该是调整标准。

综上所述，控制的基本过程如图2-10所示。

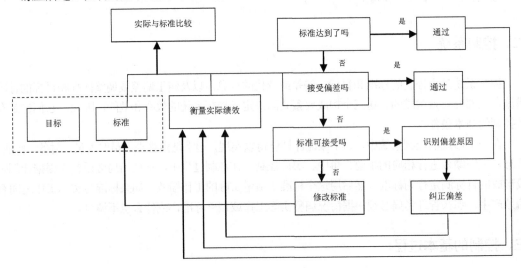

图2-10 控制的基本过程

## 【本章小结】

管理是人们进行的一项实践活动，是人们的一项实际工作，是一种行为。人们发现在不同的管理者的管理工作中，管理者往往采用程序类似、内容具有某些共性的管理行为，如计划、组织、控制等，人们对这些管理行为进行系统性归纳，逐渐形成了"管理职能"这一被普遍认同的概念。

管理职能是管理过程中各项行为的内容的概括，是人们对管理工作应有的一般过程和基本内容所做的理论概括。

企业管理是对企业的生产经营活动进行计划、组织、领导和控制等一系列职能的总称。计划是对未来活动进行的一种预先的谋划，即研究活动条件、制定决策。为了实现组织目标，必须规定组织中的每个成员在其工作中的分工协作关系，设计组织结构、配备组织成员及制定监督机制。领导者利用组织所赋予的权力去指挥、影响和激励组织成员为实现组织目标而努力工作，同时，拟订标准，寻找偏差，下达纠偏指令。控制就是管理者为了保证实际工作与计划要求相一致，按照既定的标准对组织的各项工作进行检查、监督和调节。控制系统是由控制的标准和目标、偏差或变化的信息，以及纠正偏差或调整标准和目标的行动措施这三部分要素构成的。这三个构成要素共同决定了控制系统的效率和效能，因此，它们也是有效控制的基本条件。

## 【思考题】

1. 按不同的决策思想划分，决策可以分为哪些类型？
2. 简述企业计划编制的程序。
3. 组织结构的形式有哪些？
4. 如何理解集权和分权？
5. 试述领导理论的发展过程。
6. 产生沟通障碍的原因有哪些？如何实现有效的沟通？
7. 试述控制的基本过程。

## 【案例分析】

### 团结向前，抓紧机遇

某外资农业设备公司生产各种谷物处理设备，包括处理面粉与大米的各种机器。该公司是行业的领导者，进入中国市场已有20年的时间，主要是通过经销商与国外总部直接销售。8年前，该公司在华东建立了中国区的销售与服务公司，同时与当地政府建立了生产的合资企业。

该品牌是行业的领先者，产品的标准被一般设计院采用。但在国内，仿制的产品也很多，仿制产品的质量有差距但有明显的价格优势。

该公司的销售模式主要是将产品出售给设计院并通过设计院转销给客户。设计院转销的客户主要有两类：一类客户是需要新建的面粉厂，其找设计院设计厂房并从设计院购买设备，但因为价格差异，工厂只能购买1~2台设备(放在外面陈列，不实际投入生产)；第二类是更换机器设备、机器配件或整改的客户，但因为价格与预算原因，其很少从设计院购买原厂设备与配件。

总部面对中国的快速发展，希望在中国把生意做大。几年内收购了几家生产上下游产品的公司，建立设计与工程部门，希望把销售、设计交给整家工厂。

机遇与难题：

原来的生意模式难以持续下去，市场份额不断减少(竞争产品质量在提高)，总部的期望提高，必须做出改变。总部愿意提供资金与支持，目的就是把生意做大。

国家对农业有支持，希望通过增强下游加工能力，把农产品的价格提高，提高农民的收入，并对一些有实力的投资者提供资金与土地的补助。

销售队伍觉得难以实现，本来是把设备卖给设计院的，现在变了直接竞争，他们害怕在没有成功之前，原本的客户也受影响。销售队伍没有信心向投资人推销建整家工厂。

设计与工程部门是新成立的，虽然有总公司支持，但外籍专家的费用不低，他们也不习惯中国的工作方法，本地团队的设计能力还没有跟上。

生产、采购、外协、工程支持等各种配套设施还没有建立起来，现在只是在卖品牌与概念，还没有实际交付。

公司的服务团队主要进行安装与调试工作，没有太多维修与改进的工作，没有与现有客户产生很多互动，没有建立技术能力的声誉。

销售部门只是在华东地区活动，而客户在东北、华北、西北都有据点。

总部期望业绩在三年内翻两番。销售、设计、工程、采购、物流、生产人员的数量与能力都不足以满足需求。

各家新收购的公司有文化磨合的问题，管理风格不一致，怎样统一各公司的企业文化是难题。

**问题讨论：**
如果你是公司的CEO，你会怎样带领公司面对挑战与机遇？

# 【技能训练】

**训练目标：**
1. 增强学生对现代企业管理各职能的认识。
2. 培养学生将管理方法运用到实际问题中的能力。

**训练方法：**
由7个人组成一个小团体，每个人都是平等的，但同时又是自私的。大家想用非暴力的方式，通过制度创新来解决每天的吃饭问题——分食一锅粥，要在没有计量工具和带刻度的容器的状况下分食一锅粥。

分粥的方法如下。

方法一：大家民主选举一个信得过的人主持分粥。

方法二：指定一个分粥人士和一名监督人士。

方法三：谁也信不过，干脆大家轮流主持分粥，每人一天。

方法四：民主选举一个分粥委员会和一个监督委员会，形成民主监督与制约机制。

方法五：每个人轮流值日分粥，但分粥的那个人要最后一个领粥。

讨论：你认为采用哪种方法可以使分粥的效率最高、效果更好？

找出该故事中的决策、计划、组织、领导、控制和创新内容，每个人进行观点陈述或以小组形式进行讨论。

**训练要求：**
1. 学生各抒己见，阐述自己的观点。其他持不同观点的学生可以进行反驳，达到辩论的效果。
2. 教师在训练中担任观察者角色，适当调节课堂气氛，最后根据学生的表现给予相应的点评。

# 第三章

# 现代企业战略管理

【学习目标与要求】
- 理解企业战略管理的基本概念。
- 熟悉企业战略管理的过程。
- 掌握企业战略分析、制定、实施的过程与方法。
- 通过对企业战略管理过程的全面学习与认识,提高学生战略管理分析与运用的能力。

星巴克"互联网+"转型:玩转场景化与社交化

星巴克(Starbucks)是美国一家连锁咖啡公司,它成立于1971年,在全球58个国家拥有24 000家线下门店,目前是全球最大的咖啡连锁店,其总部位于美国华盛顿州西雅图市。星巴克旗下零售产品包括30多款全球顶级的咖啡豆、手工制作的浓缩咖啡、多款咖啡冷热饮料、新鲜美味的各式糕点食品,以及丰富多样的咖啡机、咖啡杯等商品。

星巴克一路走来并非一帆风顺,2008年,星巴克的发展遭遇危机——经济形势不佳、竞争对手太强、营销增长呈下降趋势。由于种种问题的困扰,公司将创始人霍华德·舒尔茨请回来,"星巴克之父"并未辜负众人的期望,为星巴克开拓了一条新道路。

那么,星巴克是如何面对"互联网+"的?传统企业在经历互联网转型时有哪些可以借鉴的基本点呢?

**1. 增加用户黏性,打造品牌忠实度**

传统企业在客户开发过程中多侧重于维系老客户,很少去开发新客户,这样的话,用户群体以及拓展客户的流程永远处于一个死循环中。星巴克发起了"我的星巴克点子"项目,在6个月内收到了约75 000项建议,并根据反馈提高用户体验。

诚如星巴克"我的星巴克点子"案例,企业可以根据互联网用户的建议推出新产品,提高用户体验,贴近用户,也可根据客户的痛点进行销售战略部署、新品研发等相关工作,在增加用户黏性的同时,也打造了品牌忠实度。

**2. 构建生态圈的理念**

构建生态圈的理念,早在2007年就被星巴克引入。2007年,星巴克和Apple Music合作推出店内的音乐服务。他们发现,咖啡只是更大生活场景的一部分,在咖啡之前和咖啡之后,都有很多的机会。

于是,星巴克将自己定位成超越家与办公场地的"第三空间",越来越多的职业人把时间花在星巴克店中,那么在这个时间里的内容消费便成为其他内容提供商的价值点。

2016年年底，星巴克可以通过Inbox向客户推荐完全基于客户个人购买习惯、选择，以及所在位置的产品推荐——这意味着理论上超过2000万星巴克移动应用用户可以享受完全1对1的个性化内容服务，而从30万到2000万，只用了一年的时间。

让客户进入企业的多个场景中，根据用户的习惯，利用大数据精确地定位更多的客户，从而挖掘更多有潜力的用户。

**3. 创新的营销模式**

处于信息化时代的今天，社会主打力量是年轻人群体，如果还使用传统的宣传方式和产品，很难引起人注意。而星巴克打造了"第四空间"，可以通过手机App、微博、微信等各种社交媒体和移动端与消费者进行连接。

如今，社交网络已经成为零售商与顾客沟通的重要渠道之一，传统企业如果在数字化转型过程中运用好社交化营销，不仅可以增强消费者之间的沟通，同时也拓宽了企业的销售渠道和受众人群。

现在的星巴克已经不仅仅是一个品牌，也不再局限于实体店消费。

在全球经济不景气的环境下，星巴克的业绩却逆流而上，从2010年至今一直保持上升趋势。霍华德说，目前是星巴克最好的时期，并且在"互联网+"的推动下，星巴克以后的路会越走越好。

星巴克的成功经验或许说明，传统企业的互联网化转型，疾风劲雨并非最佳，循序渐进才是好办法。

**案例启示：**

企业发展的环境不断变化，适当地调整企业的战略发展方向和发展路径是企业持续发展的决定性因素。企业战略是决定企业能否获得成功的重要因素，可以说，在当前环境下，市场竞争在某种意义上就是企业战略的竞争。因此，掌握企业战略的基本原理和相关理论知识，有助于我们从全局的角度审视企业的发展方向，以判断企业在激烈的市场竞争中能否取得可持续发展。

# 第一节 企业战略与战略管理

## 一、企业战略概述

### (一) 企业战略概念的演变

"战略"一词最早源于军事战争，其英语strategy源于希腊文strategos和演变出的stragia，前者的含义是将军，后者的含义是谋略，均指指挥军队的艺术和科学。《辞海》对"战略"一词做了比较全面的诠释：①军事名词，对战争全局方略的筹划与指导；②泛指对全局性、高层次的重大问题的策划和指导。

企业战略最早出现于美国，大约到了20世纪60年代，企业战略思想才被引入工商经营管理之中。关于企业战略的定义，西方战略管理文献中没有统一的说法，不同学者和实际工作者由于自身的认识角度和经历不同，他们赋予企业战略的含义也有差异。

### 1. 安德鲁斯的定义

美国哈佛商学院教授安德鲁斯(K. Andrews)认为，企业总体战略是一种决策模式，它决定和揭示企业的目标，提出实现目标的重大方针与计划，确定企业应该从事的业务，明确企业的经济类型与人文组织类型，以及决定企业应对员工、顾客和社会做出的经济与非经济的贡献。因此，从本质上讲，安德鲁斯对战略的定义是通过一种模式，把企业的目标、方针、政策和经营活动有机地结合起来，使企业形成自己的特殊战略属性和竞争优势，将不确定的环境具体化，以便较容易地着手解决这些问题。

### 2. 魁因的定义

美国管理学教授魁因(J. B. Quinn)认为，战略是一种模式或计划，它将一个组织的主要目的、政策与活动按照一定的顺序整合成一个紧密的整体。一个完善的战略有助于企业组织根据自己的优势和劣势、环境中的预期变化，以及竞争对手可能采取的行动而合理地配置自己的资源。魁因认为，企业战略应包括以下内容。

(1) 有效的正式战略包括三个基本要素：①可以达到的最主要的目的或目标；②指导或约束经营活动的重要政策；③可以在一定条件下实现预定目标的主要活动程序或项目。

(2) 有效的战略是围绕重要的战略概念与推动力而制定的。所谓战略推动力，是指企业在产品和市场这两个主要经营领域里所采取的战略活动方式。不同的战略概念与推动力会使企业的战略产生不同的内聚力、均衡性和侧重点。

(3) 战略不仅要处理可预见的事件，也要处理不可预见的事件。战略的实质是建立一种强大而又灵活的态势，为企业提供若干可以实现自身目标的选择方案，以应付外部环境可能出现的例外情况，不管外部环境中可能会发生哪些不可预见的事件。

(4) 大型组织里的管理层次较多，每一个有自己职权的层次都应有自己的战略。这种分战略必须在一定程度上或多或少地实现自我完善，并与其他的分战略相互沟通、相互支持。

### 3. 不同学派的定义

"战略"一词引入企业管理中只有几十年的时间。在企业管理界，以下几种对战略的定义有比较大的影响力。

设计学派认为，战略是一种匹配，经济战略就是在企业所处环境中能够决定企业地位的机遇与限定条件之间的匹配。

定位学派认为，战略是一种定位，即寻找一个好的产业定位，从而使企业获得高于平均收益水平的资本回报，同时避免互相模仿而发生恶性竞争，进而导致收益水平下降。

计划学派认为，战略是一项长期的计划，即在企业战略意图的指导下，对企业资源和活动进行规划，使企业形成一个高度计划性的、有机的整体，从而提高企业的经营效率。

学习学派认为，战略是一种意图，同时战略又是一种革命。战略就是在某一明确的意图下，通过努力增强并突出自身的竞争优势，并通过不断地进行革命的创新，来改变行业的竞争结构，使行业领先者的原有优势失去作用，从而超越行业领先者，实现企业的最终目标。

### 4. 战略的 5P 定义

20 世纪 80 年代以后，加拿大麦吉尔大学教授明茨伯格根据其对战略的独特认识，归纳总结出战略的 5P 定义，对战略从不同的角度进行阐述。他认为，人们在不同的场合以不同的方式赋予战略不同的内涵，说明人们可以根据需求来接受各种不同的战略概念，只不过在正式使用战略概念时，只引用其中的一个。明茨伯格借鉴市场学中的四要素(4P)，即产品(product)、价格(price)、地点(place)

和促销(promotion),从 5 个不同的角度提出战略的定义,这 5 个角度分别是计划(plan)、计谋(ploy)、模式(pattern)、定位(position)和观念(perspective)。战略的 5P 定义如表 3-1 所示。

表 3-1 战略的 5P 定义

| 角度 | 定义 |
| --- | --- |
| 计划 | 行动前明确方向和处理问题的指导方针 |
| 计谋 | 威胁和战胜竞争对手的具体手段 |
| 模式 | 对企业资源进行分配的行为模式 |
| 定位 | 企业在市场中的位置 |
| 观念 | 企业成员对客观世界固有的认知方式 |

### (二) 企业战略的特征

尽管人们对战略的认识存在诸多分歧,但是对战略特征的认识基本一致。概括起来,企业战略具有以下特征。

#### 1. 全局性

企业战略是对企业未来经营方向和目标的纲领性的规划和设计,是企业发展的蓝图,制约着企业经营管理的一切活动,对企业经营管理的所有方面具有普遍的、全面的、权威的指导意义,只有考虑全局利益的计划才能列入企业战略。

#### 2. 长远性

企业战略思考的是企业未来相当长一段时间内的总体发展问题。经验表明,企业战略通常着眼于未来 3~5 年甚至更长远的目标。企业战略反对短期行为,其成效也要以长远利益来衡量。

#### 3. 指导性

企业战略规定了企业在一定时期内的基本发展目标,以及实现这一目标的基本途径,指导和激励着企业全体员工努力工作。

#### 4. 竞争性

企业应密切关注市场竞争态势和企业自身的相对竞争地位,制定适应市场需求、符合实际情况的企业战略,抓住机遇,迎接挑战,发挥优势,克服弱点,力求在竞争中克敌制胜,保障企业的生存和发展。

#### 5. 风险性

企业战略是对未来发展的规划,然而环境总是处于不确定的发展变化中,任何企业战略都伴随着风险。

#### 6. 相对稳定性

企业战略一经制定,在较长时期内要保持稳定(不排除局部调整),以利于企业各级单位和部门努力贯彻执行。

#### 7. 适应性

企业战略的适应性包括两个层面的内容。第一,企业战略必须与企业管理模式相适应。企业战略不应脱离现实可行的管理模式,管理模式也必须适时调整以适应企业战略要求。第二,企业战略应与战术、策略、方法、手段相适应。再好的企业战略如果缺乏实施的能力和技巧,也不会取得好的效果。

### (三) 企业战略的构成要素

企业战略涉及企业资源的配置和再组合,由此决定企业的活动领域和竞争地位。因此,企业战略的制定需考虑以下四项关键战略要素。

#### 1. 活动领域

企业从事生产经营的活动领域即企业的经营范围或业务组合。企业活动领域的确定除了受到社会、市场、顾客等外部环境因素的影响,还受到企业战略领导人的观念以及企业战略领导人对企业具体情况的认识的影响。

#### 2. 资源配置

战略资源学派强调,资源配置是企业战略最为重要的构成要素。资源配置的优势将在极大程度上影响企业战略的实施能力。资源配置不仅包括对企业过去、目前的资源与技能进行配置、整合,还包括根据内外部环境的变化情况,对企业资源与技能进行重新配置和再组合。企业如果缺乏有效的资源配置,会影响其战略目标的实现。

#### 3. 竞争优势

竞争优势是指企业通过活动领域和资源配置模式的确定,在市场上形成优于其他竞争对手的竞争地位,其核心就是企业利用自己的竞争地位,以相对于竞争对手更高的价值实现战略目标。竞争优势是一个相对的概念,是相对于行业或市场的其他竞争对手而言的。在假设资本存量和劳动力素质相同的前提下,竞争优势来源于产品优势和资源配置优势两个方面。

#### 4. 协同优势

协同优势是指在明确认识内外部环境的条件下,通过有效地配置组织资源,组织中各要素共同努力,实现某种效果,这种效果是一种 1+1>2,即分力之和大于各分力简单相加的规模优势。在企业管理中,协同优势通过投资协同、生产协同、销售协同、管理协同来实现。协同优势的实现模型如图3-1所示。

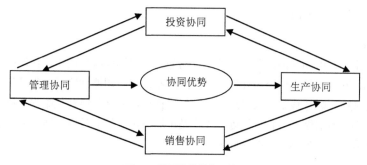

图 3-1 协同优势的实现模型

协同优势具体表现在以下两方面:①企业投资(成本)一定时,由于企业内部各部门相互合作、联合经营而使企业收入(利润)增加;②企业收入(利润)一定时,由于企业内部各部门相互合作、联合经营而使企业投资(成本)下降。

#### (四) 企业战略的层次

一般来说，企业的战略可以划分为三个层次，即公司战略、经营(事业部)战略和职能战略，具体如图 3-2 所示。

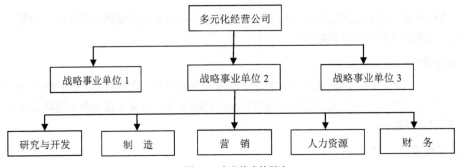

图 3-2  企业战略的层次

**1. 公司战略**

公司战略又叫企业总体战略，是企业总体的、最高层次的战略，是企业最高管理层指导和控制企业一切行为的最高行动纲领。公司战略的主要内容包括两个方面：一是从公司全局出发，根据外部环境的变化及企业的内部条件，选择企业的经营范围和领域，即要回答这样的问题：我们的业务是什么？我们应当在什么业务上经营？二是在确定所从事的业务后，要在部门之间进行资源分配，以实现公司整体的战略意图，这也是公司战略实施的关键措施。公司战略应具有远见性、全局性和创造性，具体体现在事业的选择、各部门成长发展的优先次序、利润的分配等方面。

**2. 经营(事业部)战略**

经营(事业部)战略又称竞争战略，处于战略结构中的第二层次，是在企业总体战略的指导下，为实现企业总体目标服务的，以经营管理某一业务单位的战略计划为形式的子战略。这种战略所涉及的决策问题一般是在选定的业务范围内或在选定的市场—产品区域内，事业部门应在什么样的基础上进行竞争才会取得超过竞争对手的竞争优势。为此，事业部门的管理者需要努力发展并稳固最具盈利能力和最有发展前途的市场面，发挥其竞争优势。除确定市场面外，还包括生产力配置、销售区域和销售渠道等方面的决策。

**3. 职能战略**

职能战略是生产、市场营销、研究与开发、财务、人事等职能部门中，由职能管理人员制定的短期目标和规划，其目的是实现公司和事业部门的战略计划。职能战略通常包括生产战略、市场战略、研究与开发战略、财务战略、人事战略等。如果说公司战略和经营战略强调做正确的事情，那么职能战略则强调将事情做好，它直接处理生产及市场营销系统的效率、顾客服务质量及程序、争取提高特定产品或服务的市场占有率等问题。

### 二、战略管理的概念及战略管理过程

战略管理是指企业确定使命，根据其外部环境和内部条件设定企业的战略目标，为保证战略目标的正确落实和实现进行谋划，并依靠企业内部能力将这种谋划和决策付诸实施，以及在实施过程中进行控制的动态管理过程。

因此，战略管理是对一个企业的未来发展方向制定决策并实施这些决策的动态管理过程。一个规范性的、全面的战略管理过程包括战略分析、战略选择及评价、战略实施及控制。

### (一) 战略分析

战略分析是指对企业的战略环境进行分析、评价，并预测这些环境的发展趋势，以及这些环境可能对企业造成的影响。一般来说，战略分析包括企业外部环境分析和企业内部环境分析两个方面。

### (二) 战略选择及评价

战略选择及评价的过程实质就是战略决策的过程，即对战略进行探索、制定和选择。对于一个跨行业经营的企业来说，其战略选择应该解决以下两个基本问题：一是企业的经营范围或战略领域；二是企业在某一特定经营领域的竞争优势。

一个企业可能会制定出实现战略目标的多种战略方案，这就需要对每种方案进行鉴别和评价，以选择合适的方案。

### (三) 战略实施及控制

一个企业的战略方案确定后，必须通过具体化的实际行动才能实现战略目标。一般来说，可在三个方面推进一个战略的实施：其一是制定职能战略，如生产策略、研发策略、市场营销策略、财务策略等，这些职能策略中要体现出策略内容、推进步骤、采取的措施、项目以及大体的时间安排等；其二是对企业的组织结构进行构建，以使组织结构能够适应所采取的战略；其三是要使领导者的素质及能力与执行的战略匹配，即挑选合适的企业领导高层管理者来贯彻既定战略方案。

在战略管理的具体化和实施过程中，为达到既定目标，必须对战略的实施进行监控，也就是将反馈回来的实际成效与预定的战略目标进行比较，如果两者有显著的偏差，就应当采取有效的措施进行纠正。

## 三、战略管理的本质

### (一) 战略管理是多种管理理论的高度融合

战略管理涉及计划管理、生产(运作)管理、市场营销管理、财务管理、人力资源管理、研究与开发管理、国际贸易管理、战略的制定与实施，它不仅要以职能管理为基础，是管理数学、管理经济学、管理心理学、管理会计学、管理原理和原则、管理组织学及管理思想等的高度整合，同时还融合了政治学、法学、社会学、经济学等方面的知识。可见，战略管理理论是整合性的和最高层次的管理理论。

### (二) 战略管理是企业高层管理者最重要的活动和技能

美国学者罗伯特·卡茨将企业管理工作对管理者的能力要求划分为三个方面，即技术能力、人际能力和思维能力。

(1) 技术能力，即操作能力。这种能力与一个人所做的具体工作有关，是一个人运用一定的技术来完成某项组织任务的能力，包括方法、程序和技术。

(2) 人际能力。这种能力涉及管理人员和与之接触的人们之间的人际关系，是一个人与他人共事、共同完成工作任务的能力，包括领导、激励、解决纠纷和培养协作精神等。

(3) 思维能力。这种能力包括将企业看成一个整体，洞察企业与环境之间的关系，以及理解企业的各个部分应如何互相协作来生产产品或提供服务的能力。

### (三) 战略管理的目的是提高企业对外部环境的适应性，使企业做到可持续发展

在当今时代，企业的外部环境既复杂多样又动荡多变。企业的存在和发展在很大程度上受其外部环境因素的影响。这些因素中，有一些是间接地对企业起作用的，如政府、法律、经济、技术、社会、文化等；还有一些则是直接影响企业活动的，如供应商、借贷人、股东、竞争者、顾客，以及其他与企业利益相关的团体。战略管理的目的是保证企业在复杂多变的外部环境中生存并持续地发展下去。战略管理促使企业高层管理者在制定企业战略的过程中，清楚地了解有哪些外部因素影响企业，影响的方向、性质和程度如何，以便制定新的战略或及时调整现行的战略，不断提高企业的适应能力。

### (四) 战略决策是一个直觉与分析相结合的思维过程

战略管理要在不断变化的环境下做出有效决策，就必须对企业所掌握的定性与定量信息进行分析。一般来说，战略管理采用的不是一种精确、明晰的方法，而是基于以往的经验、判断和感觉，直觉对于决策至关重要。在具有很大不确定性或所做的事情没有先例的情况下，直觉对于决策尤为有用。在存在高度相关变量的情况下，当决策者面临巨大压力时，以及必须在数种都很可行的战略间做出选择时，直觉对于决策也很有帮助。常有一些企业的管理者和企业家宣称自己具有超常的靠直觉制定出色战略的能力。例如，管理通用汽车公司的威廉·杜兰特(Willian C.Durant)曾经被阿尔弗雷德·斯隆形容为："至少据我所知，他是一位仅仅用绝妙的灵感来指引自己行动的人，他从不觉得应该用工程式的精细来寻求事实，然而他总是不时地做出惊人正确的判断。"阿尔伯特·爱因斯坦(Albert Einstein)也承认直觉的重要性，他说："我相信直觉和灵感。我常常不知原因地确认自己是正确的。想象比知识更为重要，因为知识是有限的，而想象则涵盖整个世界。"

#### 阅读链接 3-1

美国通用电气公司前总裁杰克·韦尔奇用了 20 年的时间，把公司的总资产从 120 亿美元提高到 3000 亿美元，提升将近 30 倍。其成功靠的是战略，而不是追求短期效益。杰克·韦尔奇上任以后，战略思想就不仅仅是做产品，而是要做服务。做产品是做硬件，是很容易的，有机器就可以做出来。做软件是做服务，做服务最难。与其他公司相比，硬件不一定有多大优势，所以杰克·韦尔奇的一个战略思想就是把通用汽车公司的业务逐步转换到做服务上。开始时，服务所带来的营业额只有 15% 左右，经过 20 年的战略变革，通用汽车公司服务所带来的营业额已经从过去的 15% 提高到 50%，就是 50% 是产品，50% 是服务。杰克·韦尔奇的成功当然与其管理手段、方法有关系，但更重要的是他的管理战略。

资料来源：胥悦红. 企业管理学[M]. 2 版. 北京：经济管理出版社，2013.

## 第二节　企业战略分析

战略分析是指对企业的战略环境进行分析、评价，并预测这些环境的发展趋势，以及这些环

境可能对企业造成的影响。一般来说，战略分析包括企业外部环境分析和企业内部环境分析两个方面。

## 一、企业外部环境分析

企业外部环境的变化在很大程度上影响着企业的成长。现代企业面临的外部环境越来越混乱、复杂、全球化，这些外部环境给企业带来了威胁，也带来了机遇，因此企业必须制定和实施适应外部环境的企业战略，从中发现机会，以便捕捉和利用机会，保证企业生存，促使企业发展。企业外部环境分析包括宏观环境分析和行业环境分析两个层面。

### (一) 宏观环境分析

宏观环境又称一般环境，是指影响一切行业和企业的各种宏观力量。宏观环境的内容非常复杂，一般分为政治、法律、经济、社会、科技等。通常采用 PEST 分析法对宏观环境进行分析。根据不同的行业和企业的自身特点与经营需要，一般包括政治(political)、经济(economic)、社会(social)和技术(technological)这四大类影响企业的主要宏观环境因素。PEST 分析法示意图如图 3-3 所示。

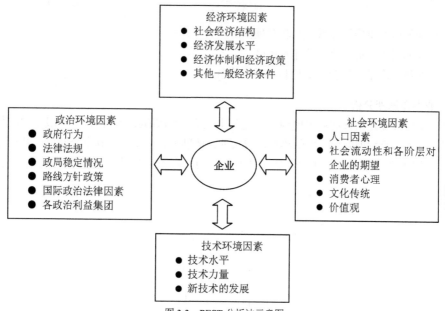

图 3-3　PEST 分析法示意图

### (二) 行业环境分析

行业环境分析主要包括行业经济特征分析、行业生命周期分析、行业竞争结构分析三个部分。

#### 1. 行业经济特征分析

每一个企业总是归属于一个或几个产业部门或行业。这里的行业是指同类企业的集合，一般来说，这些同类企业使用基本相同或相似的原材料，使用相同或相近的生产工艺技术，提供功能相同的产品，为争夺某一需求的消费者而竞争。一个行业与另一个行业的区别通常表现在经济特征上，换句话说，经济特征是行业相区别的标志。因此，认识行业首先应从认识行业的经济特征入手。行业的经济特征一般包括以下方面。

(1) 行业的性质，即行业生产什么产品，服务于什么市场需求。
(2) 行业在国民经济中的地位与作用，主要体现在该行业的产值、税利、吸纳的劳动力数量、在国民经济中的比重、该行业与其他行业的关系、该行业对其他行业的影响和作用，以及该行业的国际竞争力和创汇能力。
(3) 行业市场规模，由行业全体买方需求量决定。
(4) 行业竞争范围，是地区性的、全国性的，还是国际性的。
(5) 行业市场增长速度或行业所处的生命周期阶段。
(6) 行业内生产厂家的数量及相对规模。
(7) 行业内买方数量及相对规模。
(8) 行业前向及后向的普遍程度。
(9) 到达购买方的分销渠道的类型。
(10) 行业产品生产工艺、技术革新及推出新产品的速度。
(11) 行业产品差异化程度。
(12) 行业中公司实现采购、制造、运输、营销等规模经济的可能性。
(13) 行业中某些价值链环节或活动是否存在经验曲线，从而使单元成本随着累积产量的增加而降低。
(14) 行业的资源供应厂家数量与相对规模。
(15) 行业的进入、退出障碍及难易程度。
(16) 行业盈利水平与社会平均盈利水平的关系。

**2. 行业生命周期分析**

行业的生命周期是指行业从出现到完全进入社会经济领域所经历的时间。一般来说，行业的生命周期可以分为四个发展阶段，即幼稚期、成长期、成熟期、衰退期。在各个时期，社会对该行业产品的需求不同，随着社会对行业产品需求的变化，形成了一条先递增再递减的行业生命周期曲线，如图3-4所示。

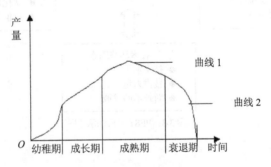

图3-4 行业生命周期曲线

在行业生命周期中，可以将成熟期分为成熟前期和成熟后期。在成熟前期，几乎所有行业都具有类似的S形的成长曲线，而在成熟后期则大致分为两种类型：第一种类型是行业长期处于成熟期，从而形成稳定型的行业，如图3-4中的曲线1所示；第二种类型是行业较快地进入衰退期，从而形成迅速衰退的行业，如图3-4中的曲线2所示。行业生命周期是一种定性的理论，行业生命周期曲线是一条近似的假设曲线。

识别行业生命周期所处阶段的主要指标包括市场增长率、需求增长率、产品品种、竞争者数量、进入壁垒及退出壁垒、技术革命、用户购买行为等。下面分别介绍行业生命周期各阶段的特征。

(1) 幼稚期。这一时期的市场增长率高,需求增长较快,技术变化较大,行业中的用户主要致力于开发新的客户、占领市场,但此时技术有很大的不确定性,在产品、市场、服务等策略上有很大的余地,对行业特点、行业竞争状况、用户特点等方面的信息掌握不多,企业进入壁垒较低。

(2) 成长期。这一时期的市场增长率很高,需求高速增长,技术逐渐趋于稳定,行业特点、行业竞争状况及用户特点已比较明朗,企业进入壁垒提高,产品品种及竞争者数量增多。

(3) 成熟期。这一时期的市场增长率不高,需求增长率不高,技术已经成熟,行业特点、行业竞争状况及用户特点非常清楚和稳定,买方市场形成,行业盈利能力下降,新产品和产品的新用途开发变得更加困难,行业进入壁垒高。

(4) 衰退期。这一时期的市场增长率下降,需求下降,产品品种及竞争者数量减少。

**3. 行业竞争结构分析**

在某一个行业中的企业,盈利与否以及盈利大小一般取决于两个基本因素:一是身处行业的盈利潜力,又称行业吸引力;二是其在行业中的地位。一般来说,一个行业的盈利潜力并非由其产品外观或该产品技术含量所决定,而是由其内在的经济结构或竞争格局所决定。美国哈佛大学商学院教授波特指出,一个行业的竞争远不止现有竞争对手之间的竞争,而是存在五种基本的竞争力量,即潜在加入者的威胁、替代品的威胁、购买商讨价还价的能力、供应商讨价还价的能力、行业内企业的竞争。这五种基本竞争力量的状况及其综合强度决定着行业竞争的激烈程度,同时也决定着该行业的盈利潜力。波特五力分析属于外部环境分析中的微观环境分析,主要用来分析本行业的企业竞争格局以及本行业与其他行业之间的关系。波特五力分析模型如图3-5所示。这五种基本的竞争力量影响着该行业的产品价格、成本和所需的投资,即影响着盈利率的诸要素。买方力量影响企业能够索取的价格,替代品的威胁作用也是如此;买方的力量也可能影响成本和投资,因为有实力的买方需要成本高昂的服务;供方的讨价还价能力决定了原材料和其他各种投入的成本,现有对手的竞争强度也影响产品价格,因为它影响诸如厂房设施、产品开发、广告宣传、推销队伍等各方面的投入。新的竞争厂商进入会争夺市场、推动成本、影响收入,并造成防御方面的投资。对于不同行业,由五种基本竞争力量决定的行业竞争程度不同,而且会随着行业的发展而变化,因此不同的行业、行业的不同发展阶段,其盈利潜力是不同的。在竞争激烈的行业中,一般不会出现某家企业获得惊人收益的状况;在竞争相对缓和的行业中,各企业可能普遍获得较高收益。

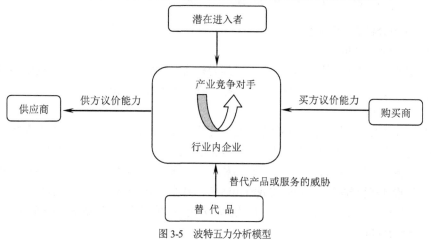

图 3-5 波特五力分析模型

根据波特五力分析模型，一个行业的经营单位，其战略目标应是在此行业中找到一个位置，在这个位置上，该企业能较好地防御五种竞争力量，或者说，该企业能够对这些竞争力量施加影响，使它们有利于本企业。因此，企业在制定经营战略时，应分析每个竞争力量的来源。对竞争力量来源的分析有助于弄清企业的优势和劣势，有助于寻求本企业在行业中的有利地位。所以，行业竞争结构分析是制定企业战略的基础工作。

## 二、企业内部环境分析

企业内部环境是企业经营的基础，是制定战略的出发点、依据和条件，是竞争取胜的根本。企业内部环境分析的目的在于掌握企业过去和目前的状况，明确企业所具有的优势和劣势。这将有助于企业制定有针对性的战略，有效地利用自身资源，发挥企业的优势，同时采取积极的态度改进企业劣势，抓住发展机遇，谋求企业的成长和壮大。下面将重点从企业资源分析和企业能力分析两个方面展开对企业内部环境的分析。

### (一) 企业资源分析

企业资源泛指企业从事生产经营活动所需的人、财、物。它既表示企业的静态力量，也表示企业的潜力。企业的资源可划分为不同类型，一种较为简单和经典的分类方法是把企业的资源分成有形资源、无形资源和人力资源。企业的经营战略实质上就是对三类资源的配置和运用，因此，准确、合理的资源分析是战略制定的基础。

### (二) 企业能力分析

#### 1. 企业能力的概念与分类

企业能力是指企业的各种资源经过有机整合而形成的经济力量。企业能力虽然是一个整体概念，但是在具体体现其作用时，还是可以分解的。按照不同的标准，企业能力可以分解为各种分项能力，例如，按经营职能的标准划分，其可以分为决策能力、管理能力、监管能力、改善能力等；按经营活动的标准划分，其可以分为战略经营能力、生产能力、供应能力、营销能力、人力资源开发能力、财务能力、合作能力、投资能力等。需要说明的是，以上这几种分类只是相对的，因为这些分项能力不是彼此孤立的，而是相互关联、相互作用、相互融合的。

#### 2. 企业能力分析的主要内容

1) 企业资源能力分析

企业资源能力包括企业从外部获取资源的能力和从内部积蓄资源的能力。它的强弱将影响企业的发展方向、速度，甚至企业的生存，同时直接影响企业战略的制定和实施。

2) 生产能力分析

生产是企业进行资源转换的中心环节，是企业的主要日常活动。资源能力只有在数量、质量、成本和时间等方面符合要求的条件下才能形成有竞争性的生产能力。竞争性的生产能力构成要素包括加工工艺和流程、生产能力、库存、劳动力和质量。这五个要素对企业的成败至关重要，因此企业生产系统的设计和管理必须与企业的战略相适应。另外，企业战略管理者在着手制定新的企业战略时，要对现有的生产部门和生产管理进行认真的分析，以便对不适应新战略的部分及时进行改革。

3) 营销能力分析

从战略角度考虑，营销能力主要包括三个方面，即市场定位的能力、营销组合的有效性和管理能力。市场定位的能力直接体现为企业生产定位的准确性,取决于企业在以下四个方面的能力:市场调查和研究的能力、评价和确定目标市场的能力、把握市场细分的能力,以及占据和保持市场地位的能力。确保市场营销组合的有效性主要应把握两个方面:其一,是否与目标市场中的有效需求一致;其二,是否与目标市场的产品周期一致。营销管理能力主要是指企业对各项营销工作进行管理的能力,具体包括营销队伍的建设与培训、营销人员的考核与激励、应收账款管理等方面。

4) 科研与开发能力分析

科研与开发能力是企业的一项十分重要的能力,主要包括以下几个方面。

(1) 科研经费分析。企业的科研设施、科研人才和科研活动要有足够的科研经费予以支持,因而应根据企业的财务实力做出预算。决定科研预算经费的方法一般有三种:按照总销售收入的百分比;根据竞争对手的状况;根据实际需要。

(2) 科研与开发组合分析。企业的科研与开发能力有四个层次,即科学发现、新产品开发、老产品的改进、设备工艺的技术改造。一个企业的科研与开发能力处于哪个层次或属于哪几个层次的组合,由企业的科研与开发能力决定。企业的科研与开发能力决定着企业在科研与开发方面的优势和劣势,也决定着企业发展的方向。

(3) 企业科研与开发成果分析。企业已有的科研与开发成果是其能力的具体体现。企业科研与开发成果分析主要就是分析这些成果,如技术改造、新技术、新产品、专利及其商品化程度能给企业带来哪些方面的经济效益,以及经济效益的数量等。

5) 核心竞争力分析

企业核心竞争力是指决定企业生存和发展的最根本因素,它是企业保持持久竞争优势的源泉。积累、保持、运用核心竞争力是企业生存和发展的根本性战略,也是企业经营管理的永恒目标。企业拥有各种资源,是资源的特殊集合体,它们能否产生竞争优势取决于各种资源能否形成一种综合能力。那些与竞争对手相比具有资源的独特性和优越性,并能够与外部环境匹配得当的企业将具有竞争优势。那些满足价值性、稀缺性、不可模仿性和替代性要求的企业资源被称为关键资源,只有基于这些关键资源建立起的竞争优势才是持久的竞争优势。

## 三、企业环境分析方法

### (一) 内部要素评价矩阵法

对企业内部要素的综合评价可以通过内部要素评价(Internal Factor Evaluation,IFE)矩阵来进行。建立内部要素评价矩阵的步骤如下。

(1) 识别企业内部环境中的关键战略要素。

(2) 为每个关键要素给定一个权重,以表明该要素对企业战略成败的相对重要程度。权重取值范围从 0(不重要)到 1.0(很重要),各要素权重值之和为 1。不论该要素是否具有优势,只要它对企业战略产生的影响最重要,就应该给它最大的权重值。

(3) 用 1、2、3、4 评价值分别代表相应要素对于企业来说的主要劣势、一般劣势、一般优势、主要优势。

(4) 将每一个要素的权重与相应的评价值相乘,即得到该要素的加权评价值。再将每一个要素的加权评价值加总,就可求得反映企业内部环境优势与劣势的综合加权评价值,如表 3-2 所示。

表 3-2　内部要素评价矩阵示例

| 关键内部因素 | | 权重 | 评价值 | 加权分数 |
|---|---|---|---|---|
| 优势 | 1. 与总公司合作关系较好 | 0.12 | 4 | 0.48 |
| | 2. 企业资金情况 | 0.1 | 2 | 0.2 |
| | 3. 拥有区域核心分销力量 | 0.1 | 3 | 0.3 |
| | 4. 代理产品知名度 | 0.08 | 3 | 0.24 |
| | 5. CRM 系统的应用 | 0.08 | 3 | 0.24 |
| | 6. 企业战略规划 | 0.06 | 3 | 0.18 |
| | 7. 代理 C 网、C 网产品资源 | 0.03 | 3 | 0.09 |
| | 8. 物流渠道畅通 | 0.03 | 2 | 0.06 |
| 劣势 | 1. 资费相对稍高 | 0.12 | 2 | 0.24 |
| | 2. 终端可控能力较弱 | 0.1 | 2 | 0.2 |
| | 3. 信息沟通平台能力需加强 | 0.1 | 3 | 0.3 |
| | 4. 终端促销支持力度需加大 | 0.08 | 1 | 0.08 |
| 总计 | | 1.00 | | 2.61 |

## (二) SWOT 分析法

SWOT 分析法是将企业内部环境的优势(strengths)与劣势(weaknesses)、外部环境的机会(opportunities)与威胁(threats), 同列在一张表中加以对照, 可从内部环境和外部环境的相互联系中做出更深入的分析。SWTO 分析法是一种最常用的企业环境战略因素综合分析方法, 示例如表 3-3 所示。SWOT 分析法作为一种广泛使用的战略分析和制定方法, 在用该方法制定战略时, 要对企业内部环境的优势、劣势和外部环境的机会、威胁进行综合分析, 尤其需要将这些因素与竞争对手加以对比, 只有这样, 才能制定出有价值的企业战略方案。

表 3-3　SWOT 分析法示例

| | | 优势 | 劣势 |
|---|---|---|---|
| 内部环境 | | • 作为国家机关, 拥有公众的信任<br>• 顾客对邮政服务的高度亲近感与信任感<br>• 拥有全国范围的物流网(几万家邮政局)<br>• 拥有众多的人力资源<br>• 具有创造邮政、金融协同效应的可能性 | • 上门取件相关人力及车辆不足<br>• 市场及物流专家不足<br>• 组织、预算、费用等方面的灵活性不足<br>• 包裹破损的可能性较大<br>• 追踪查询服务不够完善 |
| 外部环境 | 机会 | 优势—机会(SO) | 弱点—机会(WO) |
| | • 随着电子商务的普及, 对寄件的需求增加(每年平均增加 33%)<br>• 能够确保应对市场开放的事业自由度<br>• 物流及 IT 等关键技术的飞跃性的发展 | • 以邮政网络为基础, 积极进入宅送市场<br>• 进入购物中心配送市场<br>• ePOST(电子邮递业务)灵活化<br>• 开发灵活运用关键技术的多样化的邮政服务 | • 形成邮寄包裹的专门组织<br>• 通过实物与信息的统一化进行实时追踪及物流控制<br>• 对增值服务及一般服务差别化的价格体系的制定及对服务内容的再整理 |

(续表)

| 风险 | 优势—威胁(ST) | 弱点—威胁(WT) |
|---|---|---|
| • 通信技术发展后，对邮政的需求可能减少<br>• 现有宅送企业的设备投资及代理增多<br>• 加入WTO后，邮政服务市场开放的压力<br>• 国外宅送企业进入国内市场 | • 灵活运用范围宽广的邮政物流网络，制定积极的市场战略<br>• 与全球性的物流企业进行战略联盟<br>• 提高国外邮件的收益及服务<br>• 为了确保企业顾客的满意度，制定积极的市场战略 | • 根据服务的特性，分别对包裹详情网与包裹运送网进行运营<br>• 提高已经确定的物流运营效率，由此及彼提高市场竞争力 |

　　优势—机会(SO)战略是一种发挥企业内部优势并利用企业外部机会的战略。所有的企业都希望处于这样一种状况，即可以利用自己的内部优势去抓住和利用外部环境变化中所提供的机会。企业通常首先采用 WO、ST 或 WT 战略，从而达到能够采用此战略的目标。当企业存在重大弱点时，它将努力克服这一弱点而将其变为优势。当企业面临巨大威胁时，它将努力回避这些威胁以便集中精力利用机会。

　　弱点—机会(WO)战略的目标是通过利用外部机会来弥补内部弱点。企业存在一些外部机会，当有一些内部的弱点妨碍着它利用这些外部机会时适合采用此战略。

　　优势—威胁(ST)战略是利用本企业的优势回避或减轻外部威胁的影响。这并不意味着一个很有优势的企业在发展过程中总要遇到威胁。

　　弱点—威胁(WT)战略是一种旨在减少内部弱点，同时回避外部环境威胁的防御性战略。一个面对大量外部威胁和具有众多内部弱点的企业的确处于不安全和不确定的境地。

　　进行 SWOT 分析的过程包括如下八个步骤。

(1) 列出企业的关键外部机会。
(2) 列出企业的关键外部威胁。
(3) 列出企业的关键内部优势。
(4) 列出企业的关键内部劣势。
(5) 将内部优势与外部机会相匹配并记录得到的 SO 战略。
(6) 将内部劣势与外部机会相匹配并记录得到的 WO 战略。
(7) 将内部优势与外部威胁相匹配并记录得到的 ST 战略。
(8) 将内部劣势与外部威胁相匹配并记录得到的 WT 战略。

　　在战略管理中，仅对上述内容进行分析是不够的，还必须对企业做更深层次的综合情况分析，从产业发展、市场竞争的角度研究潜在的优势和劣势、机会和威胁。

## 第三节　企业战略制定

### 一、企业战略制定的程序

#### (一) 确定企业使命与企业战略目标

**1. 确定企业使命**

企业的使命又称企业的宗旨，是指企业存在和发展的目的。确定企业的宗旨，就要对内部环境进行分析，判断企业应该从事什么业务，顾客是谁，要向自己的顾客提供什么样的产品和服务。简而言之，确定了企业的宗旨，就确定了企业应该从事哪一个行业。确定企业的宗旨是企业战略管理过程中最为困难的工作。

恰当的企业使命为企业战略的制定与实施提供了明确的指导方针，使企业既不至于在多种发展机会与方向面前无所适从，又不至于在复杂的环境中迷失方向。一般来说，企业不应当四面出击。一个优秀的企业家必须在深刻认识企业的现状和需求，分析环境的机会和风险的基础上，通过确定企业的宗旨，明确自己应该做什么，不应该做什么，以及在什么时候转向新的发展方向。

2. 确定企业战略目标

企业要制定正确的战略，仅仅依赖战略管理思想和企业使命远远不够，还必须将战略思想、企业使命与企业经营活动相结合，确定企业的战略目标。战略目标是企业按照战略思想和企业使命的要求，依据企业的内外条件确定的。它对企业发展方向和前途具有决定性的影响，是企业在战略期内所要达到的理想成果。战略目标的性质和内容取决于企业的类型和性质、企业战略的类型和性质。因此，企业制定战略时要进行战略目标决策。当然战略目标的制定一定要适宜。

(二) 确定备选战略方案

根据企业的发展要求、经营目标、运行规律，企业所面临的机遇和挑战，以及企业的内部和外部环境，企业高层管理人员应进行认真的分析研究，充分发挥概括力、想象力、创造力，尽量多准备战略方案，不因不符合已有的习惯而不予考虑。要列出企业所有可能达到目标的战略方案，在准备战略方案时可以从以下三个方面来考虑。

(1) 社会方面，包括企业的社会责任以及它在社会中的合法性。企业的利益群体环境是由顾客、供应商、股东、管理人员、员工、政府、公共利益团体等组成的，每一个利益群体都会向企业提出各自的要求，并对企业提供不同程度的支持。企业战略的变化会使各利益群体的利益受到影响。在制定战略方案时，应让各个利益群体认识到企业活动具有社会的合法性，并且企业的战略要满足它们的利益要求。

(2) 经营方面。在制定战略方案时，要对产品和市场进行认真的分析和准确的定位，选择适合企业自身条件的经营领域。如果选错了经营领域，再好的战略方案也不会有好的效果。

(3) 竞争方面。对于一般企业而言，必然存在大量的竞争对手，为了获得竞争优势，企业需要关心实际存在的和潜在存在的竞争者。制定竞争战略方案时，要选择适当的竞争领域，设计出防御战略、保护战略和攻击战略，使企业能够迅速对竞争环境做出反应。

(三) 评价与比较战略方案

战略方案的评价是在对战略分析的基础上，论证战略方案可行性的过程。企业确定了未来的经营领域及具体的战略目标后，可以有很多种实现目标的途径和方法，依靠各种资源组合的支持来达到目标，由此形成多个可能的战略决策。因此，必须对这些方案进行讨论，选择其中的最优方案作为最终方案，战略评价要把重点放在评价企业战略目标与企业总体目标是否一致，战略方案本身所包含的目标和方针是否一致，预期取得的经营成果与战略假设的基础是否一致等方面。约翰逊和斯卡勒在1993年的著作中提出，要从适宜性、可行性和可接受性三个角度来评价战略方案。

1. 适宜性

判断战略是否符合适宜性，要考虑这个战略是否能够支持公司实现既定目标和其他目标。符合适宜性要求的战略,应该与公司的任务书一致。任务书被许多管理者看作公司计划的替代物,它指明了企业扩展其业务能力的基本原则。好的任务说明书通常有下列特点:①共同的信仰和价值观;②非常明确的业务,包括如何满足需求、如何选择市场、如何打入市场、在提供产品或服务中使用何种方法;③包含利益团体,如雇主、股东、顾客、团体和城市的合法要求;④对发展、筹资、分散权利和革新的态度。

因此,适宜的战略必须与公司文化相协调,而且如果有可能,必须建立在公司的优势之上,或者以某种人们可能认知的方式弥补现有的缺陷。当然,在不同公司中和不同的条件下,根据这个标准所要回答的具体问题可能存在很大的差异。

### 2. 可行性

确定战略基本符合适宜性标准以后,就需要回答其是否可行的问题,假如选择了该战略,公司能够成功地实施吗?这时,就需要考虑公司是否具有足够的财力、人力、技能、技术、技巧、组织优势或者其他资源,即是否具有有效地实现战略的核心能力。

### 3. 可接受性

可接受性标准强调的是与公司有利害关系的人员是否对企业战略非常满意,并且积极支持。

### (四) 战略选择

在评价和比较战略方案的基础上,企业可以选择一个最满意的战略方案作为正式的战略决策。有时为了增强战略的适应性,企业往往选择一个或多个方案作为后备的战略方案。

## 二、企业战略制定的方法

不同类型与规模的企业以及不同层次的管理人员,在战略制定过程中会采取不同的方法。在小规模的企业中,所有者兼任管理人员,其战略一般都不是正式制定的,主要存在于管理人员的头脑之中,或者只存在于与主要下属达成的口头协议之中;在大规模的企业中,战略是通过各层管理人员广泛参与,经过详细、繁杂的研究和讨论,有秩序、有规律地制定的。根据不同层次管理人员介入战略分析、制定工作的程度,可以将战略制定的方法分为四种。

### (一) 自上而下的方法

自上而下的方法是指先由企业最高管理层制定企业的总体战略,然后由下属各部门根据自身的实际情况将企业的总体战略具体化,最后形成系统的战略方案。

这种方法最大的优点是领导层高度重视战略,能够牢牢地把握住整个企业的经营方向,同时也便于集中领导。其不足之处是,如果高层没有深思熟虑或不了解下层情况,就不能对下层提出详尽的指导;同时,该方法也束缚了各部门的手脚,难以充分发挥中下层管理人员的积极性和创造性。

### (二) 自下而上的方法

自下而上的方法是一种先民主后集中的方法。在制定战略时,上级对各部门不做硬性规定,只要求积极提交战略方案,之后由企业最高管理层对各部门提交的战略方案加以协调和平衡,经过必要的修改后加以确认。

这种方法的优点是，能充分发挥各部门和各级管理人员的积极性和创造性，集思广益；同时，由于战略方案有着广泛的群众基础，在实施过程中易于贯彻和落实。不足之处在于，各部门的战略方案较难协调，会影响企业整个战略计划的系统性和完整性。

### (三) 上下结合的方法

上下结合的方法是指在战略制定过程中，企业最高层和下属各部门的管理人员共同参与，通过相互沟通和磋商，制定出适宜的战略。这种方法的主要优点是，可以产生较好的协调效果，制定出的战略具有很强的可操作性。

### (四) 战略小组的方法

战略小组的方法是指企业的负责人与其他人组成一个战略制定小组，共同处理企业面临的问题。战略小组一般由总经理任组长，其他人员的构成则有很大的灵活性，视小组的工作内容而定，通常包括与所要解决的问题关系最为密切的人员。

这种方法的目的性强、效率高，特别适宜制定产品开发战略、市场营销战略等，可处理特殊和紧急事件。

## 第四节　企业战略实施

制定战略后，企业必须将战略方案转变为战略行动，这一转变过程就是战略实施。具体地说，战略实施就是一个通过提出具体的实施方案，制订行动计划，建立行动程序，以将企业战略转化为实际行动并取得成效的过程。

## 一、企业战略实施的主体及其职责

### (一) 企业战略实施的主体

由于企业战略涉及企业各个部门的生产经营活动，需要进行大量艰苦、细致的工作，因此战略实施是全体管理人员的一项重要工作，并且需要全体员工的广泛参与和支持。由此我们可以认为，从企业高层领导人到一线管理人员，都是企业战略实施的主角，对企业战略的成功实施负有责任。区别仅仅在于，每个人的权责领域不同，工作重心不同。

### (二) 企业战略实施主体的职责

高层管理人员在战略实施中的首要职责就是发挥强有力的领导作用，通过各种形式的宣传和解释工作，使企业各级人员对企业确立的目标和选定的战略持坚决的拥护和支持的态度，唤起人们对战略实施的巨大热情，从而将战略的实施过程演变为一场全员的运动。高层管理人员在战略实施中的另一项重要职责就是将战略思想和思路转化为具体的行动，为战略实施制订详尽的行动计划。中低层管理人员在战略实施中的主要职责包括：根据战略实施计划，将所需采取的行动和措施推向一线，并落到实处；同时，监督战略实施过程，确保日常的各项工作与战略的要求一致。战略能否成功地得到实施，除了高层管理人员的有效领导，企业规模越大，越需要中低层管理人员的配合和努力。因此，提高中低层管理人员实施战略的自觉性，增强他们的角色意识，帮助他们不断改善工作技能，是成功实施战略的一个关键环节。

## 二、企业战略实施的内容

企业战略的实施包括建立相应的组织，合理地配置企业的战略资源，形成有效的战略规划、信息支持系统、优秀的企业文化等。

### (一) 调整企业组织结构，优化组织设计，实现战略实施的组织保障

一个健全的企业内部组织和高素质的管理人员是战略实施的重要保障。组织结构的设计是围绕固有的战略成功因素和关键的活动进行的。美国著名的战略管理专家钱德勒通过对美国一些大公司的研究，提出了"结构服从战略"的论点。他指出，公司战略的改变会导致公司组织结构的改变。组织结构之所以会发生变化，原因在于旧结构的效率变得明显低下，已经到了使企业不能继续经营下去的地步。

企业在成长和壮大的过程中，一般要经历四个发展阶段，即数量发展阶段、地区开拓阶段、纵向深入阶段和产品多种经营阶段。在每一个发展阶段，企业所实施的战略是不同的。

### (二) 发挥领导在战略实施中的关键作用

合理的组织结构为企业实施经营战略提供了较好的支持，然而，要使战略真正落实在行动上，还必须发挥领导在战略实施中的关键作用。在实施战略的过程中，企业高层领导要解决两个方面的问题。

(1) 任命关键的经理人员。一个企业实施新的战略和政策需要改变人员的任用制度。如果实施成长战略，需要聘用和培训新的管理人员，或者将更富有经验的、具有必要技能的人员晋升到新设置的管理岗位上。为了选拔更多的、适于制定和执行企业战略的管理人才，可以采取建立业绩评价系统的方法，以发现具备管理潜力的优秀人才。当然，每一个企业在各个时期所采用的战略不尽相同，即使所选择的战略是相似的，由于每个企业所面临的具体情况存在差异，也需要不同类型的战略实施人员。

(2) 领导下属人员正确地执行战略。企业高层管理者在选拔合适的管理人员，赋予他们相应的权力和责任的同时，还应采用适当的方式和方法，领导他们去实现组织的目标。

### (三) 创造富有活力的企业文化

每一个企业都有自己独特的文化，这种文化是一种无形的力量，影响并约束着员工的思维和行为方式，从而对落实企业战略产生重大影响。因此，创造富有活力的企业文化是实施战略的重要内容。企业在一定时期实施的战略与原有企业文化有时是适应的，有时则可能发生冲突。最高管理人员必须根据不同的情况，采取不同的对策。企业应该努力培养企业精神，为此，在企业内部充分尊重员工的合法权益，为员工创造一个良好的工作环境，也是战略实施最重要的方面之一。

### (四) 合理地配置资源，做好预算和规划

在战略的实施过程中，预算和规划是必不可少的两项工作。科学的预算有利于保证战略资源的合理配置。战略资源的配置是否合理会直接影响战略实施过程是否顺畅。资源和人力的短缺会使战

略经营单位无法完成其战略任务，而过多的资金和人力会造成资源的浪费，影响战略实施的效果。同时，战略资源的配置必须考虑到战略的变动，要使预算有一定的弹性。

## 三、战略实施的模式

### (一) 指挥型模式

指挥型模式具有明显的集中指导倾向，又称指导型模式。在这种模式里，企业高层管理人员工作的重点是战略的制定，一旦选定满意的战略，便交给下层管理人员去执行，自己并不介入战略实施过程。这种模式通常适用于小企业。在经营状况比较稳定、多种经营程度较低、环境变化小，且战略不经常发生变化的情况下，采用这种模式效果比较好。

### (二) 变革型模式

与指挥型模式相反，在变革型模式中，企业高层管理人员的工作重点放在战略的实施上，主要工作是为有效地实施战略而设计适当的行政管理系统。为此，高层管理人员要在其他各部门的帮助下，根据环境的变化，不断进行变革，例如建立新的组织结构、新的信息系统，兼并或合并经营范围，增加成功实施战略的机会。

这种模式多是从企业行为角度考虑战略实施问题，因此比指挥型模式更容易实施。但是，这种模式也有它的局限性，即只适用于行业环境稳定的小型企业。如果企业环境变化过快，企业来不及改变自己内部的状况，这种模式便发挥不出作用。同时，这种模式中，战略是自上而下地实施，不利于调动员工的积极性。

### (三) 合作型模式

在合作型模式中，负责制定战略的高层管理人员启发其他管理人员共同考虑战略制定与实施的问题，管理人员可以充分发表自己的意见，提出各种不同的方案。这时，高层管理人员的角色是一个协调员，确保其他管理人员提出的所有好的想法都能够得到充分的讨论和调查研究。合作型模式克服了指挥型和变革型两种模式的局限性，使高层管理人员可以直接获得基层管理人员的意见，获得比较准确的信息。同时，由于战略的制定是建立在集体智慧基础之上的，因而提高了战略实施的有效性。

### (四) 文化型模式

文化型模式扩大了合作型模式的范围，将企业基层的员工也包括进来。在这种模式中，企业高层管理人员先提出关于企业发展总方向的设想，然后广泛邀请全体员工献计献策，提出自己的战略实施方案。此时，高层管理人员的任务就是指引总的方向，而在战略执行中放手让每个人做出自己的决策。这种模式打破了战略制定者与执行者的界限，力图使每一个员工都参与企业战略的制定和实施，以使企业战略实施迅速、风险较小。这个特点是前三种模式所没有的。

### (五) 增长型模式

在增长型模式中，企业高层管理人员只提出有限的量化指标，鼓励中下层管理人员制定自己的战略，然后从中选优。这有利于促使管理者在日常工作中不断寻求创新的机会，充分挖掘企业内部的潜力，从而使企业获得成长。

与其他模式相比，增长型模式不是自上而下地灌输企业战略，而是自下而上地提出战略。其优点在于，给中层管理人员一定的自主权，鼓励他们制定有效的战略，并使他们有机会按照自己的计划实施战略。由于中下层管理人员和员工有直接面对战略的机会，可以及时把握机会，自行调整并顺利执行战略，因此，这种模式适用于行业环境变化较大的大型多元化企业。

上述五种战略实施模式在战略的制定和实施上的侧重点不同，指挥型、变革型与合作型模式更侧重于战略的制定，文化型与增长型模式则更多地考虑战略的实施问题。五种模式各有利弊，可以互相补充，但是没有哪种模式可以运用于所有企业。实际上，在企业实践中，这五种模式往往是交叉或混合使用的，主要取决于企业多种经营的程度、发展变化的速度、规模的大小以及目前的文化状态等。

# 第五节　企业战略控制

## 一、企业战略控制的概念

企业战略控制是战略实施的保证，是指对战略实施的过程进行监督，并及时纠正偏差，确保战略的有效实施。战略控制是使战略实施结果基本符合预期计划的重要手段，是企业根据战略决策的目标对战略实施的过程进行的控制。

## 二、企业战略控制的过程

战略控制的目标就是使企业战略的实际实施效果尽可能符合战略的预期目标，为了做到这一点，战略控制应关注以下四个方面。

### (一) 制定控制标准

战略控制的第一个步骤就是根据预期的战略目标和战略方案制定一定时期内企业应当实现的战略控制衡量标准。在此之前，企业需要评价已制订的计划，找出企业目前需要努力的方向，明确完成目标所需完成的工作任务。这种评价的重点应放在那些可以保证战略成功实施的领域里，如组织结构、企业文化控制系统等。经过一系列的评价，企业可以找出战略成功实施的关键因素，并以此作为企业实际效益的衡量标准。企业常用的衡量标准有销售额、销售增长、净利润、资产、销售成本、市场占有率、价值增值、产品质量和劳动生产率等。

### (二) 审视战略基础

企业战略的制定依赖于企业外部环境和内部条件的分析与研究，对于构成现有战略基础的外部机会与威胁以及内部优势与劣势，企业应当实时监测其变化。

有众多的外部及内部因素会阻碍企业战略的实现。阻碍企业战略实现的外部因素包括竞争者行动、需求变化、技术变化、经济状况变化、政府行动等。因此，企业目标未能实现不一定是由管理者和员工的工作不努力造成的，应让所有企业员工都明白这一点，以鼓励他们支持战略评价活动。当企业的战略失败时，企业领导需要尽早地知道，有时候，工作在第一线的管理者和员工会比战略制定者更早得知这一点。

### (三) 衡量企业绩效

衡量企业绩效是另一项重要的战略评估活动，通过绩效衡量确认企业是否在朝着既定的目标前进。这一活动包括将预期结果与实际结果进行比较，确定两者之间的偏差。确定了偏差之后，首先需要分析偏差的性质以及偏差是否可以接受，如果偏差不大或偏差无关大局，或纠正它要花太多的成本，这时最佳的选择就是什么都不做。实际情况与预期标准之间存在的差异及造成差异的原因，是拟订纠偏措施并将其付诸行动的依据，如果在原因不明的情况下拟订和实施纠偏措施，往往事倍功半，或者即使纠正了还会再次重现此类偏差。偏差出现的原因是多方面的，需要认真加以分析。

### (四) 纠正偏差

在战略控制的最后一个步骤里，企业应该考虑采取纠正措施或实施权变计划，针对偏差产生的主要原因，管理者在战略控制中可以采取的措施有三种：第一，对于因工作失误造成的问题，控制的办法主要是加强管理和监督，确保工作与目标接近或吻合；第二，目标或战略不切实际，控制的办法主要是按实际情况修改目标或战略；第三，若是由于环境出现了重大的变化，致使战略或计划失去了客观依据，那么相应的控制措施就是制订新的计划。

## 三、企业战略控制的方法

### (一) 预算

预算是在企业内部各单位之间分配资源的主要手段，也是实施战略控制的重要方法，而且可能是使用最广泛的控制方法。预算通过财务部门的开支记录、定期报表等来预测收支，并计算预测收支与实际收支两者的差额，然后报给所涉及的管理人员进行偏差分析，找出原因，采取纠正措施。

### (二) 审计

审计是由有关人员客观地获取与所评价的经济活动和事件判断有关的论据，经过评价弄清这些判断与实际状况之间的相符程度，并把结果告知用户或相关负责人，让其采取纠正措施。在我国，执行审计的人员分为两类：一类是独立的审计人员或注册会计师，他们是为各企业提供有偿服务的专业人员，其主要职能是检查委托人的财务报表。此外，他们也有其他工作，如会计服务、税务会计、管理咨询，以及为委托人编制财务报表等。另一类是企业内部审计人员，其主要职责是确定企业的方向和程序是否被明确地执行，并保护企业的资产。此外，他们还经常评估企业各单位的效率和控制系统的效率。

### (三) 现场观察

现场观察可以说是一种最古老、最直接的控制方法。企业各级管理人员亲临生产、经营现场，实地考察，可以直接发现和解决可能出现的问题。现场观察的周期可以固定或不固定，观察的方式可以是走马观花地浏览或仰观俯察。

### (四) 目标管理

目标管理既是战略实施的有力工具，又是战略控制的有效方法。企业通过定期对战略实施过程进行审查，按目标管理的内容将实际成果与标准或目标进行比较，及时发现偏差并采取纠正措施，从而实现战略控制。

## 阅读链接 3-2

### 沃尔玛的竞争优势

沃尔玛是目前全球最大的大型零售企业之一。在前 20 年的发展历程中，其年增长速度达到 10% 以上，业务迅速扩张到亚洲、欧洲和南美洲。沃尔玛的成功主要在于沃尔顿等高层管理人员正确的经营理念以及在其理念中诞生的信息管理系统。

沃尔顿的经营理念可以总结为五大战略思想，即人才战略、"农村包围城市"战略、市场饱和渗透战略、低价战略、高新技术战略。其中，高新技术战略对沃尔玛的发展起着举足轻重的作用。沃尔顿于 1997 年花了几亿美元，安装了沃尔玛第一套真正的计算机网络系统。从这时候起，沃尔玛对计算机系统的改进就从未停止过。到了 1988 年，沃尔玛拥有了全球最大的私有卫星通信网络。此外，沃尔玛在信用卡和条形码设备的使用上，也都走在了时代的前列。高新技术的快速引进，不仅极大地提高了沃尔玛的工作效率，而且成了公司核心竞争力的一部分。它的竞争对手们在跟进的过程中，不仅动作迟缓，而且步履沉重，这也促使了这个零售帝国的逐步强大。

信息管理系统主要运用信息技术来支持或体现企业竞争战略和企业计划，使企业获得或维持竞争优势，削弱对手的竞争优势。信息管理系统改变组织的目标、组织的经营管理、组织的产品和服务，以及组织与环境的关系，从而使组织领先于竞争者。

20 世纪 70 年代，沃尔玛率先将卫星通信系统运用于公司的发展。21 世纪开始，沃尔玛又投资 90 亿美元实施互联网统一标准平台的建设。凭借先发优势、科技实力，沃尔玛的店铺冲出阿肯色州，遍及美国，走向世界。由此可见，与其说它是零售企业，不如说它是科技企业。

在信息技术的支持下，沃尔玛能够以最低的成本、最优质的服务、最快速的反应进行全球运作。1974 年，公司开始在其分销中心和各家商店运用计算机进行库存控制。1983 年，沃尔玛的整个连锁商店系统都采用了条形码扫描系统。1984 年，沃尔玛开发了一套市场营销管理软件系统，这套系统可以使每家商店按照自身的市场环境和销售类型制定出相应的营销产品组合。

1985—1987 年，沃尔玛安装了公司专用的卫星通信系统，该系统的应用使总部、分销中心和各商店之间实现双向的声音和数据传输，全球 4000 家沃尔玛分店也都能够通过自己的终端与总部进行实时的联系。这一切的优势都来自沃尔玛积极地应用最新的技术成果。通过采用最新的信息技术，员工可以更有效地完成工作，更好地做出决策以提高生产率和降低成本。在沃尔玛的管理信息系统中，最重要的一环就是它的配送管理。

管理作为一门学问已经出现了很久，而管理信息系统也有很多，这些管理信息系统虽然有好有坏，但是也并不是说最好的就一定能够使企业得到最大的发展。可以说，最适合的管理系统对企业的帮助最大。沃尔玛采用的市场营销管理软件系统，使每家商店都能够按照自身的市场环境和销售类型制定相应的营销产品组合，来使企业得到最大限度的发展，而不是利用其他软件开发公司开发出来的管理软件。

20 世纪 90 年代，沃尔玛提出了新的零售业配送理论，集中管理的配送中心向各商店提供货源，而不是直接将货品运送到商店。其独特的配送体系大大降低了成本，加速了存货周转，形成了沃尔玛的核心竞争力。沃尔玛的配送系统由三部分组成：①高效的配送中心；②迅速的运输系统；③先进的卫星通信网络。

目前，在信息化建设上走在了零售业前沿的沃尔玛，采用了视频会议系统，以解决传统的电话沟通方式的不便，或者是各地相关员工赶往某地进行会议，花费高昂的差旅费用，甚至还严重影响了工作效率的问题。例如，通过视频会议系统，全球的沃尔玛公司员工可以在世界各地进行报表分析、销售预测、企业内部培训等。操作人员还可以将 PowerPoint、Excel 等数据表格、培训资料呈现在每个与会者的计算机屏幕上，同时，与会者还可以在已共享的文档上进行标注、修改等操作，为工作提供了极大的方便。

众所周知，全世界最强大的电子信息系统在美国。而在美国曾有这样一个说法，沃尔玛的电子信息系统是全美最大的民用系统，甚至超过了电信业巨头美国电报电话公司。沃尔玛拥有如此先进的科技装备，这在当时美国商界是极为罕见的，这与沃尔顿先生追求卓越的经营管理理念是密不可分的。他认为，高新技术的快速引进和成功运用，可以极大地提高沃尔玛的工作效率，促进高效分销，提高公司的盈利水平和核心竞争力，起到"点石成金"之功效。

信息管理系统甚至能改变组织的业务经营范围，并改变组织的行为方式。从沃尔玛的成功可以看出，信息管理系统对企业的发展和成败有至关重要的作用，企业是否能够利用先进的信息技术是企业适应市场和时代发展的重要标志。中国的企业要想真正走向世界，就必须要以科技为中心，大力研发新的技术，走高端路线，否则，很难与世界上的其他企业竞争。

## 【本章小结】

企业战略最早出现于美国，不同学者赋予企业战略不同含义。美国哈佛商学院教授安德鲁斯、美国管理学教授魁因及不同学派都对企业战略进行了不同的定义。企业战略具有全局性、长远性、指导性、竞争性、风险性、相对稳定性、适应性等特征。战略管理是对一个企业的未来发展方向制定决策并实施这些决策的动态管理过程。战略管理过程包括战略分析、战略选择及评价、战略实施及控制。

企业战略分析包括企业外部环境分析和企业内部环境分析。企业外部环境分析包括宏观环境分析和行业环境分析两个层面。宏观环境分析主要包括经济、政治、文化、社会等环境分析。行业环境分析主要包括行业经济特征、行业生命周期、行业竞争结构三个部分。内部环境分析包括企业资源分析和企业能力分析。企业环境分析方法包括内部要素评价矩阵法及 SWOT 分析法。

战略制定程序主要包括确定企业使命与企业战略目标、确定备选战略方案、评价与比较战略方案，以及战略选择。战略制定的方法有四种。企业战略实施是指将制定好的战略转化为战略行动的过程。企业战略实施的模式主要有指挥型、变革型、合作型、文化型、增长型等几种。战略控制就是为了保障战略目标的实现和战略执行计划的完成，通过对企业战略实施过程进行严密的监控，及时发现并纠正偏差，为实现战略目标提供保障。战略控制的方法有预算、审计、现场观察及目标管理等。

## 【思考题】

1. 什么是企业战略管理？其主要特征有哪些？
2. 简述企业战略管理的过程。
3. 企业战略分析包括哪些层面？
4. 企业外部环境的分析方法主要有哪些？
5. 企业战略制定包括哪些内容？

6. 为什么要进行战略控制？战略控制与战略实施的关系如何？
7. 什么是企业核心竞争力？企业应如何培育和发展其核心竞争力？
8. 请通过波特的五力竞争模型分析某一行业的竞争结构与竞争强度。

## 【案例分析】

肯德基成功的四个管理之道

在上海徐汇区一片优雅、幽静的别墅群中，坐落着一幢红色屋顶的三层小楼，很少有人知道，这就是中国百胜的国家级跨国公司地区总部研发中心。

每天，这里都是人头攒动，一个月下来，前来开展外部协作工作的供应商就有七八百人。研发中心的工作人员每个月都会研发众多的新品，这些产品源源不断地进入产品库。经过严格筛选，优中选优的新品才有机会进入全国门店，成为中国百胜的核心竞争力，肯德基、必胜客和小肥羊品牌的创新产品皆出自于此。

1987年，肯德基初入中国时，其产品是原汁原味的美国味，经过近30年的发展，到2015年，肯德基的常规菜单上的产品达到60种。通过菜单对比，人们会发现，最早进入中国的香辣鸡腿堡、吮指原味鸡等风靡全球的产品依然身列其中，但不同的是，肯德基已经变身成为一个融入中国社区的品牌，老北京鸡肉卷、早餐粥、豆浆、安心油条、K记凉茶等，已然是中式餐饮的一部分了。

肯德基是跨国公司中最早开始实施国际品牌本地化的。从中国百胜在上海设立地区总部研发中心的举措中，人们就可以看到这个跨国公司本土化的决心，而主持研发中心产品试制的亦是中国人。可以想象在肯德基这艘巨型航母上，当指令从上海指挥中心发出时，分布在全国的33万余名员工，近五千家门店要在同一时间协同作战。

若问肯德基的成功之道，像尊重员工、用心做产品等，这与任何成功的企业都一样，可谓大道至简，但是要做到这些，却需要一套极为精密的管理体系设计。

**肯德基的产品之道——好味道温暖人心**

要抓住一个人的心，先要抓住他/她的胃；若要相伴一生，那就得靠气味相投。肯德基从初入中国时的"奢侈品"到如今的大众品牌，中国人的收入和饮食结构都在悄然改变，肯德基通过怎样的产品之道来迎合消费者变化的口味呢？

第一，恪守本分。肯德基的本分是做好产品。说起来容易做起来难，肯德基在品牌创立之初就定下原则，为消费者服务，提供其最希望吃到的食品。作为拥有75年历史的品牌，要符合中国主流的价值观，则必须在传承的基础上进行创新。

除了保留经典产品，肯德基还推出甜咸搭配的早餐粥、米饭、豆浆、燕麦堡、烤鸡翅。另外，肯德基每年还推出近20种新品，每一种新品背后都有一个饮食文化的故事。

第二，沟通。民意的力量随着社交媒体的崛起而增强，信息的扁平化和透明化使企业与消费者之间建立起双向沟通机制。消费者渴望拥有对产品的归属感，甚至愿意参与企业产品的决策。

在2013年进行的"炸鸡大PK"活动中，通过民意海选来决定吮指原味鸡和黄金脆皮鸡哪个能够代言肯德基。最终，吮指原味鸡以不到一百万票的优势险胜，继续保留在肯德基的菜单中。当把决定权交给消费者时，他们会珍惜并且尊重选择的结果。

第三，走心。入胃容易入心难，消费者购买一次产品，与商家之间仅仅是买和卖的关系，品牌与消费者能牵手多久，最终成为朋友，则要取决于品牌的温度。做朋友绝非易事，因为朋友要交心。

除了做好产品，肯德基定位的主基调是代表主流价值观，成为生活中受欢迎的一分子。2014年，肯德基以品种量刷新了消费者的味觉体验之后，2015年在此基础上精选了新菜单，为消费者推荐精华新品，取得了不俗的成绩。

除了产品、沟通和走心，作为一个餐饮企业，服务与产品也同等重要。除了24小时门店服务和外卖服务，2014年肯德基开始对门店逐步升级，一改快餐风格，家庭餐厅的布局营造出悠然、闲适的生活氛围，推开门就是家，让人愿意在此与好友共聚或是独享私人时光。

那些时髦的数字一族也可以忘记钱包，很多餐厅都可以实现先用手机点餐，到店即可自取。据了解，肯德基宅急送的客户亦有70%通过数字钱包下单。

人们的每一种变化，肯德基都及时捕捉到了，而且转化成人们再自然不过的生活场景。

**肯德基的管理之道——用标准化化繁为简**

先来想象一下肯德基的日常运作场景，33万名员工，4800余家门店，分布在全国超过1000座城市乡镇。当总部决定在全国门店同一时间推出15款产品时，这些门店是如何做到协同一致呢？餐厅优化部在其中承担着重要的职责。这一部门的宗旨是"凡事皆可优化"，优化之后便转为标准化，让方法的执行不走样。肯德基的窍门是3S，即化繁为简(simple)、言简意赅(short)、目标明确(specific)。

在确立标准化之前，优化部门会反复看体系设计是不是太复杂，是不是有太多的理论。步骤越复杂，执行的偏差就越大；反之，精准度就越高。

从新产品研发开始，虽然这是由研发部门和企划部门主导，但是当新品雏形出来后，会组成一个由企划部门领导的项目小组，标准化团队成员加入其中，制定原物料包装的尺寸和规格、生产操作程序、原物料人力配置、工作流的动向以及订货流程。同时，这一流程的合理性还需要经过模拟来检验。新品上市前，餐厅优化部联合各部门在一家门店由内部员工实景演练。从厨房物料的摆放、烹制到收银机相关产品按键的设置，逐一检验整体工作流程、动向及食品安全情况。直到各部门测试认同后，项目小组要提前90天完成产品的操作图卡、视频光盘，为从事一线培训的工作人员提供便利。

如今借助于企业内部的e-Learning平台和微信，相关标准化培训手册可以迅速发送至全国门店，在平台上，管理团队可以实时了解谁在学习，学习的效果如何。

肯德基在2014年菜单革新之时，一次性推出15种产品，从供应链管理到店内设备、系统升级，以及人员培训，都是一场大考验，33万余人同时参与，还要确保万无一失。

正因为有了标准化的培训手册，行动力大大提升。其速度甚至可以快到今天开会决定在所有的收银机上增加一个产品设置键，明日一早开业时所有的门店均已准备妥当，由标准化带来的行动力也打破了快餐业不能做菜单整体革新的传统观念。

肯德基一年要推出20多种新品，每种新品涉及多种原料，各有保存期和储存要求，如果不按照标准化说明摆放，员工就会出现进库找不到货的情况。烹制过程亦是如此。

每个产品都有一个严格的备制周期，备多了就会过了最佳赏味期，备少了断货会引起消费者不满。除了店长根据经验进行备货，肯德基的销售系统也会提供技术分析，预估在什么时点烹制何种食品，用技术手段来代替模糊的人工判断。

**肯德基供应链之道——保障企业的"生命通道"**

企业的成功离不开供应链管理。在保障全国 4800 余家门店正常运作的过程中，肯德基如何保障供应链的顺畅呢？

针对中国市场，肯德基的供应链管理发展出九大特点，包括立基全球、扎根中国、质量为先、多元策略、积极管理、食品安全、有序竞争、上游延伸、新品研发。

对于肯德基这样的大型餐饮企业而言，供应链管理并非简单的采购。每天面临数量众多且种类繁杂的采购需求，只有通过科学、系统的管理才可能满足并保证几千家餐厅食材供应的高效、稳定与安全。其成功的背后，是一套完整的供应链管理体系。

肯德基供应链体系中有以下几个关键要点。

第一，采购模式。餐饮企业供应链采购通常有两种方式：一是由终端企业直接管理供应商，二是通过一级供应商外包采购。由于中国市场的特殊性，为了保障食品安全，肯德基采用第一种方式，将管理的源头指向物料的源头。这一方式虽然给管理造成很大的压力，但是能够及时监测并且分散供应商风险。

第二，多元策略。使用单一供应商，对于企业管理来说相对简单，但风险高度集中。一旦这个供应商出了问题，后患和危害难以估量。另外，使用单一供应商的话，双方利益捆绑太大，无法进行有效监督和牵制。因此，肯德基选择不把鸡蛋放在一个篮子里，采用多元策略。

除上述两点之外，为了精益求精，肯德基还采取了一系列措施为食品安全保驾护航，比如于 2005 年在中国设立首家食品安全管理部，管控供应链上可能存在的风险。对供应商做不定期的检查，建立"吹哨人"制度，鼓励供应商企业的内部员工来提供食品安全隐患的线索等。

没有一家企业可以轻易成功。肯德基，一家来自美国的快餐企业能够让中国消费者追随 28 年，自有其成功秘诀，产品是王道，是基石，老老实实坚守本分，兢兢业业从不怠慢；与此同时，把握时代变化的脉搏，时时刻刻不忘记创新。

**问题讨论：**
1. 通过肯德基的案例，你认为餐饮行业在生产运营管理方面应该注意什么？
2. 肯德基的竞争优势体现在哪些方面？请结合案例进行分析。

## 【技能训练】

调查了解当地一家实体企业及其主要竞争对手，运用波特五力竞争模型进行分析。

**训练目标：**
1. 增强学生对企业战略环境分析的基本认识。
2. 培养并提高学生行业竞争分析能力。

**训练方法：**
1. 实地调查或网上收集企业及其竞争对手的相关资料，并进行分析。
2. 以班级为单位进行分组讨论。
3. 每人写出发言提纲。

**训练要求:**

1. 以某企业为例,每组负责人对组内成员进行合理分工,各组成员分别收集该企业及竞争对手的相关资料。

2. 结合本章学习内容展开讨论,形成本组讨论结果。

**成果检验:**

每组提交一份总结报告,对所调查企业的行业竞争结构展开分析,列出该企业的优势、劣势、机会和威胁,以及这些信息的来源。如果从网上获得这些信息,请指明网站。

# 第四章

# 现代企业管理制度

【学习目标与要求】
- 理解企业制度的含义及类型。
- 理解现代企业制度的含义及特征。
- 掌握公司的含义、类型及特征。
- 了解公司治理结构的内容。
- 了解现代企业制度的环境保证。

【导入案例】

柯达公司转型中的阻碍

柯达公司由发明家乔治·伊士曼于 1880 年创立，总部位于美国纽约州罗切斯特市。柯达公司是世界上最大的影像产品及相关服务的生产和供应商，乔治·伊士曼所打造的"黄色父亲"在一百年的发展中，威信日益增长。到了 20 世纪 80 年代的维特摩尔时代，柯达公司的管理层高高在上，整个公司官僚主义严重。而柯达在企业转型过程中，由于各方利益协调不当，错失改革最佳时机最终陷入危机。

柯达股东们狭隘的眼界一直阻碍着公司的变革，使柯达不能把精力集中在追求真正的改革和进步上，而是过多地关注股票升值以追求短期利益。2003 年年初，感觉形势不对的邓凯达做出了柯达全面向数码转型的决定。然而，这意味着要削减 72%的红利派发额度并向新兴的数码技术投资 30 亿美元，于是遭到了部分股东的强烈反对，导致计划最终搁浅。

柯达的董事会很少履行监督职能，但薪酬却非常丰厚，这进一步减少了他们对公司监督的激励。在柯达内部会议上，董事会甚至懒得听取关于公司具体问题的汇报。当外部环境严重影响柯达的支柱项目即胶卷生产时，柯达公司的第三任总裁钱德勒下令削减 10%的人员和 5%的预算，董事会却又一次投票为自己争取到每年 1000 美元的加薪和更高的参会费，毫无与公司同甘共苦的态度。同时，柯达董事会的结构组成也带来诸多的利益冲突与低效率的决策。柯达的董事会成员都只拥有极少的公司股份，这使他们与公司利益之间没有形成真正的利害关系。1984 年，整个董事会不过持有 84 669 股股票。一些董事十分依赖于岗位补贴，因一份津贴而受缚于公司，变得唯唯诺诺，丧失了董事应该具有的完全独立性，阻碍了董事会对公司治理的监管以及对总裁行为的有效干预。而且，董事会里来自公司内部的成员过多，董事长和总裁一直由同一人担任，不利于权力的制衡与多样性的公司文化建设。在 1984 年的董事会里，15 名成员中有 8 名来自柯达的管理部门。钱德勒离职后，仍然作为董事会一员参与决策，使许多决策复杂化。

柯达的官僚文化传统和股份政策同样给被柯达寄予创新厚望的子公司们带来层层束缚。这些在母公司的革新道路上冲锋陷阵的小公司被纳入柯达的大系统里，问题接踵而至。作为母公司，柯达坚持要求这些小公司遵循柯达的股份政策，虽然会给这些羽翼未丰的小公司增加财务负担。尽管子公司的企业家们一直在争取一个不受柯达官僚主义传统束缚的、独立性更强的企业氛围，但他们很快就明白了要违抗母公司的文化传统实属不易。各小公司都被柯达分派了无底洞式的支出项目，使还远未强大起来的小公司里的每个人都觉得自己似乎被一个财大气粗的大公司压得喘不过气来。显然，母公司的管理者缺乏长远与全盘的考虑。

即使在两次改革当中，董事会也仍然没有进行足够的反省与改变。公司对工人的工资体制进行改革时，并没有从公司最高层自上而下地实行。董事会高高在上、对错误不愿反省的态度引来不少员工的不满。因此，董事会对短期利益的过度关注，对企业长远发展战略的忽略，使其自身利益与柯达公司整体利益发生分离，导致柯达难以割舍当下为其带来巨大利润的胶片产业，错过了战略转型的最佳时机。

资料来源：顾倩妮. 美国企业管理经典案例解析[M]. 上海：上海交通大学出版社，2016.

**案例启示：**

企业管理制度就像一条轨道，引领并规范着列车向目标前进，当没有轨道或轨道出了问题时，列车就会出现问题，无法到达预设的目的地。良好的企业管理制度能够使企业的运作效率大大增强，让企业有明确的发展方向；使员工都能充分发挥他们的潜能；使企业财务清晰，资本结构合理，投融资恰当；树立积极的企业形象，为社会多做实际贡献。在柯达这艘巨舰的百年航行史上，企业管理制度起着重要作用。乔治·伊士曼时代的家长式治理模式，在当时缺乏外部竞争且决策者创造力强的背景下非常适用，而在之后的发展过程中效率却逐渐降低，最终阻碍了柯达的发展。

# 第一节 现代企业制度概述

## 一、企业制度的含义及类型

### (一) 企业制度的含义

企业制度是一个内涵更富、外延广泛的概念。从企业与社会的关系的角度来看，企业制度是指企业组织行为规范的一般模式。这些规范模式体现了企业组织在社会系统中所承诺的制度化的社会角色及其社会功能，并为企业组织内部各构成要素之间的角色互动与功能整合提供一种共享的行为规范。从根本上来说，企业组织作为整个社会大系统中的一个子系统，它所具体承担的社会角色和社会功能是由社会系统的行为目标模式所决定的，是社会系统本身结构功能分化的结果。因此，企业组织的制度是与社会系统的宏观制度相关联的，它从不同的方面制约和规范着企业组织的行为，以促进和保证其在社会系统中所承诺的功能和目标的充分实现。

企业形态是世界各国普遍使用的一个概念。我们研究企业制度时所涉及的企业形态，是指企业的所有制关系和反映这种经济内容的法律表现，前者属于经济基础，后者属于上层建筑。企业形态包括企业经济形态、企业经营形态和企业法律形态。

(1) 企业的经济形态，其核心是产权问题，实际上是通常所说的所有制形式。

(2) 企业的经营形态，即常说的经营方式。

(3) 企业的法律形态，是指依法确立的企业形态。从世界各国的情况来看，企业的法律形态通常是指业主制企业、合伙制企业和公司制企业三种基本法律形式。

企业制度的内容除企业形态外，还包括企业管理制度，主要是指企业内部组织结构、领导体制和经营管理制度等。

综上所述，企业制度是关于企业组织、运营、管理等一系列行为的规范和模式。企业制度的基本内容包括：一是企业的产权制度，是指界定和保护参与企业的个人或组织的财产权利的法律和规则；二是企业的组织制度(或组织形式)，是指企业组织形式的制度安排，规定企业内部的分工协作、权责利关系；三是企业的经营管理制度，是指企业在管理思想、管理组织、管理人才、管理方法、管理手段等方面的安排，是企业管理工作的依据。其中，产权制度是核心和基础，产权制度的变化引起企业组织制度和经营管理制度的一系列变化。反过来，这一系列变化又会促使产权制度发生变化，而所有这些变化又从根本上由生产力发展状况决定。所以，企业制度又可定义为以产权制度为基础和核心的企业组织制度和经营管理制度。

企业制度有广义和狭义之分。狭义的企业制度是指企业的组织制度，当一般性地论及企业制度的时候，指的是广义的企业制度。而当企业的产权制度及其他一系列的关系已作为前提或基础存在的时候，企业制度就仅仅指企业的组织制度。

### (二) 企业制度的类型

对于企业制度的分类，必须以能反映企业制度本质特征的要素为划分标准。在企业制度所包含的三项内容中，产权制度和组织制度属于基础，在一定程度上决定着经营管理制度。按照企业原始资产来源的性质划分，其可分为个体独资制企业、合伙制企业和公司制企业三种基本形式。

**1. 个体独资制企业**

个体独资制企业是指单个人出资兴办经营的企业。这种企业在法律上称为自然人企业，也称个人业主制企业或个人企业。个人独资制企业是最早产生，结构最简单的一种企业形式。它流行于小规模生产时期，在现代经济社会中，这种企业在数量上仍占多数。个人独资制企业具有以下优点。

(1) 设立、转让与关闭等行为仅须向政府相关部门登记即可，手续非常简单。

(2) 利润独享，不需与别人分摊，使企业主努力地生产经营，关注生产成本和盈利水平。虽然也要缴纳所得税，但是不需要双重课税。

(3) 企业在经营上的制约因素较少，决策自主、迅速，经营方式灵活多样。

(4) 保密性强，其技术、工艺和财务等信息易于保密。在竞争激烈的市场经济中，保守企业有关销售数量、利润、生产工艺、财务状况等方面的商业秘密是企业获得竞争优势的基础。对于个人独资企业而言，除了所得税表格中需要填写的项目以外，其他均可以保密。

(5) 企业主可获得个人满足感。这种企业的成败皆由企业主承担，如果获得成功，企业主会感到满足。所以，不少企业主认为，他们在经营企业中所获得的主要是个人的满足感，而不完全是利润。

个人独资制企业具有以下缺点。

(1) 无限责任风险大。企业主要对企业的全部债务负无限责任。所谓无限责任，是指当企业的资产不足以清偿企业的债务时，法律将强制企业主以个人财产来清偿。从这个意义上来讲，企业主所有财产都是有风险的，一旦经营失败，可能倾家荡产。

(2) 规模有限。个人独资制企业在发展规模上受到两个方面的限制：一是个人资金和信用有限，资本的扩大完全依靠利润的再投资,因而不易筹措较多的资金以求发展;二是个人管理能力的限制,这也决定了企业的规模有限。如果超出了这个限度,企业的经营则变得难以控制。

(3) 企业生命力弱。企业是和企业主同存亡的,企业的兴衰在很大程度上取决于企业主个人的状况。企业主的死亡、破产、犯罪或转业可能会导致企业的经营业务中断,企业的生命也可能会就此终结。

### 2. 合伙制企业

合伙制企业是指由两个以上的个人订立合伙协议,共同出资,共同经营,共担风险,共享利润的企业。合伙制企业也是自然人企业。合伙人的出资可以是资金或其他财物,也可以是权利、信用和劳务等。合伙制企业可以由所有合伙人共同经营,也可以由部分合伙人经营。在现实社会中,合伙制企业的数量不如个体独资制企业和公司制企业多,主要分布在规模小、资本需要量少的商业零售业、服务业企业中,如广告事务所、会计师事务所、律师事务所和股票经纪行等。

合伙制企业应当以书面形式订立合伙协议,确定各自的权利、责任、义务和利益。合伙协议主要包括以下内容。

(1) 合伙企业的名称、经营范围、主要经营场所的地点。
(2) 合伙人的责任,包括出资的方式、数额、缴付出资的期限、合伙企业事务的执行。
(3) 利润分配和亏损分担办法,企业的解散与清算办法。
(4) 入伙与退伙的办法,违约责任,合伙人争议解决方式等。

合伙制企业具有以下优点。

(1) 扩大了资金来源,提高了信用能力。与个人独资制企业相比,合伙制企业可以吸收众多的合伙人,从多方面筹集资金,同时,因为有更多人共担企业经营风险和承担无限责任,其信用能力大,风险较分散。

(2) 由于增加了合伙者,能集合伙人的才智与经验于一体,提高了企业的竞争力,特别是当各合伙人具有不同方面的专长时,此优点更加突出。

(3) 增加了企业扩大规模和发展的可能性。由于资金筹措能力和管理能力的增强,给企业带来了进一步扩大和发展的可能性。

合伙制企业具有以下缺点。

(1) 产权转让困难。产权转让须经全体合伙人的同意方可进行。
(2) 承担无限责任。合伙人对企业债务负无限责任这一点与个人独资制企业相似。同时,当普通合伙人不止一个时,他们之间还存在一种连带责任关系。所谓连带责任,是指要求有清偿债务能力的合伙人要替没有清偿能力的合伙人代为清偿债务。
(3) 企业的生命力仍较弱。当一个关键的合伙人离去或退出时,企业往往难以维持下去。
(4) 权威中心不突出,影响决策。由于合伙人都能代表企业,重大决策需要由所有合伙人同意。因此,对内和对外均易产生意见分歧,造成决策上的延误和差错。
(5) 企业规模仍受限制。与公司制企业相比,合伙制企业筹措资金的能力仍很有限,不能满足企业大规模扩张的要求。

### 3. 公司制企业

公司制企业是指由许多人集资兴办、依法成立的法人企业。公司是法人,在法律上具有独立的法人资格,这是公司制企业与个人独资制企业、合伙制企业的重要区别。个人独资制企业和合伙制企业都是自然人企业。

公司制企业具有以下优点。

(1) 现代公司实行有限责任制，股东的风险要比个人业主、合伙人小得多。

(2) 公司可以通过发行股票和债券筹集资金，股票易于转让，较适合投资者转移风险的要求。

(3) 发行股票和有限责任制使公司具有很强的筹措资金的能力，能够在短时间内筹集到巨额资金，使企业有可能发展到相当大的规模。

(4) 公司制企业生命力强大。公司法人一经确立，就具有完全的独立性，公司创办人和投资者的变动均不影响公司的存续，除非公司破产和歇业，公司可长期存在下去。美国多数大公司已经存在几十年甚至上百年，如美孚石油公司成立于1889年，通用电器公司成立于1892年。

(5) 管理效率高。公司制企业的所有权与经营权易于分离，投资者不必直接管理企业，公司的经营管理职能均由专家担任，能够更有效地管理企业，更能适应多变且竞争激烈的市场环境。

公司制企业具有以下缺点。

(1) 创办公司的手续复杂，所需费用较多。

(2) 政府对公司制企业具有较多的限制。这是由于公司的资本由许多股东所有，政府必须通过严格的管制措施来保障股东的权利。

(3) 保密性差。一般来说，公司不仅要向政府报告经营状况，而且要定期将公司的财务状况公布于众。

(4) 税务负担较重。公司需两次缴纳所得税，公司的利润先要缴纳法人所得税，而后公司用税后利润向股东分配股利时，股东还要缴纳一次个人所得税。

(5) 从投资者的角度来看，公司制企业也有缺陷，主要是出资者尤其是小股东很难对公司的经营管理决策、利润分配等产生影响。

公司制企业尽管存在诸多缺点，但从现代经济的发展情况来看，公司制企业所显示出来的优越性是其他企业形式所无法比拟的。因此，它是最适合现代大企业的一种企业制度。

## 二、现代企业制度的含义及特征

### (一) 现代企业制度的含义

现代企业制度是指适应社会化大生产和市场经济要求的现代公司制度。这个定义包括三个层次的含义。第一，现代企业制度以现代社会化大生产为背景，其载体是现代企业。现代企业拥有现代技术和现代管理理念，能更好地适应现代社会化大生产发展的要求。第二，现代企业制度以现代市场经济为基础，它的存在与发展有赖于完善的市场体系和市场经济运行规则。第三，现代企业制度是现代公司制度最典型的组织形式。现代公司制度以现代契约关系为协调机制，具有特殊的财产组织形式和运行方式。

总之，现代企业制度是一种体制模式、一种制度体系、一种微观的经济体制。在现代市场经济条件下，企业已不再是一个或几个家族的组合，也不仅仅是人与物的简单结合，而是在自然人之外独立存在的主体，被赋予独立的人格。随着经济和社会关系的日益复杂化，现代企业的正常运作和发展有赖于一整套科学、严密的制度，即现代企业制度。它使企业真正成为面向国内外市场的法人实体和市场竞争主体，并符合社会化大生产的特点，适应市场经济的要求。

为了准确把握现代企业制度的内涵，我们需要注意以下几点。

(1) 现代企业制度是一种完备的企业制度体系(或称微观经济体制)。这就意味着它不是有关企业某些方面的一两项制度，更不能把它归结为企业内部的经营管理制度，它是一种制度体系，涉及企业外部环境和内部机制的各个方面。这种制度体系要明确企业的性质、地位、作用和行为方式,要规范企业所有权与法人财产权、债权人与企业法人、企业与外部环境、企业与内部机制等多方面的基本经济关系。

(2) 现代企业制度反映的是一种资本的组织形式,与企业生产力水平、生产装备水平不存在一一对应关系。企业制度是关于企业组织、运营、管理等一系列行为的规范和模式,它的内涵是非常丰富的,不是说机器设备先进、利润高就是现代企业制度。

(3) 现代企业制度是市场经济体制的微观基础,是市场经济体制的一个组成部分。一种经济体制要求企业建立与之相适应的企业制度,一种企业制度又反映了一定的经济体制。因此,现代企业制度与所有制形式并没有必然的联系。

(4) 现代企业制度是适应社会化大生产和现代市场经济发展而形成与发展起来的,它与大规模生产和分配相适应,能带来更高的经济效益,需要大规模投资和专业化管理的专业部门,不必要也不可能覆盖所有经济部门。

(二) 现代企业制度的特征

1. **现代企业制度是产权关系明晰的企业制度**

从产权制度的角度来看,现代企业制度的一个主要特征是用法律来界定投资者和企业之间的关系,即产权关系,明确各自的产权、义务和责任。这种关系体现在企业所使用的现实资本会独立化为法人财产,而与投资者享有的财产终极所有权分离。企业财产的终极所有权在法律上归投资者所有,谁投资,谁所有,投资多少,拥有多少是非常清楚的。这种终极所有权表现为企业财产所有权证书(即名义资本),是终极财产所有权凭证、对财产使用收益的索取权凭证及剩余财产的索取权凭证。企业的现实资本则独立化为法人产权归企业法人所有。企业对现实资本行使排他的实际占有、使用、处置权力,这样,企业财产从原始的所有者手中流出以后,集中到企业法人手中,最终形成企业法人财产。终极所有者若要收回其资本投放,不能直接从法人企业手中收回,只能将所有权证书易手,寻找替代它的投资者充当终极所有者。除非企业解散,否则企业现实财产始终掌握在企业法人手中。可见,现代企业制度在保证企业产权独立性的同时,有着明显的财产运营的独立性、连续性和稳定性特征,为企业自主经营和保值增值创造了条件,也显示出现代企业制度的生命力。

2. **现代企业制度是权责明确的企业制度**

产权关系明晰后,企业即获得法人财产权,依法独立享有民事权利,承担民事责任,依法自主经营,并自负盈亏,以经济利益最大化为主要目标,按照市场需求组织生产和从事经营。企业经营权不受所有权的直接约束,但同时企业要对投资者负责,承担自负盈亏和资产保值增值的责任。就投资者而言,他将资本使用权让渡委托后,以其投入公司的资本额享有股东权,包括资产收益索取权、股权转让权、剩余财产分配权等,还可以通过股东大会对企业重大决策和管理者的选择产生影响,或者通过所有权转让实现间接的市场监督。另外,不管是公司还是股东,在公司设立之后,便享有一定的权利,承担相应的责任,公司及其股东的权利与责任既相互关联又各自独立。

企业对拥有的财产实现保值增值是任何企业存在的基础。一个企业,如果不是通过经营为社会创造出更多的财富和价值并不断地发展壮大,而是在经营中不断地空耗社会财富和价值而日益亏损,那么这个企业就没有存在的必要。作为一个现代企业,一旦产权关系明确后,就必须以其所拥有的全部财产为依托,动员一切力量,想尽一切办法,在合法的范围内,尽最大努力使企业创造出更多的价值并依法向国家纳税。现代企业制度正是通过权能分化、责任分解,使权能、责任和利益关系有机结合起来,形成公平竞争、优胜劣汰的机制,这有助于企业分散经营风险,提高资产运营效率。

### 3. 现代企业制度是政企职责分开的企业制度

政企职责分开主要是指政府的经济管理职能和行政管理职能与企业的经营管理职能分开。政府的经济管理职能主要通过政策法规和经济手段等宏观措施来调控市场并引导企业经营活动，而不直接参与企业的生产经营活动。政府的行政管理职能是政府作为国家行政机关的一种职能，属于政府行政权力，它由行政法来调整，与企业的经营管理职能在性质上完全不同。政府不能按行政机构的要求来管理企业，建立现代企业制度就是要把政府的管理职能和企业的管理职能分开，政府依法管理企业，企业依法自主经营。要明确企业是经济组织，不承担政府的行政管理职能，企业不定行政级别。总之，政府与企业的关系体现为法律关系，企业经营权既不直接受所有权约束，也不受国家行政权约束，它只接受社会化的市场评价检验。这种社会化的市场评价不承认任何超经济的特权力量，市场力量作为客观的、共同的评价手段，引导生产要素的流动和企业的行为。

### 4. 现代企业制度是一种组织管理科学的企业制度

现代企业制度在产权制度创新的同时，也促进了企业内部组织管理制度的形成和完善。

(1) 以《中华人民共和国公司法》(以下简称《公司法》)为依据，完善公司治理结构，建立科学的企业组织管理机构。现代企业制度要求企业有一套完整的组织结构，并建立科学的企业组织管理机构。通过规范的组织制度，使企业的权力机构、监督机构、决策机构和执行机构之间职责明确，相互制约而又各司其职。

(2) 建立科学的内部管理制度，形成合理的领导体制、科学民主的决策体制、职工参与民主管理的制度、严格的内部经济核算体系，以及体现效率和竞争的内部劳动、人事、分配制度。通过这些制度调节所有者、经营者和职工之间的关系，形成激励和约束相结合的经营机制。

(3) 建立企业规章，使运行机制规范化。这些科学、规范的管理制度使企业内部行政协调、决策分工不断优化，使企业内部的行政协调管理成本低于独资或合伙企业条件下的市场协调成本，提高资源配置的效率。否则，没有一个有效率的、科学的管理制度，企业的行政协调机制往往无法替代市场机制的功能，从而导致扩大的企业因效率低下而无法生存。

可见，现代企业制度是一种完整的制度体系，涉及企业外部环境和内部机制的各个方面。这种制度保持了企业内在的创新机制与活力，作为一种制度文明成果，成为现代市场经济运行的基础。现代企业制度是在生产力和市场经济的发展过程中形成的，反映了社会化大生产的客观要求，是人类共同管理经验的结晶。

## 阅读链接 4-1

### 美国铁路公司的制度改革

1841年，美国西部铁路线全长150千米。由于美国西部铁路线是分三段建造的，建成后便分三个区段进行管理，各区段设有一组管理人员。在这条线路上，相反方向的列车每天交会12次，由于管理上的问题，很快就发生了一连串的事故。其中，最严重的一次事故是1841年10月5日发生的列车相撞事故，伤亡19人。

这场事故引起很大的震动，美国各界强烈要求对铁路公司进行改革。改革后，公司设立了基层、中层和高层管理人员，并聘用了大量的管理经理，其中高层经理直属董事会。公司建立了大规模的内部组织机构，严格划分各部门、各单位的权责关系。此外，还建立了财务与统计报表制度来监督和评估管理经理的工作。由此，美国铁路公司成为世界上第一家建立现代企业制度的企业。

# 第二节 公司制企业

## 一、公司的含义及特征

公司是现代企业组织中最重要的形式，现代企业制度的实现形式是以有限责任公司和股份有限公司为基本组织形式的现代公司制度。公司是指依照法定条件和程序设立，以营利为目的的经济组织。公司具有以下特征。

### (一) 公司是企业法人

公司是企业法人，表明了公司所具有的法律地位。公司作为法人，是相对自然人而言的。公司作为一个经济组织，它是无生命的社会存在，但是它又作为一个实体参与了社会经济活动，以自己的名义享有权利、承担责任，这就实际成为一个有人格的社会团体。从法律上承认这种情况，并且经过法律程序确认它的存在，也就是从法律上赋予公司以人格，使公司成为一个有人格的社会团体。

公司作为独立的法人实体具有三个基本特征：组织特征、财产特征和人身特征。组织特征是指公司必须依法成立，必须作为一个整体从事经济活动，有自己的名称和场所，设有固定的组织机构和必要的职能部门；财产特征是指公司必须拥有自己能够独立支配和管理的财产，要有法定数额的资金，这是公司作为法人活动的物质基础，是公司享有经济权利和承担经济义务的前提条件；人身特征是指公司具有法律所虚拟、创造和认可的独立人格，是人格化了的经济组织。公司作为法人，能够像自然人一样，作为社会的基本单元参与经济活动。法律赋予公司以类似于自然人的人身特征，例如，公司有自己的名称、字号，对自己的名称有专用权；可以享有发明权、专利权、商标权和获得荣誉权；可以以自己的名字参与经济、法律活动(如以自己的名义与他人签订合同等)，既享有一定的经济权利，又承担相应的经济义务；可以以自己的名义在法院起诉，具有法律行为能力。

### (二) 公司是营利性的经济组织

企业是以营利为目的而从事生产经营活动的经济组织。赚取利润是设立企业的出发点和归宿，公司作为企业的一种组织形式自然也不例外。设立公司以及公司的运作，都是为了获得经济利益。具体来讲，就是公司要运用自己的资金、设备、人力，通过生产经营追求经济效益、注重劳动生产率，最终实现资产的保值增值。这种资产的保值增值，实际上就是营利性。这种营利性不仅表现在通过生产经营活动为公司创造利润，而且也表现在公司以依法向其投资者分配利润的方式，使公司的投资者获得经济利益。因此，营利性既包括公司的营利性，也包括投资者的营利性，并且在一定情况下两者应该是一致的。公司的资产增值是建立在取得利润、增加利润的基础上的，也只有保证不亏损，公司资产才能保存其价值；只有公司在保值的基础上再前进一步，通过积极经营真正实现了利润，公司资产才能增值。所以，公司作为经济组织与非营利性的事业组织、社会团体组织、行政组织是不同的，而作为经济组织又以资产保值增值为目的，与其他非营利性的经济组织也是不同的。公司的这一特征与其作为市场竞争的主体，并有自己的独立利益是一致的，与公司是企业的一种组织形式的本质是相符的。

### (三) 公司是具有联合性的经济组织

公司是由两个或两个以上股东共同出资设立的，或者是由多个投资者的资金集合而组成的，这反映了公司的组织特色。公司的联合性包括人合和资合的两重性特点。各国的公司法尽管对公司股东人数的最低限额规定不一，但一般至少是两人。也就是说，公司是以人的结合(即人合)为基础的。同时，公司还是资金的联合，具有资合性。公司是为了适应社会化大生产对资金的大量需要而产生，并在商品经济发展和信用制度发达的条件下逐步形成的一种财产组织形式。所以，资本的联合不仅是形成公司的经济依据，而且是公司责任形式赖以产生的依据，有利于投资者的自我保护和分摊风险，这在股份有限公司中体现得最为明显。股份有限公司的股东最少是5个，最多可达几万甚至几十万个。人合和资合的双重性特点使公司成为具有联合性的统一组织，公司作为一个统一的联合体而存在，必然对其各生产经营单位具有行政上的约束力，这样整个公司才是一个独立的会计单位。公司所属各生产经营单位虽然也要进行经济核算，但仅限于计算盈亏，并非严格意义上的独立会计。

### (四) 公司是企业组织特定的法律形式

公司作为一种企业组织形式，是和法律结合在一起，由法律来规范的。公司是依照《公司法》的规定来发起设立、组织运行的；依照《公司法》的规定取得法人资格，确立法律地位；公司的对内、对外关系都受到《公司法》的调整；公司的内部管理机构必须规范化，由法律来确定其职责。有限责任公司和股份有限公司在法律的规定上虽然有所差别，但其基本规范是相通的。公司制度的主要原则是以法律形式来体现的，这种规范化、法制化是公司的一个重要特征。

以上四个特征反映了公司的基本内涵。当然，公司的内涵是很丰富的，这四个特征仅反映其本质属性，并不能对其全面概括。但是，从这几个特征中可以明确公司是企业法人、具有营利性、以资本联合为基础，以及股东负有限责任，并体现为法律形式的经济实体。

## 二、公司的类型

公司的法定类型是由法律根据公司债务清偿责任的不同而进行分类的。虽然各国的公司法及其他有关法律对各自国家公司的法律形式有着不尽相同的规定，但对其基本特征的规定大体上是相同的，并且这些规定已逐渐形成了趋于一致的国际惯例。

### (一) 无限责任公司

无限责任公司简称无限公司，是指由两个以上的股东组成，股东对公司债务负无限责任的公司，或者说无限责任公司是仅由无限责任股东组成的公司。无限责任公司具有以下特征。

(1) 无限公司必须由两个以上的股东组成，股东都应该是自然人。一个无限公司的股东不能成为另一个无限公司的股东，否则，前一个无限公司的无限责任股东将要对后一个无限公司的债务承担责任，这与一个人不能同时成为两个无限股东的原则相矛盾。有限责任公司的股东也不能成为无限公司的股东，否则有限责任公司所承担的财产责任就无法得到保证。如果无限公司的股东只剩下一个人时，公司就应解散，因为它已变为一个个人独资制企业。

(2) 无限公司的股东对公司债务负连带无限清偿责任。无限公司的债务不是以公司的全部财产为限来清偿的。当公司的财产不足以清偿其债务时，公司的股东应以自己所有的其他财产进行清偿。这时既不能以他的出资额为限，也不能以他的特定财产为限，股东的任何财产(法律规定破产时不能用来清偿债务的个人财产除外)都可以用来抵偿。

(3) 无限公司也是以营利为目的的经济组织，也是受企业法调整的企业法人，因此也是公司形式的一种。无限公司与合伙制企业不同，无限公司是法人，而合伙制企业则不具有法人地位。

无限公司作为公司的一种形式，其优点表现在以下几个方面。

(1) 组建简单。无限公司的设立不涉及股票发行和转让，外部关系简单。同时，法定最低股东人数较少，股东之间的信任程度高，又不要求有必需的最低资本总额，因此无限公司是各种公司中组建最简单的一种。

(2) 有利于资智合作。股东的个人信用是公司的信用基础，因此允许部分股东以劳务和技术作为出资形式，从而可以把资本和智慧结合起来，通过合作发挥各自的优势，形成公司的综合优势。

(3) 经营努力。无限公司的股东是无限责任股东，公司经营的好坏直接关系各个股东的利益，因此股东的责任感很强，同时股东之间的关系密切，许多公司本身就是家族企业，有利于通力合作。

(4) 信用程度高。无限公司的股东负连带无限清偿责任，从而拥有很高的信用程度。

无限公司的缺点也很明显，主要表现在以下几个方面。

(1) 股东责任过重。公司的股东负连带无限清偿责任，因而风险很大，一旦公司经营不善导致破产，其债务往往使一些股东倾家荡产，因此使出资人望而却步。

(2) 公司规模受限制。无限公司的股东人数有限，又不一定以资金作为出资方式，法律也不要求有最低的资本额，所以这种公司的资本筹集困难，规模受到限制。

(3) 股本转让困难。无限公司的股东之间有连带关系，股本的转让必须经过全体股东的同意，任何一个股东反对，转让都是不能成立的，增加了股本转让的难度。

无限公司是最古老的公司形式，由于存在上述缺陷，无限公司的数量日趋减少，已不再是占主导地位的公司形式了。

### (二) 有限责任公司

有限责任公司简称有限公司，是指由法律规定的一定人数的股东所组成，股东以其出资额为限对公司债务承担有限责任的公司。与其他形式的公司相比，有限公司出现得比较晚。它起源于19世纪下半叶的德国，德国在1892年4月通过的《有限责任公司法》中最早以法律形式形成有限公司的规范。有限公司虽然出现较晚，但由于它结合了无限公司和股份有限公司的长处，所以发展得很快，是目前欧美国家流行的一种企业组织形式。

有限公司具有以下特征。

(1) 有限公司的股东均为有限责任股东，他们对公司债务的责任仅以其出资额为限，对公司的债权人不负直接责任，这是有限公司和无限公司的不同之处。

(2) 有限公司的股东人数有严格的数量界限规定，既有最低下限，也有最高上限。大部分国家规定，有限公司的股东应在2人以上，50人以下，因特殊情况超过上述规定人数的上限，须经政府授权部门批准或转为股份有限公司。这是有限公司不同于其他公司形式的独有特征，其他公司形式都只有最低股东人数的限制，而无最高上限。另外，有限公司的股东不限于自然人，法人和政府都可以成为有限公司的股东。

(3) 有限公司不能公开募集股份，不能发行股票。其股东出资后会取得相应份额的股权证书——股单。股单只是一种权利证书，不能进行买卖。

(4) 有限公司股东出资的转让具有严格的限制。股东出资的转让应由公司批准，并在公司登记有限公司与其他形式的公司相比,其优点主要表现在以下几个方面。

(1) 容易组建。有限公司只有发起设立,而无募集设立,程序比较简单。股东人数有限,其出资额在公司成立时必须缴足。公司的内部结构也比较简单,因而容易组建。

(2) 有限公司的股东只负有限责任,股东的风险较小,能促进投资者进行投资。

(3) 有限公司的经理多由公司董事长或重要董事兼任,同时行使决策权和经营权。内部组织机构小而精、效率高,是中小企业理想的公司形式。

有限公司的缺点表现在以下几个方面。

(1) 有限公司的股东只负有限责任,易产生投机倾向,用较少的资本去冒很大的风险,一旦失败则严重损害公司责权人的利益。

(2) 公司的信用程度不及无限公司。这是由其各方面的特征,尤其是其有限责任所决定的。

(3) 有限公司的股本转让必须征得股东会的同意,并由公司批准登记,因此股本转让比较困难。

### (三) 股份有限公司

股份有限公司简称股份公司,是指由一定人数以上股东所设立的,全部资本划分为等额的股份,股东以其认购的股份金额为限对公司债务承担有限责任的公司。股份有限公司是集资经营、共担风险的企业经营形式长期发展的产物,并逐渐成为西方发达国家中占统治地位的公司形式。从数量上看,股份有限公司不占绝对优势,但由于股份公司资本雄厚、实力强大,所以在西方发达国家整个国民经济中占统治地位,许多重要经济领域和部门,特别是制造业、采掘业、金融业等资本密集型行业,都由股份有限公司操纵和把持。

股份有限公司具有不同于其他公司形式的鲜明特点,具体表现在以下几个方面。

(1) 股份有限公司是最典型的法人组织。现代意义上的公司概念和法人概念都起源于股份有限公司,而且股份有限公司所具有的完备的组织机构以及完全独立的财产和责任,都充分表现了法人组织的法律特征。

(2) 与无限公司不同,股份有限公司的信用基础在于它的全部资本,而不在于股东个人。公司资本不仅是公司赖以经营的基本条件,而且是公司债权人的基本担保条件。由于股东个人身份不太重要,故其股份可以自由转让,任何合法持有股份的人都可以成为公司的股东。

(3) 股份有限公司的全部资本划分成等额的股份。资本股份化不仅适应股份有限公司公开发行股票、募集社会资金的需要,也便于公司的核算、股东权利的确定与行使,以及股利的分配等。

(4) 股份有限公司的股东必须达到法定的人数。股东的人数与公司的规模有关,由于股份有限公司的重要作用在于面向社会广泛集资、兴办较大的企业,因此对最低股东人数有一定的限制。大多数国家规定其最低股东人数为7人,有的规定不少于5人。一般情况下,各国对股份有限公司规定的法定最低股东人数,在各种公司形式中都是最多的。

股份有限公司的优点具体表现在以下几个方面。

(1) 有利于吸纳社会资金,分散投资者的风险。股份有限公司每股股份的金额较小,便于吸纳社会闲散资金,形成较大的规模。对大量的单个股东来说,所拥有的股份只占资本很小一部分,股东对公司只承担有限责任。所以,虽然股份有限公司的经营风险很大,但每个投资者只承担很小的风险。

(2) 便于资本流动。股份有限公司的资本可以证券化,股票可以自由转让,这就保证了资本充分的流动性,促进了公司之间的正当竞争。这样既可以实现资源的合理配置,还可以刺激公众投资,使社会资金得到充分利用。

(3) 有利于实现所有权与经营权的彻底分离，从而有利于提高公司的管理水平，以适应生产社会化程度不断提高的发展趋势。

股份有限公司的缺点具体表现在以下几个方面。

(1) 小股份公司的股东只负有限责任，因此公司的信用程度较低。

(2) 由于股份的分散和股份有限公司的表决权原则，公司的决策权容易落入少数大股东手中，大股东对公司的操纵可能使小股东的权益受到损害。

(3) 股票的自由买卖使股票价格起伏不定，由此产生的投机活动往往带来一些消极影响。

(4) 股份有限公司的设立程序比其他公司严格，设立责任也比较重，其内部组织和社会关系复杂，不易组建和管理。

# 第三节　公司治理结构

## 一、公司治理结构的定义

在我国理论界，关于公司治理结构的定义有很多种，其中具有代表性的观点有以下几种。

吴敬琏(1994)认为，公司治理结构是指由所有者、董事会和高级执行人员(即高级经理人员)三者组成的一种组织结构。要完善公司治理结构，就要明确划分股东、董事会、经理人员各自的权力、责任和利益，从而形成三者之间的关系。

林毅夫(1997)是在论述市场环境的重要性时论及这一问题的。他认为，公司治理结构是指所有者对一个企业的经营管理和绩效进行监督与控制的一整套制度安排，并随后引用了米勒(1995)的定义作为佐证。他还指出，人们通常所关注或定义的公司治理结构，实际指的是公司的内部治理结构。

李维安和张维迎认为，公司治理或公司治理结构有广义和狭义之分。李维安(2000)认为，狭义的公司治理是指所有者(主要是股东)对经营者的一种监督与制衡机制，其主要特点是通过股东大会、董事会、监事会及管理层所构成的公司治理结构进行内部治理；广义的公司治理则是通过一套包括正式或非正式的内部或外部的制度或机制来协调公司与所有利益相关者(股东、债权人、供应者、雇员、政府、社区)之间的利益关系。张维迎(1999)认为，狭义的公司治理结构是指有关公司董事会的功能与结构、股东的权力等方面的制度安排；广义的公司治理结构是指有关公司控制权和剩余索取权分配的一整套法律、文化和制度性安排，这些安排决定公司的目标，谁在什么状态下实施控制，如何控制，风险和收益如何在不同企业成员之间分配等问题，并认为广义的公司治理结构是企业所有权安排的具体化。

也有人认为，公司治理结构是融资供给方(投资者)保证自身投资收益的方式。由于代理问题，外部投资者担心自己的利益在不完美的世界中会由于经理的败德行为而受到侵占。经理采用何种机制才能得到外部投资者的融资，或者说如何能够保证给予外部投资者应有的投资收益，这就需要给予外部投资者一些权利，例如给予外部投资者强有力的法律保护，或者使所有权集中，也就是形成大投资者(大股东)。

一般而言，理想的公司治理结构标准包括以下几点。

(1) 能够给经营者足够的控制权以自由经营管理公司，发挥其职业企业家的才能，给其创新活动留有足够的空间。

(2) 保证经营者从股东利益出发使用公司的控制权而非只顾个人利益。这要求股东有足够的信息去判断他们的利益是否得到保证、期望是否正在得到实现。如果其利益得不到保证、期望难以实现，股东有更换经营者的权力。

(3) 能够使股东充分独立于经营者，保证股东自由买卖股票，给投资者以流动性的权利，充分发挥公司的关键性优势。这些理想要求或标准在实际中很难完全实现，因为它们常常是冲突和矛盾的，而公司治理结构就是要在各利益相关者的权利和利益的矛盾中寻求动态平衡。

公司治理结构这种动态平衡的内在要求决定了公司治理结构的灵活性。这种灵活性表现在一个公司的治理结构不是一成不变的，需要根据企业外部环境和内部条件的变化不断完善和改进。这个改进和完善的过程在很大程度上表现为经营者控制权的动态调整过程，表现为利用控制权调整、激励、约束经营者行为的过程，进而表现为企业效率的改进过程。公司治理结构的灵活性还表现为不同公司的治理结构的差异性，这种差异性进一步影响了公司竞争力。虽然经济理论和法律研究确定了关于公司治理结构的基本框架，为股东、董事会和经理人员之间关系的确定提供了一个基本规范，但具体到各个国家的各个公司的治理结构，有关三者的规定是不尽相同的。例如，关于公司的兼并、收购，有的公司由股东大会直接决定，有的公司则授权董事会决定；关于高层执行官员的任命，多数公司授权董事会批准，有的公司则由股东大会自己掌握批准权；有些公司董事会只任命一个首席执行官员或总经理，其他高层管理人员由总经理任命，而有些公司的所有高层管理人员都由董事会直接任命。

## 二、公司治理结构的内容

### (一) 公司治理结构的组织形式

公司治理的组织制度坚持决策权、执行权和监督权三权分离的原则，由此形成了公司股东大会、董事会和监事会并存的组织框架。公司组织机构通常包括股东大会、董事会、监事会及经理人员，按其职能分别形成决策机构、监督机构和执行机构。

1. 决策机构

股东大会及其选出的董事会是公司的决策机构，股东大会是公司最高权力机构，董事会是股东大会闭会期间的最高权力机构。

2. 监督机构

监事会是由股东大会选举产生的，是对董事会及其经理人员的活动进行监督的机构。

3. 执行机构

经理人员是在董事会领导下的公司管理和执行机构。

### (二) 公司法人治理结构中的制衡关系

股东大会、董事会、监事会、经理人员四者在公司中处于不同的地位，他们之间的关系也不相同。完善公司治理结构，就要明确划分他们各自的权力、责任和利益，以便形成合理的制衡关系。所有权和管理权的分离是治理结构的核心，决定了公司法人治理结构的基本制衡关系。

1. 股东大会与董事会之间的信任托管关系

股东出于信任推选董事，董事是股东的受托人，承担受托责任。由董事组成的董事会受股东大会的信任负责经营公司的法人财产，这种关系是一种信任托管关系，其特点体现在以下几方面。

(1) 董事会一旦受托经营公司，就成为公司的法定代表人，独立从事公司的经营决策活动，股东大会不得对其进行干预。同时，股东也不能因一些诸如非故意的经营失误而随意解聘董事，只可以因为未尽到责任或不称职而不再选其成为董事。但这种选举结果并不取决于股东个人，而取决于股东大会的投票结果。个别股东如不满意信任托管关系，还可"用脚投票"，即转让股权而离去。

(2) 进入董事会的成员大多是经营专家或少数大股东。在有限责任公司中，由于股东人数较少，股东(或其代表)可以是董事会成员，直接控制公司；在股份有限公司中，股东人数较多，一般由少数股东代表、经营专家或社会人士组成董事会。

(3) 公司的董事不同于受雇的经理人员，若董事不兼任公司执行层的职务，一般不领取报酬。

### 2. 董事会与公司经理人员的委托代理关系

管理公司需要专门知识，需要懂经营、会管事、具有创新精神和风险意识的专门人才。以此为标准，董事会通过招聘，任命适合本公司的经理人员。经理人员接受董事会的委托，便有了对公司事务的管理权和代理权。从法律角度来看，公司的高层管理人员在公司内部有管理事务的权限，对外有诉讼的商业代理权限。这种委托代理关系的特点体现在以下几个方面。

(1) 经理人员只是董事会的一定权限的代理人，其权限受董事会委托范围的限制，超过其权限的决策要报告董事会审定。

(2) 董事会对经理人员是有偿的雇用。董事会有权对其经营情况进行监督，并据此对其做出奖惩决定。

(3) 经理人员和公司的董事会之间存在双向选择关系，经理人员市场是董事会选择经理人员的场所，同时也是约束经理人员的外在机制。一般情况下，职位、工资、奖金则是经理人员决定是否应聘的基本因素。

在市场经济条件下，董事会主要起做战略决策和监督的作用，而作为代表人的高层经理人员的权力要比法律上规定的大得多。因此，如何加强对他们的监督和激励就成为完善公司治理结构的一项重要课题。应该看到，委托人和代理人各自追求的目标是不一样的，作为委托人的董事会要求经理人员尽职尽责，执行好经营管理的职能，以便股东能够取得更多的盈余收入；而作为代理人的高层经理人员所追求的则是他们的人力资本(知识、才能、社会地位)的增值和提供人力资本进行指挥劳动所获得的收入的最大化。由于这种目标差异的存在，董事会有必要建立一套有效的激励机制，根据经理人员的工作绩效，对他们进行奖励。

在市场竞争中，对经理人员的约束除董事会的权力约束外，还存在三种约束：①商品或服务市场的约束。经理人员的经营业绩主要体现为公司在市场中的经营业绩，如公司的盈利情况、市场占有率等。而这些业绩的实现，必须依靠激烈的市场环境竞争来取得。经理人员要努力拼搏，大胆创新，才能实现自身的利益目标，从而使经理人员的利益和公司股东的利益在实现方式上得到统一。②资本市场对企业评价(特别是股价)的约束。企业的市场竞争力强，在社会公众心目中的地位就高，人们就会"用手投票"，股价就会上升。否则，企业经营业绩差，股东就会"用脚投票"，股价就会下降。③经理市场竞争的约束。经理人员作为劳动力市场的一个要素，其本身的价值也是在劳动力市场的竞争中来体现的，即以竞争中的晋升与被取代的方式来体现其自身的价值。在这三种约束的激励和鞭策下，经理人员必须兢兢业业工作，努力提高企业的经营业绩，在实现公司市场目标的同时，实现自身的价值和目标。

### 3. 监事会与公司董事和经理人员的监督制衡关系

为防止公司董事和经理人员的违法乱纪行为，维护股东的权益，执行股东大会决议和公司章程，现代公司组织结构中最重要的一项内容是建立监事会制度。监事会的制衡作用是多重的，它和股东大会的关系在正常情况下是一种从属关系，它与董事、经理人员的关系是监督关系。监事会不参与公司的经营管理，只依照法律、法规、公司章程对公司的经营管理履行监督职责。监事会对股东大会负责，按照《公司法》的有关规定，对董事和经理人员执行公司职务时的违反法律、规则的行为进行监督。由此可见，监事会的制衡作用是很重要的。

## 三、公司治理结构中各机构的权责界定

### (一) 股东大会

股东大会是非常设的、由全体股东所组成的公司权力机构。

#### 1. 股东大会的职权

设置股东大会的目的是保护股东的合法权益。具体表现为：第一，为解决股东大会以外的公司机构，如董事会、监事会，所不能解决的事项；第二，使各股东明了公司经营情况以及未来的发展方向。

股东大会的职权可分为法定职权和公司章程规定的职权。

1) 法定职权

法定职权是指各国以公司法的形式确定下来的股东大会拥有的职权。以股份有限公司为例，股东大会一般拥有以下法定职权：①决定公司的经营方针和投资计划；②选举和更换董事，决定有关董事的报酬事项；③选举和更换由股东代表出任的监事，决定有关监事的报酬事项；④审议批准董事会的报告，审议批准公司的利润分配方案和弥补亏损方案；⑤审议批准公司的年度财务预算方案、决算方案；⑥审议批准公司的利润分配方案和弥补亏损方案；⑦对公司增加或减少注册资本做出决议；⑧对发行公司债券做出决议；⑨对公司合并、分立、解散和清算等事项做出决议；⑩修改公司章程。

2) 公司章程规定的职权

在不违反法律的前提下，公司章程可以增加一些股东大会职权的规定，但不能缩减股东大会的职权。例如，有的股份有限公司章程规定股东大会还可以为本公司选择合适的会计师事务所。

股东大会虽然是公司的非常设机构，但它却是必要的权力机构。公司存在一天，股东大会的职权就应照常行使一天。即使在公司清算过程中，董事会、经理机构等都被终止了职权，但股东大会的职权照常行使。公司清算结束后，清算组应当制作清算报告，报股东大会确认。

#### 2. 股东会议的决议

股东会议的决议可分为普通决议和特别决议。

1) 普通决议

一般而言，普通决议是指用于公司普通决议事项，以简单多数即可通过的决议。简单多数是指代表公司出资比例 50% 以上的股东出席，出席会议的股东表决权的过半数同意。除法定的特别决议事项以外，其他事项都由公司章程规定为普通决议事项，由普通决议方法通过。具体内容包括：①关于公司的经营方针和投资计划的决议；②选举和更换董事，有关董事的报酬事项的决议；③选举和更换由股东代表出任的监事，有关监事的报酬事项的决议；④对董事会报告的批准；⑤对监事会或者监事会报告的批准；⑥对公司的年度财务预算方案、决算方案的批准；⑦对公司的利润分配方案和弥补亏损方案的批准；⑧关于发行公司债券的决议。

2) 特别决议

特别决议是指针对公司的特别决议事项，以绝对多数才能通过的决议。关于绝对多数，不同国家对不同决议事项有不同的要求，我国《公司法》规定，对公司股东会议的特别决议，需经过代表2/3以上有表决权的股东通过，才能有效。

根据《公司法》规定，公司股东会议的特别决议事项有以下几项：①关于公司增加或减少注册资本的决议；②关于公司合并、分立的决议；③关于发行公司债券的决议；④关于修改公司章程的决议；⑤公司章程规定的需要由特别决议通过的其他事项。

总之，不论是普通决议，还是特别决议，都必须在法律和公司章程的规范下进行，否则，即使是在股东大会会议中通过的决议事项，也是无效的。

### (二) 董事会

董事会是由公司股东大会所选出的一定数目的董事所组成的，法定的、常设的、集体的、对内进行经营管理及决定股东大会权限以外事项的机构。

#### 1. 董事会的组成与召集

我国《公司法》规定，有限责任公司董事会的组成一般不少于3人，且最多不超过13人。一般来说，董事会的组成人员需单数，以便董事会投票表决能顺利得出结果。董事会会议的召集由董事长负责并主持，董事长因故不能履行职务时，可由其指定的副董事长或某董事召集主持。

#### 2. 董事

董事由股东大会选举产生，具有行权能力和行为能力。董事除以董事会成员身份参加董事会会议、就讨论事项进行表决外，还可依董事会的决定，负责具体实施股东大会决议、董事会决议，处理公司经营管理中的事务。

#### 3. 董事长

董事长是公司法定代表人，全面负责公司的经营管理。董事长作为公司的法定代表人，代表公司从事一切对外活动。董事长是公司的最高负责人，其本身即代表公司。董事长是从具有董事资格的人员中选任，并在董事会上以全体董事的过半数选举产生的。

董事长的职权可分为法定职权和董事会授权行使的职权。

1) 法定职权

董事长法定行使以下职权：①主持股东大会和召集、主持董事会会议；②检查董事会决议的实施情况；③签署公司股票、公司债券。

2) 董事会授权行使的职权

除上述职权之外，根据公司需要，可以由董事会授权董事长在董事会闭会期间，行使董事会的部分职权，这意味着董事长可以行使以下部分职权：①负责召集股东大会，并向股东大会报告工作；②执行股东大会的决议；③决定公司的经营计划和投资计划；④制定公司的年度财务预算方案、决算方案；⑤制定公司的利润分配方案和弥补亏损方案；⑥制定公司增加或减少注册资本的方案以及发行公司债券的方案；⑦拟订公司合并、分立、解散的方案；⑧决定公司内部管理机构的设置；⑨聘任或解聘公司经理，根据经理的提名，聘任或解聘副经理、财务负责人，决定其报酬等；⑩制定公司的基本管理制度，以及股份有限公司章程规定的其他董事会职权。

### (三) 总经理

总经理是公司董事会聘任的，执行股东大会和董事会决议，具体管理公司事务，对外在董事会授权范围内代理公司进行商业活动的人，是法定、必要的公司业务执行机关的主要负责人。总经理之所以成为公司必要的常设业务执行机关的主要负责人，是因为公司董事会的董事不一定是由管理专家、技术专家担任，而公司的日常业务经营活动必须由精通管理、技术的人来处理。公司设置总经理正是出于其业务经营的需要。

但是，总经理与董事会、董事长不能相提并论，他们之间是有区别的。首先，总经理是由董事会聘任和解聘的，必须服从董事会的有关决议，总经理所做出的各种决定均不能与董事会的有关决议相抵触，董事会可以改变总经理所做的决定。其次，从工作的性质来看，董事会偏重于对公司各项业务工作进行讨论决策，总经理偏重于对公司各项业务进行具体组织和实施。再次，董事长是公司的法定代表人，拥有公司的对外代表权，公司的各种对外文件上必须签署董事长的名字，否则不发生法律效力。而总经理则是公司日常业务活动的执行机构的领导，对内在其职权范围内享有最高权威，对外则无代表权，其对外所进行的各项业务活动最终要取得董事长的认可，以董事长的名义对外发布才生效。

**1. 总经理的职权**

总经理对董事会负责，辅助董事会执行公司业务，负责公司的日常生产经营管理工作。其职权具体包括：①主持公司的生产经营工作，组织实施董事会决议；②组织实施公司年度经营计划和投资方案；③拟订公司内部管理机构设置方案；④拟订公司的基本管理制度；⑤拟订公司的具体规章；⑥提请聘任或者解聘公司副总经理、财务负责人；⑦聘任或者解聘除应由董事会聘任或解聘以外的管理人员；⑧公司章程和董事会授予的其他职权。

总经理行使其职权主要通过以总经理为首的行政工作系统来实现，具体表现为董事会领导下的总经理负责制。总经理领导下的日常行政管理体系一般包括总经理、副总经理、各部门经理、总经济师、总会计师、总工程师等。副总经理是总经理的副手，通常情况下，协助总经理总揽公司业务工作，在总经理因故不能行使职权时，代行总经理职务；各部门经理是主管一个部门的工作或某项业务的负责人；总经济师、总会计师和总工程师是协助总经理分管整个公司的总体效益、财务、技术等方面的负责人。

**2. 总经理的义务与责任**

1) 总经理的义务

作为公司日常经营活动的总负责人，总经理必须承担以下义务：①依照与公司订立的聘任协议的有关要求，兢兢业业、认真负责地做好各项经营管理工作，以实现公司的利益最大化为目标，不以权谋私，为公司的发展努力工作；②遵守法律、公司章程及股东大会、董事会决议，在处理业务时，选择对公司最有利的可行办法，诚实而正当地行使所授职权；③当因为个人失职给公司经营活动造成重大损失时，根据《公司法》和公司章程等，应向公司赔偿由此造成的损失。

2) 总经理的责任

作为公司日常经营活动的总负责人，总经理也必须同时承担以下责任：①遵守公司章程，忠实履行职务，维护公司利益，不得利用在公司的地位和职权为自己牟取私利；②总经理不得利用职权收受贿赂或者其他非法收入，不得侵占公司财产；③不得挪用公司资金或者将公司资金借贷给他人；④不得将公司资产以个人名义或者以他人名义开立账户存储；⑤不得以公司资产为本公司股东或其他个人债务提供担保；⑥不得自营或为他人经营与其所任职公司同类的业务或从事损害公司利益的活动，从事上述业务或者活动的，所得收入应当归公司所有；⑦除公司章程规定或者股东大会同意外，不得与本公司订立合同或者进行交易；⑧除依照法律规定或经股东大会同意外，不得泄露公司秘密。

### (四) 监事会

监事会是公司必设的组织管理机构之一，是对董事会和总经理行政管理系统行使监督权，对公司的财务状况进行审查、考核的常设机构。监事会对股东大会负责，向股东大会报告工作。设置监事会的意义在于维护公司股东和职工的利益，保证公司的健康发展，制止董事、经理人员等握有公司经营管理大权的人员滥用职权、违法失职、损害公司利益，保证公司良好的管理和运行。它能约束董事、经理人员的行为，在公司法人治理结构中建立起权力制衡关系。

#### 1. 监事会的组成

监事会由股东代表和适当比例的公司职工代表组成，具体的比例由公司章程决定。股东大会选举和更换由股东代表出任的监事，并决定监事的报酬。监事会中的职工代表人选，由公司职工代表大会民主选举产生。股份有限公司和规模较大的有限责任公司，监事会人员不少于3人。应在所有监事中推举一名监事会主席，负责监事会会议的召集。

#### 2. 监事会的职权

监事会可依法行使以下职权：①检查公司的财务状况；②对董事、经理执行职务时违反法律法规或公司章程的行为进行监督；③当董事和经理的行为损害公司的利益时，要求董事和经理予以纠正；④提议召开临时股东大会；⑤公司章程规定的其他职权。

监事会对其职权范围内的一般事项，如调查董事、经理的行为，核实公司财务状况等可交由监事负责执行。对职权范围内的重大事项，如对董事、经理的违法、违章行为的纠正，则以会议方式讨论执行。关于会议议事方式及表决程序可参照董事会会议的有关内容。监事会行使其职权时，应遵守其法定职务，谨慎行事，以维护公司利益为出发点，不得滥用职权。

#### 3. 监事的义务与责任

监事负有监督的职能，享有一系列的法定职权和公司章程规定的职权，同时，也有其应尽的义务和责任。监事应当遵守公司章程，忠实履行职务，维护公司利益，不得利用在公司的地位和职权牟取私利。监事不得利用职权收受贿赂或者其他非法收入，不得侵占公司的财产。监事有保守公司秘密的义务，除依照法律规定或者经股东会同意外，不得泄露公司秘密。若监事执行公司任务时违反法律、行政法规或公司章程的规定，给公司造成损害的，应当承担赔偿责任。

### 阅读链接 4-2

#### 上市公司股东大会

上市公司年度股东大会每年召开一次，应当于上一会计年度结束后的6个月内举行。临时股东大会不定期召开。公司在上述期限内不能召开股东大会的，应当报告公司所在地中国证监会派出机构和公司股票挂牌交易的证券交易所，说明原因并公告。

上市公司召开股东大会，应当聘请律师出具法律意见并公告。上市公司的独立董事有权向董事会提议召开临时股东大会。董事会应当根据法律、行政法规和公司章程的规定，在收到提议后10日内提出同意或不同意召开临时股东大会的书面反馈意见。董事会同意召开临时股东大会的，应当在做出董事会决议后的5日内发出召开股东大会的通知；董事会不同意召开临时股东大会的，应当说明理由并公告。

> 上市公司股东大会通知中应当列明会议时间、地点,并确定股权登记日。股权登记日与会议日期之间的间隔应当不多于7个工作日。股权登记日一旦确认,不得变更。
>
> 上市公司股东大会可以采用网络或其他方式进行表决,应当在股东大会通知中明确载明网络或其他方式的表决时间以及表决程序。股东大会网络或其他方式投票的开始时间,不得早于现场股东大会召开前一日下午3:00,并不得迟于现场股东大会召开当日上午9:30,其结束时间不得早于现场股东大会结束当日下午3:00。
>
> 上市公司召开股东大会,全体董事、监事和董事会秘书应当出席会议,经理和其他高级管理人员应当列席会议。出席会议的董事、董事会秘书、召集人或其代表、会议主持人应当在会议记录上签名,并保证会议记录内容真实、准确和完整。会议记录应当与现场出席股东的签名册及代理出席的委托书、网络及其他方式表决情况的有效资料一并保存,保存期限不少于10年。

# 第四节 现代企业制度的环境保证

建立现代企业制度必须要有相应的环境条件作为保证,否则,整个工作都是徒劳无益的。与现代企业制度相适应的环境条件主要包括四个方面。

## 一、完善的市场体系

现代企业制度是市场经济和社会化大生产发展的产物。我们建立的现代企业制度是以规范和完善的企业法人制度为主体,以有限责任制度为核心的新型企业制度。在现代企业制度下,企业是自主经营、自负盈亏的独立法人实体,按照市场需求组织生产经营,政府不得直接干预,企业直接面对市场。因此,企业需要一个良好的流通渠道和竞争性的市场环境,即一个相对健全的市场体系,包括商品市场、金融市场和劳动力市场。只有完善商品市场,才能使企业成为独立的商品生产者与经营者;只有完善金融市场,才能形成其特有的产权体制,进而形成以商品市场为基础,以金融为主导的经营与运行机制;只有完善劳动力市场,才能形成人才流动机制,使企业真正享有劳动用工、人事管理和工资、奖金分配等权力,最大限度地调动企业职工的积极性。

## 二、健全的法律制度

市场经济和市场法制有着内在的联系。公平竞争、等价交换是市场经济的本质要求。有竞争就需要有规则,市场本身就是一种全方位开放的竞争场所。现代企业制度的确立将使这种竞争更加激烈,但如果没有规则将会使市场发生混乱。市场经济中,经济主体之间的契约化、经济主体的多元化、经济活动的自主化、公平竞争的有序化、宏观调控的间接化以及经济管理的制度化,都必须通过系统、完备、成熟的法律制度来调节、制约和规范。因此,市场经济的发展和现代企业制度的建立都必须有健全的法律制度。法律制度的主要内容如下。

### (一) 确立市场主体的法律制度

所谓市场主体,是指参与市场竞争的生产经营者。市场主体的范围相当广泛,其中最主要的是企业。调整企业关系的法律制度即企业法律制度,如《中华人民共和国企业法》《中华人民共和国公司法》等。这些法律对于规范市场主体的行为、完善企业法人制度、形成良好的市场秩序等,都具有重要作用。

### (二) 确立市场运行规则的法律制度

市场经济的一个重要特点是生产要素商品化、利益主体多元化及企业行为自主化，这就在客观上提出了在同一市场规则下进行公平竞争、合理竞争的要求，这是现代企业制度赖以生存和发展的根本条件。要做到这一点，就必须确立和完善一系列市场运行规则，特别是要建立和完善《中华人民共和国破产法》《中华人民共和国反垄断法》和《中华人民共和国不正当竞争法》等法律制度。

### (三) 确立宏观调控机制的法律制度

市场经济由于受商品生产者自身利益驱动和消费者个人偏好的影响，具有追逐利润的自发倾向和盲目性，如果任其发展，将会出现经济危机。为了避免经济危机，保证经济的良性循环，必须建立适当的宏观调控机制。宏观调控离不开法律手段，主要通过《中华人民共和国投资法》《中华人民共和国预算法》《中华人民共和国信贷法》《中华人民共和国银行法》等法律法规实现。

### (四) 确立社会保障机制的法律制度

在社会保障内容中，养老保险、失业保险、医疗和工伤保险直接关系企业职工的切身利益，也是落实企业用工权、人事管理权的重要保证。《中华人民共和国破产法》能否顺利实施，社会保障是一个先决条件。社会保障又需要通过《中华人民共和国社会保险法》《中华人民共和国国家安全法》《中华人民共和国教育法》《中华人民共和国劳动法》《中华人民共和国保险法》《中华人民共和国未成年人保护法》《中华人民共和国社会救助法》《中华人民共和国残疾人保障法》等法律制度来实现。

### (五) 有关特定经济行为的立法

建立现代企业制度，还必须建立和完善有关特定经济行为的立法，如《中华人民共和国企业国有资产法》《中华人民共和国合同法》《中华人民共和国专利法》《中华人民共和国商标法》《中华人民共和国产品质量法》《中华人民共和国计量法》等。

## 三、建立社会保障体系

社会保障享有"安全网"和"减震器"之美誉，它既是对公民基本生存权利的保障，也是对社会经济体制运行的一种保障。要建立现代企业制度，就要为企业创造一个良好的社会环境，其中，最重要的内容之一就是建立和健全有效的社会保障体系，包括建立失业保险制度、养老保险制度、工伤保险制度、医疗保险制度，以及死亡保险制度等。社会保障体系的作用主要表现在以下几方面。

### (一) 有利于落实企业劳动用工权

企业要成为独立的生产经营者，应有权根据自身的任务和经营特点，对劳动力的数量和质量提出要求，有权根据法律、法规等有关规定解聘、辞退、开除职工。也就是说，企业要有劳动用工权。但是，对这些由于被解聘、辞退、开除而失去生活来源的人，国家和社会有责任提供失业保险，以保证其基本生活，解除企业和职工的后顾之忧。这样，企业要用的人进得来，不用的人出得去，企业才能拥有真正的用工自主权。

### (二) 有利于为企业创造公平的竞争条件

我国一直存在"企业办社会"的现象。由于企业发展历史不同，所有制性质不同，企业内部职工年龄构成不同,从而使企业间的负担差异显著,严重影响了它们在同一起跑线上的平等竞争。只有健全养老保险制度及其他社会保险制度,才能保证企业间的平等竞争。

### (三) 有利于人才合理流动

劳动者作为国家和企业的主人,有权根据自己的专长和爱好选择企业和工作。但是,由于目前我国各项社会保险制度的实施和管理基本上由企业包揽,成为"企业行为",使社会保险在一定程度上变成"企业保险"。这样,由于各企业经济效益不同,职工的保险待遇也不相同,在不同所有制企业间差别更大,从而使企业间职工的流动极为困难。只有实行社会保险的社会统筹,推行不分所有制、不分用工形式,统一项目、统一标准的一体化的社会保险制度,才能从根本上消除这一弊端,为职工的全方位流动创造条件。

## 四、转变政府职能

要建立现代企业制度,发挥市场在经济运行中的调节作用,必须转变政府的职能,使之由直接管理企业转变为宏观间接调控。首先,从主要管理国有企业转向面对包括国有企业、集体企业、私营企业即个体工商者等在内的各种经济成分,并通过政策引导和依法收税行使管理。其次,从主要管企业转向主要管市场。由分钱、分物、定指标、批项目变为培育市场,用税收、价格、利率等经济杠杆调控市场,建立市场规则,保证公平竞争,反对不正当竞争和垄断,维护市场秩序,为企业进入国内外市场创造条件。最后,从主要采用行政手段直接控制、干预企业的生产经营活动,转向综合运用经济、法律、行政手段进行宏观管理、调控和引导企业按社会经济发展的要求和全社会利益进行生产经营活动。

## 【本章小结】

企业制度是关于企业组织、运营、管理等一系列行为的规范和模式。构成企业制度的基本内容包括企业的产权制度、企业的组织制度(或组织形式)、企业的经营管理制度。企业制度所包含的三项内容中,产权制度和组织制度属于基础,在一定程度上决定着经营管理制度。企业制度的分类必须以能反映企业制度本质特征的要素为标准,按照企业原始资产来源的性质划分,其可分为个体独资制企业、合伙制企业和公司制企业三种基本形式。现代企业制度是指适应社会化大生产和市场经济要求的现代公司制度。

现代企业制度是产权关系明晰的企业制度,是权责明确的企业制度,是政企职责分开的企业制度,是一种组织管理科学的企业制度。现代企业制度中的公司是现代企业组织中最重要的形式,公司是组织特定的法律形式,是企业法人并且是以营利为目的的经济组织,具有联合性的作用。公司的类型包括无限责任公司、有限责任公司和股份有限公司。

现代企业公司治理结构标准包括:能够给经营者足够的控制权以自由经营管理公司,发挥其职业企业家的才能,给其创新活动留有足够的空间;保证经营者从股东利益出发使用公司的控制权而非只顾个人利益;能够使股东充分独立于经营者,保证股东自由买卖股票,给投资者以流动性的权利,充分发挥公司的关键性优势。公司治理结构中的组织制度坚持决策权、执行权和监督权三权分离的原则,由此形成了公司股东大会、董事会和监事会并存的组织框架。公司组织机构通常包括股东大会、董事会、监事会及经理人员。股东大会、董事会、监事会、经理人员四者在公司中处于不同的地位，他们之间的关系也不相同，按其职能分别形成决策机构、监督机构和执行机构。完善公司治理结构，就要明确划分他们各自的权力、责任和利益，以便形成合理的制衡关系。所有权和管理权的分离是治理结构的核心，决定了公司法人治理结构的基本制衡关系。

建立现代企业制度必须要有相应的环境条件作为保证，否则，整个工作都是徒劳无益的。与现代企业制度相适应的环境条件主要包括完善的市场体系、健全的法律制度、建立社会保障体系及转变政府职能。

## 【思考题】

1. 企业制度的类型按照企业原始资产来源的性质划分，可以分为几种类型？
2. 怎么理解现代企业制度的含义？
3. 个人独资制企业、合伙企业和公司制企业各有何优缺点？
4. 公司法人治理结构中有哪几种制衡关系？
5. 公司治理结构的意义是什么？
6. 市场环境对现代企业制度的实施有什么影响？
7. 了解一家上市公司的章程，了解其如何界定各机构之间的权责关系。

## 【案例分析】

### 方太：家族制与现代企业制度的嫁接

"在中国的家族企业中，家族必须绝对控股，家族企业的股权安全系数在70%～90%。"方太集团董事长茅理翔在位于浙江省慈溪市经济开发区的方太厨具有限公司总部接受记者采访时语出惊人。

在多数人看来，家族企业要想做大做强，股权的不断稀释应是发展趋势，就此来讲，茅理翔无疑属于保守一派。前者结论的得出，源于西方国家家族企业航母的发展轨迹；而茅理翔的结论则是基于方太在中国的成功。

革命与改革孰是孰非，答案因企业具体情况而异。方太集团作为样本所能给我们提供的，只是中国家族企业发展的一个可能路径。家庭企业发展既要坚持家族制，又要建立现代的企业制度，如何保持两者的平衡？茅理翔给出了一个自己的答案。

**跪求理解**

"让家的感觉更好"是方太的广告语。而为了让自己的家族企业更好，为自己的企业嫁接现代经营管理制度，茅理翔颇花了一番心思。为了摆脱家族企业任人唯亲导致的管理混乱，避免企业走向分裂或者坍塌的宿命，茅理翔采用了极具中国传统特色的方式：向母亲下跪。

当下岗待业的四弟要求进入方太任干部时，极重亲情但又不能破坏企业管理制度的茅理翔向母亲跪下了。跪了十分钟，向母亲陈述了自己的理由，寻求母亲的理解。"开始创业时，兄弟们往往很团结，但在企业做大以后，一般在做到一个亿以后，矛盾就会显现。"茅理翔说，"老大有老婆舅子，有舅子老婆，就会有一帮人；老二也会有老婆舅子、舅子老婆，七大姑八大姨的都在企业里面，家族矛盾与管理矛盾一旦搅和在一起，就会造成管理错位，加上利益、权力和发展思路的纷争，必然会出乱子。"

## 第四章 现代企业管理制度

在企业创办伊始，茅理翔就与妻子约法三章，两人的兄弟姐妹或亲戚可以在企业工作，但不能担任车间主任以上的职务。这一规定被严格执行到现在。"这种下跪是传统的力量和制度的力量较量的过程，这个过程应该是一个非常艰难、痛苦的过程。"中国社科院民营经济研究中心主任刘迎秋教授说。茅理翔的一跪颇具象征意义，方太从此得以完成从传统家族企业管理制度向现代企业管理制度的嬗变。较量的结果是茅理翔安排他的四弟在一个相对比较小的、与总部分开的办事处做了主任，随后又用一些其他的方式解决了两个大学毕业的侄子的就业问题。

"民营企业在创业初期一定要依靠家族制；民营企业发展到一定规模，一定要淡化家族制。"茅理翔指出。目前的方太，除了董事长和总经理由茅氏父子担任外，其他中高层管理人员中没有一个是家族成员和亲戚，都是外聘的本科生、研究生或博士生，并且方太员工中有40%来自外地。茅忠群在答应父亲出任方太公司总经理时，作为条件他就提出要成立新公司，不起用父亲原公司的员工，而是重新搭建自己的管理团队，独立运作经理层。儿子提出的社会化性质的管理当然也对茅理翔有了某种启示。

茅理翔自称自己所致力于建立的是"现代家族企业管理模式"。他在所著的《管理千千结》一书中对此做了阐述。当然，茅理翔还是选了自己的儿子茅忠群做总经理。这种选择，一方面，基于茅忠群上海交大硕士研究生的学历背景和突出的个人能力；另一方面，则是出于对中国职业经理人队伍尚未形成和法律、信用体系尚未完善的客观原因。此外，还有一个难以否认的解释——对家族制的坚守。

**把握产权多元化的"度"**

"我认为美国式的股份制不适合中国国情。"茅理翔说。茅理翔此番言论当是对其"股权安全系数在70%～90%"言论的呼应。"即使是西方国家的家族企业，家族相对控股的也在少数，"茅理翔说，"很多相对控股的家族企业最终面临被收购、兼并或转为股份公司的命运。"在茅理翔看来，要把握家族企业产权多元化的"度"，除了要求家族企业绝对控股外，股份参与者的人数也不宜过多，人多了反而无效率。"国内很多家族企业为了激励员工，会对员工有股权的激励。但这种股权也只是虚股，人在企业时能够享有分红的权利，一旦人离开企业，股权也就相应消失，不能带走。"茅理翔指出。产权清晰作为现代企业制度的最主要的特征之一，在家族企业中最主要体现为家族成员内部的股权要明晰。对此，茅理翔提出著名的"口袋理论"，即钱最好放在一个口袋里，否则会给企业埋下"定时炸弹"，最终导致家族和企业的分裂。

茅理翔认为，自己和夫人、儿子属于同一个口袋，不会有利益上的冲突；女儿和女婿属于另一个口袋。所以他就把儿子和女儿分开，拨出一笔资金让女儿自己创业。目前，女儿经营的凌克公司也搞得有声有色，与儿子的公司在产品上也形成了互补，儿子和女儿之间也会经常有一些在企业发展方面的切磋。茅理翔显然对自己的这一安排颇为自得。

现在，茅理翔夫妇和儿子共同持有方太公司80%多的股份，女儿一家持有14%的股份，但不参与公司经营。出于激励的目的，公司也在管理人员中进行了一些产权转移，但是数量有限。

事实上，茅理翔与儿子一起投资3000万进行"二次创业"时就有着产权明晰化的考虑。起先茅理翔经营的飞翔公司有着千丝万缕的国营背景，产权很不明晰，于是他才考虑创立了完全属于自己的公司。对于自己的老部下，他则在方太外围创立了六个协作厂家，分别由以前的战友和部下掌管。这些厂家与方太只有业务上的联系，没有产权上的联系。这样既保证了创业元老的利益，又保证了方太的利益。

**审慎的魅力**

方太的口号是"不争第一，永当第二"。这一口号部分反映了茅理翔的稳健与平和的作风。当然，对于一个以中庸的家族企业模式运作的企业来讲，这也是一个情理之中的目标。

与中国众多豪气冲天的家族企业领袖相比，书卷气十足的茅理翔显然缺乏大肆扩大公司规模的野心。他要做的是专而强，而不单纯是做大。这不仅是因为他目睹了中国太多浮夸的民营企业的坍塌，也是因为其对家族企业发展路径的深刻洞察。

对于方太的产权模式、经营模式以及企业发展战略，我们都无法做出斩钉截铁的评价，这需要交由时间检验。我们所能称赞的是茅理翔父子在探索家族企业发展战略路径时表现出的清醒和兢兢业业，以及作为一个企业家的审慎的魅力。

**问题讨论：**
1. 在家族制企业向现代企业制度转型的过程中，哪方面的制度设计最重要，为什么？
2. 茅理翔说："钱最好放在一个口袋里。"你认同他的看法吗？请说明理由。
3. 文中提到的方太所采用的战略有哪些？请谈谈对方太所采用的战略的看法。

# 【技能训练】

针对一家你感兴趣的股份制公司，了解该公司的企业制度情况，包括公司章程、公司治理结构、公司制度的实施情况等。可以通过查阅该公司的年度报告、官方统计数据、报刊等收集二手资料，也可以通过访谈、实地考察等方式收集一手资料。分析该公司的企业制度的结构、已经取得的成果及值得其他企业借鉴的优势以及发展过程中遇到的困难与问题，最后提出解决这些问题的建议。

**训练目标：**
1. 增强学生对现代企业制度的基本认识。
2. 培养学生对企业制度的初步分析能力和解决问题的能力。

**训练方法：**
1. 实地调查或网上收集案例公司资料，并对该公司进行分析。
2. 以小组为单位进行调查、讨论，并最终形成书面报告。
3. 每组做出书面报告和PPT。

**训练要求：**
1. 分小组对案例公司企业制度、公司结构做书面报告。
2. 每个小组做PPT，并在课堂上针对案例公司的企业制度情况做15~20分钟的口头汇报。
3. 其他小组对汇报小组的内容提问并展开课堂讨论，讨论时间控制在5~10分钟。
4. 教师根据各个小组的课堂表现做最后的总结，分析学生汇报内容和形式的优点及需要改进的地方。

**成果检验：**
1. 每组提交一份纸质报告，教师根据报告的内容给予评分。
2. 每组进行课堂PPT演示及口头汇报，各个小组互评并最终评选出两个最优秀的小组。

# 第五章

# 现代企业文化管理

【学习目标与要求】

明确企业文化的必要性,掌握企业文化的基本功能。

理解企业文化的内涵及基本特征,比较中、日、美等不同国家的管理文化。

掌握企业文化的构成。

了解企业文化建设的关键环节。

【导入案例】

百度的企业文化

在许多企业,不仅称呼很有学问,排名更有讲究。凡公共场合,谁先谁后,谁左谁右;谁主谁客,谁主陪谁副陪;谁一号桌,谁二号桌;谁一号车,谁二号车;等级森严,须反复斟酌,要有专业人员安排甚至要请示领导才能排好。一旦排名顺序出了问题,被排错序号者不高兴不说,上了报纸电视,就是"天大"的问题。看来对排名问题可真不能等闲视之。

但在百度,排名是随机的,背后没有什么特别的学问。百度每周都有例会,不仅组长参加,公司的首席架构师和架构师也都参加。例会上,大家是随便就座的,没有看到架构师或组长坐在居中的位子上,环绕四周的是其他员工。经常会出现一名普通员工心安理得地坐在那个被认为是最为显眼的领导位置上。

员工相互之间经常发送群体邮件,其中列有许多同事的邮件地址,这个地址顺序是随机的,什么也不代表。即使代表了什么,但它会随机变化,总体来看,还是什么也不代表。

在百度,凡是有排名的场合,似乎总是不分先后。这种"排名不分先后"的做法也应算是百度的一种文化。百度的排名不分先后的文化,首先有赖于公司高层的价值观和理念,有赖于他们的率先垂范,同时也与以工程师为主体的公司人员组成结构和公司所从事的行业有关。百度的工程师们个个血性高傲、聪明敏感,他们都在自己的岗位上发挥着不可或缺甚至是不可替代的作用。举个例子,对于Web搜索引擎的开发和运行维护来说,要抓网页、反作弊、分析网页内容、分词、建索引、查询。分词的目的是建索引,建索引的目的是快速查询;反作弊的目的是滤除作弊网页,最终目的还是建高质量的索引。谁主谁次,谁尊谁卑,谁能够说得清。无论哪个环节出了问题,都会最终影响搜索引擎的整体表现,进而影响用户体验,从而影响用户流量,最终影响公司效益。

案例启示:

企业除了要有"硬性"的规章制度之外,还要有"软性"的协调力,它形成无形的"软约束"力量成为企业有效运行的内在驱动力,这种力量就是被称为管理之魂的企业文化。企业文化是一个有机系统，塑造企业文化是领导者必须实践的一项职能。一旦企业文化被融入组织，它便为全体员工提供了行为准则，不管他们在任何地方工作，都能运用已经融入心中的价值观指导自己的行动。企业文化的基本思路是要改变管理者和被管理者的对立，使他们自动为企业的共同目标奋斗。企业文化是现代管理理论与文化理论相结合的产物，也是现代管理实践的产物，对企业的经营决策和领导风格，以及企业职工的工作态度和工作作风都起着决定性作用。

# 第一节　企业文化概述

## 一、文化与企业文化的含义

### (一) 文化的含义

在中国古代，文化的含义是"人文化成"和"以文教化"，这与西方"文化"一词中的培养、教育、改变之意相吻合。《易传》中有"关乎人文，以化成天下"之说，意思就是要以文化典籍和礼仪道德来教化民众。"文化学之父"泰勒说："所谓文化或文明乃是知识、信仰、艺术、道德、法律、习俗以及包括作为社会成员的个人而获得的其他任何能力、习惯在内的一种综合体。"《大英百科全书》将文化的概念分为两类：第一类是一般性的定义，将文化等同于总体的人类社会遗产；第二类是多元的、相对的文化概念，即文化是一种来源于历史的生活结构的体系，这种体系往往为集团成员所共有，文化包括这一集团的语言、传统、习俗和制度，有激励作用的思想、信仰和价值，以及它们在物质工具和制造工具中的体现。美国人类学家克拉克洪和凯利把文化看作历史创造出的、清晰和不清晰的、理性和非理性的所有生活图式，这种图式在任何给定的时间都作为一种人类行为的潜在指导而存在。文化人类学家怀特认为每种人类文化可以分成经济与技术、社会结构、意识形态三个部分。他认为，经济与技术是社会结构和意识形态的基础，要理解社会结构和意识形态只有在经济与技术的基础上才能做到。中国《辞海》对文化有广义与狭义两种解释，从广义来说，文化指人类社会历史实践中所创造的物质财富和精神财富的总和。从狭义来说，文化指社会的意识形态以及与之相应的制度和组织结构。

### (二) 企业文化的含义

目前，关于企业文化的定义也有一百几十种之多。英国人类学家爱德华·泰勒在1871年出版的《原始文化》一书中第一次将文化作为一个中心概念来使用，将其表述为："文化是一个复杂的总体，包括知识、信仰、艺术、道德、法律、风俗，以及人类在社会中所获得的一切能力与习惯。"本书采用使用最广泛的、具有权威性的、由美国麻省理工学院组织行为学教授爱德华·沙因(Schein)对企业文化的定义。沙因将企业文化定义为，在一定的社会经济条件下，通过长期的社会实践所形成的，并为全体成员所公认和遵循的共同意识、价值观念、职业道德、行为规范和准则的总和，是一个企业或一个组织在自身发展过程中形成的以价值为核心的独特的文化管理模式。企业文化最能体现一个企业组织的价值观、行为准则、制度设计和工作程序。

对于企业文化的含义，可以从以下几方面进一步理解。

**1. 企业文化的核心是企业价值观**

价值观是指人们对客观事物发展变化的总的看法和评价。价值观是在人的世界观和人生观基础上形成的，同时又反过来对人的世界观和人生观产生影响。企业总是把自己认为最有价值的对象作为本企业追求的最高目标、最高理想或最高宗旨，一旦这种最高目标、最高理想或最高宗旨成为本企业成员的共同价值观，就会在企业内部形成强大的凝聚力和整合力，成为组织成员共同遵守的行为指南。因此，企业价值观制约和支配着企业的宗旨、信念、行为规范和目标，企业价值观是企业文化的核心。

例如，一些著名大公司的核心价值观如下。

(1) 沃尔玛：对顾客全心全意服务。

(2) 摩托罗拉：优质服务，做摩托罗拉人。

(3) 迪士尼公司：尽善尽美、神奇、惊险、衣着整洁、充满热情。

(4) GE：精简、迅捷、自信；在所有的领域内位居前一、二名。

### 2. 企业文化的主题是以人为主体的人本文化

人是整个企业中最宝贵的资源和财富，也是企业活动的中心和主体，因此，企业只有充分重视人的价值，充分调动人的积极性，发挥人的主观能动性，努力提高企业全体成员的社会责任感和使命感，使企业和成员成为真正的命运共同体和利益共同体，才能不断增强企业的内在活力，实现企业的既定目标。

### 3. 企业文化的管理方式是以柔性管理为主

企业文化是一种以文化的形式出现的现代管理方式，也就是说，它通过柔性的而非刚性的文化来引导，建立企业内部合作、友爱、奋进的文化心理环境，自动地协调企业成员的心态和行为，使大家对这种文化氛围产生心理认同，将企业的共同目标转化为成员的自觉行动，使群体产生最大的协同力。这种由柔性管理所产生的协同力比企业的刚性管理制度有更强的控制力和持久力。

### 4. 企业文化的重要任务是增强群体凝聚力

企业的成员来自五湖四海，不同的风俗习惯、文化传统、工作态度、行为方式、目标、愿望等都会导致成员之间的摩擦、排斥、对立、冲突乃至对抗，不利于企业目标的顺利实现。企业文化通过建立共同的价值观和寻找观念共同点，不断强化企业成员之间的合作、信任和团结，使之产生亲近感、信任感和归属感，实现文化的认同和融合，在达成共识的基础上，使企业具有一种巨大的向心力和凝聚力，这样才有利于企业目标的达成。

## 二、企业文化的基本特征

企业文化是在企业长期发展过程中逐步形成和完善的。由于各个企业的历史和社会环境不同、行业特点不同、技术设备和生产经营状况不同、人员组成结构和员工素质不同，以及它们所处的社会文化背景不同，因而各个企业所形成的企业文化也不尽相同。企业文化的基本特征可以归纳为以下几点。

### (一) 民族性

民族文化是企业文化的根基，企业文化的形成离不开民族文化。在世界文化体系中，每个民族都有自己独特的进化途径和文化个性，在不同的经济环境和社会环境中形成特定的民族心理、风俗习惯、宗教信仰、道德风尚、伦理意识、价值观念等，这些都是企业文化的民族特性。

民族性是企业文化的根基，我们在培育企业文化的过程中应充分重视民族文化的作用，在企业文化建设中继承和发扬民族文化积极的一面，克服其消极的一面。但同时，在经济全球化的今天，我们不能把它作为一种封闭的文化体系，而应该看成一种开放的文化体系，所以企业在构建自己的企业文化时，必须注意跨文化因素对企业的影响。

### (二) 客观性

企业文化是一种文化的积淀。它是在其所处的社会物质环境，包括文化传统、社会组织方式、社会交往方式、社会心理素质等的合力作用下，在具有一定生产工艺、运行机制及其传统、习俗、信念、意识等的企业生产经营实践中形成的。成功的企业有优秀的企业文化，失败的企业则有不良的企业文化。不管人们是否意识到，企业文化总是客观存在的，并不断地发挥着或正或负、或大或小的作用。

对每个企业来说，其企业文化不一定都已形成了完整的体系。如果认真调查一下就可以发现各类企业在对待国家利益、荣誉、工作失误、上级与下级等事物的态度方面有着鲜明的文化特色，只是企业文化在以前并未被人们所意识到而已。当然，企业文化的客观性并不否认人们在创造企业文化方面的主观能动作用，恰恰相反，优良的企业文化都是企业成员长期塑造的结果。

### (三) 独特性

每个企业都有自己的历史、类型、性质、规模、人员素质等，企业在经营管理的发展过程中，必然会形成具有本企业特色的价值观、经营准则、经营作风、道德规范，也就是说，每个企业的企业文化都应具有鲜明的个体性和独特性。在一定条件下，这种独特性越明显，其内聚力就越强。所以，在建立企业文化的过程中，一定要结合企业自身的特点，形成自己的个性特征。

### (四) 综合性

文化是精神活动、精神性行为以及精神物化产品的总称，文化内容的综合性使企业文化也带有综合性的特征。企业文化作为一种独特的文化，在内容上带有综合性，它渗透到企业的各个方面，可以说企业的各项内容都有可能成为企业文化的组成部分。一个职工的价值观不是企业文化的内容，而大部分职工的共同价值观就是企业文化的一部分。由此可见，企业文化的内容是包罗万象的。

此外，企业文化不是从某一侧面、某一部分影响企业的生产经营活动，而是从各个方面调整企业员工的思想和行为，激发企业的凝聚力与向心力，对企业经济活动产生综合性效果。

### (五) 继承性

每一种文化都是在承袭前人的优秀文化成果和传统的基础上建立起来的，企业文化历经漫长的岁月磨炼，会逐步形成相对稳定的传统。继承性包括两个方面的含义：一是企业文化作为一种亚文化，必然受到民族文化的影响，继承民族文化的特点，带有民族文化的烙印，例如，受本民族文化的影响，美国的企业文化带有创新、个人主义和理性主义色彩，英国的企业文化则带有贵族化的特点；二是企业文化延续了企业自身的文化传统和特点，这一特点在西方那些历史较长的企业中表现得十分明显。

### (六) 人本性

人本性强调人的重要性，是现代企业文化的一大特征。企业是人的企业，以企业员工为本，以顾客为中心，努力服务社会，平衡相关者的利益，必然使企业文化体现出强烈的人本主义色彩。人的素质决定企业的素质和企业文化的品质，其他如机器、设备等生产要素，离开了人，都只是一堆废物。从这个角度来看，企业文化就是以人为中心，以文化引导为手段的管理思想。惠普文化常被人称为"惠普之道"，它的创始人休莱特有一句名言："相信每个人都愿意尽心尽力把工作做好，并不断追求创新，只要我们能提供一个适宜的环境，他们就一定成功。"这句话至今仍镌刻在惠普公司总部的门口。

---

**阅读链接 5-1**

**一家公司，几十种文化**

荷兰皇家壳牌公司由荷兰皇家石油与英国的壳牌两家公司合并组成，在更新企业文化的过程中遇到了问题。更为复杂的是，这家公司在几十个国家中开展业务，这些国家的文化各不相同。例如，公司在印度发现了许多机遇，但也面临许多文化上的挑战。

英国和荷兰拥有充分发展的金融市场和一贯的政府政策，而在印度，市场还在发展中并且政策也经常发生变化。例如，壳牌公司是克什米尔地区一座大坝的承建商，工程地点靠近有领土争议的印巴边境地区。项目经理要参与印度、巴基斯坦、两个省政府和许多政府机构(水利、安全、环境、农业、就业和外国直接投资)的谈判。此外，一些大家族控制着当地最大的企业，这些企业的家族文化也要考虑到。

壳牌公司在印度遇到的另一个复杂问题是印度、英国和荷兰三种文化在价值观和期望上的差别。印度重视个人关系，时间观念不强。而英国和荷兰则更重视非个人化的商业关系、紧迫性和速度。英国、荷兰和印度的管理者对新思想的价值判断大不相同。印度管理学教授沙克拉说："与其他文化相比，印度人在决策时更重视关系和感受……在印度，信息来源的可信度是至关重要的。"

在荷兰皇家壳牌公司更新企业文化的过程中，必须创造一种具有强烈身份认同感的企业文化，同时又要具备足够的适应其他国家文化的灵活性。

资料来源：里基·W. 格里芬，唐宁玉，等. 组织与人员的管理[M]. 北京：中国市场出版社，2010.

## 第二节 企业文化理论的产生与演变

### 一、企业文化理论产生的背景

从 19 世纪末到 20 世纪初，西方工业化的发展进入了以大机器和生产流水线为主要生产方式的阶段。在这种生产方式下，企业经营者关心的主要问题就是生产效率和投入产出比，而基于这种目的所产生的科学管理理论都是以"理性经济人"为前提，假定人的行为动机就是为了满足自己的私利，工作就是为了得到经济的报酬。从 20 世纪 20 年代开始，人们开始关注包括自我实现在内的人的社会性需要，由此产生了一系列激励理论，强调人际关系在管理中的重要性，并以人的社会性为基础，提出了用"社会人"的概念来替代"经济人"的假设。但是在资本主义经济发展过程中，企业文化的作用一直以来并没有引起人们太多的注意。直到 20 世纪六七十年代，日本经济起飞的奇迹引起美国学者的关注，他们通过对美日企业的发展进行研究，开始注意到文化差异对企业管理的影响。美国学者在反省和对比中发现，企业理性化管理缺乏灵活性，不利于发挥人们的创造性和与企业长期共存的信念，而塑造一种有利于创新和将价值与心理因素整合的文化，才真正对企业的长期经营业绩和发展起着潜在的却又至关重要的作用。

在这样的理念背景下，美国加利福尼亚大学美籍日裔教授威廉·大内在 1981 年出版了《Z 理论——美国企业界怎样迎接日本的挑战》一书，该书分析了企业管理与文化的关系，提出了"Z 型文化""Z 型组织"等概念；同年，理查德·帕斯卡尔和安东尼·阿索斯在《日本企业管理艺术》一书中也详尽地描述了日本企业如何重视"软性的"管理技能，而美国的企业则过分依赖"硬性的"管理技能，并从中总结出管理中的七个要素——崇高目标、战略、结构、制度、才能、风格和人员，论述了它们之间的关系。次年，特雷斯·迪尔和艾伦·肯尼迪出版了《企业文化——企业生存的习俗和礼仪》一书，研究并总结了三家优秀的革新型企业的管理过程，发现这些企业都以企业文化为动力、方向和控制手段，其所取得的惊人成就，莫不归于企业文化的力量。此外，理查德·孔斯(Richard Koonce)在 1997 年出版了《成功之路》，本书是一本难得一见的帮助人们(尤其是白领阶层)取得事业成功的指导性书籍，也是美国管理协会斯米克管理丛书之一。这四本著作被合称为企业文化研究的四重奏，标志着企业文化研究的崛起。从此，关于企业文化的研究获得了理论界与公众的广泛关注。

## 二、企业文化理论的发展

企业文化研究的权威理论是美国麻省理工学院教授埃德加·沙因提出的关于企业文化的概念和理论。沙因先是于 1984 年发表了《对企业文化的新认识》一文，然后在 1985 年出版了专著《企业文化与领导》，对企业文化的概念进行了系统的阐述，认为企业文化是在企业成员相互作用的过程中形成的，为大多数成员所认同的，并用来教育新成员的一套价值体系。此外，沙因教授还提出了关于企业文化的发展、功能和变化，以及建设企业文化的基本理论，并把企业文化分为表面层、应然层和突然层三种水平。1984 年，罗伯特·奎恩(Robert Quinn)和肯伯雷(Kimberly)将奎恩提出的用于分析组织内部冲突与竞争紧张性的竞争价值理论模型扩展到对企业文化的研究，以探索企业文化的深层结构和与组织的价值、领导、决策、组织发展策略有关的基础假设。该理论模型有两个主要维度：一是反映竞争需要的维度，即变化与稳定性；二是产生冲突的维度，即组织内部管理与外部环境。在这两个维度的交互作用下，出现了四种类型的组织文化——群体性文化、发展性文化、理性化文化和官僚式文化。竞争价值理论模型为后来组织文化的测量、评估和调查提供了重要的理论基础。

20 世纪 90 年代，随着企业文化的普及，企业越来越意识到规范的企业文化对企业发展的重要意义，企业开始在此基础上塑造企业形象。因此，企业文化研究在 20 世纪 80 年代理论探索的基础上，由理论研究向应用研究和量化研究方面迅猛发展，企业文化研究出现了四个方向：一是企业文化基本理论的深入研究；二是企业文化、企业绩效和企业发展的应用研究；三是关于企业文化测量的研究；四是关于企业文化的调查和评估的研究。从此，企业文化由经验探索逐步转变为以社会方法论为指导的定性和定量分析的科学研究。

## 第三节　企业文化的构成与功能

### 一、企业文化的构成

企业文化是多组分的复合体，其组分之间的相互作用展示出企业文化的多层结构和复杂功能。而且，观察角度不同，可能形成各种不同的企业文化结构理论。

关于企业文化的构成有多种观点。例如，将其分为两个层次，有多种表达，如有形文化与无形文化、外显文化与内隐文化、物质形式与观念形式、"硬"文化与"软"文化等；又如，将其分为四个层次，即精神文化、制度文化、行为文化和物质文化。这些不同的结构划分方法都有其各自的合理性，对认识企业文化并无大碍。本书中，我们把企业文化划分为四个层次，即理念层、制度层、行为层和物质层。

#### (一) 理念层

理念层主要是指企业的领导和员工共同信守的基本信念、价值标准、职业道德及精神面貌。理念层是企业文化的灵魂和核心，是形成制度层、行为层和物质层的基础和原因。企业文化中有无理念层是衡量一个企业是否形成自己的企业文化的标准。企业文化的理念层包括以下六个方面的内容。

##### 1. 企业最高目标

企业最高目标是企业全体员工的共同追求，有了明确的最高目标，就可以充分发动企业的各级组织和员工，增强他们的积极性、主动性和创造性，使广大员工将自己的本职工作与实现企业目标联系起来，把企业的经营发展转化为每一位员工的具体责任。因此，企业最高目标是企业全体员工凝聚力的焦点，是企业共同价值观的集中体现，也是企业对员工进行考核和实施奖惩的主要依据。企业最高目标又反映了企业领导者和员工的追求和理想抱负，是企业文化建设的出发点和归宿。设置最高目标的目的是防止短期行为，促进企业健康发展。

##### 2. 企业哲学

企业哲学又称企业经营哲学，是企业领导者对企业长远发展目标、生产经营方针、发展战略和策略的哲学思考。企业哲学的根本问题是企业中人与物、人与经济规律的关系问题。经营哲学是企业在生产经营活动中表现出来的世界观和方法论。具体表现在企业经营战略的制定、用人观念的确定、市场竞争方式的选择、开拓市场及提高经济效益的方案设计等方面，如薄利多销的经营哲学、质量取胜的经营哲学、以新取胜的经营哲学。企业哲学是处理企业生产经营过程中发生的一切问题的基本指导思想和依据，只有以正确的企业哲学为先导，企业的资金、人员、设备、信息等资源才能真正发挥效力。企业哲学是由企业所处的社会制度及周围环境等客观因素决定的，同时也受企业领导者的思想方法、政策水平、科学素质、实践经验、工作作风以及性格等主观因素的影响。企业哲学是企业在长期的生产经营活动中自觉形成的，并为全体员工所认可和接受，具有相对稳定性。任何一个企业总是被一定的经营哲学所支配，如松下公司的"自来水哲学"，寓意是希望产品像自来水一样流淌、价廉。

### 3. 企业精神

企业精神是在共同的价值观、世界观基础上，在企业长期生产经营活动中形成的企业整体精神风貌、集体意识，是企业经营管理、行为规范、职业道德等企业整体素质的反映，如企业的拼搏精神、一丝不苟精神、开拓进取精神。企业精神是企业有意识地提倡、培养的员工群体的优良精神，是对企业现有的观念意识、传统习惯、行为方式中的积极因素进行总结、提炼及倡导的结果，是在全体员工有意识的实践中体现出来的。企业文化是企业精神的源泉，企业精神则是企业文化发展到一定阶段的产物。企业精神是员工文化意识与企业个性相结合的集体意识。每个企业的企业精神都有各自的特色，往往以简洁而富有哲理的语言形式加以概括，通常通过厂歌、厂训等形式形象地表现出来。例如，松下的企业精神为生产报国、光明正大、团结一致、力争上游、文明礼貌、顺应潮流、报恩报德，海尔的企业精神为敬业报国、追求卓越。

### 4. 企业风气

企业风气是指企业及其员工在生产经营活动中逐步形成的，带有普遍性、重复出现且相对稳定的行为心理状态，是影响整个企业生活(包括生产经营、人际关系等层面)的重要因素。企业风气是企业文化的直观表现，人们总是通过企业全体员工的言行举止感受到企业风气的存在，并通过企业风气体会企业全体员工共同遵守的价值观念，从而深刻地感受到该企业的企业文化。

### 5. 企业道德

道德是指人们共同生活及其行为的准则和规范。企业道德则是指企业内部调整人与人、部门与部门、个人与集体、个人与社会、企业与社会之间关系的行为准则。企业的道德观是在生产经营实践的基础上，基于对社会和对人生的理解做出的评判事物的伦理准则。企业的道德观念是企业家道德观念的体现，而企业家道德观念中最重要的是正直和使命感。

### 6. 企业宗旨

企业宗旨是指企业存在的价值及其作为经济单位对社会的承诺。作为从事生产、流通、服务活动的经济单位，企业对内、对外都承担着义务。对内，企业要保证自身的生存和发展，使员工得到基本的生活保障，并不断改善他们的生活福利待遇，帮助员工实现人生价值；对外，企业要生产出合格的产品，提供优质的服务，满足消费者的需要，从而为社会的物质文明和精神文明进步做出贡献。

## (二) 制度层

企业文化的制度层也叫企业的制度文化，是具有本企业文化特色的各种规章制度、道德规范和职工行为准则的总称，包括厂规、厂纪、厂服、厂徽以及生产经营中的交往方式、行为准则等，是一种强制性文化。它集中体现了企业文化的物质层和理念层对员工行为和企业行为的要求。制度层规定了企业成员在共同的生产经营活动中应当遵守的行为准则，主要包括以下三个方面。

### 1. 一般制度

一般制度是指企业中存在的一些带有普遍意义的工作制度和管理制度，以及各种责任制度。这些成文的制度与约定及不成文的企业规范和习惯，对企业员工的行为起着约束作用，保证整个企业能够分工协作并且井然有序、高效运转。一般制度主要包括计划制度、劳资人事制度、生产管理制度、服务管理制度、技术工作及技术管理制度、设备管理制度、劳动管理制度、物资供应管理制度、产品销售管理制度、财务管理制度、生活福利管理制度、奖惩制度、岗位责任制度等。

2. 特殊制度

特殊制度是指企业的非程序化制度，如员工评议干部制度、总结表彰会制度、干部员工平等对话制度、企业成立周年庆典制度等。与工作制度、管理制度及责任制度等一般制度相比，特殊制度更能反映一个企业的管理特点和文化特色。有良好企业文化的企业，必然有多种多样的特殊制度；企业文化贫乏的企业，则往往忽视特殊制度的建设。

美国惠普公司有自己的一套运作制度并受到推崇。这套制度的主要特点包括：一是实行弹性工作制给职工充分自由，使每个人得以按其本人认为最有利于完成工作的时间、方式达到公司的总目标；二是走动式管理，主管部门领导采用巡视管理、喝咖啡聊天等形式沟通；三是实行终生雇用，在经济衰退时不减员，而采取全员减薪20%，减少20%工作量的办法，总经理也不例外；四是不拘礼仪直呼其名，不呼头衔，总裁办公室不设门槛，可随时进出；五是开放实验室备用品库，实验备用品可以任意拿回家使用。

3. 企业风俗

企业风俗是指企业长期沿袭、约定俗成的典礼、仪式、行为习惯、节日、活动等，如歌咏比赛、体育比赛、集体婚礼等。与一般制度、特殊制度不同，企业风俗不是表现为准确的文字、条目形式，也不需要强制执行，完全依靠习惯、偏好的势力维持。企业风俗由精神层主导，又反作用于精神层。企业风俗可以自然形成，也可以后期形成，一种活动、一种习俗一旦被全体员工所共同接受并沿袭下来，就会成为企业风俗的一部分。

(三) 行为层

企业文化的行为层是指企业员工在生产经营、学习娱乐中产生的活动文化，是企业经营、教育宣传、人际关系的动态体现，也折射出企业精神和企业的价值观。根据行为主体划分，企业行为包括企业家行为和企业员工行为。

1. 企业家行为

企业家是企业的灵魂，也是企业文化的"旗手"。企业家最重要的任务就是建设企业文化。企业文化是企业创始人、领导人、企业制度建立者和社会建筑师的创业活动的结果。企业家行为决定了企业文化的健康与优化的程度，决定了员工对企业的信任程度，也决定了企业在未来竞争中的胜负。有什么样的企业家，就有什么样的企业和什么样的企业文化。企业家的行为常常成为企业员工效仿的行为规范。

2. 企业员工行为

企业员工是企业的主体，企业员工的群体行为决定了企业整体的精神风貌和企业文明的程度。因此，企业员工群体行为的塑造是企业文化建设的重要组成部分。微软公司的形象是人们穿着随便、工作时间很长；美洲银行公司的形象是正规、工作纪律严格并且着装保守；德州仪器公司则喜欢谈论它的"只穿衬衣"的文化，公司员工不系领带，经理大多不穿外套；西南航空公司则保持追求快乐和兴奋的文化。

### (四) 物质层

物质层是企业文化的表层部分,是企业创造的物质文化,是形成企业文化精神层和制度层的条件。企业文化的物质层往往能折射出企业的经营思想、管理哲学、工作作风和审美意识。它主要包括以下几个方面的内容。

(1) 企业名称、标识、标准字、标准色,这是企业物质文化的最集中的外在体现。例如,珠海丽珠集团的标志以圆形为主体,体现了同心、进取、认真、高效的丽珠精神,旋转对称的两个"L"构成"Z",寓意丽珠集团正以充足的动力高速前进。标志的标准色为蔚蓝色,明喻孕育生命的蓝天和大海,象征科技与自然的完美结合,展示了人类日益注重与生存资源相关的水与空气的环保意识。显然,这个标志把企业的命运和使命与社会的发展紧紧地联系在一起,这样深明大义的企业,当然会得到社会的支持和人们的喜爱。

(2) 企业的自然环境、建筑风格、办公室和车间的设计与布置方式、绿化与美化情况、污染的治理等是人们对企业的第一印象,这些无一不是企业文化的反映。

(3) 产品特色、式样、外观和包装,产品的这些要素是企业文化的具体反映。

(4) 厂徽、厂旗、厂歌、厂服、厂花等,包含了很强烈的企业物质文化内容,是企业文化的一个比较形象的反映。

(5) 企业的文化、体育、生活设施。

(6) 企业造型和纪念性建筑,包括厂区雕塑、纪念碑、纪念墙、纪念林、英模塑像等。

(7) 企业的文化传播网络,包括企业自办的报纸、刊物、有线广播、闭路电视、计算机网络、宣传栏(宣传册)、广告牌、招贴画等。

综上所述,企业文化的四个层次是紧密联系的。物质层是企业文化的外在表现和载体,是制度层、行为层和理念层的物质基础;制度层约束和规范着物质层、行为层及理念层,没有严格的规章制度,企业文化就无从谈起;行为层是企业物质层、制度层和理念层的现实体现;理念层是形成物质层和制度层的思想基础,也是企业文化的核心和灵魂。

## 阅读链接 5-2

### 海尔的文化战略

海尔集团创立于1984年,海尔的前身——青岛电冰箱总厂是一个亏损147万元濒临倒闭的小厂,经过几十年的发展,现已发展成为一家特大型企业。海尔集团之所以取得这么大的成绩,与成功的企业文化战略不无关系。正如一位西方哲人所说,经济现象和伦理文化是同一因果链的两个侧面,经济现象的背后是伦理文化。

**1. 海尔文化战略大系统中的三个子系统**

美国管理大师德鲁克有一句名言:"创新就是创造一种资源"。为了实现这种创新,海尔首先制定了文化战略的大系统和实施这个大系统的三个子系统。第一个子系统是企业内部系统,用核心文化最大限度地调动全体员工的积极性,不断提高产品的质量;第二个子系统是企业外部系统,用营销文化最大限度地满足用户的需要,不断扩大市场份额;第三个子系统是企业快速反应系统,紧紧关注并跟上国家宏观调控政策,及时抓住机遇发展企业规模。"个人生涯计划与海尔事业规划的统一"是海尔的企业口号。

为了实现海尔文化战略大系统的目标,公司提出了将个人生涯计划和海尔事业规划相统一的企业价值观,这个价值观的核心思想就是人的价值高于物的价值,共同价值高于个体价值,共同协作的价值高于独立单干的价值,社会价值高于利润的价值。海尔对企业价值观的定位从单向度的企业精神向作为价值体系的企业远景和共同视野转化。

张瑞敏认为,海尔要实现企业的总体目标,要实现个人生涯计划与海尔事业规划的统一。要调动全体员工的积极性,不断提高产品的质量,要解决共同价值与个体价值的关系问题。企业的基础是个人,没有个人能力的发挥,不能了解个人能力是怎样发挥作用的,企业就不能成为一个有机体,也就不可能形成企业活力。企业的所有问题都在于人,而每个人都有自己的意愿,研究企业文化就要研究人、研究人的意愿、人的心智、人的思考方式。如果员工本身没有被充分激励去向目标挑战,当然不会有企业的成长。所谓团队精神、团队文化,就是充分兼顾职工个人的利益、个人的人生目标、个人的爱好和志向,充分调动每个员工的积极性,激励他们为企业的共同事业贡献力量。海尔在进行团队文化教育时,还特别强调共同价值是个体价值得以实现的根本保证,因为一个基于个人利益而缺乏合作价值观的企业在文化意义上是没有吸引力的,这样的企业在经济上也是缺乏效率的,以各种形式出现的狭隘的个人利益的增进,不会对我们的企业和社会带来好处。这就是海尔文化的核心。

**2. 海尔文化的落脚点——品牌文化战略的实施**

海尔文化包括五个观念意识。一是质量意识——有缺陷的产品就等于废品。海尔认为,如果让有缺陷的产品出厂,这个产品就不可能有竞争力,而且也是对用户不负责任。闻名全国的海尔"砸不合格冰箱"事件,使所有海尔人认识到只要是带有缺陷的产品,就不让它出厂,从而确立了海尔的质量意识和品质意识。这种质量意识进而上升为海尔人的敬业报国、追求卓越的企业精神。二是市场意识——品牌无国界。优质产品不等于名牌产品。要创名牌产品,不仅要盯住企业内部,更要盯住市场,向消费者提供比竞争对手更令人满意的产品。三是用户意识——用户永远是对的。在海尔的服务理念中,"用户的难题就是我们的课题""为你设计,让你满意""用户永远是对的"已渗透到每一个员工的心中。海尔认为,真正为用户着想,开发、生产出满足用户需求的产品,才能真正赢得市场,走在竞争对手的前面。四是品牌意识——先卖信誉后卖产品。海尔认为,在资本运营走向品牌运营的过程中,必须导入"先卖信誉后卖产品"的理念,树立品牌的美誉度。海尔的"先难后易"的品牌战略就是其品牌意识的生动写照。五是服务意识——星级服务。面对供大于求的市场,海尔已建立了与国际接轨的一条龙服务,即售前—售中—售后—回访—开发—制造,把"用户的烦恼减少到零"作为服务目标。

资料来源:张平华. 中国企业管理创新[M]. 北京:中国发展出版社,2004.

## 二、企业文化的功能

对于一个企业的成长来说,企业文化可能不是最直接的表现因素,却是最持久的决定因素。企业文化对企业发展有导向、规范、约束、凝聚、融合等作用,这已逐渐成为企业管理者的共识。从企业文化的基本结构来看,企业文化具有如下功能。

(一) 导向功能

导向功能是指企业文化对员工和企业生产经营活动发挥着引导作用,长期引导员工为实现企业目标而努力。企业文化建设中的共同价值观、企业精神、经营哲学等内容规定了企业和职工的价值取向,规定了企业的经营战略、经营方针和经营目标,为企业指明了发展的方向,为企业员工设计出了一个共同奋斗的目标。企业文化的导向功能具体体现在：一是规定企业行为的价值取向；二是明确企业的行动目标；三是建立企业的规章制度。企业文化反映了企业整体的共同追求、共同价值观和共同利益，可以成为企业整体和企业每个成员的价值取向和行为取向的向导。一个企业的企业文化一旦形成，就建立起了自身的价值体系和行为标准，对企业成员个体思想和企业整体的价值取向、行为取向发挥导向作用。

### (二) 凝聚功能

企业文化通过沟通企业员工的思想，使之形成对企业目标、准则、观念的认同感，产生对本职工工作的自豪感和对企业的归属感，从而使员工个体的集体意识大大加强，使自己的思想感情和行为与企业联系起来，这就是企业文化的凝聚功能。企业文化的凝聚功能主要体现为目标凝聚和价值凝聚。良好的企业文化会使员工与企业形成一定的相互依存关系，从而产生某种群体意识，这种意识能使个人行为、思想、感情与企业整体统一起来，产生一种合力，使企业内部一体化，朝着一个共同的目标努力。例如，杰西潘尼公司的创始人潘尼(J. C. Penney)认为，应当让员工和顾客感受到尊重和尊严。在潘尼公司，雇员被称为同事以强调合作关系，而顾客的满意度也受到同样程度的重视。惠普公司的重要价值观之一是避免银行债务。公司至今仍流传一个故事，公司里有一个已经考虑了几年的项目，从所有的客观标准来看惠普都应当向银行借钱为这个项目提供财务支持，但是，比乐·休勒特和大卫·帕卡德却拒绝了，因为惠普公司避免银行债务。这个由两位公司英雄任主角并且贯彻了公司口号的故事，至今仍然主宰着惠普公司的文化。

### (三) 激励功能

良好的企业文化是企业物质文化和精神文化的体现，在这种共同的文化氛围下工作的全体员工可以产生强烈的认同感、归属感、信任感或荣誉感。因此，企业文化的激励作用要以员工对企业的信任、认同为基础。同时，企业要创造一个宽松的、有利于进取的环境，调动广大员工的积极性，在共同的物质文化和精神文化影响下形成强大的凝聚力。企业文化的激励功能具体体现为信任激励、关心激励、宣泄激励。在以人为本的企业文化氛围中，领导与员工、员工与员工之间互相关心，互相支持。特别是领导对员工的关心，会使员工感到受人尊重，自然会振奋精神，努力工作。另外，企业精神和企业形象对企业员工有着极大的鼓舞作用，特别是企业文化建设取得成功，在社会上产生影响时，企业员工会产生强烈的荣誉感和自豪感，他们会加倍努力，用自己的实际行动去维护企业的荣誉和形象。

### (四) 约束功能

企业文化能形成无形约束力和有形约束力。无形约束力来自价值取向、企业精神等群体压力，通过舆论、感情、伦理等去约束员工行为，是一种理性的约束。有形约束力来自企业制度，带有一定的强制性，其各项条款分明、有奖有惩，有员工工作和操作的具体标准，是一种硬性的约束。无形约束力和有形约束力对规范企业和员工行为同样意义重大。

科学管理是以物为中心的管理，而企业文化则强调以人为中心的管理。从这个意义上说，企业文化可以说是企业管理的灵魂。企业文化具有特殊的强制渗透功能，把企业精神融汇于厂规、厂法等规章制度之中，使人和企业行为规范化，形成经营者管理的依据，是企业形成自我约束机制的基础。由于这些规章制度反映了企业内所有员工的共同利益和要求，理所当然地会受到理解和支持。

(五) 辐射功能

企业文化和社会文化紧密联系，企业文化在受社会文化影响的同时，也潜移默化地影响着社会文化，并进一步影响社会、服务社会。

企业文化不仅在本企业发挥作用，而且会向社会辐射和扩散。企业文化的辐射功能主要是通过以下途径实现的：①通过企业精神、价值观、伦理道德向社会扩散，与社会产生某种共识，并为其他企业或组织所借鉴、学习和纳入；②通过产品这种物质载体向社会辐射；③通过员工的思想和行为所体现的企业精神和价值观，向社会传播和扩散企业文化。

### 阅读链接 5-3

#### 让超级市场恢复"超级"

2003 年，一位动物权益保护活动家向美国全食超市公司 CEO 麦凯描述了农场中饲养的鸭子的悲惨生活。麦凯进行了调查，他发现饲养的鸭子一辈子没有游过泳，于是邀请这位活动家和他一起对养鸭业施加压力。现在，全食超市公司的一家供应商格瑞茅农场正在为鸭子们修建游泳池。

全食超市公司成立于 1978 年，从单个的门店起家，发展为当今美国最大的自然食品零售商，拥有 160 家门店，采购权力很大。随着全食超市公司的壮大，提供自然食品的供应商也越来越多。都乐农场是一家传统的水果生产商，主要生产有机香蕉和菠萝，其中有一半供给普通的商店。有机谷公司生产的有机奶 16%供给全食超市公司，它最大的客户是 Publix 超市，传统超市占了销售量的 60%。

传统的超级市场受到折扣店的攻击，盈利水平下降(与超市相比，折扣店的商品品种较少而价格较低)。有些超市只好减少客户服务、降低价格，但这种做法未能扭转当前的局面。产业分析师巴甘认为："如果商店在外观、感觉和做法上都和沃尔玛一样，那它只不过是又一家沃尔玛，这家商店一定会遇到麻烦。"

全食超市公司对大众超级市场连锁业的经营正在产生重大的影响，这些商场在压力下不得不销售更多的有机和自然食品。《商业》杂志编辑格林说："回溯过去 100 年的历史，全食超市公司可以跻身对产业产生重大影响的前 5 名公司之列。"麦凯自己的说法当然略有不同："企业是世界上最强大的转型机构，它可以在赚钱的同时为社会做贡献。"

资料来源：里基·W. 格里芬，唐宁玉，等. 组织与人员的管理[M]. 北京：中国市场出版社，2010.

## 第四节　企业文化构建

对现代企业而言，企业文化是企业自我完善、自我约束、自我发展的成功之道，企业文化的构建是一项需要长时间、大投入的系统工程，是关系到企业生存和发展的战略工程。企业文化构建包括宏观层面的企业文化建设和微观层面的企业文化设计两个方面。

### 一、企业文化构建的原则

在建设企业文化的过程中，必须确立建设企业文化工作的优先地位，发挥企业文化的导向功能，实现生产经营活动迅速发展。为保证企业文化建设方向的正确性,在企业文化建设的过程中应遵循以下指导原则。

### (一) 历史性原则

没有沉淀,企业文化就没有厚度。企业文化必须符合企业的发展规律,既不能离开本国的文化传统,也不能与企业的历史相割裂。企业文化的设计、完善过程就是不断地对企业的历史进行回顾的过程。只有从企业的发展历史中寻找员工和企业的优秀精神,并在新的环境下予以继承和发扬,才能形成企业特有的、醇厚的文化底蕴。

### (二) 社会性原则

企业生存在社会环境之中,企业与社会的关系是鱼与水的关系,坚持企业文化的社会性原则,有利于企业的生存和发展,但这不等于企业放弃自我去迎合公众。企业的经营活动必须体现"顾客第一"的思想,同时,还要体现服务社会的理念,树立良好的公众形象,顺应社会发展的潮流,才能永续发展。

### (三) 个性原则

本企业文化不能与其他企业的文化雷同。每个企业的组织形式、生产过程和服务过程等许多方面,都会与其他企业有所不同。在企业文化的设计过程中,既要借鉴、吸收其他企业文化的优良之处,又要有所突破,才不至于落入窠臼。

企业文化要突出本企业的特色,要能体现企业的行业特点、地域特点、历史特点、人员特点等方面。要让员工感到本企业的文化具有独特魅力,既与众不同又倍感亲切。这就要求企业文化建设绝对不能照搬照抄、语言平淡、缺乏个性。

### (四) 一致性原则

企业文化是一个庞大、完整的管理体系,企业文化的理念层、制度层、行为层和物质层要体现一致的管理理念,四个层次要共同为企业的发展战略服务。企业文化的理念层包含企业的最高目标,行为层是这一目标的外在表现,制度层是使最高目标得到贯彻实施、强化行为的有力保证,物质层则是企业精神的体现。不符合最高目标的制度和行为将阻碍企业文化的发展。

### (五) 可操作性原则

企业文化的意义在于解决企业的生存和发展问题,建设企业文化的过程就是企业发现并解决自身问题的过程。企业文化建设形成的成果要起到提高企业经营效率,凝聚员工,引导员工的工作方向,约束员工的工作行为,实现企业战略目标的作用。不具有可操作性的企业文化只是一个"空中楼阁",不仅对企业经营管理毫无促进作用,还会导致企业的目标模糊,阻碍企业的发展。

总之,企业文化不是一成不变的,企业文化应体现时代特征、组织的社会责任感和组织精神,它需要尽可能征求各方面的意见,同时随着时间的推移做一些修订。长久不变的企业文化也有可能演化成为制约企业向前发展的教条和规则,不再能够激发员工的灵感和创造性,而是蜕化为一层坚硬的外壳,将企业严密地封闭起来,阻碍企业发展。

## 二、企业文化构建的关键环节

优秀企业文化的构建需要企业长期有意识、有目的、有组织地指导、培育、强化和提高，需要在与社会大环境的相互作用中逐渐完成。根据我国企业的实践经验，企业文化建设主要有以下方法。

### (一) 对传统文化的扬弃

企业文化是一种亚文化，它生长在宏观文化的土壤里。各个国家和民族的传统文化是宏观文化的重要组成部分。设计企业文化，就应该深刻地认识其所在地传统文化的性质和特点。

中国的传统文化具有 5000 年的悠久历史和丰富的内涵，正确地对其进行剖析、评价，对于建设有中国特色的优秀企业文化不仅是有益的，而且是必要的。

### 阅读链接 5-4

#### 儒家伦理思想与现代企业经营方程式

经营管理作为一种文化、一种精神、一种风格，有着深深的民族文化的烙印，日本的企业家对此有比较清醒的认识。日本是属于"儒家文化圈"的国家，对于儒家治国之道的应用由来已久。明治维新以后，为适应日本工业化的需要，被称为"日本近代企业之父"的涩泽荣一倡导了"经济道德合一说"。日本现代管理思想家伊藤肇指出："日本企业家只要稍有水准的，无不熟读《论语》，孔子的教诲给他们的激励影响至巨，实例多得不胜枚举。"据统计，自涩泽荣一之后，从现代经营管理的角度解说《论语》的专著在日本就有数十部之多，其中伊藤肇著的《东方人的经营智慧》一书影响甚广。日本热衷于把儒家伦理思想成功地应用到现代企业经营管理的现象，应引起我们重视。同时，多年来人们也忽视了东南亚华人创造的经济奇迹中所蕴含的文化意义，他们只注意研究导致这一奇迹出现的行政、经济原因，而导致这一奇迹出现的文化因素和民族精神的作用却被忽视了。许多人以为东亚"四小龙"的经济腾飞只不过因为这些地区彻底地实行了西方资本主义的生产经营方式，这是十分肤浅的见解。其实，传统文化创造了这种现代化模式，可以说儒家伦理思想在东亚地区广为流传，影响极大。

儒家伦理思想的基本精神是仁、义、礼、智、信，我们从现代经营管理的角度去诠释，就会发现仁、义、礼、智、信不仅是伦理之道，而且也是经营管理之道。

**1. 以"仁"为原则的经营管理思想**

"仁"是儒学伦理哲学的中心范畴与最高道德准则，是友爱、互助、同情之意。作为现代企业，应将仁爱之德施之于人民大众，真诚、友好地对待其他企业或客户，加强双方的沟通、理解和联系。得到其他企业帮助后，应当铭记不忘，寻找机会给予报答；当别人有难之时，追求卓越的企业家则会主动伸出援助之手，帮其排忧解难。只有这样，才能赢得广大用户的真情厚谊，从而促进本企业的蓬勃发展。

近年来，在中国改革开放的政策指导下，沿海地区率先利用地缘优势，大力吸引外商，兴办大批实业，从而使经济迅速崛起。也有一批明智的企业家具有战略眼光，发达了不忘支援"老边穷少"地区的经济发展，积极加入"扶贫"行列中，这充分体现了这些企业家"富则达济天下"，是其仁。这是企业的未来发展趋势，必将被越来越多的人所推崇和认可。

## 2. 以"义"为特征的经营管理手段

"义"是儒家重要的道德规范之一,指人的思想和行为要符合一定的标准。凡是功勋卓著、业绩辉煌的企业家,都非常注重"义"在企业行为中的作用。把"义"视为企业精神的主要方面,既谈赚钱又讲友谊,既注重经济效益,又重社会效益,是其义。在当今商海中,既要承认对物质利益的追求是合乎人情的,又要注重这一追求必须符合社会公认的道德准则。儒家并不一概地反对利,它强调的是要先义后利、见利思义、以义求利,主张"君子爱财,取之有道",坚决反对重利轻义、见利忘义、不仁不义,甚至不择手段的唯利是图。在儒家看来,管理者的职责就是要正确处理好"义"与"利"的关系,确立"义利合一"并把"义以生利"的思想转化成一种经营理念。事实上,儒家的义利观是用来调节社会与企业之间、个人与社会之间、个人与个人之间利益的思想武器。

## 3. 以"礼"为基础的经营管理特色

"礼"是儒家伦理道德思想的基本范畴,泛指各类规章制度和道德规范。相对内在的道德感情和伦理思想的"仁"而言,"礼"是外在的伦理行为与社会制度,它起到调节人际关系、促进社会和谐的作用。中国一向有"礼仪之邦"的盛誉,儒家十分重视"礼"在管理活动中的作用,并认为"礼"是管理者修养的标准,是治民治国的依据。"礼"是外在的道德规范,在现代社会里具有更广阔而丰富的内涵。企业是处于社会中的有机体,它的组成成员是社会中的个人,必须遵循社会的一些公共准则,才能成为"礼仪之企业"。而作为企业的经营者,应以"礼"来规范其行为准则。"礼"不仅是一种传统美德,也是企业成长的必然选择!一个独到的为消费者着想的见解,一个温情的微笑,无不展现出非凡的魅力。企业形象并不是空中楼阁,企业形象建立在礼貌待客、文明经商、言谈谦和、举止端庄、仪表整洁、精神饱满的基础上,体现在员工的一举一动、一言一行之中。员工的形象在某种程度上代表着企业的形象。古今中外的企业都重视礼的宣传。

## 4. 以"智"为动力的经营管理韬略

"智"是儒家伦理思想的基本概念,指的是聪明智慧的品德。在风谲云诡、尔虞我诈的商海中,要靠人才、靠超群的智慧和谋略方能克敌制胜,此乃"智"。当今世界竞争的焦点已从市场竞争转移到人才的竞争,国家的振兴、企业的发展,就是靠大批的人才。尊重知识、尊重人才是企业兴旺发达的先决条件。社会迫切需要一批能开拓创新、善经营管理的企业家和实干家。人才资源是最宝贵的资本,其价值是无法估计的。智力和人才是现代企业腾飞的动力源泉,是赢得胜利的锐利武器。企业管理是需要高度智慧的,所以,一个优秀的企业领导应把选人任贤和知人善任看成企业管理者最主要的任务之一。

## 5. 以"信"为核心的经营管理目标

"信"是儒家伦理思想中的重要范畴之一,泛指诚实不欺、讲信用的品德。讲信用、守诺言是中华民族的美德。孔子的名言:"自古皆有死,民无信不立。"取信于民,企业就能稳定发展;失信于民,企业就难以有立足之地,甚至出现危机。"信"对于一个组织而言,就是信誉。"人无信不立",信誉对于任何组织而言都是立业的根本。顾客是企业赖以生存、发展的基础,因此,企业经营能否成功,关键在于顾客,取决于企业能否赢得顾客的信赖。现代经营者提出"用户至上、信誉第一"的口号,就是指向客户提供满意的服务,这是树立企业形象和提高企业信誉最有效的方式。时代已赋予消费者以极其重要的地位,在变幻莫测的商战中,"信誉第一,宾客至上"已成为市场竞争的一个秘密武器,具有强大的威力。良好的信誉已成为企业开拓并巩固市场,获得超额利润的神秘砝码,对于企业的发展壮大起着不可估量的促进作用。众多著名的大财团和跨国公司都是"以信为本",靠信誉占领市场、扩大市场,重诺言、守信用,言而有信是衡量一个企业的重要标准。

> 在当今国际市场竞争日益激烈的情形下,越来越多的人意识到儒家伦理思想与现代企业经营管理有着非常密切的内在联系,深知儒家伦理思想在现代企业经营管理中占据着非常重要的地位,对企业参与竞争、赢得优势、走向辉煌有着重大的意义和深远的影响。儒家思想在很多地区日益受到企业界人士的高度重视和广泛应用,更多的专家学者开始从博大精深的儒家伦理思想的角度对华人经济崛起的现象进行发掘和探索。

### (二) 对企业现有文化的升华

对企业文化进行升华,首先要对现有的企业文化有一个比较清醒的认识。那么,如何对本企业的企业文化进行评价呢?评判企业文化最好的方法是从企业运行和经营的结果来判断,没有一般意义上的好与坏。我们可以从三个方面来分析企业文化的建设情况,即企业文化本身是否健全,企业文化对绩效是否有促进作用,企业文化对社会进步是否有积极影响。

### (三) 对企业未来文化的把握

对企业未来文化的把握,主要是指企业文化要与企业战略发展和社会发展的要求相一致。公司战略的目标定位、战略选择都会对企业文化产生一定的影响。例如,生产导向的经营理念无法适应日益激烈的市场竞争,纯技术路线也很难在市场上立足。企业文化还需要企业家结合自身的战略目标和对未来竞争态势的判断,进行相应的企业文化建设。企业文化的理念层是全体员工的基本信念、核心价值观、道德标准以及企业应该提倡的精神风貌,它集中体现企业对未来的判断和战略选择。从这个意义上讲,理念层设计是企业文化体系的灵魂。

## 三、企业文化的设计技术

企业文化是一个有层次的体系,它的内部结构相对固定,所含内容却千差万别,体现出不同企业的鲜明个性,这也是企业文化的魅力所在。在企业文化的设计中,要有所侧重,有所取舍。在企业文化设计过程中,要关注一些核心工作和难点:一是各部分要有内在的逻辑关系,而不是一盘散沙;二是各部分要相互独立,不能相互交叉、相互重复。

### (一) 语言的反复提炼

设计企业文化要防止照搬其他企业的理念,世界上没有完全相同的两片叶子,更不可能有完全相同的两套企业文化。企业文化设计的关键是语言的反复提炼,用个性化的语言表达企业的经营理念。

企业文化的表述必须简洁、富有特色。例如中国平安保险公司提出"以心感人,人心归"的平安精英文化和方太厨具提出的"方为品质,太为境界"的方太文化,都很好地体现了企业的个性,既起到了对内统一理念的作用,也发挥了对外扩大宣传的功效。

### (二) 价值观念的准确概括

文化管理不是用制度去约束员工,而是用价值观去引导和教育员工。由于价值观是员工的一种共识,因此使员工对企业的管理有一种认同感。员工会自觉地遵循这种价值准则进行活动,而不会感到是一种约束。所以,企业文化能够在企业内部管理有序的基础上,激发出员工的积极性。

由于核心价值观是企业最重要的价值观念,在企业价值观念体系中居于支配地位,因此,确立核心价值观是实行基于价值观的管理的第一步。那么,如何确立核心价值观,并以之为主导形成企业价值观体系呢?通常可以通过关键小组访谈和问卷方式进行初步调查,再根据企业发展的要求进行选择。价值观可以是一两条观点,也可以是一组系列观点。可以根据重要性,选出最具企业特色的价值观作为企业的核心价值观。

### (三) 行为规范的典型总结

行为规范就是通过企业理念、企业制度和企业风俗的长期作用形成的一种员工的自觉行为。这种共同行为将使内部沟通和协调变得很容易,对于增强企业凝聚力、提高企业运行效率都有很大的帮助。一些企业看到了共性行为习惯的重要性,有意识地提出了员工在工作中的行为标准,即员工行为规范。它的强制性不及管理制度,但比制度更加具有导向性,容易在员工群体中达成共识,促使员工言行举止和工作习惯向企业期望的方向转化。典型总结的原则是着眼现在、放眼未来。进行行为规范的典型总结时可以从三方面入手:一是总结企业内部的优秀传统;二是总结成功企业的典型行为;三是总结传统文化的精髓。

### (四) 领导与员工的观念整合

美国最大的证券公司美林的名誉董事长丹·塔利说:"首席执行官应当做什么?在以往成功的基础上努力进取。在这一过程中,你要保持和发扬公司已有的核心价值观。"实行基于价值观的管理,关键在于塑造共同价值观,难点在于将企业价值观变为全体员工的共同价值观。

研究发现,不同的民族在对待权威、集体、规范、事业、长远利益等方面的态度存在差别,而一个人的价值观在他10岁左右时就大体上潜移默化地形成了。当他加入企业后,如果其价值观与该企业原有成员的价值观差别不大,就会较快地接受该企业的文化,否则就容易产生文化冲突,造成管理上的困难。由于企业员工原有价值观的改造需要较长期的努力,因此管理者一方面要善于协调不同成员间在价值观上的差异,尽可能求同存异;另一方面要善于用企业的价值观来统帅各个员工的价值观,引导他们识大体、顾大局,为实现企业的战略目标而共同奋斗。将企业价值观变为员工群体的共同价值观,最主要的方法就是进行教育和培训。

建立相应的企业文化,形成共同价值观的支持系统,也是企业文化设计不可缺少的工作。企业制度对共同价值观的影响很大,不同的制度强化不同的价值观。对员工来说,企业内部的管理制度是外加的行为规范,它与内在群体价值观是否一致,可以说明企业家是否真正确立了文化管理观念。

## 【本章小结】

企业文化是在一定的社会经济条件下,通过长期的社会实践所形成的,并为全体成员所公认和遵循的共同意识、价值观念、职业道德、行为规范和准则的总和,是一个企业或一个组织在自身发展过程中形成的以价值为核心的独特的文化管理模式。企业文化的构成表现为理念层、制度层、行为层和物质层。

企业文化在现代企业管理中被称为"管理灵魂",是一种"软性"的协调力和凝聚力,它以无形的软约束力量构成企业有效运行的内在驱动力。企业文化对企业发展有导向、教化、凝聚、激励、辐射等作用。从企业长期发展来看,企业文化最终影响企业经营绩效。

以欧美为代表的西方文化、以中日为代表的东方文化存在一定的差异。不同文化中的个人行为和态度存在清晰的差别。荷兰的研究者霍夫斯塔德(Geert Hofstede)从社会维度、权力维度、不确定性维度、目标维度、时间维度5个方面研究了不同文化中个人行为和态度存在的差别。

企业文化的构建是对民族传统文化的扬弃,对企业现有文化的升华,对企业未来文化的把握。企业应通过语言的反复提炼、价值观念的准确概括、行为规范的典型总结、领导与员工间的观念整合等来构建适合本企业且富有特色的企业文化。

## 【思考题】

1. 什么是企业文化?企业文化各个层次包括哪些内容?
2. 企业文化的构成中,哪一个层次是最核心的?为什么?
3. 你认为中国传统文化对于现代企业文化建设的借鉴意义是什么?企业在文化建设中应如何有效地扬弃传统文化?
4. 根据霍夫斯塔德的不同文化中的个体行为差异研究,试说明你最愿意在哪个国家工作,为什么?你最不愿意在哪个国家工作?为什么?
5. 国际文化测验题。
(1) 请说出10个国家的主要宗教。
(2) 在迎接商业伙伴时,哪个国家的人会握手?哪个国家的人会鞠躬?哪个国家的人会拥抱或亲吻?
(3) 在哪个国家里应当避免穿紫色的衣服?
(4) 在哪些国家里,侍者在提供服务之前要先付其小费?
(5) 在哪个国家里说西班牙语是一种冒犯?
(6) 在哪个国家里向所有的商务客人递名片是很重要的?
(7) 你认为你的文化意识如何?你认为怎样做才能提高你的文化意识?

## 【案例分析】

### IBM 的服务与蓝色企业文化

**1. 成为"蓝色巨人"的秘密——IBM 就是服务**

"你的技术比 IBM 先进,你的价格比 IBM 便宜,但是我要 IBM,因为 IBM 服务比你周到。"在世界各地,到处有这种来自消费者的声音。

IBM 公司是美国最早导入 CIS 战略的企业之一。当时任 IBM 公司总裁的小托马斯·沃森认为,为了使公司成为享誉世界的大企业,非常有必要在电子计算机行业中树立一个响当当的形象。而这个形象不仅能体现出企业的理念,而且还要有利于市场竞争,特别是能有意识地在消费者心目中留下一个具有视觉冲击的形象标记。于是,他们把公司名称的三个英文字头浓缩成"IBM"三个字母,并设计出富有美感的造型,选用蓝色作为公司的标准色。就这样,IBM 公司通过 CIS 战略的导入塑造了企业形象,使之成为美国公众心目中令人信任的"蓝色巨人"。

然而，IBM 公司成为世界计算机行业中首屈一指的霸主，不仅仅是因为其有了一个良好的视觉形象，还因为 IBM 公司树立了以"IBM 就是服务"为宗旨的理念，并自始至终为之奋斗不息。应该说，这才是 IBM 公司能够真正成为"蓝色巨人"的秘密所在。

"IBM 就是服务"，这是 IBM 公司的一句广告语。它虽然十分简单，但是却清楚而又准确地阐明了企业的指导思想。也就是说，IBM 公司就是要在为用户提供最佳服务方面独步全球。从这个意义上讲，IBM 公司提供的不仅有产品机器，还有服务，即设备本身以及企业员工的建议和咨询；同样 IBM 公司培养的不仅有产品的推销员，还有用户困难的解决者。因为 IBM 公司用这样的理念作为指导，所以使公司在服务方面的工作几乎达到无懈可击的地步，令人叹为观止。正因为 IBM 公司能为顾客提供周到的服务，使人们确信公司在切实关心每一个用户，所以才能在广大顾客心目中留下如此美好的形象，才能使它在强手如林的计算机市场中"称王称霸"。

为什么提供周到的服务能有如此巨大的魔力呢？其实道理十分简单，因为每个顾客对企业印象的认识，最主要的渠道就是自己的亲身感受，这种感受要比任何广告的宣传力量都要大得多。特别是在当前许多产品的技术力量相差无几的情况下，企业能否提供周到、热情、主动的服务，就成为能否赢得顾客的决定性因素之一，而要达到这一目的与企业树立正确的理念是分不开的。

**2. IBM 的蓝色企业文化**

使得 IBM 这位巨人的庞大躯体运转自如、举重若轻的"神经网络"正是它的蓝色企业文化。IBM 无法保证自己的十全十美，但却能保证自己的犯错最少，因为十全十美的企业是没有的。IBM 公司是一个追求伟大与卓越的公司，虽然不是十全十美，但是整体而言，由于其深厚的企业文化传承，使在 IBM 公司的人都有一种发自内心的荣誉感。这个荣誉感也是推动 IBM 这列高速火车向企业目标前进的动力。

IBM 的文化根植于 IBM 的经营理念，IBM 公司的价值观曾经具体化为三原则，即为职工利益、为顾客利益，为股东利益。后又发展成为三信条，即尊重个人、竭诚服务、一流主义。其公司的企业文化主要包括以下几个方面。

1) 尊重个人

IBM 公司经营的宗旨是尊重人、信任人，为用户提供最优服务及追求卓越的工作。这一经营宗旨就是 IBM 的价值观，它指导 IBM 公司的所有经营活动。尊重人是尊重职工和顾客的权利与尊严，并帮助他们自我尊重；信任是信任职工的自觉性和创造力。

2) 最佳的顾客服务

公司鼓励在能力所及的情形下，员工竭尽所能提供给顾客最佳的服务，IBM 深知顾客才是 IBM 的衣食父母，顾客的忠诚来源于对 IBM 的产品与服务的持续满意。因此 IBM 不断教育员工必须知道谁是你的顾客，你在公司内部又是谁的顾客，并且必须了解顾客现在与将来都需要什么，竭力提供维护服务，教导顾客使用本公司产品与服务，并要善待顾客。

3) 追求卓越

追求卓越就是尽力以最优的方式达成目标，但并不是要求完美无缺。卓越不仅包括突出的工作成就，而且包括最大限度地培养追求杰出工作的理想和信念，激发出为企业尽忠竭力的巨大热忱。

整个公司团队和个人都在许可能力下被要求追求更佳的绩效。在 IBM，明知你在努力的情形下，可能做到 100 万元的生意，但在订业绩目标时，往往自我挑战的是 120 万元，这是希望激发出潜力从而获得更大的成就。公司鼓励员工自订绩效目标，在整体追求卓越文化的带动之下，员工无不奋力而为。此外在产品发展上，注重品质与领先。

4) 经理人必须有效地领导

经理人是公司的骨干，必须以身作则，领导团队成员，心胸宽大，发挥热忱，常与同仁相聚，了解员工情形，竭力达到绩效，了解下属与整体需求，并问对的问题。总之，在管人与管事上都要展现领导力并追求卓越。

IBM 公司能顺应时代的发展，不失时机地改变经营战略和不断地改变组织机构。例如 20 世纪 50 年代中期由集权转变为分权，废除蓝领劳动者与白领劳动者的区别，实行工资制，使 IBM 公司转变为由技术专家领导的科学经营组织；随着 20 世纪 80 年代信息革命的不断深入发展，公司于 1982 年实行重大改组，将所有的销售部门归并到信息系统联合部，尽量了解顾客、用户的多种特殊要求，让技术专家直接参与市场营销。IBM 拥有一批乐观、正直、开明，具备进取精神、实干能力和必胜信念的管理者，他们能跟人交流、沟通，能尊重人、理解人，能使员工发挥想象力与创造力，营造亲密、友善、互助、信任的组织气氛。

5) 竭力贡献股东

股东是资金的来源，员工应清楚对股东的责任，必须善用资金资产，增加股东回收，使股东长期获益，力行知恩图报。

6) 公平对待供货商

根据品质与价格选择供货商，善意地实现合约条款与承诺，以与供货商建立公平与双赢关系，达到长期有利于双方。

7) 做一个优良的公司法人

IBM 立身于社会国家与全球环境之中的，理应对身处的环境有所回馈与贡献，例如对公益事业的捐助。IBM 对外深信公众需求与本公司利益必须一致，IBM 努力且公平地与对手竞争，竭力创造一个健康的生活与工作环境。对内则对员工提供公平机会，不因种族、肤色、宗教、国籍、年龄、性别而歧视员工。

**问题讨论：**

1. 试分析和总结 IBM 的企业文化。
2. 请结合案例分析企业文化的功能。
3. 有人说："企业文化不是万能的，但是没有企业文化是万万不能的。"你认为这种说法正确吗？

## 【技能训练】

从网站上收集国内外几家著名企业的企业文化方面的相关资料，并解释它们的企业标志、企业精神、经营理念及核心价值观。

**训练目标：**

1. 加深学生对企业文化的基本认识。
2. 培养学生对企业文化的初步分解能力。

**训练形式：**
1. 实地调查或网上收集企业文化案例资料，对企业文化的基本构成进行分析。
2. 以小组为单位进行分组讨论。
3. 每组写出发言提纲。

**训练要求：**
1. 每组负责人做好组内成员合理分工，以某一企业为例，各组成员分别收集相关资料。
2. 结合本章内容展开讨论，形成本组讨论结果。

**成果检验：**
1. 每组提交一份总结报告，对企业文化构成展开分析。
2. 各组负责人对该成员的表现进行初级评议，并分析其优点与不足，或各组内部互评。
3. 各组派代表发言，各组分别对其他组评分，并指出优点与不足。

# 第六章

# 现代企业生产与运作管理

【学习目标与要求】
- 认识企业生产与运作管理的重要性。
- 熟悉生产运作管理的基本过程。
- 理解当前主要的企业生产与运作管理方式。
- 通过实例分析，提高对企业生产与运作管理的分析能力。
- 了解企业生产运作系统设计、企业生产运作计划与作业控制。

【案例引入】

**奔驰：品质始终如一**

自从奔驰制造出第一辆世界公认的汽车后，汽车和奔驰公司都早已渡过了自己的百岁华诞。凭借充满创新性的产品和可靠的品牌质量，梅赛德斯—奔驰活跃在世界上几乎所有的国家。奔驰公司严格的质量控制为其强大的品牌价值奠定了稳定的基础。

奔驰公司的产品检查制度是非常严格的，甚至到了苛刻的地步，在这方面投入了大量的人力物力。例如公司下属的辛德尔芬根组装厂，日组装汽车达 1600 辆。全厂职工有近 5000 人从事质量控制工作，仅检验零部件的职工就达 1300 人，从事质量控制工作的人员占全厂职工总数的 14.79%。他们对奔驰所属每个地方联营厂发来的零部件进行梳理式检查，只要在一个箱中发现有一个零件不合格，整箱零件就全部退回，绝不含糊。进入该厂的汽车发动机要经过 42 道关卡的检查，必须盖全 42 个品质通过的大印才能下流水线作业。每个班组都有人负责品质检查，最后有总检查。此外，厂里有定期的品质抽查制度，由董事会、车间代表和技术人员组成的检查小组，每隔 14 天，对 9 个单位产品进行品质"会诊"。

在选购汽车时，人们首先注意的是它的外观、性能等，很少有人会注意座位，但奔驰厂却极为认真。座位的面料用的羊毛是专门从新西兰进口的，其粗细必须在 23~25 微米，细的用来纺织高档车的座位面料，柔软舒适；粗的用来纺织中档车和低档车的座位面料，结实耐用。纺织时根据各种面料的要求，还要加入从中国进口的真丝和从印度进口的羊绒。连制作座椅的过程都如此细微，难以想象加工主要机件时该会如何精细。即使是一颗小小的螺丝钉，在组装到车上之前，也要先经过检查。许多笨重的劳动，如焊接、安装发动机和挡风玻璃等都采用了机器人，从而保证了质量的统一。

奔驰公司为了检验新的产品质量和性能，还建造了一个占地 8.4 公顷的实验场，内有由各种不同路面组成的车道 15 千米，快车道上拐弯处最大斜坡倾角达 90°，为了做破坏性的实验测试，公司每年用 100 辆新车以时速 35 英里的速度撞击坚硬的混凝土厚墙，以此来检验前座的安全性。

为了进一步把好质量关,奔驰公司在美国、欧洲、加拿大、拉丁美洲、亚洲等地专门设有质量中心。中心内有大批的质检技术人员及高质量的设备,每年要抽检上万辆奔驰汽车。因为重视质量管理,所以公司对自己的产品十分有信心,"如果有人发现奔驰汽车发生故障被修理车拖走,我们赠送给您 1 万美金。"连公司的广告语都如此自信。

资料来源:胡茉. 欧洲企业管理经典案例解析[M]. 上海:上海交通大学出版社, 2016.

**案例启示:**

随着汽车工业的蓬勃发展,曾涌现过很多汽车厂家,其中不乏显赫一时者,但大多不过昙花一现。而经历 100 多年风雨的老厂家——奔驰,却始终风光无限,这与它一直坚持"以品质求生存,以品质求发展"的宗旨是分不开的,高品质是奔驰 100 多年来最核心的竞争力。一贯的品质造就了奔驰的成功,然而达到始终如一的品质并非一两项工作就能实现的。正是由于奔驰的所有工作都围绕这一中心来进行,才获得了长期成功。

虽然奔驰的成功不能完全归因于高品质,但毫无疑问,奔驰是高品质的代表。以高品质为核心竞争力,配合其他各方面的工作,是奔驰的战略选择,这种战略选择必将使奔驰迎来进一步的成功。

# 第一节 生产与运作管理概述

## 一、生产与运作管理的含义、基本内容与目标

### (一) 生产与运作管理的含义

生产与运作管理是针对生产与运作系统的设计、运行与维护过程的管理,它要对企业的全部生产与运作活动进行计划、组织和控制。生产与运作管理过程如图 6-1 所示。

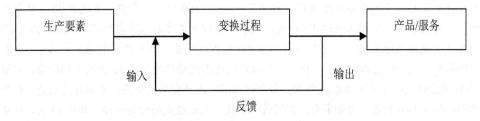

图 6-1 生产与运作管理过程

企业的生产与运作活动就是一个"投入—变换—产出"的过程,即投入一定的资源,经过一系列的形式变换,使其价值增值,最后以某种形式产出,来满足社会需要。也可以说,企业的生产与运作活动是一个社会组织通过获取和利用各种资源向社会提供有用产品的过程。其中,投入的生产要素包括人力、设备、物料、信息、技术、能源、土地等劳动资源要素;产出包括有形产品和无形服务两大类;中间的变换过程就是劳动过程、价值增值过程,即生产运作过程。

### (二) 生产与运作管理的基本内容

生产与运作管理是对生产与运作系统的设计、运行与维护过程的管理,包括生产与运作过程管理和生产与运作系统管理。

1. 生产与运作过程管理

生产与运作过程是一个投入—变换—产出的过程，是一个劳动过程或者价值增值过程，是生产与运作管理的第一对象，是考虑如何对这样的生产运作活动进行计划、组织与控制。

2. 生产与运作系统管理

生产与运作系统包括生产与运作系统的结构设计和运行方式。无论是结构设计还是运行方式，都取决于产品特点、运作技术、生产批量以及产品的标准化程度。生产与动作系统的构成与变换过程中的物质转化过程和管理过程相对应，也包括一个物质系统和一个管理系统。物质系统是一个实体系统，主要由各种设施、机械、运输工具、仓库、信息传递媒介等组成。管理系统主要是指生产与运作系统的计划和控制系统，包括物质系统的设计、配置等问题。

(三) 生产与运作管理的目标

生产与运作管理要达到的目标是高效、低耗、灵活、准时、清洁地生产合格产品和提供满意服务。高效是指能够迅速地满足用户的需要。低耗是指生产同样数量和质量的产品，人力、物力和财力的消耗最少。低耗才能低成本，低成本才有低价格，低价格才能争取用户。灵活使之能很快地适应市场的变化，生产不同的品种和开发新品种，或提供不同的服务和开发新的服务。准时是指在用户需要的时间内，按用户需要的数量，提供所需的产品和服务。清洁是指对环境没有污染。质量是指合格产品和满意服务。

生产与运作管理的任务就是运用组织、计划、控制等职能，把投入生产过程的各种生产要素有效地结合起来，形成有机的体系，按照最经济的生产方式生产出满足社会需要的产品。

## 二、生产与运作管理的类型

(一) 制造类企业

对于制造类企业，其生产与运作管理分类的标准有很多，以下从产品的使用性能、生产工艺特征、产品的需求特征、产品的重复程度及专业化程度等方面进行说明。

1. 通用产品和专用产品

按照产品的使用性能分类，可分为通用产品和专用产品两大类。

通用产品就是按照一定的标准设计、生产的产品，通常具有较大的社会需求量和适用面，如家用电器产品等。这类产品的生产企业一般通过对市场的需求进行预测，并根据企业自身的生产能力和销售能力等因素进行综合分析，以此来制订生产计划。

专用产品一般是根据用户的特殊需求专门设计和制造的产品，产品的适用范围较小，需求量也小。企业必须经常变换产品的品种，生产过程的稳定性较差，无法采用对象专业化的生产组织形式，通常要求所用设备具备较高的柔性，以适应不同产品的生产要求。

2. 流程生产型和加工装配型

按照生产工艺特征分类，可分为工艺过程连续的流程生产型和工艺过程离散的加工装配型两大类。

流程生产型生产工艺生产的产品主要包括化工产品(化肥、水泥、制药等)、纺织产品、造纸、烟草、冶炼金属、酒等。其生产特点是生产过程连续进行且加工工序固定不变，因而原材料通常是通过固定的路线连续地流过整个加工系统。

加工装配型生产工艺生产的主要产品包括汽车、机床、家电、电子设备、计算机等。这类产品是由许多零部件构成的，产品结构复杂。其中，各零件的生产过程相对独立，可参照流程生产型生产工艺进行生产。产品则是通过部件组装及总装而成，因而整个产品的生产过程是离散的，既要控制各零件和部件的生产进度，以确保生产的成套性，又要确保生产物流的合理流动，做到适时、适量、准确地供应，最大限度地减少运输及库存费用，使生产管理工作极其复杂。

### 3. 备货生产和订货生产

按照产品的需求特征分类，可分为备货生产和订货生产两大类。

备货生产是指在市场需求预测的基础上，有计划地进行生产。通常，这类产品的市场需求具有一定的规律性，企业可通过提前生产并将产品储备起来，以满足未来一定时期的市场需求，减少由于生产能力不足而造成产品脱销给企业带来的缺货损失。其生产管理的重点是准确地预测市场需求，使营销渠道畅通，严格地按需求进行生产，做到有备货而无积压。

订货生产是根据用户提出的具体订货要求组织产品的设计、制造等生产活动，以满足用户的特殊需求。由于是按用户的特殊要求订制，因此大多数产品是非标准化的。这类产品的价格、质量、数量及交货期，针对不同的订单都有不同的要求，因而生产管理的重点是如何确保在规定的交货期内保质、保量并按规定的交货方式将产品交付给用户。这就要求企业在收到订单后，有组织、有计划地进行产品的设计、原材料及零部件的采购，以及产品的加工制造工作。

### 4. 大量生产、成批生产和单件小批量生产

按照产品的重复程度及专业化程度分类，可分为大量生产、成批生产和单件小批量生产。

大量生产类型的特点是生产的品种少，每一种产品的产量大，生产稳定且不断重复进行。通常是经常重复生产一种或少数几种相类似的产品，由于这类产品一般在一定时期内的需求量相对稳定且数量较大，生产对象相对固定，因此产品的工艺流程一般都经过高度标准化设计，生产过程中适当地采用高效的专用设备和专用工艺装备，并按对象专业化的原则建立生产线，以提高工作的专业化程度。例如，采用流水线的生产组织方式等，保证企业获得较高的经济效益。

成批生产类型的特点是产品的品种比较多，每一种产品的产量较少，每一种产品都无法维持长时间的连续生产，因此在生产中必须采取多种产品轮番生产的生产组织方式。由于成批生产的产品一般都具有较稳定的生产工艺，且不同的产品之间具有相同或相似的工艺流程，因此可配备不同产品专用工艺装备的通用设备，建立多品种的对象生产单元，使产品的生产过程在生产单元内封闭地完成，以适应多品种的需要，并保证设备必要的负荷率，提高设备的利用率水平。由于每台设备或工作都要负担多种工件的加工任务，所以无法采用高生产率的专用设备和工艺装备，造成产品生产的专业化程度不高，生产率水平较大量生产而言相对较低。同时，由于转换生产对象需要花费必要的生产准备时间，会造成生产的间断，使生产管理工作更加复杂，从而对生产计划管理和监控提出了更高的要求。

单件小批量生产的特点是产品的品种繁多，产量很少，所生产的产品通常属于一次性需求的专用产品，因此一般不进行重复生产。由于单件小批量生产的产品不断变化，决定了其生产设备和工艺装备只能是通用设备和工艺装备，因此，产品生产的专业化程度很低，一般按照工艺专业化原则，采用机群式布置的生产组织方式。单件小批量生产管理工作的复杂性主要体现在：产品繁多、生产计划复杂、生产与运作的实施和控制难度大；生产技术准备工作量大，设备调整时间长，设备利用率低，各个部门之间的协作复杂程度高；对工人的操作技能要求比较高，使人力资源管理工作极为关键。采用单件小批量生产类型的实例有很多，如造船、大型建筑、桥梁、大型专用电机和锅炉等。

## (二) 服务类企业

服务类企业是国民经济的重要组成部分，在经济发展中发挥着重要的作用，也是我国实现现代化必不可少的一部分。提高服务类企业的生产力是生产与运作管理的重要内容。服务类企业的种类非常多，金融、物流、零售、餐饮、娱乐、旅游等行业的企业都属于服务类企业。与制造类企业相比，服务类企业具有自己的特点。

(1) 服务类企业的产出往往立刻被消费掉，而不像制造类企业的产品可以储存。
(2) 服务类企业必须在顾客想要的时间和地点提供。
(3) 服务类企业通常是劳动密集型的。
(4) 服务类企业的产品通常是无形的，因此很难衡量客户的满意程度。

与制造类企业相比，服务类企业与客户的距离更近，往往能够更快地获得客户的反馈并做出改进。目前，技术的进步对服务类企业生产力的提高起到了极大的推动作用。在医疗领域，新的检测设备让病人获得了过去无法想象的服务体验。条形码的普及不仅减少了顾客在超市排队等待的时间，而且极大提高了整个分销过程的效率。ATM机的普及让银行减少了人力费用，网络交易的盛行让人们搜寻信息、购买商品的效率变得更高，IT技术的出现令互动服务的效率大为提高，服务类企业变得比以往任何时候都更加贴近客户。

### 1. 通用型服务和专用型服务

按照顾客的需求特性分类，可分为通用型服务和专用型服务，如商场、银行、宾馆、餐厅等属于通用型服务企业，它主要针对一般的日常社会需求提供服务。而如医院、咨询公司、证券公司、会计事务所、律师事务所等属于专用型服务企业，它主要针对顾客的特殊需求提供服务。

### 2. 技术密集型服务和人员密集型服务

以服务系统的技术特征分类，可分为技术密集型服务和人员密集型服务两大类。技术密集型服务企业需要具备优良的技术及设备，如医院、银行、通信企业等，都需要进行大量的设备投入。而人员密集型服务企业，人员的投入占主导地位，如商场、学校、咨询公司、律师事务所等均属于人员密集型服务企业。

### 3. 高接触型服务和低接触型服务

以与顾客直接接触的程度作为标准来进行分类，可分为高接触型服务和低接触型服务。

高接触型服务是指在服务过程中，顾客与服务人员接触程度密切的服务类型。典型的高接触型服务有学校的课堂教学、理发、旅馆的接待服务、医生的直接诊断服务等，其运作管理的重点应放在服务质量上，其服务质量及服务效率的高低往往由服务人员的素质来决定。因此，加强对员工的业务培训和职业道德教育，是这类企业管理工作的重要内容。此外，这类服务企业也要根据顾客需要合理确定服务规模，使整个服务系统达到最高效率。

低接触型服务是指在服务过程中，顾客与服务人员接触程度较低的服务。例如，邮局的邮递服务、银行的支票处理业务等都属于这一类服务。它的最大特点是整个服务过程中顾客只需要较少的、必要的参与，而大量服务工作是依靠服务人员借助服务系统来完成的。其运作管理的重点应放在提高生产率和降低成本上。此外，这类服务对前台工作人员的业务素质和职业道德要求很高，而对后台人员的业务素质和职业道德要求相对较低。

> **阅读链接 6-1**
>
> 青岛啤酒的"洋沙子"
>
> 青岛啤酒是国内最大的啤酒集团之一,"青岛啤酒"品牌拥有世界级的声誉。但是青岛啤酒也认识到,在运营方面,自己与世界级企业还有很大的差距。2002年,美国AB集团入股青岛啤酒。2003年,青岛啤酒启动了"最佳实践交流活动",双方都派出高级别的经理参加,AB集团将管理经验和模式大规模、深入地输入青岛啤酒,青岛啤酒称之为掺入"洋沙子"。
>
> 在此之前,青岛啤酒的高品质源于自己的一套完整、严谨的操作流程,是全国啤酒企业学习的典范。在与AB集团交流的过程中,他们发现对方的规章比自己做得更细。溶解氧的含量是啤酒保持口味一致性的关键指标。以前青岛啤酒的溶解氧指标很高,基本在0.45ppm。从AB集团引入关键工序控制点回顾法之后,青岛啤酒找出了几百个关键控制点。技术人员和操作工人一起研究操作细节中的问题,将溶解氧的内控指标定在0.2ppm,实际操作水平可以达到0.05～0.06ppm。"现在,我公司酿造的每一瓶、每一罐啤酒的口味基本一致。"青岛啤酒五公司的总工程师冉群说。
>
> 通过与AB集团的最佳实践交流,青岛啤酒在没有增加任何设备和人员的情况下,生产能力提高了25%。总裁金志国评论说:"增长的产能相当于兼并了四五个年产8万吨的啤酒厂,却没有兼并的成本风险。"
>
> 资料来源:吴何. 现代企业管理[M]. 北京:中国市场出版社,2008.

# 第二节 生产过程的组织

## 一、生产过程的概念和构成

### (一) 生产过程的概念

工业产品的生产过程就是从准备生产这种产品开始,直到把它生产出来为止的全部过程。生产过程的基本内容是人的劳动过程,即劳动者利用劳动工具,作用于劳动对象,使其按一定的生产流程变成工业产品的过程。在某种情况下,生产过程还包括自然过程。自然过程是劳动对象在自然力的作用下,发生物理变化或者化学变化的过程,如自然冷却、自然干燥、自然发酵等。在自然过程中,劳动过程部分或全部停止。因此,生产过程就是劳动过程和自然过程的组合。

### (二) 生产过程的构成

由于产品构成和工艺特点不同,不同工业企业的生产过程的性质和构成也不完全相同。工业企业的生产过程,按其各个阶段或各个部分的作用不同,一般分为以下几种。

(1) 生产准备过程,是指产品投入生产前所进行的一系列技术准备工作过程,如产品的设计、工艺规程的制定、工艺装备的设计与制造。

(2) 基本生产过程,是指将劳动对象变成基本产品的过程。例如,机械制造企业的锻造、铸造、机械加工、装配;冶金企业的炼铁、炼钢、轧钢;纺织企业的纺纱、织布等。

(3) 辅助生产过程,是指为了保证基本生产过程正常进行所从事的各种辅助生产活动和过程,如机械制造企业的工具制造、设备维修和动力生产等。

(4) 生产服务过程，是指为保证基本生产过程正常进行所从事的各种生产服务过程，如原材料、半成品等物资的供应、运输和仓库管理。

本书所研究的生产过程组织主要是基本生产过程组织。

## 二、合理组织生产过程的基本要求

合理组织生产过程的目的是使产品在生产过程中行程最佳、时间最短、耗费最小、效益最高。为此，组织生产过程必须努力实现以下要求。

### (一) 连续性

连续性是指产品在生产过程各阶段、各工序的流动，在时间上是紧密衔接且连续的，即产品在生产过程中始终处于运动状态，不存在或很少存在不必要的中断或等待的时间。

生产过程的连续性好，表明生产过程的时间利用率高，可缩短产品的生产周期，从而减少流动资金的占用，加快资金的周转；同时，也有利于生产现场的在制品管理。为保证生产过程的连续性，需要在空间和时间两方面合理设计组织，使产品生产流程合理、紧凑，消除不必要的中断。

### (二) 比例性

比例性是指生产过程各阶段、各工序的产品生产能力要保持适当的比例关系，即各个生产环节的工人数、设备数和生产面积等影响生产能力的诸因素要符合产品生产所需要的比例。

保持生产过程的比例性是充分发挥企业生产能力的前提，如果比例失调，按照经济学的"木桶理论"，生产能力最低的环节就成为制约生产能力的瓶颈。另外，由于市场、技术与管理等方面的条件变化，如果该比例是动态的，企业应根据实际情况及时调整，满足市场、技术与管理等方面的需要。

### (三) 平行性

平行性是指生产过程的各个阶段、各道工序平行作业，对产品的各个零件、部件尽可能地组织平行加工制造。如果生产过程的平行加工时间多，就能大大缩短产品生产周期，为按期交货、加快资金周转提供保障。

### (四) 均衡性

均衡性是指各个生产环节在一段相等的时间内生产相等或递增数量的产品，使各个生产环节的工作负荷充分并相对稳定，不会出现前松后紧、时松时紧等不良现象。生产过程的均衡性有利于充分发挥企业的生产能力，保证产品质量的稳定性。

### (五) 适应性

适应性是指依据复杂多变的市场环境，企业能灵活地进行多品种、小批量生产。为了提高企业的适应能力，必须使企业的设备易于调整，人员应具有多种技能且能够根据需要不断地变换工作岗位。同时，应采用先进、合理的生产组织方法，如成组技术、多品种混流生产和柔性生产系统等。

## 三、生产过程的时间组织

为了合理地组织并有节奏地进行生产，提高劳动生产率，缩短生命周期，减少资金占用量，不仅要求生产过程的各个组成部分在空间上紧密配合，而且还要求在时间上互相协调、衔接。

生产过程的时间组织主要是指劳动对象在生产过程的各道工序之间的结合与衔接(移动)方式，其目的在于提高产品在生产过程中的连续性，缩短产品生产周期。

### (一) 生产周期的含义与构成

产品(零件)生产周期是指从原材料投入生产开始，经过各道工序加工直至成品出产所经历的全部日历时间。据有关调查，在实际生产过程中，有些工业产品的生产周期比较长，但其中大部分时间属于等待、闲置等无效时间。产品的生产周期构成如图6-2所示。

| 生产时间 | 多余时间 | | 无效时间 | |
|---|---|---|---|---|
| A | B | C | D | E |
| 包括各工艺工序、检验工序、运输工序和必要的停放时间 | 由于产品设计、技术规范、质量标准等不当所增加的多余时间 | 由于采用较低效率的制造工艺、操作方法所增加的多余作业时间 | 由于管理不善所造成的无效时间，如停工待料、设备事故、人员窝工等 | 由操作人员所造成的无效时间，如缺勤、出废品等 |

图6-2　产品的生产周期构成

从生产周期的构成来看，缩短生产周期应主要从技术和管理上采取措施。而生产过程的时间组织主要是从管理上研究整批零件在加工过程中应采用何种移动方式，使工艺工序时间缩短，从而提高经济效益。

### (二) 批量生产零件的移动方式

劳动对象在工序之间的移动方式是指零件从一个工作地到另一个工作地之间的运送形式。劳动对象在工序之间的移动方式与制造产品的数量有关。如果某种产品只需要生产一件，那么就只能在一道工序加工完之后，再把产品送到下一个工作地去加工。如果是加工一批相同的零件，那么就可以采用三种不同的移动方式，即顺序移动、平行移动和平行顺序移动。

**1. 加工产品在工序间的移动方式**

1) 顺序移动方式

顺序移动方式是指整批零件在上道工序全部加工完以后，才开始整批集中运送到下一道工序加工。采用这种移动方式，组织工作比较简单，但因零件是整批在各道工序加工和运送，造成了等待运输和等待加工的停顿时间，因此产品的工艺周期较长。

在顺序移动方式下，整批零件的工艺周期计算公式为

$$T_s = n \sum_{i=1}^{m} t_i$$

式中：$T_s$ 表示顺序移动方式工艺周期；$n$ 表示零件批量；$t_i$ 表示每道工序单件加工时间；$m$ 表示工序总数。

2) 平行移动方式

平行移动方式是指每一个零件在上道工序加工完后，立即转移到下一道工序加工。零件在工作地之间的运送是逐件进行的，各生产环节对整批零件的加工，在时间上是平行交叉进行的。由于每个零件没有等待运输的时间，因此产品的工艺周期较短。在平行移动方式下，整批零件的工艺周期计算公式为

$$T_p = n\sum_{i=1}^{m} t_i + (n-1)t_{i\max}$$

式中：$T_p$ 表示平行移动方式工艺周期；$t_{i\max}$ 表示一个零件加工中最长的工序时间。

3) 平行顺序移动方式

平行顺序移动方式是指既考虑到加工的平行性，又考虑到加工的连续性，因此按以下规则运送零件：①当前道工序时间小于后道工序时间时，前道工序完成后的零件立即转移到后道工序；②当前道工序时间大于后道工序时间时，则要等前道工序完成的零件数足以保证后道工序可以连续加工时，才将完工的零件转入后道工序。这样，既可保证整批零件在同道工序中的连续加工，又比顺序移动方式的工艺周期更短。在平行顺序移动下，整批零件的工艺周期计算公式为

$$T_{sp} = n\sum_{i=1}^{m} t_i - (n-1)\sum t_{i较小}$$

式中：$T_{sp}$ 表示平行顺序移动方式工艺周期；$t_{i较小}$ 表示从第一道工序起，前后两道工序两两相比，其中较小的工序时间。

**2. 三种方式的比较与选择**

比较三种移动方式，从工艺周期来看，平行移动方式最短，平行顺序移动方式次之，顺序移动方式最长；在设备利用方面，平行移动时，生产效率高的工序可能会出现停顿现象；在组织管理方面，平行顺序移动方式最为复杂。

三种移动方式各有其优缺点，在选择移动方式时，应权衡利弊，结合具体条件来考虑。一般来讲，批量小，宜采用顺序移动方式；批量大，宜采用平行顺序移动方式或平行移动方式。零件加工时间短，可采用顺序移动方式；反之，可采用平行顺序移动方式；如果车间按工艺原则组成，宜采用顺序移动方式；如果车间按对象原则组成，可采用平行顺序移动方式或平行移动方式。

## 四、生产过程的空间组织

生产过程的空间组织是指合理地确定企业内部各生产单位、各生产阶段的设置和运输路线，以及劳动者、劳动资料相互结合的方式。其内容包括应设置怎样的生产单位，按照什么原则布置这些生产单位，以及使各个生产单位和设施在空间布局上形成一个有机整体。

生产过程的空间组织方式大体可分为工艺专业化形式、对象专业化形式和混合形式。

### (一) 工艺专业化形式

工艺专业化是指按照生产工艺性质的不同来设置生产单位的生产过程空间组织形式。在工艺专业化的生产单位里，集中了相同类型的机械设备，对企业的各种产品进行相同工艺的加工，如图6-3所示。

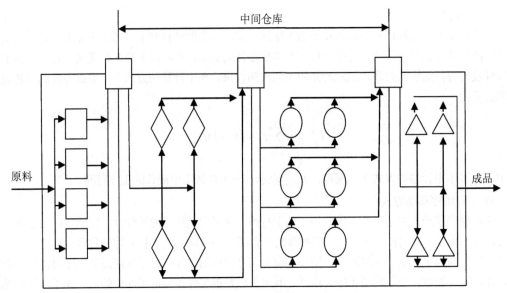

图 6-3 工艺专业化形式的生产单位

工艺专业化的特点：同类设备集中、加工技术单一、分派任务弹性大；加工对象多、工艺路线差别大，难以使工件搬动自动化；在各工序之间成批搬运、加工周期长；周转环节多、不易管理。

### (二) 对象专业化

对象专业化是指按照产品(零件)的不同来设置生产单位的生产过程空间组织形式。在对象专业化的生产单位里，集中了为制造某种产品所需的各种设备，对相同的产品进行不同工艺过程的加工，如图 6-4 所示。

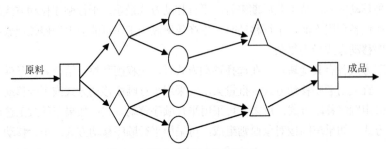

图 6-4 对象专业化形式的生产单位

对象专业化的特点：工件搬运可以实行机械化、自动化，可以降低搬运费用；生产流程连续性好，可以缩短生产周期；计划管理十分简单，生产容易控制，但应变能力差。

### (三) 混合形式

混合形式即工艺专业化和对象专业化的有机组合。它兼有两种专业化形式的优点，是一种比较灵活的形式。通常，多数规模企业采用混合形式组织生产，有些车间按工艺专业化组织生产，而有些车间可能按对象专业化组织生产。究竟如何进行生产过程的空间组织，要根据企业实际生产需要，遵循生产过程的要求来决定。

# 第三节 生产与运作系统的设计

## 一、选址

### (一) 选址的影响因素

厂址选择的重要性无论怎样描述都不过分,因为厂址选择是否恰当,不仅显著地影响工厂的建设费用和建设周期,影响企业产品的生产运作成本、价格和利润,还显著地影响企业的综合竞争力,而且这种影响将持续相当长的时间。国内外大量成功和失败的事例从正反两个方面充分证明了这一点。例如,据美国对各类小企业的运营调查发现,15%左右的小企业运营失败就是由于厂址选择不当造成的。

为了获得一个合理、满意的厂址方案,必须对众多影响因素进行全面和深入的分析。

(1) 劳动力条件,包括劳动力的成本、质量(如劳动技能、劳动态度)、可获得性等方面。一般情况下,劳动密集型企业往往倾向于选择工资水平较低的地区建厂,自动化程度较高的企业往往选择便于员工培训的区域建厂。

(2) 产品销售条件,也就是主要客户所在地和运输成本。厂址选择应尽可能选择目标市场的附近,以提高响应性,方便和吸引目标顾客的购买。据有关资料显示,近期制造业的厂址选择实践出现了两种新趋势:一是在国外设厂,二是电子、服装等企业将工厂建在目标市场附近,一个重要原因就是为了对市场变化做出敏捷反应,实现快速交货,提高竞争力。

(3) 供应条件。一方面,对原材料依赖性较强的工厂,尤其是那些生产运作过程中原材料消耗大的工厂,应按照原材料指向原则,厂址尽可能靠近原材料产地。例如,火力发电厂应尽可能建在煤矿附近,造纸厂应尽可能建在森林附近等。另一方面,随着供应链管理思想的传播,厂址应尽可能选择靠近协作厂且具有良好运输条件的地方。

(4) 基础设施条件,主要是指供水、供电、供煤气、排水、"三废"处理的可靠性和方便性,以及通信基础设施状况。特别是对那些需要大量用水的制药厂、酒厂、食品厂等,需要大量用电、用气的化工厂、钢铁厂等来说,水、电、气的来源保证和成本水平往往成为厂址选择考虑的首要问题。

(5) 地理条件。这是一种制约厂址选择的客观因素,应避免在下列地质或地势条件不满足要求的区域选址建厂:地震中心或经常发生地震;易遭洪水及大雨淹灌;地面积水排放不畅;接近阴河或废弃矿坑;地基不能满足载荷未来工厂的厂房、建筑物、设备和设施的要求;空间面积不足或形状怪异,不能满足未来工厂总平面布置和留有进一步发展余地的要求;地势或存在相当的坡度(超过5%),或起伏不定、不够平坦,造成土地平整工作量过大等。

(6) 气候条件。气候条件包括温度、湿度、气压、雨量、风向等。

(7) 交通运输条件。拥有便利的交通运输条件,是厂址选择的一项基本原则。例如,钢铁、石油炼制等需要运输笨重物料的工厂,厂址应尽量靠近港口或铁路;涉及国际贸易的企业,厂址应尽量靠近航空港、海运港口或集装箱周转站,必要时优先选择在保税区内,以便国际运输;一般企业的厂址应尽量靠近公路、铁路。

(8) 科技依托条件。科技依托条件对技术密集型企业,特别是高科技企业尤为关键。

(9) 生活条件。生活条件包括硬件和软件两个方面,前者指住房、生活服务、体育娱乐、交通、银行、邮局等物质设施,后者指就业机会、社区文化及其开放性、人际关系、犯罪率等生活环境。

(10) 环境保护条件。例如,著名旅游风景区和民用水源附近不宜建厂,居民区附近不宜建设噪音大的工厂等。

(11) 地价和税收条件。

(12) 政治和文化条件，包括地方政府政策和立场，社区民众的态度，当地的政治、文化、语言、风俗等。尤其是在少数民族地区和国外建厂时，这一点必须考虑到。

(13) 原有工厂依托条件。

(14) 扩展条件。

### (二) 服务类企业选址的关键因素

尽管评判服务类企业位置的好坏涉及许多方面，但最重要的因素是顾客获得服务的方便程度，这是由服务本身的特点所决定的。服务的便利性是服务类企业竞争力的核心。因此，服务类企业选址的关键是面向市场，以提高服务的便利性，促进顾客与企业的业务往来。例如，那些针对小范围市场的服务类企业，如杂货店、理发店、修车铺、书报店等，常常是以居住村、居住区为目标市场，服务设施选在目标市场内、靠近居民公共活动场所的地方最为理想；那些服务于较大市场范围的企业，如大型商场、旅馆饭店、医院等，应尽量选在目标市场内比较醒目，且交通便利、客流量大的地方。

### (三) 厂址选择的程序

(1) 明确厂址选择的目标。根据企业建厂的出发点或目的，明确厂址选择的目标，为确立厂址提供依据。

(2) 收集、整理有关新工厂的数据资料。这些数据资料包括生产运作规模，占地面积，运输量，水、电、气的用量，对工程水文地质条件的要求，"三废"排放情况等，它们构成设计和规划厂址方案的约束条件。

(3) 辨识厂址选择的主要影响因素。明确厂址选择的主要影响因素，围绕建厂目标和主要因素进行深入分析，建立评价厂址方案的具体标准和指标体系。

(4) 选位。围绕初步选定的若干建厂地区或区域进行分析、比较，确定合适的建厂地区或区域。

(5) 开发厂址备选方案。对选择的地区或区域进行实地勘探和现场调查，提出若干具体建厂地点，供进一步研究。

(6) 定址。应用定性和定量相结合的方法，对厂址备选方案进行科学评价，最终选定建厂地点。

### 阅读链接 6-2

#### 康宁公司的中国工厂选址

2006年2月2日，康宁公司(简称康宁)发布公告称，董事会已经批准在中国设立一个玻璃基板后段加工生产工厂。

康宁是世界上最大的玻璃基板制造巨头之一，其生产的玻璃基板在全球市场的占有率超过60%。玻璃基板是液晶面板的上游原材料，成本占液晶面板的60%~70%。该公司在中国的新厂选址一事引发了京、沪、穗三地的激烈争夺，以京东方为代表的北京和以上广电为代表的上海之间的角逐尤甚。

康宁科技部中国区总裁柯康宜表示："中国政府已将液晶面板行业的发展纳入'十一五'规划中，并且液晶面板的市场正在持续稳定发展。"康宁在设厂时重点考虑的因素包括接近完整的液晶面板产业链，离下游厂商越近越好。另外，康宁对知识产权的保护尤为重视。4月24日，康宁决定将在中国投资的首个液晶玻璃基板工厂建在北京。

## 二、设施布局

车间布置的重点是基本生产单位的设施布置。车间内设备布置是否科学合理,将影响产品的生产周期和生产成本,进而影响劳动生产率的提高。要使设备布置合理,必须遵循以下原则:①机器设备应根据其性能和工艺要求安置与排列,并保持适当距离,避免阻塞运输;②尽量使产品通过各种设备的路线最短,多设备看管时,工人在设备之间的行走距离最短;③便于运输,加工大型产品的设备应布置在有桥式吊车的车间里,加工长棒料的设备尽可能布置在车间的入口处;④确保安全,各设备之间、设备与墙壁之间、柱子之间应有一定的距离,设备的传动部分要有必要的防护装置;⑤便于工人操作和工作地的布置;⑥充分利用车间的生产面积,在一个车间内,可因地制宜地将设备排列成纵向的、横向的或斜向的,还应考虑剩余空间的利用问题。

### (一) 工艺专业化形式

工艺专业化形式也叫工艺专业化原则,是把同类型的机器设备和同工种的工人集中在一起,建立一个生产单位(车间、工段),对企业生产的各种产品进行相同工艺的加工。按照这种原则布置的车间叫作工艺专业化车间,又称机群式、开放式车间。

优点:①有利于充分利用生产面积、提高生产设备的能力,个别设备出了故障对整个生产的影响较小;②设备的投资费用较少,大都采用通用设备;③便于对工艺进行专业化的技术管理,以及开展同工种工人之间的学习与竞赛;④灵活性好,适应性强,增强了企业适应市场需要变化的能力。

缺点:①在制品在制造过程中的运输路线长、交叉迂回运输多,原材料和在制品运送消耗的劳动量大;②增加了在制品的数量和在制品在制造过程的停放时间,延长了生产周期,占用流动资金多;③增加了各生产单位之间的协作关系,难以掌握零部件的成套性,带来了各项管理工作相应的复杂化。

按工艺原则组成的生产单位,适用于品种复杂多变、工艺不稳定的单件小批生产类型,如新产品试制车间、工具车间、机修车间等。

### (二) 对象专业化形式

对象专业化形式又称产品专业化原则,是把不同类型的机器设备和不同工种的工人按工艺流程的顺序集中在一起,建立一个生产单位(车间或工段),对相同的在制品进行不同工艺的加工。按照这种原则组成的车间叫作对象专业化车间,又称封闭式车间。在这种车间里,加工对象是一定的,机器设备、工艺方法是多种多样的,工艺过程是封闭的,能独立地出产产品,如发动机车间、齿轮车间等。

优点:①可以缩短产品的加工路线,减少运送等辅助劳动量和辅助生产面积;②便于采用流水生产等先进的生产组织形式,减少产品在生产过程中的等待时间,缩短生产周期,降低流动资产占用量;③可以减少车间之间的协作关系,简化管理工作;④可以使用技术等级较低的工人。

缺点:①设备专用性强、需求量多、投资大;②由于同类设备分散使用,个别设备的负荷可能不足,所以设备的生产能力不能得到充分利用,甚至有可能因为一台设备出现故障而导致生产线全部停工;③对产品品种变化的适应能力差,一旦品种改变,很难做出相应调整。

按对象专业化原则组成的生产单位适用于专业方向已经确定的企业,以及产品的品种比较稳定的大量生产类型。

### (三) 混合形式

混合形式又称综合原则布局，是综合了工艺专业化原则和对象专业化原则的优点而构成的介于两者之间的一种设备布置方式，在我国企业中应用比较普遍。在一个企业里，有些车间可能是按工艺专业化原则布置，有些车间可能是按对象专业化原则布置。而在按工艺专业化原则布置的车间内，有的工段是按对象专业化原则布置，例如，机械加工车间是按工艺专业化原则布置的，而这个车间内部的连杆工段又是按对象专业化原则布置的；也有可能在按对象专业化原则布置的车间内部，有的工段按工艺专业化原则布置，例如活塞车间中的车工工段。这种布置形式机动灵活，如果应用得当，可以取得较好的经济效益。

## 三、工作设计

### (一) 工作设计的主要内容

工作设计是指为有效组织生产劳动过程，通过确定一个组织内的个人或小组的工作内容，来实现工作的协调和确保任务的完成。工作设计的目标是建立一个工作结构，来满足组织及其技术需要，满足工作者的个人心理需求。工作设计的内容包括：明确生产任务的作业过程；通过分工确定工作内容；明确每个操作者的责任；以组织形式公布工作分工，保证任务的完成。图 6-5 给出了与工作设计决策相关的几个主要问题。这些决策受到以下几个因素的影响。

(1) 员工工作组成部分的质量控制。
(2) 适应多种工作技能要求的交叉培训。
(3) 员工对工作设计的参与度和团队的工作方式。
(4) 自动化程度。
(5) 对所有员工提供有意义的工作和对工作出色员工奖励的组织承诺。
(6) 远程通信网络和计算机系统的使用，扩展了工作的内涵，提高了员工的工作能力。

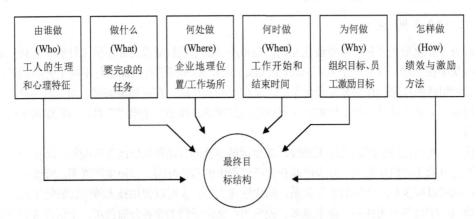

图 6-5　与工作设计决策相关的主要问题

### (二) 工作设计中的社会技术理论

工作设计中的社会技术理论是由英格兰的特瑞斯特(Eric Trist)及其研究小组首先提出来的。该理论认为，在工作设计中，应该把技术因素与人的行为、心理因素结合起来考虑。任何一个生产运作系统都包括技术子系统和社会子系统两个子系统。如果只强调其中一个而忽略另一个，就有可能导致整个生产系统的效率低下，因此应该把生产运作组织看作一个社会技术系统，其中包括人和设备、物料等。生产设备、生产工艺、物流组织与控制方法反映了这个系统的技术性，而人是一种特殊的、具有灵性的投入要素，因此这个系统还应该具有社会性。

图 6-6 中，左侧的圆代表从技术因素的角度设计的所有可行的工作方案的集合，右侧的圆代表从社会因素(心理学和社会学)的角度设计的所有工作方案的集合。交叉部分代表能满足社会和技术要求的工作设计。该理论认为，最佳的社会技术设计应该在这个交叉部分。

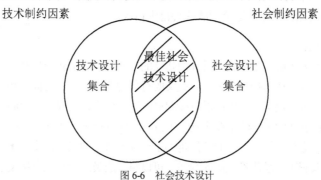

图 6-6 社会技术设计

社会技术设计理论的价值在于它同时强调技术因素与社会变化对工作设计的影响，这与早期工业工程师们过度强调技术因素对生产效率的影响有很大不同。社会技术设计理论除了考虑技术因素的影响外，还将人的行为因素考虑进来，例如把工人调动工作、缺勤、厌倦等与技术选择联系起来。

### (三) 工作设计中的行为理论

行为理论的主要内容之一是研究人的工作动机，这一理论对于工作设计也有直接的参考作用。人们工作的动机有多种，包括经济需要、社会需要和特殊的个人需要等(感觉到自己的重要性，实现自我价值等)。人的工作动机对人如何进行工作有很大影响，因此，在工作设计中，必须考虑到人的这些精神因素。当一个人的工作内容和范围较狭窄，或工作的专业化程度较高时，人往往无法控制工作速度(例如装配线)，也难以从工作中感受到成功感、满足感，此外，与他人的交往、沟通较少，进一步升迁的机会也几乎没有(因为只会单调工作)。因此，像这样专业化程度高、重复性很强的工作往往容易使人产生单调感，它导致人对工作变得淡漠，从而影响工作结果。西方的一些研究表明，这种状况使蓝领工人变换工作频繁，缺勤率高，闹情绪，甚至故意制造生产障碍。对于白领工人，也有类似的情况。

### (四) 团队工作方式

团队工作方式与以往每个人只负责一项完整工作的一部分(如一道工序、一项业务的某一程序等)不同，是指由数人组成一个小组，共同负责并完成这项工作。在小组内，每个成员的工作任务、工作方法以及产出速度等都可以自行决定，在有些情况下，小组成员的收入与小组的产出还挂钩，这样的方式就称为团队工作方式。其基本思想是全员参与，从而调动每个人的积极性和创造性，使工作效果尽可能好。这里的工作效果是指效率、质量、成本等的综合结果。

团队工作方式也可以采取不同的形式，以下是三种常见的方式。

1. 解决问题式团队

解决问题式团队实际上是一种非正式组织，它通常包括七八名或十几名自愿加入的成员，他们可以来自一个部门内的不同班组。成员每周有一次或几次碰头，每次几小时，研究和解决工作中遇到的问题，如质量问题，生产率提高问题，操作方法问题，设备、工具的小改造问题(使工具、设备使用起来更方便)等，然后提出具体的建议，提交给管理决策部门。这种团队的最大特点是他们只提出建议和方案，但没有权力决定是否实施。

解决问题式团队只能提出建议，不能决策，是一种非正式组织，所以，如果这样的团队所提出的建议和方案被采纳的比例很低，这个团队就会自生自灭。

2. 特定目标式团队

特定目标式团队是为了解决某个具体目标而建立的，例如，一个新产品开发、一项新技术的引进和评价、劳资关系问题等。在这种团队中，其成员既有普通职工，也有与问题相关的经营管理人员。团队中的经营管理人员拥有决策权，也可以直接向最高决策层报告。因此，他们的工作结果、建议或方案可以得到实施，或者他们本身就是在实施一个方案，即进行一项实际的工作。这种团队不是一个常设组织，也不是为了进行日常工作，通常只是为了一项一次性的工作，实际上类似于一个项目组。这种团队可以促进一般职工与经营管理层的沟通，可以将一般员工的意见直接反映到决策层。

3. 自我管理式团队

自我管理式团队是最具完整意义的团队工作方式。在自我管理式团队中，由数人(几人至十几人)组成一个小组，共同完成一项相对完整的工作，小组成员自己决定任务分配方式或任务轮换形式，自己承担管理责任，如制订工作进度计划(人员安排、轮休等)、采购计划、决定工作方法等。在这种团队中，包括两个重要的新概念。

1) 员工授权

员工授权是指把决策的权力和责任一层层下放，直至每一个普通员工。如上所述，以往任务分配方式、工作进度计划、人员招聘计划等是由不同层次、不同部门的管理人员来决定的，现在则将这些权力交给每一个团队成员，与此同时，相应的责任也由他们承担。

2) 组织重构

组织重构实际上是把权力交给每一个职工的必然结果。采用这种工作方式后，原先的班组长、工段长、部门负责人(科室主任、部门经理等)等中间管理层几乎就没有必要存在了，他们的角色由团队成员自行担任，因此整个企业组织的层次变少，变得"扁平"。

这种团队工作方式是近几年才开始出现并被采用的，在美国企业中取得了很大成功，在制造业和非制造业都有很多成功案例。

## 阅读链接 6-3

### 蚁群效应

蚁群效应的优势集中表现为：弹性——能够迅速根据环境变化进行调整；强韧——一个个体的弱势，并不影响整体的高效运作；自组织——无须太多的自上而下的控制或管理，就能自我完成工作。无疑，蚁群效应是现代企业在组织发展过程中梦寐以求的。

蚂蚁有严格的组织分工和由此形成的组织框架，但它们的组织框架在具体的工作情景中有相当大的弹性，比如，它们在工作场合的自组织能力特别强，不需要任何领导人的监督就可以形成一个很好

> 的团队并且有条不紊地完成工作任务。
>
> 蚂蚁做事有分工，它们的分工是有弹性的。一只蚂蚁搬食物往回走时，碰到下一只蚂蚁，会把食物交给它，自己再回头；碰到上游的蚂蚁时，会将食物接过来，再交给下一个蚂蚁。蚂蚁要在哪个位置换手不一定，唯一固定的是起始点和目的地。要在团队工作的情景中保持较高的工作效率，最主要的是解决工作链上的脱节和延迟，不同岗位之间的替补与支持正是解决这一问题的有效方式。

# 第四节 生产运作计划与作业控制

## 一、生产运作计划

生产运作计划是企业计划工作的重要部分，它要根据市场需求与用户订单确定生产计划指标，是企业进行生产运作管理的重要依据，也是企业确定生产人员、资金、设备、物料、能源供应的主要依据。通过生产运作计划对企业计划期内的生产任务做出统筹安排，具体规定企业生产产品的品种、数量、质量和进度，可以把企业生产和市场紧密结合起来，更好地利用企业资源，充分发挥企业生产能力，实现企业目标。

### (一) 生产计划概述

#### 1. 生产计划的概念

生产计划是针对企业在计划期内应完成的产品生产任务而做出的计划，具体规定企业在计划期(年、季、月)内应当完成的产品品种、质量、产量、产值、出产期限等一系列生产指标。生产计划不仅规定了企业内部各车间的生产任务和生产进度，还规定了企业之间的生产协作任务。生产计划工作的主要任务是充分挖掘企业内部资源，合理利用企业资源，不断生产出在国内外市场适销的商品，以提高企业经济效益。

#### 2. 生产计划体系

生产计划体系即生产计划系统，按照系统的思想理解，计划是一个过程，由计划的编制(plan)、执行(do)、检查(check)、调整和改进(action)四个阶段组成，即通常所说的 PDCA 循环。所谓计划系统，就是指计划过程包括的各项具体计划职能或工作及其相关关系的总和。图 6-7 描述了生产计划体系的框架，按照计划的长短和计划内容的性质分为三个层次。①长期的战略性计划，未单独出现，主要反映在企业战略计划的有关内容上，例如确立何种竞争优势，发展哪些方向的产品和什么水平的技术，达到多大的生产运作规模，建造哪些生产运作设施，如何获得所需资源等。②中期的战术性计划，主要表现为经营计划和生产运作计划。经营计划是由销售计划、劳动工资计划、物资供应计划、财务计划等各项职能计划组成的统一的有机整体，也称为年度综合计划或年度生产经营计划。③短期的作业性计划，它是对生产运作计划的具体落实，由计划执行部门负责编制，任务是正确安排日常生产运作活动的每一个细节，以保证生产运作过程的顺利进行，有效地实现生产运作目标。主生产计划、物料需求计划、生产运作作业计划等都属于这个范畴。

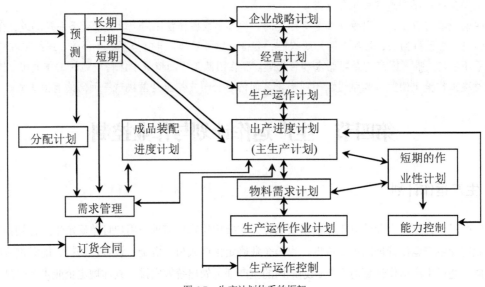

图 6-7 生产计划体系的框架

### 3. 生产计划的主要指标

1) 产品品种指标

产品品种指标是指企业在计划期内应当生产的产品品种和数量。品种的表现形式随企业产品的不同而不同,例如汽车制造厂商有不同型号的汽车,钢铁厂有不同型号的钢材,棉纺厂有不同支数的棉纱等。品种指标既反映了企业在品种方面满足市场需要的程度,又反映了企业技术水平和管理水平。

2) 产品质量指标

产品质量指标是指在计划期内,企业各种产品应当达到的质量标准和水平。质量标准是指由国际标准、国家标准、行业标准、企业标准与合同规定的技术要求。质量指标可分为以下两大类:①反映产品本身质量的指标,如产品的使用寿命、技术性能、等级率(优等品率、一等品率)等;②反映生产过程中工作质量的指标,如合格率、废品率、返修率等。

3) 产品产量指标

产品产量指标是指企业在计划期内,生产各种产品的实际数量之和。产品产量既包括企业生产的可供销售的成品、半成品以及工业性劳务数量,也包括企业基本建设、大修理和非生产部门的需要量。

4) 产值指标

产值指标是指产量指标的货币表现。产值指标规定了企业在计划期内的全部产品和工业性劳务的价值,包括商品产值、总产值和净产值。

(1) 商品产值。工业销售产值是以货币表现的工业企业在一定时期内可供销售的工业产品总量,包括可销售的成品、半成品价值和对外提供的工业性作业价值,通常按现行价格计算。

商品产值=自备原料生产成品的价值+外售半成品价值+用订货者来料生产产品的加工价值+对外承做的工业性劳务价值

(2) 总产值。总产值是以价值形式表示的企业在一定时期内完成的生产工作量,包括用自备原材料生产的可供销售的成品和半成品的价值、用订货来料生产的产品价值、对外承做的工业性劳务价值和期末期初在制品量差额价值。

总产值=商品产值(工业销售产值)+(期末在制品、半成品、自制工具、模型价值-期初在制品、半成品、自制工具、模型价值)+订货来料价值

(3) 净产值。净产值是企业在计划期内的工业生产活动中新创造的价值。在生产法下,净产值=总产值-消耗价值;在分配法下,净产值=工资+利税+属于国民收入初次分配性质的费用支出。

#### 4. 生产计划的主要内容

生产计划是企业根据社会需求和自身条件对计划期(一般为年度)生产运作目标制定的合理安排。生产计划具体包括两方面内容:一是明确规定计划期内应完成的产品品种、数量、质量指标以及生产运作进度;二是综合平衡生产运作所必需的人、财、物等各种资源,进而设计合理的资源调配与使用方案。

### (二) 生产计划的编制

(1) 调查研究,收集资料。编制科学、合理的生产计划必须进行调查研究,广泛收集企业内外相关信息,包括企业长远发展规划,国内外市场预测资料,产品生产、销售及库存情况,生产能力和技术措施,物资供应和生产设施状况等。此外,还要认真总结上期计划执行的经验和教训,在生产计划中贯彻企业经营方针的具体措施,确定计划需求。

(2) 统筹安排,提出初步计划指标。应着眼于更好地满足企业对产品的需求和提高生产的经济效益,对全年的生产任务做出统筹安排。

(3) 综合平衡,确定生产计划指标。把需要与可能结合起来,将初步生产计划指标与各方面的条件进行平衡,使生产任务得到落实。综合平衡内容主要包括生产任务与生产能力之间的平衡、生产任务与劳动力之间的平衡、生产任务与物资供应之间的平衡、生产任务与生产技术准备之间的平衡、生产任务与资金占用之间的平衡等。

### (三) 生产计划编制的方法

#### 1. 品种的优化

1) 象限法

象限法由美国波士顿咨询集团(Boston Consulting Group)提出,借助矩阵进行产品分析,又称波士顿组合矩阵法(BCG法),如图6-8所示,它将影响企业产品品种的因素归结为"市场吸引力"和"企业实力"两大类,据此对产品进行评价,确定应对不同产品采取的策略,然后从整个企业的实际情况出发,确定最佳产品组合方案。其中,矩阵的四个象限分别代表了四类不同性质的产品——金牛产品、明星产品、问题产品和瘦狗产品。金牛产品是企业目前流入资金的主要来源,应努力巩固其市场地位;明星产品可以为企业未来发展提供丰富的增长的机会,应优先考虑加强其发展;瘦狗产品阻碍企业的发展,应果断淘汰;问题产品则应进一步分析后做出加强或放弃的选择。

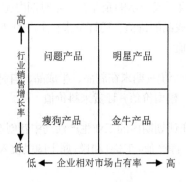

图 6-8　波士顿组合矩阵法示意

2) 收入—利润顺序分析法

收入—利润顺序分析法是将生产运作的多种产品分别按收入和利润排序，并将它们绘制在收入与利润分析图上，如图 6-9 所示。

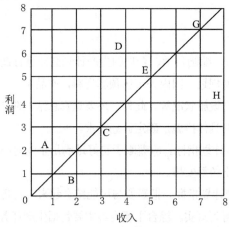

图 6-9　收入—利润顺序分析法示意

### 2. 产量的优化

1) 盈亏平衡分析法

应用盈亏平衡分析法可以确定盈亏平衡点的产量，明确在一定的生产运作技术组织条件下，产品产量的最低下限，这对于决定计划产量有重要的指导意义。

2) 线性规划法

线性规划法是指以最大利润为目标，以人、财、物等资源限制为约束条件，通过建立线性规划模型，求解各产品的产量。当有关项目发生变化时，模型参数随之改变，产品产量的最优解也将改变，但企业利润最大化的目标不变。由于模型参数的改变体现了人、财、物等资源条件和相互关系的变化，而每种参数组合都代表着一个特定的生产运作计划方案，所以，编制生产运作计划的反复平衡和优化过程可用线性规划模型进行模拟。

### 3. 订货型企业的生产运作计划的制订

订货型企业的典型运作方式是单件小批生产运作。由于生产运作的任务是根据用户的订单来确定的，而订单的到达具有随机性，产品往往又是一次性需求，所以，企业只能先编制生产运作计划大纲,接到订单后,再按产品分别编制生产运作计划。可见,在订货型企业的生产运作计划中,接受订货决策是一个十分重要的问题。

接受订货决策是指在用户订单到达时,做出接不接、接什么、接多少订单的决定。一般的订货决策过程可用图 6-10 来描述,这是一个平衡用户和企业双方要求的过程。对用户来说,订货要求除了产品型号、规格、技术要求、数量、价格和交货时间 $D_c$ 等,还包括用户决定是否向企业订货的临界要求,主要指可以接受的最高价格 $P_{cmax}$ 和最迟交货时间 $D_{cmax}$。对于企业来说,也会在分析企业条件、现有任务、产品要求、市场行情等诸多因素的基础上,明确接受订货的要求,主要包括价格和交货期,企业将通过其报价系统和交货期设置系统分别给出一个正常价格 $P$ 和可接受的最低价格 $P_{min}$,以及一个正常条件下的交货期 $D$ 和赶工情况下的最早交货期 $D_{min}$。

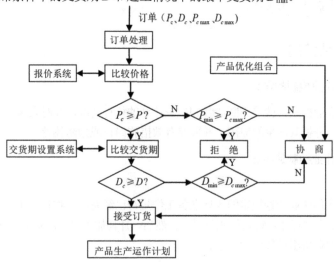

图 6-10 订货决策过程

### (四) 生产作业计划

#### 1. 生产作业计划的概念

生产作业计划是企业生产计划的具体执行计划,是生产计划的延续和补充,是组织企业日常生产活动的依据。它对于保证企业实现均衡生产,按期、按质、按量完成生产计划,及时提供适销对路的产品,满足市场需要,提高企业的生产效率和经济效益都起着十分重要的作用。

#### 2. 生产作业计划的特点

与生产计划相比,生产作业计划有如下特点。①计划期较短。生产作业计划一般只规定月、旬、日、轮班、小时的计划。②计划的内容更具体。生产作业计划把生产任务分解落实到各车间、工段、班组、机台和个人。③计划单位更小。生产作业计划的计划单位是产品的部件、零件直到工序。

#### 3. 生产作业计划的编制

企业编制生产作业计划所需的资料很多,主要包括年度、季度生产计划,有关合同协议和协作任务,设备运行状况和检修计划的安排,原材料、外购件供货,动力资源限额分配及消耗定额情况,产品图纸、工艺文件和工艺装备情况,各车间上月生产作业计划完成情况和生产进度,核算资料,现有生产能力及负荷情况,人员分配与上期出勤情况,技术组织措施投入生产情况,以及各种期量标准。

### 阅读链接 6-4

**管理定律：儒佛尔定律**

儒佛尔定律最早由法国未来学家 H. 儒佛尔提出，其具体内容是没有预测活动，就没有决策的自由。有效预测是英明决策的前提，一个成功的企业家能从繁复的信息中预测出未来市场的走向，并马上将其转化为行动。精明的预测能为企业的发展提供自由的空间，使信息产生价值，转变成赚钱的机会。一个企业要发展，要提高经济效益，就必须了解国内外经济态势，熟悉市场要求并摸清与生产流通有关的各个环节。这就需要广泛、及时、准确地掌握有利于企业发展的各种信息，这样才能掌控全局、预见未来，做出最有利的决策。

## 二、生产运作作业控制

### (一) 生产运作作业控制的含义

所谓生产运作作业控制，就是不断监督和检查计划的执行情况，及时发现计划执行过程中已经或即将出现的偏差，分析其产生的原因，并采取有效措施纠正或预防偏差。

### (二) 生产运作作业控制的内容

**1. 作业安排**

首先检查生产运作作业计划规定的各项准备工作是否已经完成，物料、工装和机器设备是否已经准备齐全，以确认生产运作过程能够正常进行。然后，开具加工单、检验单、出库单等各种传票，向各个操作人员或作业班组进行作业分配。

**2. 测定偏差**

在进行作业的过程中，按预定时间和顺序检查计划的执行情况，掌握实际结果与计划目标之间存在的偏差。

**3. 纠正偏差**

根据偏差产生的原因及其严重程度，分别采取事前预防或事后调整的处理方法。首先，认真预测偏差的产生，事前规划消除偏差的措施，这是一种积极的选择，如发掘加工潜力、动用库存、组织外协等；其次，及时将偏差情况向生产运作管理部门反馈，以便管理人员及时调整计划，或在编制下期计划时作为重要参考依据。

**4. 提供情报**

查证生产运作过程的进行情况和完成时刻，提出报告，并将计划执行结果整理成数量、质量、成本等资料，汇总成统计分析报告，为开展生产运作进度控制、质量控制、成本控制、库存控制等提供必要的情报。

### (三) 生产运作进度控制

生产运作进度控制的任务是根据预先制订的生产运作作业计划，以及对各种零部件的投入和出产时间、数量、配套性的检查情况，及时采取针对性措施，以保证产品准时装配出厂。

1. 生产运作预计分析

生产运作预计分析属于事前控制范畴,是在规定的计划期(如月、季、年)结束之前,根据进度统计资料所反映的计划完成程度和生产运作发展趋势,在考虑生产运作发展的有利因素和不利因素的基础上,对本期计划指标可能完成的程度做出预测。这样,企业可以根据预测结果,提前采取调度措施来调整未来剩余时间的产量,最终使实际产量和计划产量趋于一致。

2. 生产运作均衡性控制分析

按照均衡性要求,企业不仅要按时完成生产运作任务,而且每个生产运作环节和每种产品都要按日、按旬、按月完成生产运作任务。因此,要保持生产运作的均衡性,就要控制每天的实际产量,使其完成作业计划规定的指标,而不是要求每天的产量完全相等。显然,如果未能按计划要求实现均衡生产运作,将造成生产运作过程停工待料,或者产生一定的在制品积压,都会影响企业的经济效益。分析生产运作均衡性常用的方法有以下几种。

1) 图表法

图表法是根据企业(或车间、班组、工作地)在各时期的计划产量、实际产量和产量计划完成百分数,绘制产量和产量计划完成百分数动态曲线图,通过计划产量和实际产量、产量计划完成百分数的比较来反映生产运作的均衡性。

2) 均衡率法

均衡率法就是通过计算均衡率指标来说明生产运作的均衡程度。均衡率可使用以下两种公式进行计算:

$$均衡率 = \frac{日产量计划完成百分数之和(超计划时按80\%计)}{工作日数}$$

$$均衡率 = \frac{日实际产量之和(超计划时按计划产量计)}{工作日数} \times 80\%$$

计算均衡率时之所以不考虑超计划完成部分,是为了防止用超计划部分来掩盖未完成计划的现象。可见,均衡率越高越好,其最大值为1。

3) 生产运作成套性控制分析

对于加工装配式企业来说,其生产的产品由许多零部件组装而成,只有保证成套出产各种零部件,才能按计划生产出成品。不成套的零部件再多,也装不出成品来,反而还增加了在制品,造成资金积压。因此,应及时掌握和控制零部件的出产进度,分析零部件的成套性,按产品装配配套性抓好生产运作进度。实践中,用成套率指标衡量生产运作成套性情况。成套率为实际成套台份数与计划成套台份数之比,数值越大越好。

生产运作成套控制要从两方面入手:一是合理安排成套性投料;二是成套性出产控制,通常利用成套性甘特图来分析和掌握成套性情况。

(四) 在制品控制

企业生产运作过程中各环节之间的联系表现为在制品的供需关系。保持合理数量的在制品储备,有利于组织各环节的协调与生产运作的平衡,可以有效防止因某个环节出现问题而造成的生产运作过程中断。但在制品储备过多,将增加生产运作空间的占用,造成资金积压,掩盖生产运作中的问题和矛盾,也会给企业带来损失。

一般来说，根据存放地点的不同，在制品控制工作可以分成两个方面。

**1. 车间在制品控制**

车间在制品控制的方式取决于生产运作类型和生产运作组织形式。在大量生产运作条件下，在制品数量比较稳定，在生产运作中的流转有一定的顺序和规律，事先制定了标准定额，通常采取轮班生产运作作业计划，并结合统计台账来控制在制品的数量和流转。

在成批和单件小批生产运作条件下，在制品数量的稳定性较差，通常采用加工路线单或单工序工票等凭证来控制在制品流转，并通过统计台账来掌握和控制在制品变动情况。加工路线单又称长票或跟单，是记录和掌握每批零件从投料开始，经各道工序的加工、检验，一直到入库为止的整个生产运作过程的原始凭证。单工序工票也叫短票，以工序为对象，虽在形式上与长票不同，但记录的内容基本一样。

**2. 库存在制品控制**

半成品库是车间之间在制品运转的枢纽。库存在制品控制的任务包括：及时、有效地接收、保管、配套和发送半成品；严格按照库存在制品定额监督和控制库存在制品数量；及时、准确地向生产运作指挥系统提供信息，反映库存在制品变动情况。为此，库存在制品控制应努力做好三方面的工作：第一，严格执行收、发、储存、保管制度和卡片台账报表管理制度，真正做到账、卡、物相符；第二，建立成套性和储备定额检查制度，发现问题后，及时采取措施加以解决；第三，建立和健全仓库管理工作制度，努力应用现代化管理方法与手段，提高工作质量。

## 阅读链接 6-5

**管理定律："100-1=0"定律**

100个顾客中有99个顾客对服务满意，但只要有1个顾客对其持否定态度，企业的美誉就立即归零，1就是全部。

"100-1=0"定律最初来源于一项监狱的职责纪律，不管以前干得多好，如果众多犯人里逃走1个，便是永远的失职。在我们看来，这个纪律似乎过于严格了，但从防止罪犯重新危害社会的角度来说，"百无一失"是极为必要的。后来，这个规定被管理学家们引入企业管理和商品营销中(包括服务行业)，很快就得到了广泛的应用和流传。它告诉我们，对顾客而言，服务质量只有好坏之分，不存在较好、较差的等级。好就是全部，不好就是零。

# 第五节 现代企业新型生产与管理方式

## 一、大量生产方式

制造业的生产方式经历了一个手工生产方式→大量生产方式→准时化生产方式→精益生产方式的过程。在19世纪，包括汽车在内的众多产品主要依靠拥有高超手工技艺的工匠一件一件制作。由于是手工生产，可以说几乎没有完全一样的两件产品。在这种生产方式下，产量不可能提高，而且即使提高产量也不会带来成本的降低。这种生产方式的最大缺点是成本高，而且缺乏一贯性和可靠性。20 世纪初,美国福特汽车公司的创始人亨利·福特(Henry Ford)创立了以零部件互换原理、作业单纯化原理及移动装配法为代表的大量生产方式,改变了单件制造的手工作业方式,使制造业进入了一个全新的时代,引起了制造业的根本变革,由此揭开了现代化大生产的序幕。几十年来,随着制造业产品的复杂化,自动化技术、自控技术及各种加工技术的发展,这种生产方式在形式和内容上都在不断地增加新内容,至今仍然是制造类企业的普遍生产方式。

大量生产方式的特征可以概括地表述为:①在产品开发阶段,由市场调研人员提供某种新产品的设想,由分工不同的设计人员分别设计并绘制图纸,再由制造工程师考虑制造工艺;②在生产阶段,将设备专用化、作业细分化,每道工序的工人只奉命完成自己范围内的任务,保持原料、零部件和在制品的充足库存,以保证生产的连续性;③在完成阶段,有检验人员检查产品的质量,将不合格产品退回生产部门修理或重做,成品在仓库大量堆积。它的基本发展模式是:单一品种(或少数品种)大批量生产→以批量降低成本→成本降低刺激需求扩大→进一步带来批量的扩大。

## 二、准时生产制

随着社会经济的发展和科学技术的进步,商品市场发生深刻的变化。人们对产品质量、成本和品种的要求日益提高,产品更新速度加快,产品的生产周期缩短,市场竞争加剧。一个企业的生产作业方式必须具有快速反应能力,能及时向市场提供多品种、高质量、低成本的产品。因此,大量生产方式的弊端逐渐显现出来。创始于日本丰田公司的准时化生产技术及相应的看板技术就是通过改善作业活动,消除隐藏在企业里的种种浪费现象,彻底消除库存浪费和劳动力浪费,从而降低成本的方法。它使传统的以预测和批量为基础的"推动系统"转变为"拉动系统",也使企业的生产流程、生产效率、组织结构乃至企业理念发生了巨大的变化。

### (一) 准时化生产

准时化生产(Just in Time,JIT)即实时、适时和即时地生产,是指在精确测定生产各工艺环节作业效率的前提下,按订单准确地计划,以消除一切无效作业与浪费为目标的管理模式,又称零库存生产。简单地说,就是在合适的时间,将合适的原材料和零部件,以合适的数量,送往合适的地点,生产出所需要的产品。合适的时间与合适的数量,即适时、适量,要求通过看板管理的方式实现生产同步化、均衡化及批量极小化;生产所需的产品可通过质量管理保证产品的质量。准时化生产方式示意如图 6-11 所示。

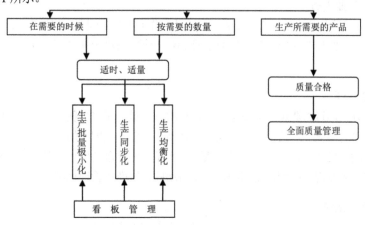

图 6-11 准时化生产方式示意

### (二) 准时化生产方式的目标

准时化生产方式的目标是彻底消除无效劳动和浪费，努力降低成本，提高产品质量，取得高额利润。具体而言，准时化生产方式主要要求达到以下五个目标。

#### 1. 零废品

传统生产系统认为废品是不可避免的，因此提出允许的不合格率或可接受的质量水平。而准时化生产方式的目标是消除各种引起不合格品的原因，使每一道工序都达到最高水平。

#### 2. 零库存

在传统生产系统中，在制品库存和成品库存被视为资产，代表系统中已累积的增值。而准时化生产方式认为，库存是生产系统设计不合理、生产过程不协调和生产操作不良的证明。

#### 3. 准结时间最短

准结时间的长短与批量选择相联系，如果准结时间接近零，就意味着批量生产的优越性不复存在，而准结成本也趋于零。因此，采用极小的批量是准时化生产方式所追求的生产方式。

#### 4. 提前期最短

长提前期、大批量的系统存在生产应变能力差、柔性小等缺陷。准时化生产方式从产品设计与生产过程设计入手来缩短提前期，达到既能满足用户的不同需求，又易于加工生产的目的，改变传统生产系统产品设计与工艺过程设计相分离的状态。

#### 5. 减少零件搬运

零件运送、搬运等属于非增值操作。因此，减少零件加工数量、运送量和搬运次数，也就节省了运输的人力资源，避免了无效劳动和浪费。

### (三) 准时化生产方式的基本方法

#### 1. 适时适量生产

当今时代已经从卖方市场转变为买方市场。因此，各种产品的产量必须灵活适应市场需要量的变化，以销定产。实施适时、适量生产，就是在市场需要时生产所需要的产品。

#### 2. 弹性配置作业人员

降低劳动费用是降低成本的一个重要方面。为此，作业人员的配置应根据生产的需要进行调整，当市场需求波动时，要求劳动力资源也要做相应调整。因此，增加作业人员的工作适应性和工作弹性十分重要。

#### 3. 严格质量保证

准时化生产方式通过将质量管理贯穿生产过程的每一道工序来实现提高质量与降低成本的一致性，具体方法是"自动化"。这里的"自动化"是指工人生产组织中的两种机制：一是使设备或生产线能够自动检测不良产品，一旦发现异常或不良产品，可以自动停止设备运行的机制；二是指生产第一线的操作工人发现产品或设备问题，有权自动停止生产的管理机制。

#### 4. 拉动式生产系统

生产现场控制采取拉动式生产系统，改变过去由上道工序推动下道工序的推动式生产，推动式生产系统如图 6-12 所示。拉动式系统即生产指令下达到最后一道工序，由最后一道加工工序开始，反工艺顺序逐级"拉动"前道工序，如图 6-13 所示。

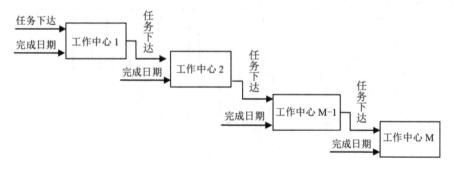

图 6-12 推动式生产系统

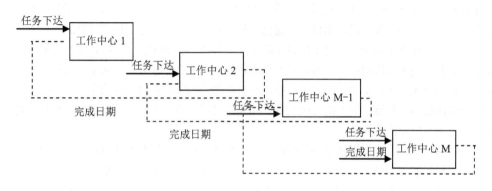

图 6-13 拉动式生产系统

## 三、看板管理

### (一) 看板控制系统

拉动式生产系统的实现依靠看板管理控制系统。所谓看板，即前后道工序传递相关指令的工具，有生产看板和运输看板两种。看板可以是一张卡片，或是直接用一定标准的容器代替，有时还可以是一种信号，它代表一定数量的零件，并标明其加工的工作地点和下道工序的地点，其主要内容如图 6-14 所示。

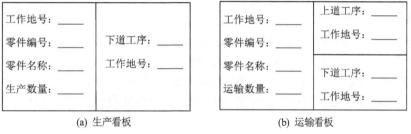

图 6-14 看板示例

## (二) 看板控制系统的运行过程

看板系统的运行过程可以用图 6-15 来说明。

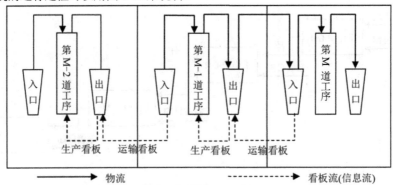

图 6-15 看板系统的运行过程

由图 6-17 可以看出，每道工序都有一个入口和一个出口，入口处放置欲加工的零配件，用标准容器装好，上面挂着运输看板；出口处放置已经加工好的零配件，也用标准容器装好，上面挂着生产看板。当生产指令下给最后一道工序时开始生产，待所用的零配件用完时，将空容器中的运输看板取下，拿到上道工序出口处，将装满零配件的容器里的生产看板取下放入生产看板盒内，把运输看板挂上送回下道工序，上道工序的工人见生产看板盒内的生产看板便开始生产，当用完入口处的零配件时就用运输看板到它的上道工序取货，如此由最后一道工序起，反顺序地逐个拉动各个工序的生产，达到准时生产的目的。

从以上描述可知，在看板系统的生产现场，一种零配件可放置在两种位置上，即生产该零配件的工序的出口处和使用该零配件的工序的入口处。其总量就是它的在制品定额，定额越大，其看板数越多。由此可见，看板系统实际上是将原来存放在仓库里的零配件拿出来，放在生产现场，让人们一目了然，杜绝过量生产的产生。

## 四、敏捷制造

敏捷制造是美国为重振其在制造业中的领导地位而提出的一种新的制造模式。20 世纪 80 年代后期，美国向日本学习精益生产方式，试图夺回在制造业上的优势，保持在国际上的领先地位。受美国国会的委托，美国国防部投入 500 万美元，由里海大学的亚科卡研究所主持，建立了以 13 家大公司为核心的、由 80 多家公司参加的联合项目组，于 1994 年年底完成了《21 世纪制造企业战略》报告，提出了"敏捷制造"的概念，描绘了未来信息社会工业生产方式的蓝图。

### (一) 敏捷制造的概念

所谓敏捷制造，是指制造业采用现代通信手段，通过快速配置各种资源(包括技术、管理和人)，以有效、协调的方式响应用户的需求，实现制造的敏捷性。

敏捷制造的核心是企业在不断变化、不可预测的经营环境中的快速重构能力，具体表现为多个企业的核心制造能力构成的动态联盟或虚拟企业，或者单个企业系统对外部变化的需求的响应和满足能力。

### (二) 敏捷制造的原理

敏捷制造的原理：采用标准化和专业化的计算机网络和信息集成基础结构，以分布式结构连接各企业，构成虚拟制造环境；以竞争合作为原则，在虚拟制造环境中动态选择、择优录用成员；组成面向任务的虚拟企业，进行快速生产。敏捷制造由基础结构和虚拟企业两部分组成，是不断循环、动态结合的过程。基础结构为虚拟企业提供环境和条件，虚拟企业实现对市场变化的快速响应，它的创建与解散依市场机遇而定。

### (三) 敏捷制造的特点

(1) 具有快速开发满足市场需求的新产品的能力。
(2) 具有发展可重组的、模块化的加工单元的能力。
(3) 具有按订单生产，以合适的价格满足顾客订制产品要求或顾客个性产品要求的能力。
(4) 具有企业间动态合作的能力。
(5) 具有持续创新能力。
(6) 具有与用户建立一种完全崭新的战略依存关系的能力。

### (四) 推行敏捷制造管理模式的开发手段

#### 1. 虚拟企业

竞争环境快速变化，要求企业及时做出快速反应。而现在产品越来越复杂，对于某些产品来说，一个企业已不可能快速、经济地独立开发和制造其全部。因此，根据任务的实际情况，由一个公司内部某些部门或不同公司按照资源、技术和人员的最优配置，快速组成临时性企业即虚拟企业，才有可能迅速完成既定目标。这种基于动态联盟的虚拟企业可以降低风险，使生产能力前所未有地提高，从而缩短产品的上市时间，减少相关的开发工作量，降低生产成本。

#### 2. 拟实制造

拟实制造综合运用仿真、建模、虚拟现实等技术，提供三维可视交互环境，对从产品概念产生、设计到制造的全过程进行模拟实现，以期在真实制造之前，预估产品的功能及可制造性，获取产品的实现方法，从而大大缩短产品上市时间，降低开发、制造成本。

拟实制造的组织方式是由从事产品设计、分析、仿真、制造和支持等方面的人员组成虚拟产品设计小组，通过网络进行工作，运用数字技术虚拟地创造产品，即完全在计算机上建立产品数字模型，并在计算机上对这一模型产生的形式、配合和功能进行评审、修改。这样常常只需制作一次最终的实物原型，就可使新产品的开发获得成功。

### 阅读链接 6-6

**如何实现敏捷制造，走出经济寒冬**

2009 年年底，在江苏省南通市，一场以"实现敏捷制造，走出经济寒冬"为主题的制造业信息化论坛吸引了众多与会者。

"在 21 世纪的经济体中，最大的公司不一定最强，然而那些最敏捷的公司一定会最强。"会上，IFS 公司 CEO 如是说。

的确，在经济危机席卷全球，国内外市场形势聚变，企业竞争和兼并日趋激烈，开发费用和劳动力成本越来越高，质量要求日趋严格，资金和成本压力越来越大的情况下，中国制造企业都在努力走出"寒冬"，实现"敏捷制造"成了众多企业负责人不懈的追求。

为了适应经济危机下的市场环境，企业需要随需调整战略，以快速应对各种变化，在变化中把握商机，在应变中脱颖而出。敏捷制造意指企业在不断变化、不可预测的经营环境中及时应变的能力，是企业在市场中生存和领先能力的综合表现。实现敏捷制造的企业，需要通过快速、合理地配置各种资源来响应用户需求。

### 五、6S 管理

6S 管理由日本企业的 5S 管理扩展而来，是现代工厂行之有效的现场管理理念和方法，可以提高效率，保证质量，使工作环境整洁有序，预防为主，保证安全。6S 管理的本质是建设一种具有较强执行力的企业文化，强调纪律性的文化，不怕困难，想到做到，做到做好。6S 管理工作的落实能为其他管理活动提供优质的管理平台。

#### (一) 6S 管理的内容

(1) 整理(seiri)：将工作场所的任何物品区分为有必要和没有必要的，除了有必要的留下来，其他的都消除掉。目的是腾出空间，空间活用，防止误用，塑造清爽的工作场所。

(2) 整顿(seiton)：把留下来的必要的物品按规定位置摆放，并放置整齐加以标识。目的是使工作场所一目了然，消除寻找物品的时间，营造整整齐齐的工作环境，消除过多的积压物品。

(3) 清扫(seiso)：将工作场所内看得见与看不见的地方清扫干净，保持工作场所干净、亮丽的环境。目的是稳定品质，减少工业伤害。

(4) 清洁(seiketsu)：将整理、整顿、清扫进行到底，并且制度化，经常保持环境的美观。目的是创造明朗现场，维持以上 3S 的成果。

(5) 素养(shitsuke)：每位成员养成良好的习惯，并遵守规则做事，培养积极、主动的精神(也称习惯性)。目的是培养有好习惯、遵守规则的员工，营造团队精神。

(6) 安全(security)：重视成员安全教育，每时每刻都有安全第一的观念，防患于未然。目的是建立安全生产的环境，使所有的工作都在安全的前提下完成。

#### (二) 6S 管理的主要作用

6S 管理是企业现场各类管理的基础活动，它有助于消除企业在生产过程中可能面临的各类不良现象。6S 管理在实施过程中，通过开展整理、整顿、清扫、安全等基本活动，使之成为制度性的行为，最终提高员工的业务素养。因此，6S 管理对企业的作用是基础性的，也是不可估量的。6S 管理是环境与行为建设的国际性管理文化，它能有效地解决工作场所凌乱、无序的状况，有效地提升个人行动能力与素质，有效地改善文件、资料、档案的管理，有效地处理工具、物品、器械的管理，使工序简洁化、人性化、标准化，节约时间，提升工作效率，有效地提升团队业绩。我们可以具体从以下几个方面来概括 6S 管理的作用。

**1. 提升企业形象**

整齐、清洁的工作环境，不仅能使企业员工的士气得到激励，还能增强顾客的满意度，从而吸引更多的顾客与企业进行合作，并能迅速提升企业的知名度，在同行中脱颖而出。因此，良好的现场管理是吸引顾客、增强客户信心的最佳广告。此外,良好的形象一经传播,就使 6S 管理企业成为其他企业的学习对象。因此,我们完全可以说 6S 管理是"最佳的推销员"。

2. 减少浪费

企业实施 6S 管理的目的之一就是减少生产过程中的浪费。工厂中各种不良现象的存在,在人力、场所、时间、士气、效率等多方面给企业造成了很大的浪费。企业通过实施 6S 管理可以提高效率,减少场地浪费,降低不必要的材料及工具的浪费,减少"寻找"的浪费,减少工作差错,降低成本,其直接结果就是为企业增加利润。因此,我们可以说 6S 管理是"节约能手"。

3. 安全保障的基础

降低安全事故发生的可能性,这是很多企业特别是制造加工类企业一直追求的重要目标之一,6S 管理可以从三个方面保障企业的安全。

(1) 遵守作业标准,不易发生工作事故。

(2) 所有设备都进行清洁、点检,能预先发现存在的问题,从而消除安全隐患。

(3) 消防设施齐全,消防通道无阻塞,万一发生火灾或地震,员工生命安全保障大幅度提升。

6S 管理的实施,可以使工作场所显得宽敞明亮,地面上不随意摆放不应该摆放的物品,通道通畅,各项安全措施落到实处。6S 管理的长期实施还可以培养工作人员认真负责的工作态度,这样也会减少安全事故的发生。所以,我们把 6S 管理称为"安全专家"。

4. 标准化的有效推进

标准化是制度化的最高形式,它是一种非常有效的工作方法,有效使用标准化可以使工作更便捷、高效、稳定。6S 管理强调作业标准化,使员工养成遵照标准做事的工作习惯。只有这样,才能保证产品品质稳定,如期达成生产目标。因此,可以说 6S 管理是标准的推进者。

6S 管理彻底改变了人们对传统工厂作业现场的印象,整洁、高效的现场是最好的产品推销员。6S 管理可以减少浪费,提高工作效率,有助于实现生产作业的标准化,还可以为员工创造更友好的工作环境。在我国,大多数生产型企业已经实施了 6S 管理,海尔集团就是较早采用这一管理方法的知名企业。

## 【本章小结】

生产与运作管理是针对生产与运作系统的设计、运行和维护过程的管理,它要对企业的全部生产与运作活动进行计划、组织和控制。

按照产品的使用性能分类,可分为通用产品和专用产品两大类。按照生产工艺特征分类,可分为工艺过程连续的流程生产型和工艺过程离散的加工装配型两大类。按照产品的需求特征分类,可分为备货生产和订货生产两大类。按照产品的重复程度及专业化程度分类,可分为大量生产、成批生产和单件小批生产。服务类企业所提供的服务可分为通用型服务和专用型服务、技术密集型服务和人员密集型服务、高接触型服务和低接触型服务。

生产过程由生产技术准备过程、基本生产过程及辅助生产过程构成。组织生产过程要求连续性、比例性、平行性、均衡性及适应性。生产过程的时间组织主要采用顺序移动、平行移动和平行顺序移动三种不同移动方式。生产过程的空间组织可分为工艺专业化形式、对象专业化形式和混合形式。

生产与运作系统的设计包括选址、设施布局及工作设计。生产计划的主要指标有产品品种指标、质量指标、产量指标、产值指标。生产运作作业控制就是不断监督和检查计划的执行情况，及时发现计划执行过程中已经或即将出现的偏差，分析其产生的原因，并采取有效措施纠正或预防偏差。

目前，被企业广泛采用的生产方式有准时化生产方式、精益生产方式、敏捷制造。敏捷制造与大量生产在思想观念和经营战略上存在较大差异。6S管理是现代工厂行之有效的现场管理理念和方法，主要包括整理、整顿、清扫、清洁、素养与安全。

## 【思考题】

1. 什么是生产运作管理？
2. 影响企业厂址选择的因素有哪些？
3. 生产计划的主要指标有哪些？
4. 什么是生产控制？生产控制的主要方法有哪些？
5. 简述准时化生产方式的含义及特征。
6. 分析服务类企业运营管理与制造类企业运营管理的主要差异。
7. 服务类企业应采用哪一种运营管理的技术？以你所在学校(教育服务的提供商)为例进行分析。
8. 列举几个在你看来提供高质量产品和服务的企业，这些企业的哪些特性让你觉得它们所提供的产品服务的质量较高？你认为每个人都会同意你的判断吗？为什么？

## 【案例分析】

### 丰田汽车公司的生产运作管理

在丰田市附近的丰田汽车公司的主机组装厂是一个生产多种小型客车的现代化大型工厂，丰田公司一直引以为豪，每年都有许多来自世界各地的人前来参观。

给人留下深刻印象之一的是流水线中各项任务的工作量出奇的均衡。一般情况下，如果一项任务比其他的任务所需时间长，为了赶上生产的进度，一些员工必须多做些工作。还有一些员工早于他人完成了自己的任务就可能会无事可做，或故意放慢工作的速度。这种不均衡的现象是常见的，也是在人们预料之中的。

但在丰田公司的组装工厂里，各项任务在时间和工作量上都是相同的，因此每个人都在用同样的节奏工作。一项任务完成时，其上下工序的员工也同时完成他们的任务。当某一环节出错时，如某个操作人员遇到了困难，反应过程也十分快速，这个操作人员会立即启动报警系统，这种系统会开动这个工作台上方的警器和黄色旋转灯，一个电子板会自动闪亮以显示发生故障的工作台排除故障所用的时间，其他工作台的一个或多个员工会拿上工具箱，赶到发生故障的工作台帮助同事恢复正常工作。

在一班工作结束时，电子板就会汇总所发生的故障及其原因，然后，这些问题就成了项目改进的焦点。这个例子的关键在于，它向我们展示了日本公司的一个十分明显的特征，即通过工程改进来追求工程的不间断性，每一个误差都要仔细检查、诊断和修正。任何事情都不能顺其自然，任何缺陷，无论多么罕见，都不会被看作可忽略的纯随机事件。这种精神是实现真正准时化生产所必不可少的！所有精力都集中于保持工作的持续性、不间断性，就像流水一般。仅在 1986 年一年内，只有 6 万名员工的丰田公司竟收到了 260 万条改进建议，其中 96% 都由管理层或员工自己所采纳并实施。

从丰田公司的经验所得到的与准时化生产有关的信息更令人难以忘记。工厂里，除了正在组装线上组装的汽车外，根本没有任何库存，而正常情况下人们预料会在这里看到成堆的车门板、保险杠、座位、挡风玻璃、发动机、离合器、转动轴等。工厂里，除了一些价位较低的零部件外，其他什么都没有，装运卡车不断地开到导轨上，一个一个地卸下零件之后，另一辆卡车会取代它的位置，而上辆车则返回供应厂去装下一批货。这足够令那些熟悉汽车生产的人感到惊奇了，更惊人的是导轨上的汽车并不都一样，有着不同发动机的轿车、旅行车等按交叉的顺序排列在导轨上。由于提前通知部件供应商有关信息，其装运车就相应地按顺序装载。

以组装发动机的生产线为例，一辆敞口装运车开到它的导轨上，一个装卸扳手将左边的发动机取下，回摆，在操作员的引导下把发动机放到汽车主体的相应位置，接着操作员把汽车沿其导轨移到下一站，又由下一个工作台把发动机固定。而装卸扳手则回到下一辆装运车前，把发动机从支架上取下，回摆，再把它放到导轨的下一辆汽车主体上，如此等等。导轨上的汽车类型不同，供应厂商会按丰田公司组装线要求的顺序装载不同的发动机。

问题讨论：
1. 上述案例给你的启示是什么？
2. 实现准时化生产有哪些基本的手段？
3. 谈谈您自己对准时化生产的认识和看法？

# 【技能训练】

组织设施布置方案分析与优化设计

训练目标：
1. 掌握制造类企业生产系统设施规划和优化布置的具体方法。
2. 培养学生的团队协作精神，以及以团队方式分析问题和解决问题的能力。
3. 培养学生分析和解决生产运作系统问题的能力。

训练形式与要求：
1. 学生自选或老师指定一家企业、服务网点或超市等，策划"组织设施布置方案分析与优化设计"活动。由指导老师向学生发放课程设计背景资料，向学生介绍本次技能训练的步骤和要求。
2. 3~6 人为一组，采取课堂集中辅导，分散设计的方式进行。
3. 各组设一个组长，负责组织和协调本小组的讨论、任务分工等。
4. 各组独立完成设计过程，不得跨组参考或抄袭，避免方案出现雷同。
5. 在两周内完成。

**训练内容：**

1. 准备调研所需资料。

(1) 了解并绘制该组织或服务网点现有设施布置草图。

(2) 掌握其一定时间内的生产订单(或服务要求)，包括产品品种、数量、交货期等。

(3) 各订单产品(服务)的工艺流程。

2. 制定车间设施规划与布置设计步骤。

(1) 了解和分析原有设施布置图，分析其设施布置方案的优缺点。

(2) 根据掌握的订单生产任务量，统计各中心(工序)之间的物流量，并画出该车间内设施之间的物料运输量矩阵表。

(3) 根据原有设施布置图，确定设施距离矩阵表。

(4) 计算并分析原有布置方案的工作总量。

(5) 对现有布置方案进行优化，得出较优布置方案。

(6) 采用物流量矩阵表和工作中心距离矩阵表，计算优化布置方案的运输工作总量，并比较新旧方案的物流运输量工作量结果。

(7) 画出新的优化布局图——明确标注各工作中心名称、面积形状大小、所处位置，包括通道、储存区、出入口等。

3. 确定设计原则。

(1) 设施布置要求在现有的生产条件的基础上，达到运输工作总量最小化。

(2) 既要满足客户交货期要求，又要充分利用设备和人力，达到成本最小化。

4. 提交设计报告。

(1) 要求最终提交详细的计划编制报告书。解释设计过程的每一步，说明设计思路和依据、计算过程、计算结果。

(2) 提交设备布置方案的设计草图。

**成果检验：**

1. 在小组分工协作、充分讨论、相互启发的基础上形成设计方案，最终提交一份课程设计报告。

2. 各小组选出一个代表，代表全组进行方案演示和答辩，在各组推选代表进行方案介绍的基础上，各组分别对其他各组评分，并指出优点与不足，评出2~3个优秀设计方案。

# 第七章

# 现代企业质量管理

【学习目标与要求】
- 理解企业质量及质量管理的概念。
- 熟悉质量管理的发展过程。
- 掌握质量管理的基本方法。
- 了解 ISO 9000 系列质量和保证标准的含义,理解推行 ISO 9000 系列质量管理和保证标准的意义及作用。

【导入案例】

保命的降落伞

一家军工企业主要生产降落伞,每生产 10 个伞包,就会由 10 位伞兵背着这些伞包从试验塔上跳下,检验伞包质量是否合格。由于伞包质量问题,每检验 10 个伞包就会摔死一个伞兵。看到此情况,厂领导立即组织质量检验专家小组对每一道生产工序进行仔细检查,然而却没有发现任何问题,可是伞兵由于伞包质量问题摔死的事件还在发生。

厂领导为找到切实可行的方法来杜绝伞包质量问题,决定重金聘请新厂长来解决该问题。没过多久,一名军人应聘了此职位,新厂长到任后立刻颁布一条规定,所有生产伞包的工人在生产出伞包后都必须背着自己生产的伞包从试验塔上跳下,来检验伞包的质量。

新规定出台后,伞包的质量问题立刻消失了,此后企业的产品再也没有发现过质量问题,企业也由此而不断发展壮大。

资料来源:李启明. 现代企业管理[M]. 4 版. 北京:高等教育出版社,2011.

案例启示:

从 20 世纪六七十年代开始,国际上的质量竞争日趋激烈,人们越来越清楚地认识到采用价廉质次的倾销政策已难以取胜,在激烈的市场竞争中制胜的最重要的法宝就是产品与服务的优良质量。正如美国质量管理专家哈林顿(H. J. Harrington)所说,这不是一场使用枪炮的战争,而是一场商业战争,战争中的主要武器就是产品质量。

## 第一节 质量管理概述

质量好坏已成为当今企业成败的主要决定因素。令质量成为管理层关注重点的催化剂是国外企业，特别是日本企业的发展。20世纪70年代的能源危机期间，许多人购买丰田、本田和日产汽车，因为它们比美国汽车更省油。然而，消费者很快就发现，日本汽车不仅省油，而且与美国汽车相比，装配质量更高、更整洁、更可靠。因此，在能源危机过去后，日本汽车由于其高质量的声誉而成为一个强大的竞争对手。著名质量管理专家朱兰(J. M. Juran)博士认为，21世纪是质量世纪，纵观世界历史的发展状况，质量的概念已深入人们的日常生活、工作、生产的各个领域。质量水平直接反映了组织、地区乃至国家和民族的素质。质量管理是兴国之道、治国之策。好的质量是组织赢得顾客忠诚度，获得持续发展的基石。

## 一、质量的概念及其发展

### (一) 质量的概念

国际标准化组织ISO颁布的《质量管理和质量保证——术语》对质量定义如下："反映实体满足明确和隐含需要的能力的特性总和。"质量是一组固有特性满足要求的程度，最初用于产品，后逐步扩展至服务、过程、体系和组织，以及上述几项的组合。从这一概念可以理解到，质量是由一组固有特性组成，并且这些固有特性是以满足顾客及其他相关方所需求的能力加以标记。

美国质量控制协会将质量定义为产品满足确定的或潜在需求的能力的总体特点和特征。质量有几个不同的属性。某一特定产品的质量具有8个基本维度。

(1) 绩效。产品最主要的运营特性，如汽车的加速性和电视的画面清晰度。
(2) 特色。一种产品基本功能特性的补充，如电动车窗。
(3) 可靠性。一定时期内不出故障的可能性。
(4) 一致性。产品的设计和运营特性与确立的标准相吻合的程度。
(5) 耐用性。产品生命的度量指标。
(6) 维护保养方便性。维修的速度和容易性。
(7) 美观性。产品的外观、触感、口味和气体。
(8) 感觉到的质量。消费者看到的质量。

质量具有如下特性。

#### 1. 经济性

物美价廉反映了人们的价值取向，物有所值则是质量的经济性表征。顾客和组织对质量的关注角度不同，但对经济性的考虑是一样的。高质量意味着以最少的投入获得最大效益的产品。

#### 2. 广义性

在质量管理体系所涉及的范围内，组织的相关方对产品、过程或体系都有可能提出要求，而产品、过程或体系又都具有固有特性，因此质量不仅指产品质量，也可指过程和体系质量。

#### 3. 时效性

顾客和其他相关方对组织、产品、过程、体系的需求与期望是不断变化的，组织应不断调整对质量的要求来满足顾客和其他相关方的需求与期望。

#### 4. 相对性

组织的顾客和其他相关方的多样性使不同的需求对应不同的质量要求，只有满足需求的产品才被认为是质量好的产品。例如林肯型车比福特金牛型车高级，而金牛型车又比福特福克斯型车高级。质量的差别来自设计的不同和其他一些特点。

## (二) 质量概念的发展

随着经济的发展和社会的进步，人们对质量的要求不断提高，质量概念也随之深化发展，具有代表性的有符合性质量、适用性质量、广义性质量等。

### 1. 符合性质量的概念

以符合现行标准程度作为衡量依据，符合标准就是合格的产品质量，符合的程度反映了产品质量的一致性。但是随着科技的进步，过去认为先进的标准现在可能已经落后。长期以来，人们认为产品只要符合标准就满足了顾客的需求，这样已经不能适应新时代的要求，即使百分之百符合落后标准的产品也不能认为是质量好的产品。

### 2. 适用性质量的概念

从使用角度定义产品质量，以适合顾客需要的程度作为衡量依据，认为产品的质量就是产品的适用性，即产品在使用时能成功地满足顾客需要的程度。质量从符合性发展到适用性使人们对质量的认识逐步把顾客的需求放在首位，顾客对他们消费的产品和服务有不同的需求和期望，这意味着组织要从使用要求和满足程度两方面来理解质量，更好地满足顾客的需求和期望。

### 3. 广义性质量的概念

ISO 总结不同的质量概念并加以归纳提炼，逐步形成人们公认的名词术语，即质量是一组固有特性满足要求的程度。这一概念十分广泛，既反映了要符合标准的要求，也反映了要满足顾客的需要，综合了符合性质量和适用性质量的概念。21 世纪的质量概念、质量意识、质量文化、质量战略，以及质量在世界经济与社会发展中的地位和作用都将有深刻的变化。2000 版 ISO 9000 族国际标准给出的关于质量的概念是广义的，代表了当前的最新认识。

## (三) 质量的重要性

为了帮助人们理解质量的重要性，美国政府设立了布德里奇美国国家质量奖，它是根据美国前商务部长的名字命名的，这一由商务部下属部门管理的奖项每年评选一次，颁发给那些在产品或服务质量方面有重大改进的企业。换句话说，这一奖项是根据质量的变化颁布的，而不是根据绝对质量颁发的。质量成为管理者关心的重要问题主要出于以下三个原因。

### 1. 竞争因素

当前社会，质量已经成为企业最有力的竞争点之一。例如，通用汽车公司和丰田公司都宣称自己的汽车比别人的汽车质量高；美国航空公司、联合航空公司都说自己提供的服务是最好的、最可靠的。事实上，每家公司都把质量当成一个主要的竞争点。因此，跟不上步伐的企业可能会发现自己不仅无法与外国企业竞争，而且也没有能力与本国的其他公司竞争。

### 2. 生产率因素

管理者还认识到，质量和生产率是相关的。过去，许多管理者认为仅仅通过降低质量就可以增加产出(生产率)。当今的管理者已经明白，这样的假设几乎永远是错误的。如果一家企业启动了一个有意义的质量强化项目，可能会有三种结果：第一，次品数量可能会减少，使消费者退货量减少；第二，由于次品数量降低，被分配到对缺陷进行修复的资源(原材料和人力)减少；第三，由于要求员工对质量负责，因此减少了对质量检查人员的要求，组织可以用更少的资源生产出更多的产品。

### 3. 成本因素

质量的改善还可以降低成本。低劣的质量会导致消费者更高的退货率、高担保成本，以及消费者受到劣质产品伤害后的法律诉讼费用。未来的销售会由于消费者的不满意而受到损失。有质量问题的企业常常需要增加质量检查支出以发现有缺陷的产品。

### (四) 质量管理

质量管理是指在质量方面指挥和控制组织的协调活动。质量管理是组织活动的重要组成部分，是组织围绕质量而开展的各种计划、组织、指挥、控制和协调等所有管理活动的总和。质量管理通常包括制定质量方针和质量目标，以及质量策划、质量控制、质量保证和质量改进等活动。质量管理涉及组织各个方面，能否有效实施质量管理关系到组织的兴衰。组织最高领导者需正式发布本组织质量方针，在确立质量目标的基础上按质量管理的基本原则开展各项相关的质量活动。通过建立和健全质量管理体系来实施质量管理，组织应围绕产品质量形成的全过程实施质量管理，采取激励措施激发全体员工积极参与，确保质量策划、质量控制、质量保证和质量改进等活动顺利进行。

### (五) 质量管理活动的主要内容

#### 1. 质量方针

质量方针是指由组织的最高管理者正式发布的该组织总的质量宗旨和质量方向。质量方针是组织经营总方针的组成部分，是组织对质量的指导思想和承诺。质量方针的基本要求应包括供方的组织目标与顾客的期望和需求，也是供方质量行为的准则。

#### 2. 质量目标

质量目标是组织在质量方面所追求的组织质量方针的具体体现。目标既要先进，又要可行，以便实施和检查。通常情况下，应对组织的相关职能和层次分别规定质量目标。

#### 3. 质量策划

质量策划致力于制定质量目标，并规定必要的运行过程和相关资源，以实现质量目标。质量策划的关键是制定质量目标并设法使其实现。

#### 4. 质量控制

质量控制致力于满足质量要求，适用于对组织任何质量的控制，除生产外，还包括设计、原料采购、服务、营销、人力资源配置等，其目的在于保证质量满足要求，为此要解决要求或标准是什么、如何实现、需要对哪些方面进行控制等问题。质量控制是一个设定标准，根据质量要求测量结果，判断是否达到预期要求，对质量问题采取措施进行补救并防止再发生的过程。总之，质量控制是确保生产出来的产品满足要求的过程。

#### 5. 质量保证

质量保证致力于提供质量要求会得到满足的信任，是指对达到预期质量要求的能力提供足够的信任。保证质量满足要求是质量保证的基础和前提，质量体系的建立和运行是提供信任的重要手段。组织规定的质量要求包括产品的、过程、体系的要求必须完全反映顾客的需求，才能让顾客对产品有足够信任。质量保证分为内部保证和外部保证，内部质量保证是组织向自己的管理者提供信任，外部质量保证是组织向顾客或其他相关方提供信任。

6. 质量改进

质量改进的目的在于增强满足质量要求的能力。由于质量要求是多方面的，因此质量改进的对象可能会涉及组织的质量管理体系、过程和产品等方面，同时由于各方面的要求不同，为确保有效性、效率或可追溯性，组织应注意识别需改进的项目和关键质量要求，考虑所需的过程，以增强组织体系或过程实现产品满足要求的能力。

---

**阅读链接 7-1**

**奔驰的成功之路**

100多年来，德国奔驰汽车公司一直以创造第一流的产品为公司的经营宗旨。因此奔驰汽车在消费者心中始终保持着良好的声誉，在激烈的国际竞争中不断发展，成为世界汽车工业的佼佼者。奔驰汽车公司之所以能取得这样的成就，最重要的一点就在于树立了以质量取胜的企业目标。为此，奔驰汽车公司建立了一支技术熟练的员工队伍，以及对产品和部件进行严格质量检查的制度。从产品的构想、设计、研制、试验、零部件采购、生产直至维修，都突出质量标准。

为保证产品质量，真正做到不合格的零部件坚决不用，不合格的成品坚决不出厂，在奔驰汽车公司中，形成了一个从上到下的质量控制监督网。在其工厂里，从事生产的工人有1/7是进行质量控制和检验的，仅一个引擎就要经过40多道工序的检验。随着专业化协作的加强，许多零部件都是由协作厂提供的，而零部件的质量直接影响汽车的质量，为此奔驰公司严格把关，规定一箱里如果有一个零部件不合格就全部退掉。由于长期坚持这一制度，协作厂商也都自觉地努力提高自身的产品质量。

汽车的质量要求主要表现为行驶安全、坚固耐用、乘坐舒适、外形美观。基于这一目标，20世纪50年代奔驰汽车公司就研制出世界上第一个安全车身。发生车祸时，车身不会撞瘪，方向盘在撞击后能自动靠拢，以确保驾驶者的人身安全。随着时代的发展，奔驰汽车公司在汽车的质量安全领域不断探索、不断创新，取得了一个又一个举世瞩目的安全成就。

资料来源：李道芳，姚和平. 企业管理概论[M]. 北京：高等教育出版社, 2011.

---

## 二、质量管理的发展过程

质量管理的发展经历了质量检验阶段、统计质量控制阶段、全面质量管理阶段，以及后全面质量管理阶段。下面对质量管理发展演变的四个阶段做简要的介绍。

### (一) 质量检验阶段

质量检验阶段也称传统质量管理阶段，是质量管理发展的初始阶段。20世纪初，泰勒在科学管理理论中主张将计划和执行分开，所以很多企业设立了"专职检验"这一环节，以判断执行情况是否偏离计划，是否符合标准。那时，人们对质量管理的理解还仅限于质量的检验，即依靠检验手段挑出不合格品，并对不合格品进行统计，管理的作用很小。在这一阶段，质量管理的中心内容是事后把关性质的质量检查。质量检验阶段缺乏对检验费用和质量保证问题的研究，不具备防止废品产生的功能。

### (二) 统计质量管理阶段

1924年，美国人休哈特等人运用数理统计的原理提出了经济地控制生产过程中的产品质量的方法，即后来被发展并完善的质量控制图和预防缺陷的理论，其目的是预防生产过程中的不合格品的产生。

第二次世界大战开始以后，战争对武器弹药等军需品的生产质量提出了更加严格的要求，缺乏事前控制和破坏性检验保证的军需产品的质量必然影响战争的进行。美国国防部特邀休哈特等人以及美国材料和实验协会、美国标准协会等，制定了一系列的相关标准，应用数理统计的方法对生产过程进行控制。也就是说，它不是等一个工序的整批工件加工完才进行事后检验，而是在生产过程中，定期地进行抽查，并把抽查结果当成一个反馈的信号，通过控制图发现或检测生产过程是否出现了不正常情况，以便及时发现和消除不正常的原因，防止废品的产生。这种统计质量控制的管理模式使公司节约了成本，提高了效率，带来了巨大利润，从而得到广泛应用。

统计质量管理实现了从被动的事后把关到生产过程的积极预防的转变。相对于检验把关的传统管理来说，统计质量管理是概念的更新、检查技能的更新，是质量管理方法上的一次飞跃。

### (三) 全面质量管理阶段

随着科学技术和管理理论的发展，企业发现只信赖质量检验和统计质量控制方法很难保证与提高产品质量，同时，把质量职能完全交给专业的质量控制工程师和技术人员也是不妥的。因此，许多企业就开始了全面质量管理。

曾任美国通用电气公司质量总监的费根堡姆于1961年首先在《全面质量管理》一书中提出了全面质量管理的概念。他认为，全面质量管理是一种在最经济的水平上以及充分满足客户要求的条件下，进行生产和提供服务，并把企业各部门研制质量、维持质量和提高质量的活动构成一体的有效的体系。他强调，质量只能由公司全体人员承担，解决质量问题不能仅限于产品制造过程，即质量管理应贯穿产品质量产生、形成和实现的全过程，而且解决质量问题的方法多种多样，不能仅限于检验和数理统计方法。

### (四) 后全面质量管理阶段(全面质量管理的新发展)

#### 1. 零缺陷理论

1979年，美国质量管理专家克劳斯比(P. B. Crosby)在《质量免费——确定质量的艺术》一书中提出并确立了"第一次就把事情做对"和"零缺陷"理论。克劳斯比认为，"零缺陷"中的"零"是一种不容忍缺陷的心态，是一种第一次就将事情做对的追求。GB/T 19000—ISO 9000:2000标准中阐明，缺陷是未满足与预期或规定用途有关的要求。克劳斯比认为，缺陷是现状和客户要求之间的差异，而非现状和所谓"完美"状态之间的差异。

零缺陷理论强调，任何工作都是一个过程；要以客户为中心，以结果为导向，以事实和数据为基础；建立能满足顾客、员工和供应商需要并有效协调其关系的管理体系。零缺陷不等于没有缺陷，而是要求我们把一次做对和次次做对作为工作质量的执行标准。

#### 2. 6西格玛理论

6西格玛是20世纪80年代由美国摩托罗拉公司为了应对自己的市场被同类日本企业蚕食而创立的一种质量改进方法，在通用电气、联合信号等世界著名企业中实施并取得了令人瞩目的成就后，被人们广泛接受并应用于实际。6西格玛理论是由全面质量管理理论演变而来，于20世纪90年代由美国通用电气CEO杰克·韦尔奇提出。6西格玛理论是一种以数据为基础，几乎追求完美的质量管理理论。它既是一种质量管理方法，也是一种质量水平测量标准，又是一种质量管理理论和价值观。具体来讲，6 西格玛理论是获得和保持企业在经营上的成功并使其经营业绩最大化的综合管理体系和发展战略，也是寻求同时提高顾客满意度和企业经济增长的经营战略途径，是使企业获得快速增长和竞争力的经营方式。

#### 3. 卓越绩效模式

卓越绩效模式是 20 世纪 80 年代后期美国创建的一种管理模式，其核心是强化组织的顾客满意意识和创新活动，追求卓越的经营绩效。卓越绩效模式得到了企业界和管理界的认可，几乎所有经济发达和发展强劲的国家、地区均建立了各自的卓越绩效(质量奖)模式，以推动所在国家、地区的经营管理进步和核心竞争力提升。最经典的卓越绩效模式是三大质量奖，分别是美国波多里奇国家质量奖、欧洲质量奖和日本戴明奖。其中，美国波多里奇国家质量奖的影响最广泛。

## 三、全面质量管理

### (一) 全面质量管理的含义

全面质量管理(total quality management，TMQ)发源于美国，其代表人物是美国著名的质量管理学家费根鲍姆和朱兰，由费根鲍姆在其出版的《全面质量管理》一书中首先提出。后来，全面质量管理在一些国家相继推行，特别是在日本得到了长足的发展。全面质量管理是现代化大生产的产物，它的出现顺应了 20 世纪 60 年代以来企业对质量管理的更高要求，成为现代企业管理的主流。

费根鲍姆认为："全面质量管理就是指为了达到使用户满意的目标，在企业内各部门综合进行质量开发、质量保持及质量改进等，以便最经济地进行生产和服务的有效体系。"ISO 8402《质量管理和质量保证》标准对全面质量管理的定义为："一个组织以质量为中心，以全员参与为基础，目的在于通过让顾客满意和本组织所有成员及社会受益而达到长期成功的管理途径。"因此，全面质量管理不仅强调预防为主的思想，尽可能把产品的质量问题消除在设计、制造等过程中，更强调了提高工作质量的目标等。

### (二) 全面质量管理的特点

全面质量管理不等同于质量管理，是质量管理的更高境界，有着自身的特点。

(1) 全面质量管理主要是"三全一多样"的管理。"三全"即全面的质量、全过程和全员参与等，其中全面的质量既包括产品质量，也包括服务质量和工作质量等；全过程既包括生产过程，也包括市场调研、产品研发、制造、销售、售后服务等过程；全员参与是指参与的人员不仅限于领导和管理干部，而是包括全体人员。"一多样"是指尽可能采取多种多样的管理方法。

(2) 全面质量管理追求的是长期的经济效益和社会效益。

全面质量管理是在统计质量管理的基础上发展起来的，它的出现受到了各国的高度重视，尤其是最先接受这一管理思想和方法的日本从中获益巨大。现在，世界上有 50 多个国家和地区正在积极地推行全面质量管理。

### (三) 全面质量管理的基本方法

全面质量管理的基本方法是 PDCA 循环法，如图 7-1 所示。

1. PDCA 循环法的内容

PCDA 是指计划(plan)、执行(do)、检查(check)、评估(action)，反映了质量管理必须遵循的四个阶段。

PDCA 循环的开始称为计划阶段。这个阶段的主要内容是查找问题、找出原因、分析原因并制订计划，具体是通过问卷调查、电话访问、分析行业整体状况等手段，摸清用户对产品质量的要求，从而确定企业的质量政策、质量目标和质量计划等。

PDCA 循环的第二阶段称为执行阶段。这个阶段要做的是执行开始阶段制订的计划，例如根据质量标准进行产品设计、试制，其中包括计划执行前的人员培训。

PDCA 循环的第三阶段称为检查阶段。这个阶段要做的是在计划执行过程中或执行之后，检查计划执行情况，调查实施后的效果。

PDCA 循环的最后阶段称为评估阶段。这个阶段要做的是根据检查结果，继续采取相应的措施，巩固已有的成绩，并将遗留问题转入下一个循环。

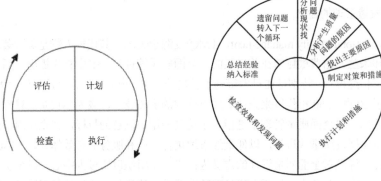

图 7-1　PDCA 循环法示意

2. PDCA 循环法的特点

PDCA 循环法具有以下几个方面的特点。

第一，PDCA 循环的四个阶段按顺序进行。质量管理靠组织力量推动，像车轮一样向前滚动，周而复始，不断循环。

第二，大环套小环，相互推动。PDCA 循环法作为一种科学运转方法，适用于企业质量管理的各个方面和各个层次。整个企业的质量管理活动是一个大的 PDCA 循环，各个部门、科室、车间直至个人又有各自的 PDCA 循环，形成大环套小环的综合循环体系。

第三，螺旋式上升。质量管理工作中，每次循环都解决一批质量问题，质量水平就有了新的提高，遗留问题和又出现的新问题继续进入下一次循环。每一次循环都被赋予新的内容和目标，解决不同的质量问题，又不断产生新的问题，质量管理 PDCA 循环是一个使质量不断提高的动态循环。

(四) 质量管理常用的工具

在质量管理中，经常要用到一些方法和工具。目前较传统的常用质量管理方法有分层法、排列图法、直方图法、因果分析图法、散布图法、调查表法、控制图法、抽样检验法。

1. 分层法

1) 分层法的概念

分层法是指根据产生数据的特征(何人、何处、何种方法、何种设备等)而将数据划分成若干组的方法。通俗地说，分层就是分门别类。

2) 常见的分层依据

(1) 按操作者或作业方法分层。

(2) 按机器设备分层。

(3) 按原料分层。

(4) 按时间分层。

(5) 按作业环境状况分层。

3) 分层法的应用步骤

步骤1：收集数据。

步骤2：根据目的的不同，选择分层标志。

步骤3：根据不同分层标志对数据进行分层。

步骤4：按层归类统计。

步骤5：画分层统计图表或分层进行统计分析。

4) 分层法示例

某轧钢厂某月份废品分类情况如表7-1所示。如果只知道甲、乙、丙班共轧钢6000吨，其中废钢为169吨，则无法对质量问题进行分析。如果对废品产生的原因等进行分类，则可看出甲班产生废品的主要原因是尺寸超差，乙班产生废品的主要原因是轧废，丙班产生废品的主要原因是耳子。这样就可针对各班产生废品的原因采取相应的措施。

表 7-1 某轧钢厂某月份废品分类

| 废品产生原因 \ 废品数量 \ 班次 | 甲 | 乙 | 丙 | 合计 |
| --- | --- | --- | --- | --- |
| 尺寸超差 | 30 | 20 | 15 | 65 |
| 轧废 | 10 | 23 | 10 | 43 |
| 耳子 | 5 | 10 | 20 | 35 |
| 压痕 | 8 | 4 | 8 | 20 |
| 其他 | 3 | 1 | 2 | 6 |
| 合计 | 56 | 58 | 55 | 169 |

**2. 排列图法**

1) 排列图的概念

排列图又称巴雷特图(Pareto diagram)。由于质量问题通常可以用质量损失的形式表现出来，大多数损失往往是由少数质量问题引起的，而这些质量问题又由少数原因引起，因此，明确了关键的少数，就可集中资源解决这些少数原因，避免由此所引起的损失。采用排列图法，可以有效地展现出这些关键的少数。

2) 排列图法的应用步骤

步骤1：确定所要调查的问题并收集数据。

步骤2：设计一张数据记录表，将数据填入表中，并计算合计栏。

步骤3：设计排列图用的数据表，表中列有各项不合格的数据、累计不合格数、各项不合格所占百分比以及累计百分比。

步骤4：按从大到小的顺序，将数据填入数据表中。"其他"项由许多数值很小的项目合并在一起,将其列在最后,而不必考虑该项的数值是多大。

步骤 5:画两个纵轴和一个横轴。左边纵轴标上件数(频数)的刻度,最大刻度为总件数(总频数)。右边纵轴标上比率(频率)的刻度,最大刻度为 100%。在横轴上,按频数从大到小的顺序依次列出各项。

步骤 6:在横轴上,按频数大小画出直方柱。

步骤 7:在每个直方柱右侧上方标上累计值(累计频数和累计频率百分数),描点并用直线连接,画累计频数折线(巴雷特曲线)。

例如:根据表 7-2 的数据做出排列图,如图 7-2 所示。

表 7-2 排列图数据表

| 不合格类型 | 不合格数/件 | 累计不合格数/件 | 各项不合格所占百分比/% | 累计百分比/% |
|---|---|---|---|---|
| 断裂 | 104 | 104 | 52 | 52 |
| 擦伤 | 42 | 146 | 21 | 73 |
| 污染 | 20 | 166 | 10 | 83 |
| 弯曲 | 10 | 176 | 5 | 88 |
| 裂纹 | 6 | 182 | 3 | 91 |
| 砂眼 | 4 | 186 | 2 | 93 |
| 其他 | 14 | 200 | 7 | 100 |
| 合计 | 200 | | 100 | |

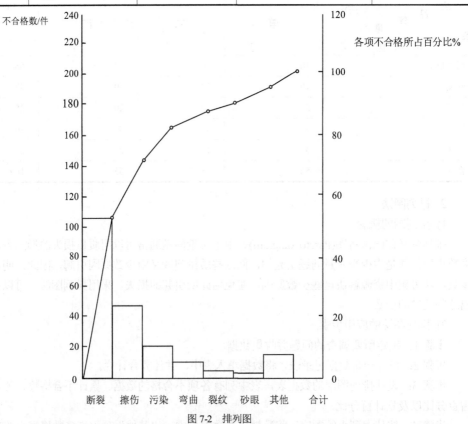

图 7-2 排列图

3) 排列图法的注意事项

(1) 分类方法不同，得到的排列图也不同。

(2) 为了抓住关键的少数，在排列图上常把百分比为 0～80%的因素称为 A 类因素；百分比为 80%～90%的因素称为 B 类因素；百分比为 90%～100%的因素称为 C 类因素。

(3) 如果其他项所占的百分比很大，则分类不够理想。

(4) 如果数据可以用金额来表示，画排列图时金额最好在纵轴上表示。

(5) 排列图可用来确定采取措施的顺序。

(6) 对照采取措施前后的排列图，研究各个项目的变化，可对措施的效果进行鉴定。

3. 直方图法

1) 直方图法的概念

直方图法是指从总体中随机抽取样本，对从样本中获得的数据进行整理，从而找出数据变化的规律，以便预测工序质量的好坏等。直方图是常用的质量控制工具。

2) 直方图的作用

(1) 显示各种数值出现的相对频率。

(2) 揭示数据的中心、散布及形状。

(3) 快速阐明数据的潜在分布状态。

(4) 为预测过程提供有用信息。

(5) 可以判断过程是否能够满足顾客的要求。

3) 直方图法的应用步骤

下面用实例说明直方图法的应用步骤。已知车削某零件圆尺寸 $\phi 10+0.035$mm，为调查车削某零件外圆尺寸的分布情况，从加工过程中取 100 个零件，测得尺寸 $\phi 10+x$ 的 $x$ 值如表 7-3 所示。

表 7-3 直方图原始数据表

单位：mm

| 2.510 | 2.517 | 2.522 | 2.522 | 2.510 | 2.511 | 2.519 | 2.532 | 2.543 | 2.525 |
| 2.527 | 2.536 | 2.506 | 2.541 | 2.512 | 2.515 | 2.521 | 2.536 | 2.529 | 2.524 |
| 2.529 | 2.523 | 2.523 | 2.523 | 2.519 | 2.528 | 2.543 | 2.538 | 2.518 | 2.534 |
| 2.520 | 2.514 | 2.512 | 2.534 | 2.526 | 2.530 | 2.532 | 2.526 | 2.523 | 2.520 |
| 2.535 | 2.523 | 2.526 | 2.525 | 2.523 | 2.522 | 2.502 | 2.530 | 2.522 | 2.514 |
| 2.533 | 2.510 | 2.542 | 2.524 | 2.530 | 2.521 | 2.522 | 2.535 | 2.540 | 2.528 |
| 2.525 | 2.515 | 2.520 | 2.519 | 2.526 | 2.527 | 2.522 | 2.542 | 2.540 | 2.528 |
| 2.531 | 2.545 | 2.524 | 2.522 | 2.520 | 2.519 | 2.519 | 2.529 | 2.522 | 2.513 |
| 2.518 | 2.527 | 2.511 | 2.519 | 2.531 | 2.527 | 2.529 | 2.528 | 2.519 | 2.521 |

步骤 1：求极差 $R$。

找出原始数据中的最大值 $x_{max}$ 和最小值 $x_{min}$，计算两者的差值，即极差。

步骤2：确定分组的组数和组距。

一批数据究竟分多少组，通常根据数据的多少而定，可参考表7-4。

表 7-4  数据量与分组数的对应表

| 数据个数 | 分组数 K |
|---|---|
| 50～100 | 6～10 |
| 100～250 | 7～12 |
| 250 以上 | 10～20 |

分组数 $K$ 确定后，组距 $h$ 可确定如下：

$$h = \frac{R}{K} - \frac{x_{\max} - x_{\min}}{K}$$

步骤3：确定各组界限。

先从第一组起，第一组的上下界限值为 $x_{\min} \pm (h/2)$，第二组的上界限值就是第二组的下界限值，第二组的下界限值加上组距就是第二组的上界限值，以此类推，可确定各组的组界。

步骤4：列频数分布表。

统计各组的数据个数，即频数 $f_i$。

步骤5：画直方图。以横坐标表示质量特性，纵坐标为频数(或频率)，在横轴上标明各组组界，以组距为底，频数为高，画出一系列直方柱就得到直方图。

步骤6：在直方图的空白区域标记有关数据的资料，如收集数据的时间、数据个数 $n$、平均值 $\bar{x}$、标准差等，如图 7-3 所示。

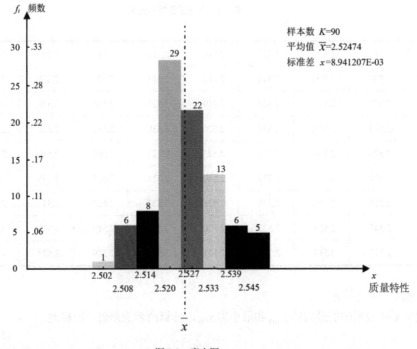

图 7-3  直方图

直方图的常见类型如图 7-4 所示。

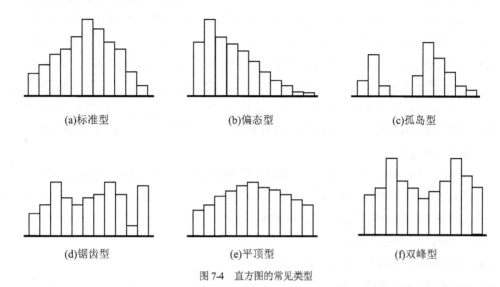

图 7-4　直方图的常见类型

标准型：数据的平均值与最大值和最小值的中间值相同或接近，平均值附近数据的频数最多，频数由中间值向两边缓慢下降，以平均值为中心左右对称。

偏态型：数据的平均值位于中间值的左侧(或右侧)，从左至右(或从右至左)数据分布的频数增加后突然减少，形状不对称。

平顶型：工序能力不足，进行了全数检验后的形状。

锯齿型：分组过多，会出现此种形状。当测量方法有问题或读错测量数据时，也会出现这种形状。

双峰型：均值相差较大的两种分布混在一起。

孤岛型：数据中混有另一分布的少量数据。

### 4．因果分析图法

1) 因果图的概念

因果图是一种用于分析质量特性(结果)与影响质量特性的因素(原因)之间关系的图，其形状如鱼刺，故又称鱼刺图，通过对影响质量特性的因素进行全面、系统的观察和分析，可以找出质量因素与质量特性的因果关系，最终找到解决问题的办法。

2) 因果图的结构

因果图的结构如图 7-5 所示。

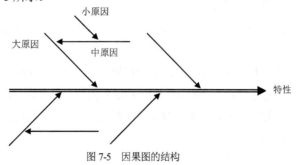

图 7-5　因果图的结构

3) 因果图的绘制

(1) 选题，分析对象，确定质量特性(结果)，因果图中的"结果"可根据具体需要选择。

(2) 组织讨论，尽可能找出可能会影响结果的所有因素。由于因果图实际上是一种枚举法，为了能够列举出所有重要因素，在构造因果图时，强调通过头脑风暴，畅所欲言，集思广益。

(3) 找出各因素之间的因果关系，在图上以因果关系的箭头表示出来。将质量特性(结果)写在纸的右侧，从左到右画一个箭头(主骨)，列出影响结果的主要原因作为大骨；列出影响大骨(主要原因)的原因，也就是第二层次原因，作为中骨；再列出第三层次的原因，作为小骨；以此类推，一直展开到可以制定具体对策为止。

(4) 根据对结果影响的程度，将对结果有显著影响的重要原因用明显的符号标示出来。

(5) 在因果图上标出有关信息，如标题、绘制人、绘制时间等。最后在因果图上标明有关资料，如产品、工序或小组的名称、参加人员、日期等。

4) 因果图分析法的注意事项

(1) 确定原因时应通过大家集思广益，充分发扬民主。

(2) 确定原因，应尽可能具体。

(3) 质量问题有多少个，就绘制多少张因果图。

**5. 散布图法**

1) 散布图法的概念

散布图法是通过分析、研究两种因素的数据的关系，来控制影响产品质量的相关因素的一种有效方法。

在实际生产中，往往是一些变量共处于一个统一体中，它们相互联系、相互制约。有些变量之间既存在密切关系，但又不能由一个(或几个)变量的数值精确地求出另一个变量的数值，则称这类变量的关系为相关关系。这种相关关系一般体现为以下几种：原因与结果的关系，如加工工艺对质量特性的影响；结果与结果的关系，即特性与特性之间的关系，如钢材的强度与硬度的关系；原因与原因的关系，即形成某种质量特性的两个原因之间的关系，如影响某零件装配的该零件的尺寸和光洁度之间的关系。这种相关关系可用散布图来描述。

2) 散布图法的操作步骤

第一步，确定研究对象。研究对象可以是质量特性值与因素之间的关系，也可以是质量特性值之间的关系，还可以是因素与因素之间的关系。这里，通过分析、研究合成纤维的强度 $y$ 与拉伸倍数 $x$ 的关系来研究散布图的绘制方法。

第二步，收集数据。一般需要收集成对的数据30组以上，同时要记录收集数据的日期、取样方法、测定方法等有关事项。

第三步，画出横坐标 $x$ 与纵坐标 $y$，添上特性值标度。一般横坐标表示原因特性，纵坐标表示结果特性。添加坐标轴的标度时，应先求出数据 $x$ 与 $y$ 的各自最大值与最小值。划分间距的原则是应使 $x$ 最小值至最大值的距离大致等于 $y$ 最小值至最大值的距离，其目的是避免因散布图绘制方法不合适而导致判断的错误。

第四步,根据数据画出坐标点。按 $x$ 与 $y$ 的数据分别在横、纵坐标上取对应值,然后分别引出平行于 $y$ 轴与 $x$ 轴的平行线,其交点即为所求的坐标点。

### 6. 调查表法

调查表法是利用统计表来进行数据整理和粗略原因分析的一种方法,也叫检查表法或统计分析法。常用的调查表有以下几种。

(1) 缺陷位置调查表。这种调查表示调查产品各部位的缺陷情况,可将其发生缺陷的位置标记在产品示意图或展开图上,不同缺陷采用不同的符号或颜色标出。

(2) 不良项目调查表。为了调查生产中出现的各种不良品,以及各种不良品的比率,以便在技术上和管理上采取改进措施,并加以控制。

(3) 不良原因调查表。要弄清楚各种不良品发生的原因,就需要按设备、操作者、时间等标志进行分类调查,填写不良原因调查表。

### 7. 控制图法

控制图又称管理图,是指标有控制界限的质量管理图,它能够动态反映质量,从而反映生产过程的控制状态,有利于及时发现问题并采取措施。控制图的基本格式如图 7-6 所示。

根据正态分布理论,只有 0.3% 的点可能超出 $\pm 3\sigma$ 的控制界限,因此实际测量中,一旦发现数据(点)跳出控制界限或排列异常,说明生产过程中有异常变化,应迅速采取措施进行控制,真正起到预防质量问题的作用。

通常认为以下几种状况为生产过程异常的表现:①点在中心线的一侧连续出现了 7 次以上,如刃具的磨损会造成圆轴尺寸逐渐增大;②点在中心线一侧多次出现,不一定连续;③连续 7 个以上的点上升或下降;④在警戒线外多次出现;⑤呈周期性变动。

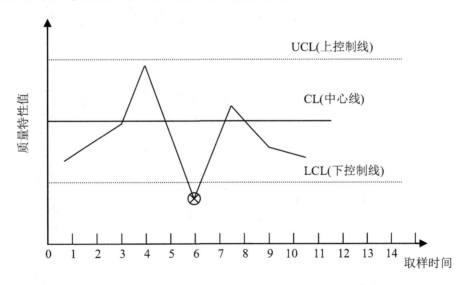

图 7-6 控制图的基本格式

控制图的种类很多,按管理对象的不同可以分为计量值管理图和计数值管理图两大类。常用计量值控制图包括: $X$ 图,即单值控制图,在计量数据不易取得或不易分组时采用;$\overline{X}$ 图,即平均值图,利用样本的平均值来分析和控制母体平均值;$R$ 图,即极差控制图;$\overline{X} - R$ 图,即平均值和极差控制图。

常用计数值控制图包括:$P_n$ 图,不合格品数控制图;$P$ 图,不合格品率控制图;$u$ 图,单位缺陷控制图;$C$ 图,缺陷控制图。

常用控制图控制界限参见表 7-5。

表 7-5 常用控制图控制界限

| 分类 | 图名 | 控制线 | | 备注 |
| --- | --- | --- | --- | --- |
| | | 中心线 | 控制界限 | |
| 计量值控制图 | $X$ 图 | $\overline{X}$ | $\overline{X} \pm E_2 \overline{R}$ <br> $\overline{X} \pm E_2 \overline{R}_s$ | $\overline{X} = \dfrac{\sum_{i=1}^{k} X_i}{K}$ |
| | $\overline{X}$ 图 | $\overline{\overline{X}}$ | $\overline{\overline{X}} \pm A_2 \overline{R}$ | $\overline{\overline{X}} = \dfrac{\sum_{i=1}^{k} \overline{X}i}{K}$ |
| | $R$ 图 | $\overline{R}$ | $D_4 \overline{R}$、$D_3 \overline{R}$ | $\overline{R} = \dfrac{\sum_{i=1}^{k} \overline{R}i}{K}$ |
| 计数值控制图 | 计件控制图 $P_n$ 图 | $\overline{P}_n$ | $\overline{P}_n \pm 3\sqrt{P_n(1-\overline{P})}$ | $\overline{P}_n = \dfrac{\sum_{i=1}^{k} P_{ni}}{K}$ |
| | $P$ 图 | $\overline{P}$ | $\overline{P} \pm 3\sqrt{\dfrac{\overline{P}(1-\overline{P})}{n}}$ | $\overline{P} = \dfrac{\sum_{i=1}^{k} P_{ni}}{\sum_{i=1}^{k} n_i}$ |
| | 计点控制图 $u$ 图 | $\overline{u}$ | $\overline{u} \pm 3\sqrt{\dfrac{\overline{u}}{n}}$ | $\overline{u} = \dfrac{\sum_{i=1}^{k} C_i}{\sum_{i=1}^{k} n_i}$ |
| | $C$ 图 | $\overline{C}$ | $\overline{C} \pm 3\sqrt{\overline{C}}$ | $\overline{C} = \dfrac{\sum_{i=1}^{k} C_i}{K}$ |

这里以 $\overline{X} - R$ 图为例，绘制控制图。

(1) 收集数据。通常在生产处于稳定状态时，每隔一定的时期抽取一个子样，每个子样的大小为 5~10 个，共抽取 20 多个子样，将数据填入表中。

(2) 求各子样平均值的平均值和极差的平均值。常用控制图公式见表 7-5。

(3) 确定上下控制线和中心线。

(4) 根据数据绘制 $\overline{X}$ -R 图。

### 8. 抽样检验法

抽样检验就是从一批产品中随机抽取一部分进行检验，通过检验少量产品来对这批产品的质量进行评估，并对这批产品做出是否合格、能否接收的结论。在生产过程中，为了保证产品符合技术标准，防止不合格品出厂或流入下道工序，通常对产品采取全数检验。所谓全数检验，就是对全部产品逐个地进行检测，从而判定每个产品合格与否的检验，又称全面检验、100%检验，其处理对象是每个产品，这是一种沿用已久的检验方法。

但是在某些情况下产品经过检验测得数据后，其功能便被破坏，成为破坏性检验；或者在大量生产的情况下，由于受到人力、物力、时间和经济上的限制，不可能采用全数检验的办法，而只能采用抽样检验的办法。

抽样检验的方法一般适用于以下几种情况。

(1) 破坏性检查验收，如产品的可靠性试验、产品寿命试验、材料的疲劳试验、零件的强度检查等。

(2) 产品数量很大，质量要求又不是很高，如螺钉、销钉、垫圈等。

(3) 测量对象是连续体，如钢水、铁水化验，整卷钢板的检验等。

(4) 希望减小检验工作量，节省检验费用。

(5) 检验的项目很多。

对于抽样检验，应注意如下几个问题。

(1) 抽样检验只能相对地反映产品的质量，不能把样品的不合格率与整批产品的不合格率等同起来。抽样检验合格的产品批只能保证其统计质量，不可能保证整批产品100%都是合格品。因为抽样检验存在一定的局限性，还要承担一定的风险。

(2) 经过抽样检验被判定为合格的产品，并不等于批中每个产品都合格。同样，经过抽样检验被判定为不合格的批，也不等于批中每个产品都不合格。

(3) 并非任何抽样检验都能达到正确地判断整批产品质量的目的。

## 阅读链接 7-2

### 提醒自我

有个老太太坐在马路边望着不远处的一堵高墙，总觉得它马上就会倒塌，见有人向墙走过去，她就善意提醒道："那堵墙要倒了，远着点走吧。"被提醒的人不解地看着她，仍大模大样地顺着墙根走过去了——那堵墙没有倒。老太太很生气："怎么不听我的话呢？"又有人走来，老太太又予以劝告。三天过去了，许多人在墙边走过去，并没有遇上危险。第四天，老太太感到有些奇怪，又有些失望，不由自主地走到墙根下仔细观看，然而就在此时，墙倒了，老太太被掩埋在灰尘砖石中。

> 案例启示：人们在做质量工作时，要时时警惕质量管理中的风险，不仅要时时提醒别人，也要时时警示自己。同时，应对风险最好的方法是进行改善并消除，而且要有危机感，尽快解决。不然，一旦风险爆发了，伤及的不仅是公司，也会伤及自己。
>
> 资料来源：邱彦彪. 现代企业管理理论与应用[M]. 2版. 北京：北京大学出版社，2013.

## 第二节  质量成本

### 一、质量成本的定义

质量成本又称质量费用，指企业为保证或提高产品质量而支付的费用和因发生质量问题而导致的其他费用之和。ISO 9000将质量成本定义为："将产品质量保持在规定的质量水平上所需的有关费用。"

### 二、质量成本的构成和分析

质量成本主要由直接质量成本和间接质量成本两部分构成。其中，直接质量成本包括质量鉴定成本、预防成本、企业内部事故成本和企业外部事故成本，如表7-6所示。

表7-6  直接质量成本构成表

| 直接质量成本 | 具体内容 |
| --- | --- |
| 质量鉴定成本 | 进货费用、工序检查费用、成品检查费用、试验材料费用、试验劳务费用 |
| 预防成本 | 质量计划费用、新品评审费用、工序能力研究费用、质量审核费用、质量情报费用、质量培训费用、质量改进费用 |
| 企业内部事故成本 | 废品损失、返修品损失、复检费用、停工损失、产量损失、事故处理费用、产品降级损失 |
| 企业外部事故成本 | 索赔费用、退货费用、保修费用、折价损失 |

间接质量成本包括信誉损失成本、顾客支付成本、供应商质量成本、设备质量成本和外部质量保证成本等，如表7-7所示。

表7-7  间接质量成本构成表

| 间接质量成本 | 具体内容 |
| --- | --- |
| 信誉损失成本 | 由顾客发现产品质量问题造成的企业信誉损失所引发的成本 |
| 顾客支付成本 | 顾客在产品使用期内因产品质量问题而支付的保养、维修费用 |
| 供应商质量成本 | 因对原材料提出更高的质量要求而支付给供应商的费用 |
| 设备质量成本 | 为预防质量缺陷、节约鉴定费用而提供的质量检测和控制设备费用 |
| 外部质量保证成本 | 为提供顾客要求的客观证据所支付的费用，如产品质量认证费用 |

在直接质量成本中,质量的预防成本、鉴定成本、企业内部事故成本是相互影响的。例如,随着预防成本、鉴定成本的增加,产品质量水平也会提高,与此同时,企业内、外部事故成本降低,质量直接总成本也随之下降;如果预防成本、鉴定成本的增加超过了限度,则尽管质量水平继续上升,事故成本继续下降,质量直接总成本也会上升。此外,间接质量成本对企业的影响也不能低估。

### 三、质量成本的控制和分析

通常,人们往往认为质量和成本是一对矛盾的关系,提高质量就意味着增加成本。现在,已经有越来越多的管理者认识到,质量本身就是产品或服务的一项关键内容,而不是产品的外部指标,这一认识带来了许多变化:缺陷率大幅降低(零缺陷),利润提高;"第一次做对"的要求减少了退货和返工;员工质量意识的提高意味着检查工作的需要减少了,因为员工在观念上已经将质量视为自己工作的责任。

#### (一) 质量成本的控制

质量成本控制是指把影响质量总成本的各个质量成本项目控制在计划范围内的一种管理活动,以降低总成本为目标,是完成质量成本计划、优化质量目标、加强质量管理的重要手段。质量控制的方法主要有统计过程控制和统计质量控制两种。统计过程控制是指用抽样方法在生产流程的重要环节上进行检查,以确定生产是否正常并找出有问题的步骤。统计质量控制是指运用特殊的统计技术来监测生产过程以保证在制品和制成品符合质量标准。企业可以运用由此获得的数据纠正问题、提高质量。企业在生产过程中进行的检查包括采购物料的检查、半成品部件的检查,以及发货前的成品检查。

#### (二) 质量成本的分析

质量成本分为生产合格产品的成本和生产不合格产品所造成的损失(即质量损失成本)。质量成本的这两个方面是相互联系、相互影响的,两者关系复杂。总体来看,两者之间的关系是此消彼长。只有在两者之间找到一个均衡点,才能使总成本最低。

#### (三) 质量成本的适合域

质量成本的适合域是指产品生产过程中质量总成本的最低点。如果质量总成本高于这一点,就是需要改进的。图 7-7 中,处于成本曲线中间区域的就是生产产品的适合域,此处生产产品的总成本最低。如果处于适合域的左边,则表明生产合格产品的成本过高;如果处于适合域的右边,则表明生产不合格产品造成的损失过大。至于如何来判断质量总成本,则需要具体情况具体把握,采用经验测算、合理比例等方法。

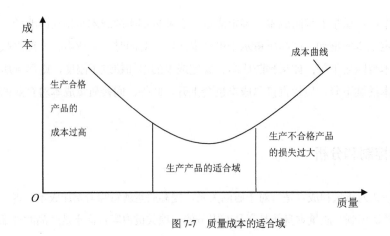

图 7-7　质量成本的适合域

## 第三节　质量管理体系及 ISO 9000 族标准

20 世纪 80 年代，在全面质量管理发展的同时，产生了第一部管理领域的国际标准——ISO 9000 族标准。

### 一、ISO 9000 族标准的产生与发展

20 世纪中叶，随着军事工业的迅速发展，武器装备日趋先进，生产过程日益复杂，许多产品的质量问题往往在使用过程中才逐渐暴露，促使人们逐渐认识到，如果组织的管理体系不完善，产品规范本身不可能始终支持生产满足顾客需要的产品，从而导致采购方不仅对产品特性提出要求，还要对供方质量管理体系提出要求，并以此作为产品规范中有关产品要求的一种补充。质量管理体系标准由此产生。1959 年，美国国防部发布的《质量大纲要求》MIL-Q-9858A 是世界上最早的有关质量保证方面的标准。美国军品生产方面的质量保证活动的成功经验，在世界范围内产生了很大的影响，一些工业发达的国家，如英国、法国、加拿大等，在 20 世纪 70 年代末先后制定并发布了用于民品生产的质量管理和质量保证标准。随着各国经济的合作和交流，对供方质量管理体系的评价已逐渐成为国际贸易和国际合作的前提。各国标准的不一致给国际贸易带来障碍，质量管理和质量保证标准的国际化成为当时世界各国的迫切需要。

国际标准化组织(ISO)于 1979 年成立了质量保证技术委员会(TC 176)，后改名为质量管理和质量保证技术委员会，并分别于 1986 年和 1987 年发布了 ISO 8402《质量——术语》和 ISO 9000《质量管理和质量保证标准——选择和使用指南》、ISO 9001《质量体系——设计开发、生产、安装和服务的质量保证模式》、ISO 9002《质量体系——生产和安装的质量保证模式》、ISO 9003《质量体系——最终检验和试验的质量保证模式》、ISO 9004《质量管理和质量体系要素——指南》6 项国际标准，通称 ISO 9000 系列标准或 1987 版 ISO 9000 系列国际标准。

1994 年，ISO/TC 176 完成了对标准的第一阶段的修订工作，并由 ISO 发布了 1994 版 ISO 8402、ISO 9000-1、ISO 9001、ISO 9002、ISO 9003 和 ISO 9004-1 6 项国际标准，分别取代 1987 版的 6 项标准，通称 1994 版 ISO 9000 族国际标准。

1994 年发布 ISO 9000 族国际标准修订本时，ISO/TC 176 提出来"ISO 9000 族"的概念, ISO 9000

族是指由 ISO/TC 176 制定的所有国际标准。ISO/TC 176 在完成对标准的第一阶段的修订(称为"有限修改")工作后,随即启动标准修订战略的第二阶段工作(称为"彻底修改")。1997 年年底,ISO/TC 176 提出了对标准第二阶段修订的最初成果——工作组草案第一稿(WD1)。2000 年 12 月 15 日,ISO 正式发布 ISO 9000:2000《质量管理体系——基础和术语》、ISO 9001:2000《质量管理体系——要求》和 ISO 9004:2000《质量管理体系——业绩改进指南》,分别取代 1994 版 ISO 8402,1994 版 ISO 9001、ISO 9002、ISO 9003 和 1994 版 ISO 9004-1,通称 2000 版 ISO 9000 族标准。

ISO 9000 族标准自 1986 年发布第一项标准 ISO 8402《质量——术语》以来,ISO 已正式发布了 22 项 ISO 9000 族标准和 2 项技术报告。

## 二、ISO 9000 族标准的主要内容

为了满足广大标准使用者的需要,未来的 ISO 9000 族标准在结构上将发生重大调整,标准的数量在合并、调整的基础上也将大幅减少。标准的要求/指南更通用,使用更方便、灵活,适用面更宽。根据 ISO/TC 176 的计划,ISO 9000 族文件将由以下四部分组成。

### (一) 核心标准

(1) ISO 9000:2000 《质量管理体系——基础和术语》。
(2) ISO 9001:2000 《质量管理体系——要求》。
(3) ISO 9004:2000 《质量管理体系——业绩改进指南》。
(4) ISO 19011:2002 《质量和(或)环境管理体系审核指南》。

上述四项标准构成了一组密切相关的质量管理体系标准,亦称 ISO 9000 族核心标准。

### (二) 其他标准

其他标准目前只有一项,即 ISO 10012:2002《测量控制系统》。

### (三) 技术报告或技术规范

正在制定或已经发布的技术报告或技术规范包括:

(1) ISO/TS 10006 《项目管理质量指南》。
(2) ISO/TS 10007 《技术状态管理指南》。
(3) ISO/TR 100014:1998 《质量经济性管理指南》。
(4) ISO/TR 100013:2001 《质量管理体系文件》。
(5) ISO/TR 10017:2003 《ISO 9001:2000 统计技术指南》。
(6) ISO/TR 10018:2002 《顾客投诉》。
(7) ISO/TS 21095:2002 《质量管理体系咨询师选择和使用指南》。

根据 ISO/TC 176 的计划,技术报告或技术规范将是数量最多的一类文件。

### (四) 小册子

ISO/TC 176 将根据实施 ISO 9000 族标准的实际需要,编写一些宣传册形式的出版物作为指导性文件,包括《质量管理原则》《选择和使用指南》《小型组织实施指南》。

### 三、推行 ISO 9000 族标准的作用

自 1987 年以来，我国国家质量技术监督局先后将 1987 版 ISO 9000 系列国际标准、1994 版 ISO 9000 族国际标准引入我国，并及时将其转化为国家标准。到目前为止，我国已将由 ISO/TC 176 制定的所有 ISO 9000 族国际标准全部等同转化为 ISO 9000 族国家标准，有力地推动了 ISO 9000 族标准在我国的广泛应用，取得了显著的社会效益和经济效益。

2000 版 ISO 9000 族标准总结了世界各国多年来标准化、质量管理、质量认证理论研究的成果和事件的经验，无论是在结构和内容上，还是在思路上都发生了很大变化。它的发布为各种类型和规模的组织进一步提高其质量管理水平、适应我国加入 WTO 后面临的新形势、扩大对外开放、促进国际贸易提供了很好的学习机会和发展机遇。一共有 140 多个国家将 ISO 9000 作为国家标准。ISO 14000 是 ISO 9000 标准向环境绩效方面的扩展，它要求公司记录如何提高原材料的利用率、如何控制污染、如何降低污染对环境的影响等。ISO 9 000 族标准的作用和意义主要表现在以下几点。

(1) 标准通用性的加强，为进一步推动标准在各行各业的应用创造了条件。
(2) 标准对文件要求的减少，为组织进一步关注标准实施的有效性创造了条件。
(3) 协调一致的一对标准，为持续改进组织的总体业绩与效率创造了条件。
(4) 两类标准的相互趋近，为进一步促进组织管理体系的一体化创造了条件。
(5) 质量管理原则的应用，为进一步提高组织质量管理的科学性创造了条件。

## 第四节　六西格玛管理

### 一、六西格玛的兴起

#### (一) 六西格玛的起源和推广

最早实施六西格玛(6σ)管理的是摩托罗拉公司。摩托罗拉公司早先以生产军用通信设备著称。20 世纪 80 年代初，随着移动电话的兴起，该公司开始开发移动电话机。作为高科技产品，移动电话机对可靠性要求极高。如果沿用常规的 3σ 控制标准进行产品制造过程的质量控制，会使产品质量屡屡报警。在这样的情况下，摩托罗拉公司专门组织资深质量工程师从事可靠性质量控制，通过数年的研究和实践，首创了 6σ 管理方法，将传统的以 3σ 为控制标准的质量控制方法，改革为以 6σ 为控制标准的过程控制方法，最大限度地限制了不合格产品流入下道工序，保证了装配的质量和产品的可靠性。摩托罗拉公司于 1987 年开始导入 6σ 管理，仅仅用了两年的时间，公司就获得了美国波多里奇国家质量奖。三年后，公司的 6σ 管理战略取得了空前的成果，产品不合格率明显下降，大大节约了成本。6σ 技术的宗旨是消除错误，尽管很少有公司真正做到 6σ，但它毕竟提供了一个挑战性的目标。σ 意为标准差，6σ 是指缺陷率高于平均值 6 个标准差，1 个 σ 是在 100 万次操作中出现 69 万次错误，3 个 σ 是 6.6 万次，而 6 个 σ 则只有 3.4 次。实施 6σ 需要不断找出错误直到最后错误完全消失。

随后，德州仪器公司(Texas Instrument)、联信公司(Allied Signal，后与霍尼韦尔合并)等在各自的制造流程中推广 6σ 管理，均获得成功。但真正让 6σ 管理名声大振的事件是通用电气公司全面实施

6σ管理模式取得辉煌业绩。1995年，在公司董事长兼CEO杰克·韦尔奇的主持下，GE开始推行6σ管理方法。作为与产品服务、全球化并列的三大战略之一，6σ管理为通用电气公司的发展立下了汗马功劳。自实施6σ管理以来，公司的营业利润从1995年的66亿美元飙升为1999年的107亿美元。6σ管理的收益1997年为3亿美元，1998年达到7.5亿美元，1999年达到15亿美元。6σ管理最终使GE发展成全球最大、最成功的多元化经营的跨国公司之一，韦尔奇也被人们赞誉为"世界头号CEO"。 在通用电气公司，这项技术在三年间为公司节省了80亿美元。通用电气还教会它的客户使用这项技术，包括沃尔玛和戴尔公司。

### (二) 六西格玛的发展

6σ管理很快受到其他世界级大公司的关注，很多美国大公司相继实施这种先进的管理方法。一直在质量领域领先全球的日本企业也在20世纪90年代后期纷纷加入6σ管理的行列，其中包括索尼、东芝等。韩国的三星、LG也开始实施6σ管理。目前，几乎所有的《财富》500强制造型企业都陆续实施了6σ管理战略。一些服务性企业，如花旗银行、亚马逊网站等也开始实施6σ管理，以提高服务质量、维护客户忠诚度。6σ管理不再只是一种单纯的面向制造性业务流程的质量管理方法，也成为有效地提高服务性业务流程的管理方法。目前，美国公司平均质量水平已从10年前的3σ~4σ提高到接近5σ的程度，而日本的平均质量水平则已超过了5.5σ。

### (三) 六西格玛的管理原理

#### 1. 六西格玛的微观含义

σ是希腊字母，在数理统计中表示标准偏差。一般情况下，变量大多数服从正态分布的规律，正态分布是一种对称的分布，靠近平均值的数据较多，而远离平均值的数据较少。σ描述的就是数据与其平均值的离散程度，σ的值越大，表明数据越分散，越有机会超出允许的偏差范围。σ前面倍数越大，表明品质管理越严格。通过将标准提高到6σ，进一步缩小标准差，收窄数据分布的范围，可以大大减少产品品质落在允许的偏差范围之外的概率。

#### 2. 六西格玛的宏观含义

(1) 真诚地以顾客为关注中心。获得高的顾客满意度是企业所追求的目标之一，顾客只有在其需求得到充分理解并获得满足后，才会满意和忠诚。6σ管理即一切以顾客满意和创造顾客价值为中心。

(2) 基于数据和事实驱动的管理方法。6σ把基于事实进行管理的理念提升到了一个更高的层次。一开始就澄清什么是衡量企业业绩的尺度，然后应用统计数据和分析方法来建立对关键变量的理解和优化结果。

(3) 聚焦于流程改进。流程是采取行动的地方和成功的关键。设计产品和服务、度量业绩、改进效率和顾客满意度，甚至经营企业等都是流程。精通流程是在给顾客提供价值时建立竞争优势的有效方法。

(4) 有预见的积极管理。有预见的积极管理意味着关注易于忽略的业务运作，确定远大的目标并经常加以检视，确定清晰的工作优先次序，注重预防问题而不是疲于处理已发生的危机。6σ即采用动态的、有预见的、积极的管理方式，使组织在当今追求几乎完美的质量水平的竞争环境下能够获得快速发展。

(5) 无边界合作。无边界合作并不意味着无条件个人牺牲，而是需要确切理解最终用户的真正需求。更重要的是，它需要有使用各种流程知识使各方同时受益的态度。它建立在广泛沟通的基础上，致力于创造一种能真正支持团队合作的管理结构和环境。

(6) 追求完美，容忍失误。两者似乎自相矛盾，但从本质上却是互补的。如果有能够实现更低成本、更高质量、更好服务的接近完美的可能方法，却又害怕失误，就永远不会进行新尝试，组织就不会向前发展，甚至会后退。

可以看出，6σ 不仅仅是统计学上的概念，还是解释数据的工具。6σ 是一种解决问题的方法和技术，利用企业人力资本、数据、计量工具和统计方法确认重要关键因素，能够在减少浪费和缺陷的同时提高顾客满意度，增加企业的利润。广义上来讲，6σ 是一种文化，它要求高层管理人员对 6σ 的实施高度负责，并将这种精神渗透到整个企业中去；它要求对不断质疑企业信条的行为和传统的工作方法持容忍态度；它还要求有紧迫感并且意识到为了解决那些降低企业获利和顾客满意度的问题，就要与关键人员一起参与到实施 6σ 管理的活动中来，这就需要对企业文化进行改变。6σ 还是一种处世哲学，标准就是"完美"，它总结出的业务方法能使工作更精确，能将失误降到最低。

## 二、六西格玛组织

实施 6σ 管理活动的首要关键任务是创建一个致力于流程改进的专家团队，确定团队内的各种角色及其责任并形成组织体系。这是实施 6σ 管理的基本条件和必备的资源。

### (一) 管理委员会

6σ 管理委员会是企业实施 6σ 管理的最高领导机构。该委员会主要成员为公司领导层成员，其主要职责是：设立 6σ 管理活动开展初始阶段的各种职位；确定具体的改进项目及改进次序，分配资源；定期评估各项目的进展情况，并对其进行指导；当各项目小组遇到困难或障碍时，帮助他们排忧解难等。

成功的 6σ 管理有一个共同的特点，就是企业领导者的全力支持。6σ 管理的成功在于从上到下、坚定不移地贯彻。企业领导者必须深入了解 6σ 管理对于企业的作用以及实施该管理活动所要达到的目标，从而使他们对变革充满信心，并在企业内倡导一种旨在不断改进的变革氛围。

### (二) 执行负责人

6σ 管理的执行负责人应为副总裁以上的高层领导，这是一个至关重要的职位，要求具有较强的综合协调能力。其具体职责是：为项目设定目标、方向和范围；协调项目所需资源；处理各项目小组之间的重叠和纠纷；加强项目小组之间的沟通等。

### (三) 黑带

黑带来源于军事术语，指那些具有精湛技艺和本领的人。黑带是 6σ 变革的中坚力量，对黑带的认证通常由外部咨询公司配合公司内部有关部门来完成。黑带由企业内部选拔出来，全职实施 6σ 管理，在接受培训并取得认证之后，被授予黑带称号，担任项目小组负责人，领导项目小组实施流程变革，同时负责培训绿带。黑带的候选人应该具备大学数学定量分析方面的知识基础，需要拥有较为丰富的工作经验，完成 160 小时的理论培训，由黑带大师一对一地进行项目训练和指导。经过培训的黑带应能够熟练地操作计算机，至少掌握一项先进的统计学软件。那些成功实施 6σ 管理的公司，大约只有 1% 的员工被培训为黑带。

### (四) 黑带大师

黑带大师是 6σ 管理专家的最高级别,一般是统计方面的专家,负责在 6σ 管理中提供技术指导。他们必须熟悉所有黑带所掌握的知识,深刻理解那些以统计学方法为基础的管理理论和数学计算方法,能够确保黑带在实施 6σ 管理活动过程中的正确性。统计学方面的培训必须由黑带大师来主持。黑带大师的人数很少,只有 10% 的黑带能成为黑带大师。

### (五) 绿带

绿带在 6σ 管理活动中的工作是兼职完成的,他们经过培训后,将负责难度较小的项目,或成为其他项目小组的成员。绿带培训时,一般要结合 6σ 具体项目进行 5 天左右的专业课堂学习,包括项目管理、质量管理工具、质量控制工具、解决问题的方法和信息数据分析等内容。一般情况下,由黑带负责确定绿带培训内容,并在培训之中和之后给予协助和监督。

## 【本章小结】

质量是反映实体满足明确和隐含需要的能力的特性总和。质量属性具有 8 个维度。质量管理是组织围绕质量而开展的各种计划、组织、指挥、控制和协调等所有管理活动的总和。质量管理的发展经历了质量检验阶段、统计质量控制阶段、全面质量管理阶段。质量管理常用的工具有分层法、排列图法、直方图法、因果分析图法、散布图法、调查表法、控制图法和抽样检验法。

全面质量管理是一个组织以质量为中心,以全员参与为基础,目的在于通过让顾客满意和本组织所有成员及社会受益而达到长期成功的管理途径。

质量成本是指企业为保证或提高产品质量而支付的费用和因发生质量问题而导致的其他费用之和,包括直接质量成本和间接质量成本。6σ 是近年来众多企业为了提高质量和总体经营绩效而采用的一项技术,是运用统计数据和改进方法消除产品与服务缺陷的技术。6σ 组织由 6σ 管理委员会、执行负责人、黑带大师、黑带、绿带组成。质量管理体系是质量管理的保证,目前国际通用的是 ISO 9000 族标准。ISO 9000 族标准由核心标准、其他标准、技术报告或技术规范,以及小册子等部分构成。

## 【思考题】

1. 质量的含义是什么?
2. 质量管理发展的各个阶段各有什么特点?
3. 简述全面质量管理的实施原则。
4. 简述 ISO 9000 族标准的管理思想。
5. 试述 ISO 9000 族标准的构成和特点。
6. 六西格玛的宏观及微观意义是什么?
7. 什么是全面质量管理中的 PDCA 循环?
8. 简述质量管理常用的几种工具。
9. 有些人声称,高质量的产品或服务就是那些没有差错的产品或服务;另外有些人声称,当消费者的需求被满足时就存在高质量;还有一些人声称,高质量产品或服务必须具有创新性。你同意以上观点吗?如果不同意,你如何定义质量?解释对于质量的认识如何影响管理者的行为。

## 【案例分析】

### 海尔公司营造质量文化的五部曲

美国著名质量管理专家、全面质量管理的创始人费根堡姆先生曾说过："质量是一种道德规范，把追求卓越视为光荣。"海尔是把这一道德规范发挥到极致的企业，形成了自己独特而卓越的质量文化。

海尔质量文化的建设分五个步骤。

**第一步：树立质量理念，制定严格的质量管理规范。**

海尔的第一个质量理念是"有缺陷的产品就是废品"；第二个质量理念是"谁生产不合格的产品，谁就是不合格的员工"；第三个质量理念是"质量改进是一个没有终点的连续性活动，停止就意味着开始倒退"。

初期，海尔在质量管理方面主要采取泰勒的科学管理方式，制定了符合实际情况的规章制度，做到有章可依，并严格执行，强化管理，强制提高。经过几年的努力，海尔冰箱于1988年获得了中国冰箱史上的第一块金牌。

**第二步：用行动传播质量意识，通过管理工具创新确立质量意识，靠组织机构贯彻质量意识。**

有了质量意识，还要通过实际行动去传播、通过管理工具去加强、通过规章制度去固化、通过质量管理机构去贯彻，使之深入人心，让员工把遵守质量管理规范变成自觉行动。

海尔传播质量意识的第一个行动就是曾轰动全国，而后被广泛传为佳话的砸冰箱事件。此外，还有"现场质量代价"行动、供应商评比行动等。

海尔创新的质量管理工具主要有3E卡和质量责任价值券。

3E卡是3E日清工作记录卡的简称。"3E"表示每天、每人、每个方面。此卡由检查人员每两小时填写一次，将每个员工每天工作的7个要素(产量、质量、物耗、工艺操作、安全、文明生产、劳动纪律)量化为价值，每天下班时将结果与标准相对照，对完成情况进行落实记录。工人首先自我审核，然后报给上一级领导复核。上一级领导按其工作进度、工作质量与标准进行对比，给予A、B、C不同等级的考评结果，每人的日工资按照各自的考评等级确定。工人的工资每天都写在3E卡上，月末凭3E卡发放工资。

质量责任价值券的使用方法是，员工每人有一本质量价值券手册，手册中详细列举了以前生产过程中出现的各种问题，然后针对每一个问题，明确规定了自检、互检、专检三个环节应负的责任价值及处罚金额。质检员发现产品缺陷后，当场撕价值券，由责任人签收；工人互检发现的缺陷经质检员确认后，当场给发现人以奖励，同时对漏检的工人和质检员进行罚款。质量券分红、黄两种，红券用于奖励，黄券用于处罚。

为了实现质量管理这一核心职能，海尔建立了全面质量审核体系，各个事业部都设立了具有国际先进水平的质量审核机构——质量分析室。质量管理保障工作不仅是质管处、质检处等职能部门的工作，而且贯穿整个业务流程中，由各相关部门通力合作。

**第三步：通过国际上通行的标准认证强化质量意识。**

海尔在加强质量管理的过程中，除了内部积累外，还主动借助外力来推动内部的质量管理，以此为契机全面提高自己的质量管理水平。海尔先后获得的国际认证包括：1992 年通过国际标准组织的 ISO 9001 认证；德国 VDE、GS、TUV，美国 UL，加拿大 CSA 等认证；加拿大 EEV、CSA 的检测水平认证。

海尔为了取得国际市场上的通行证，创出世界一流的国际品牌，严格执行 ISO 9001 认证标准，并将其贯彻到从生产到销售的各个环节中去。取得了国际上权威的认证以后，海尔也没有自我满足，而是挑战满足感，主动提高自己的质量标杆，实施 6σ 计划，不断根据顾客的要求进行质量改进，使产品真正符合市场要求，使客户满意。

**第四步：形成自己特有的质量管理哲学和质量文化。**

海尔的质量文化由三个部分组成。

(1) 大质量理论。在海尔的质量文化体系中，质量不仅指实物产品的质量，也指无形产品——服务产品的质量。海尔重视产品的质量，更重视服务的质量，提出了"零距离服务"的理念。在海尔，质量不仅包括狭义的质量——达到检验标准，还包括广义的质量——使用户满意，海尔人称之为"大质量"。

(2) OEC 管理模式。O 代表 overall(全方位)，E 代表 everyone(每人)、everything(每事)、everyday(每天)，C 代表 control(控制)、clear(清理)。OEC 管理模式是指每天的工作每天完成、清理，并且每天都要有提高。海尔人将其提炼为"日事日毕，日清日高"八个字，可谓简洁的语言，深刻的内涵。

海尔的 OEC 管理模式是对全面质量管理的发展和提升，标志着海尔的质量管理已走在世界前列，也标志着海尔质量文化体系的形成。

(3) 6S 现场管理办法和 6σ 质量管理办法。海尔虽然做得很出色，但从不自满，就像张瑞敏先生所说，永远战战兢兢，永远如履薄冰。抱着这种心态，海尔人很善于向外界学习，将科学的管理方法和成功经验纳入自己的管理体系中，为其所用。海尔从日本借鉴了 6S 现场管理办法，从摩托罗拉公司借鉴了 6σ 质量管理办法。

6S 管理法的内容包括 seiri(整理)、seiton(整顿)、seiso(清扫)、seiketsu(清洁)、shitsuke(素养)、safety(安全)。

6σ 质量管理办法是运用统计资料测量产品的质量情况，判断其接近质量目标的程度，通过减少和消除缺陷来降低成本，提高顾客满意度。σ 代表标准差，它前面的数字表示达到的等级。具体来说，1 个 σ 代表 68%的产品达到了要求；2 个 σ 代表 99.7%的产品达到了要求；6 个 σ 代表 99.999997%的产品达到了要求，可以说是一种完美状态，它意味着每 100 万件产品中只有 3.4 件次品。

**第五步：质量文化的应用性扩散。**

经过几十年的卓绝努力和苦心经营，如今，海尔文化，尤其是其核心——质量文化已成为海尔珍贵的无形资产。海尔实现了质量文化这一无形资产的应用性扩散。

海尔兼并企业时首先派去的是文化官员。海尔利用企业文化启动"休克鱼"的第一个兼并案例是 1995 年兼并青岛红星电器厂。当时该厂有 3500 多人，年产洗衣机 70 万台，是中国三大洗衣机生产厂家之一，但因管理不善，负债已达 1 亿多元，资不抵债。海尔集团经考察认为，红星电器是一条硬件好、管理和观念差的"休克鱼"，于是决定对其兼并。兼并后遂将海尔的经营理念、管理模式和企业文化注入其中，在没有投入一分钱的情况下，3 个月就扭亏为盈，第五个月盈利 150 万元，两年后成为中国洗衣机市场的第一品牌。此后，海尔利用企业文化这个有力武器成功地兼并了几十家企业。

问题讨论：
1. 海尔是如何将质量观念落实到行动中的？
2. 结合本案例，谈谈质量管理的特点体现在哪几个方面？
3. 质量管理的中心任务是什么？海尔是怎么做的？

## 【技能训练】

改进酒店的服务质量

训练目标：
1. 通过训练，掌握企业产品或服务质量的基本内涵。
2. 通过案例企业服务质量现状分析，提高学生质量分析及质量改进能力。

训练形式：
1. 实地调研一家高档酒店或经济型酒店。
2. 通过实地调研和网络收集资料，并展开详细分析。

训练要求：
1. 分小组对所调查企业服务质量现状进行描述。
2. 对酒店企业服务质量管理的改进方法进行分析与讨论。
3. 进一步讨论服务类企业与制造类企业对质量的判断标准有何不同。

成果检验：
每组提交一份总结，针对所调查企业拟订一份质量改进计划，包含以下内容。
(1) 作为客户，你判断酒店质量的前三项标准是什么？
(2) 根据四家连锁酒店网站提供的资料，说出它们各自强调的质量特点是什么？
(3) 如果你是一家高档酒店的经理，你会考虑增加哪些现在还没有提供的质量特点？
(4) 如果你是一家经济型酒店的经理，你会考虑增加哪些现在还没有提供的质量特点？

# 第八章

# 现代企业人力资源管理

【学习目标与要求】
- 掌握人力资源的概念。
- 了解人力资源规划的编制程序。
- 掌握人员招聘的渠道及各自的优缺点。
- 了解人员甄选的办法。
- 掌握人员培训与开发的方法。
- 了解绩效考核的方法。

【导入案例】

乔致庸的用人之道

以《乔家大院》中的乔致庸如何用人，如何经营为例，探讨乔家的管理战略对现代企业管理的启示。

乔家包头"复字号"生意起死回生之后，其中一个最能干的"跑街"(相当于现代企业的基层业务代表)的伙计马荀向乔致庸提出辞工。乔致庸十分欣赏马荀的能力，便问这位能干的伙计为什么要走，得到的解释说这是惯例，徒弟满师后都要离开，因为别处给的薪金更高。乔致庸又纳闷掌柜的为什么没人辞工，回答是掌柜的在生意里顶着一份身股，不仅平日里拿薪金，到了四年账期还可以领一份红利。

乔致庸问马荀，若他是"复字号"的大掌柜，这生意该怎么做？马荀就说自己若是大掌柜，要把生意做出包头，做到蒙古大草原上去，用内地布匹、铁器还有日用品和草原上的牛马做交易，这样既能使牧民得到便利，也能使内地得到蒙古的牛马与皮张。乔致庸大为震撼，对马荀非常信服。然后，他大刀阔斧地重修店规，同时聘请马荀接任大掌柜，鼓励他将"复字号"的生意做到蒙古大草原上去。这件事震动了"复字号"内外，也震动了整个包头商界。28岁的马荀深为乔致庸的知遇之恩所感动，上任之始着手整顿各号，清除害群之马，带领乔家"复字号"进军蒙古大草原。

马荀几乎是个文盲，自己的名字都写不好。商号能写会算的人有的是，一般不会让一个文盲管一个大商号，但乔致庸却不拘一格用人才，打破常规，把马荀直接从伙计提拔成大掌柜。古人云：知遇之恩，当涌泉相报。马荀最终不负所托，把"复字号"发扬光大。

资料来源：王关义，等. 现代企业管理[M]. 5版. 北京：清华大学出版社，2017.

**案例启示：**

在用人之前，首先要选人——找正确的人做正确的事。按照现在的录用标准，第一关自然是硬件关。所谓硬件，指的是员工的学历、工作经验等。但乔致庸并没有囿于这些硬件的束缚，而是不拘一格用人才，给一些有真才实学的人以一展抱负的机会，不论他的出身和地位，只要确定是人才，就要把人留下来并重用，这就是乔致庸的胆识。

此外，从这个案例中还可以推导出乔致庸值得我们学习的用人之道。

第一，乔致庸平时对员工还是比较关注的，对表现出色的员工也早有了解。否则，乔致庸只是单纯地听马荀异想天开地描绘战略构想便破格提拔其为大掌柜就显得非常滑稽。

第二，最基层的业务员辞职，乔致庸作为日理万机的最高领导，他完全可以不管，直接推给其他人例行公事地做离职访谈，但乔致庸能非常冷静地听取来自基层的最真实心声。否则，即便是马荀再敢于直言，如果遇到一个暴躁的老板，也肯定不会如此认真地听马荀"胡言乱语"的。

第三，在员工面前，乔致庸展现出了他作为一个大老板非常平和的一面。直接从最基层破格提拔一个优秀业务员成为总经理，此举给公司所有员工的公平晋升起到了非常宝贵的正面示范作用。这样的晋升激励机制，将极大地发挥优秀员工的潜力。

# 第一节　人力资源管理概述

## 一、人力资源

### (一) 人力资源的定义

关于人力资源的概念，学者们存在不同的认识。1971年以来，共有五位经济学家因在这一领域做出卓越贡献而被授予诺贝尔奖。彼得·德鲁克指出，与其他所有资源相比，唯一的区别就在于人力资源是人，并且是经理们必须考虑的具有"特殊资产"的资源。美国学者伊万·伯格(Lvan Berg)认为，人力资源是人类用于生产产品或提供各种服务的活力、技能和知识。内贝尔·埃利斯(Nabil Elias)提出，人力资源是企业内部成员及外部与企业相关的人员，即总经理、雇员、合作伙伴和顾客等，可提供潜在合作与服务及有利于企业预期经营活动的人力总和。雷西斯·列科(Rensis Lakere)提出，人力资源是企业人力结构的生产力和顾客商誉的价值。

根据以上有关人力资源的定义，本书认为，人力资源是指能够推动整个经济和社会发展的劳动者的智力和体力劳动能力的总和，包括处于劳动年龄的已直接投入建设和尚未投入建设的人口能力的总和。企业人力资源是指能够推动这个企业发展的劳动者的各种能力的总和。

### (二) 人力资源的意义

#### 1. 人力资源的宏观意义

人力资源在宏观上是以国家或地区为单位进行划分和计量的。从宏观上来讲，人力资源开发主要是指一个国家或地区对所管辖范围内的全社会人员进行优生优育、迁移流动、调配、使用、投资、核算、保护等一系列全面、系统、综合性的行为活动过程，旨在提高全社会人员的整体素质和知识水平，为社会发展和经济活动提供足够数量和质量的现实劳动力资源与潜在劳动力资源储备。侧重点是组织和利用一切资源，调动各方面的力量和积极性，采取各种有效措施，努力提高全社会人员的整体素质和知识技能水平，重点开发全社会人员的智力，积累人力资本存量，提高人力资源的质量。宏观人力资源开发是对一定范围内全社会人口的劳动能力的投资、培育和开发，主要阐述劳动力资源形成的自然基础，研究和描述人力资源的宏观控制与配置，劳动力的供求与均衡，人们的教育、培训、医疗、就业、失业以及择业的过程和内容。

2. 人力资源的微观意义

人力资源在微观上则是以部门和企业、事业为单位进行划分和计量的，是从企业、学校、医院或者劳动者个人的层面上来开发微观组织和个人范畴的人力资源。

## 阅读链接 8-1

### 与人力资源相关的概念

1. 人口资源

人口资源是一个国家或者地区在一定时期内所有人的总和，包括具备劳动能力者、暂时不具备劳动能力而将来具备劳动能力者，以及丧失劳动能力者。

2. 劳动力资源

劳动力是指人口中达到法定劳动年龄，具有现实的劳动能力，并且参加社会就业的那一部分人。劳动力是劳动力市场的主体，代表劳动力的总体供给数量，其中不包括尚未进入就业领域的学生、失业者和丧失劳动能力者。

3. 人才资源

人才资源是指人力资源中层次较高的那一部分人。相对于普通劳动力来说，人才就是较高层次的复杂劳动力。人口资源、劳动力资源、人才资源和人力资源的关系如图8-1所示。

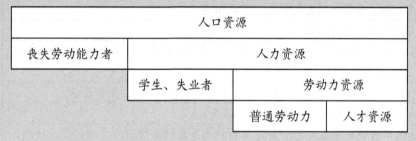

图8-1 人口资源、劳动力资源、人才资源和人力资源的关系

## 二、人力资源管理的定义与任务

### (一) 人力资源管理的定义

人力资源管理是指运用科学的方法，在企业战略的指导下，对人力资源进行获取与配置、培训与开发、考核与激励、安全与保障、凝聚与整合等，最终实现企业目标和员工价值的过程；是为了确保大多数人高效地发挥才能，从而实现公司目标而设计的一套正式管理系统。

### (二) 人力资源管理的任务

人力资源管理者和人力资源管理部门的任务主要可以分为三大类：一是战略性和变革性的活动；二是业务性的职能活动；三是行政性的事务活动。

战略性和变革性的活动涉及整个企业，包括战略的制定和调整、组织变革的推动等内容。严格来讲，战略性和变革性的活动都是企业高层的职责，但是人力资源管理者和人力资源管理部门必须参与到这些活动中，要从人力资源管理的角度为这些活动的实施提供有力的支持。业务性的职能活动是人力资源管理的主要职能，主要包括人力资源战略、人力资源规划、工作分析与工作设计、招聘与选拔、员工培训与开发、职业生涯规划、绩效管理、薪酬管理、劳动安全与健康，以及企业文化建设等方面。而行政性的事务活动的内容则相对比较简单，包括员工工作纪律的监督、员工档案的管理、各种手续的办理、人力资源信息的保存、员工福利的发放等活动。

近年来，随着计算机、网络技术的发展和专业人事代理服务公司的出现，人力资源管理者和人力资源管理部门可以省去大量的行政性的事务活动，也可以剥离出部分业务性的职能活动，这使他们改变自己的工作层次成为可能。借助专业的人事代理服务公司，人力资源管理部门可以将很多事务性工作外包出去。通过这些手段，人力资源管理者和人力资源管理部门可以节省出大量的时间及精力来进行附加值较高的活动。

【测一测】

### 人力资源管理领域供职测试

与其他岗位相比，人力资源管理领域的岗位要求有更广泛的技能、知识和经验。人力资源管理领域供职测试示例如下，如果你目前在人力资源管理领域供职，通过这份测试可检测自己现在的工作状态。如果你目前不在人力资源管理领域供职，通过这份测试可以为从事人力资源管理领域的工作而做准备。

如果是，则在【】内填上相应的分数；如果不是，则在【】内填0。

| 1. 起点分数 | 10分 |
|---|---|
| 如果有经理、董事或副总裁头衔，则加10分 | 【  】 |
| 2. 一般的商业和财务知识 | 10分 |
| (1) 在过去6个月期间，你发起过有关人力资源方案在财务方面的讨论吗？(如果是，则加2分) | 【  】 |
| (2) 你完成了一些大学水平的一般商业类课程吗？(如果是，则加2分) | 【  】 |
| (3) 你有MBA学历吗？(如果是，则加2分) | 【  】 |
| (4) 你起草过公司年度人力资源预算的初稿并在预算阶段为它进行了辩护吗？(如果是，则加2分) | 【  】 |
| 3. 对人力资源知识的掌握情况 | 10分 |
| (1) 你在一个特定的人力资源领域(如培训或报偿)中提出、制定和实施了某项具体的人力资源方案吗？(如果是，则每一个方案加1分，最高加到4分。) | 【  】 |
| (2) 在现有职位之前，你具有某项具体的人力资源职能负责人头衔吗？(如果有，则每个头衔加2分，最高加到4分。) | 【  】 |
| (3) 你对在一个具体人力资源领域中设计一项方案的另外某个人力资源人员进行过辅导吗？(如果是，则加2分) | 【  】 |
| 4. 对自己所在组织的了解 | 10分 |
| (1) 你能陈述公司在最近一个财政年度的收益吗？(如果能，则加1分) | 【  】 |
| (2) 你能陈述公司在最近一个财政年度的盈利(或亏损)吗？(如果能，则加1分) | 【  】 |
| (3) 你能识别所在组织的主要产品或服务系列，以及由每一种产品或服务所带来的相关收入吗？(如果能，则加1分) | 【  】 |

(续表)

| | | |
|---|---|---|
| (4) 你能识别公司的主要竞争对手，并陈述公司相对于它们的竞争地位吗？(如果能，则加2分) | 【　】 | |
| (5) 你直接向首席执行官汇报工作吗？(如果是，则加2分) | 【　】 | |
| (6) 过去一年里，你发起过与本部门经理或其他管理层同事的会议，并达到了解他们的经营业务需要或目标的特定目的吗？(如果是，则加3分) | 【　】 | |
| 5. 跨职能经验 | 10分 | |
| (1) 你曾经接受过一项临时任务以更好地了解另外一种经营业务职能吗？(如果是，则加2分) | 【　】 | |
| (2) 你曾经拥有过当前所工作行业之外的另一个职位吗？(如果是，则加4分) | 【　】 | |
| (3) 你曾经担任过需要人力资源之外的知识(如营销、沟通或财务)的职位吗？(如果是，则加4分) | 【　】 | |
| 6. 国际/跨文化经验 | 10分 | |
| (1) 你曾经参加过跨文化培训项目吗？(如果是，则加1分) | 【　】 | |
| (2) 你曾经作为着力解决一个全球性商业问题的特别工作组的一员吗？(如果是，则加1分) | 【　】 | |
| (3) 你曾经在国外旅行过吗？(如果是，则每去过一个国家或地区加1分，最多加3分) | 【　】 | |
| (4) 你曾经承担过一项6个月或更长时间的海外工作任务吗？(如果是，则加5分) | 【　】 | |
| 7. 辅导老师 | 10分 | |
| (1) 在你的职业发展过程中，你有过一个或更多的辅导老师吗？(如果是，则加5分) | 【　】 | |
| (2) 你有一位辅导老师：<br>① 与自己不同性别？<br>② 属于另外一个种族或少数民族群体？<br>③ 拥有人力资源管理领域以外的知识？<br>(每得到一个肯定的答案，则加2分) | 【　】 | |
| 8. 职业决策 | 10分 | |
| (1) 你为自己制定了一个具体的职业目标吗？(如果是，则加4分) | 【　】 | |
| (2) 你发起过目的在于给自己提供实现职业目标所需技能的活动吗？(如果是，则加3分) | 【　】 | |
| (3) 你寻求或接受过以增加自己的职业机会为目的的横向调动吗？(如果是，则加3分) | 【　】 | |
| 9. 技术 | 10分 | |
| (1) 你领导过一个通过技术(计算机等)的应用改进了人力资源的价值或生产效率的项目吗？(如果是，则加5分) | 【　】 | |
| (2) 你曾经是负责运用技术去解决一个与人力资源有关问题的小组或特别工作组的一名成员吗？(如果是，则加3分) | 【　】 | |
| (3) 你在工作期间使用计算机吗？(如果是，则加1分) | 【　】 | |

(续表)

| | |
|---|---|
| (4) 你觉得自己精通当前的计算机技术术语吗？(如果是，则加 1 分) | 【　】 |
| 10. 继续学习 | 10 分 |
| (1) 你订阅并阅读至少两种行业出版物吗？(如果是，则加 2 分) | 【　】 |
| (2) 你跟踪了解人力资源方面的一般性问题(如卫生保健改革)吗？(如果是，则加 2 分) | 【　】 |
| (3) 你定期在与人力资源不直接关联的领域，如创造学或统计学，听课或参加研讨会吗？(如果是，则加 2 分) | 【　】 |
| (4) 你参与行业组织或参加专门针对人力资源管理人员的会议吗？(如果是，则加 2 分) | 【　】 |
| (5) 你经常参与利用右脑的活动吗？例如以乐趣为目的的阅读，去博物馆或参加表演性艺术活动等。(如果是，则加 2 分) | 【　】 |

分数计算：把填入每题后【】中的全部数字加起来，即为总得分。

分数解释：

85~100 分：你显然是人力资源管理领域中的一个称职的优秀领导(管理)者。

70~84 分：你为自己在人力资源管理领域的职业发展建立了坚实的基础，你正处在通往成功的道路上。

55~69 分：你有了一个良好的开端，在一个或两个关键领域的更多经验会有助于你达到预期的目标。

40~54 分：你在一些关键领域拥有有价值的经验，但要达到成功你还需要更多的努力，现在就开始着手准备吧。

0~39 分：获得人力资源管理领域的成功将会是非常困难的。

## 阅读链接 8-2

### 人事管理与人力资源管理的对比

| 比较维度 | 人事管理 | 人力资源管理 |
|---|---|---|
| 人的地位 | 管理的对象 | 开发的主体 |
| 管理哲学 | 硬管理、重管理 | 软管理、重开发 |
| 管理目的 | 为组织创造财富 | 为组织创造财富的同时发展自己 |
| 组织结构 | 金字塔模式 | 网络化、扁平化 |
| 管理中心 | 以事为主 | 以人为本 |
| 管理模式 | 单一、规范 | 重视个性化管理 |
| 部门地位 | 响应公司战略管理 | 战略管理的合作伙伴 |
| 物质报酬 | 与资历、级别相关度大 | 与业绩、能力相关度大 |
| 精神报酬 | 表扬和精神鼓励 | 认可、发展空间、自我实现、人际和谐 |
| 用人方式 | 提升缓慢、重资历 | 竞争上岗：能者上，庸者下，平者让 |
| 职业通道 | 单一 | 全方位、多元化 |
| 管理方式 | 命令、指挥 | 沟通、协调、理解 |
| 培训目的 | 满足组织的需要 | 关注员工个人成长，增加员工人力资本 |

# 第二节 人力资源规划

## 一、人力资源规划的定义和内容

中国有句古话,"凡事预则立,不预则废",意思是说在做任何事情的时候,如果想要取得成功就必须提前做好计划,否则往往会失败。人力资源管理同样如此,为了保证整个系统的正常运转,发挥其应有的作用,也必须认真做好计划。人力资源管理的计划是通过人力资源规划这一职能实现的。

### (一) 人力资源规划的定义

人力资源规划也叫人力资源计划,是指在企业发展战略和经营规划的指导下,对企业在某个时期的人员供给和人员需求进行预测,并根据预测结果采取相应的措施来平衡人力资源的供需,以满足企业对人员的需求,为企业的发展提供必需的人力资源保证,为达成企业的战略目标和获得长期利益提供人力资源支持。

### (二) 人力资源规划的内容

人力资源规划的内容主要包括两个方面。

**1. 人力资源总体规划**

人力资源总体规划是指对计划期内人力资源规划结果的总体描述,包括预测的需求和供给分别是多少,做出这些预测的依据是什么,供给和需求的比较结果是什么,企业平衡供需的指导原则和总体政策是什么,等等。人力资源总体规划主要包括以下内容。

(1) 说明供给和需求的比较结果,也可以称作净需求,进行人力资源规划的目的就是得出这一结果。

(2) 阐述在规划期内,企业对各种人力资源的需求和各种人力资源配置的总体框架,阐明人力资源方面有关的重要方针、政策和原则,如人才的招聘、晋升、降职、培训与开发、奖惩和工资福利等方面的重大方针和政策。

(3) 确定人力资源投资预算。

**2. 人力资源业务规划**

人力资源业务规划是总体规划的分解和具体化,包括人员补充计划、人员配置计划、人员接替和晋升计划、人员培训与开发计划、工资激励计划、员工关系计划、退休解聘计划等内容,这些业务规划的每一项都应当设定具体的目标、政策和预算(见表 8-1),它们的有效实施是总体规划得以实现的重要保证。

表 8-1 人力资源业务规划的内容

| 规划名称 | 目标 | 政策 | 预算 |
| --- | --- | --- | --- |
| 人员补充计划 | 类型、数量、层次及人员素质结构的改善 | 任职资格、人员的来源范围、人员的起薪 | 招聘选拔费用 |

(续表)

| 规划名称 | 目标 | 政策 | 预算 |
| --- | --- | --- | --- |
| 人员配置计划 | 部门编制、人力资源结构优化、职位匹配 | 任职资格、职位轮换的范围和时间 | 按使用规模、类别和人员状况决定薪酬预算 |
| 人员接替和晋升计划 | 后备人员数量保持、人员结构的改善 | 选拔标准、晋升比例、未晋升人员的安置 | 职位变动引起的工资变动 |
| 人员培训与开发计划 | 培训的数量和类型、提供内部培训、提高工作效率 | 培训计划的安排、培训时间和效果的保证 | 培训开发总成本 |
| 工资激励计划 | 劳动供给增加、士气提高、绩效改善 | 工资政策、激励政策、激励方式 | 增加工资、奖金的数额 |
| 员工关系计划 | 提高工作效率、员工关系改善、离职率降低 | 民主管理、加强沟通 | 法律诉讼费用 |
| 退休解聘计划 | 劳动力成本降低、生产率提高 | 退休政策及解聘程序 | 安置费用 |

### 阅读链接 8-3

**评估人力资源规划过程中的关键问题**

(1) 公司有战略规划吗？
(2) 人力资源部参与编制组织的总体战略规划吗？
(3) 公司的目的和目标是可以测量的吗？已传达给组织中的每一个人了吗？
(4) 经理们是否按战略规划将职能授予各部门？
(5) 所有等级层次上的经理们都有效和持续地规划吗？
(6) 组织允许所有的部门都参与战略规划的过程吗？
(7) 员工的道德是可以接受的吗？
(8) 工作的职责、具体规定描述清楚吗？
(9) 员工的流动率和缺勤率如何？
(10) 组织的奖励和控制机制有效吗？总体战略目的和目标有联系吗？
(11) 所有的单位、部门、员工、经理等都在朝着相同的目标努力吗？

## 二、人力资源规划的编制程序

为了达到预期的目的，编制人力资源规划时，需要按照一定的程序来进行，如图 8-2 所示。

由图 8-2 可以看出，人力资源规划的编制过程一般包括准备阶段、预测阶段、实施阶段和评估阶段。

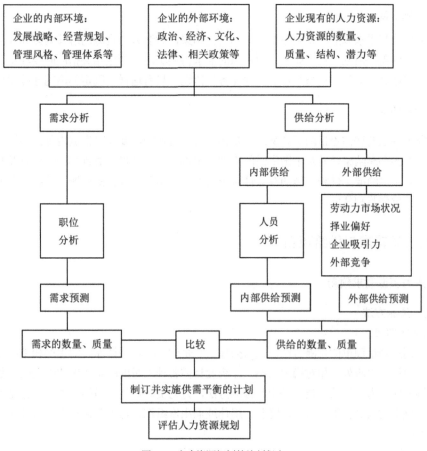

图 8-2 人力资源规划的编制程序

#### (一) 准备阶段

任何一项规划或者计划要想做好,都必须充分地掌握相关信息,人力资源规划也不例外。由于影响企业人力资源供给和需求的因素有很多,为了能够比较准确地做出预测,就需要收集和调查与之有关的各种信息。首先是外部环境信息,这些信息包括两类:一是经营环境信息,如社会的政治、经济、文化、法律环境等;二是直接影响人力资源供给和需求的信息,如外部劳动力市场的供求状况、政府的职业培训政策、国家的教育政策、竞争对手的人力资源管理政策等。其次是内部环境信息,这些信息包括两个方面:一是组织环境信息,如企业的发展战略、经营规划、生产技术、产品结构等;二是管理环境信息,如企业结构、企业文化、管理风格、管理结构等。

#### (二) 预测阶段

预测阶段的主要任务就是在充分掌握信息的基础上,选择并使用有效的预测方法,对企业未来某一时期的人力资源供给和需求做出预测。在整个人力资源规划过程中,预测阶段的工作是最关键的一部分,也是难度最大的一部分,直接决定了规划的成败,只有准确地预测供给和需求,才能采取有效的措施进行平衡。

## (三) 实施阶段

预测出供给和需求以后，就要根据两者的对比结果，编制人力资源的总体规划和业务规划，制定并实施平衡供需的措施，使企业对人力资源的需求得到满足。制定相关措施时要注意，应当使人力资源的总体规划和业务规划与企业的其他业务相协调，只有这样，制定的措施才能得以实施。

## (四) 评估阶段

人力资源规划的评估包括两层含义：一是指在实施过程中，要随时根据内外部环境的变化来修正供给和需求的预测结果，并对平衡供需的措施做出调整；二是指要对预测的结果以及制定的措施进行评估，对预测的准确性和措施的有效性做出衡量，找出其中存在的问题，总结有益的经验，为以后的工作提供借鉴和帮助。

## 三、人力资源需求与供给预测

### (一) 人力资源需求预测

#### 1. 定性预测方法

1) 现状规划法

现状规划法是最简单的预测方法，较易操作。它是假定企业保持原有的生产和生产技术不变，则企业的人力资源也应处于相对稳定状态，即企业目前各种人员的配备比例和人员的总数完全能适应预测规划期内人力资源的需要。采用此预测方法，人力资源规划人员所要做的工作是测算规划期内有哪些岗位上的人员将得到晋升、降职、退休或调出本组织，再准备调动人员去补充。

2) 经验预测法

经验预测法也叫作比率分析法，即根据以往的经验对人力资源需求进行预测，具体的方法是根据企业的生产经营计划及劳动定额或每个人的生产能力、销售能力、管理能力等进行预测。需要说明的是，不同人的经验会有差别，不同的员工能力也有差别，特别是管理人员、销售人员，在能力、业绩上的差别更大。所以，企业采用这种方法预测人员需求时，一方面要注意积累经验，包括保留历史档案、借鉴他人经验，从而减少预测的偏差；另一方面也要认识到，这种方法应用于不同的对象时，预测结果的准确程度会不同，对可准确测度工作量的岗位，预测的准确性较高；对难以准确测度工作量的岗位，预测的准确性较低。这种方法应用起来比较简单，适合技术状况稳定的企业进行短期人力资源预测。

3) 德尔菲法

德尔菲法又称专家会议预测法，是一种使专家们对影响组织某一领域的发展的看法达成一致意见的结构化方法。这里所说的专家，既可以是来自第一线的管理人员，也可以是高层经理；既可以是组织内的，也可以是外请的。专家的选择基于他们对组织内部影响因素的了解程度。德尔菲法是20世纪40年代末在美国兰德公司的"思想库"中发展起来的。该方法的目标是通过综合专家们的意见来预测某一领域的发展。德尔菲法的特色在于专家们互不见面。因为专家彼此间存在身份和地位的差别，面对面的集体讨论会使一些人因不愿批评其他人而放弃自己合理的主张。这样就需要一个中间人在专家之间互相沟通。具体地说，中间人的任务是把在第一轮预测过程中专家们提出的意见集中起来并加以归纳反馈给他们，然后重复这一循环，使专家们有机会修改他们的意见并说明修改的原因，一般重复3~5次后，专家们的意见会趋于一致。

### 2. 定量预测方法

定量预测方法主要有两种，分别是趋势预测法和工作负荷法。

1) 趋势预测法

趋势预测法是一种定量分析的方法，其基本思路是确定组织中哪些因素与劳动力数量和结构的关系最大，然后找出这一因素随劳动力数量变化的趋势，由此推出将来的发展趋势，从而得到将来的人力资源需求。这种定量方法一般分为六个步骤。

第一步，确定适当的与劳动力数量有关的组织因素。

第二步，根据这一组织因素与劳动力数量的历史记录画出两者的关系图。

第三步，根据关系图计算每人每年的平均产量(劳动生产率)。

第四步，确定劳动生产率的发展趋势。

第五步，对劳动生产率的发展趋势进行必要的调整。

第六步，对预测年度的情况进行推测。

选择与劳动力数量有关的组织因素是需求预测的关键一步。所选因素至少应该满足两个条件：第一，应该与组织的基本特性直接相关；第二，所选因素的变化必须与所需劳动力数量的变化成比例。上述第二步至第五步都是为了得出一个较准确的劳动生产率。有了与劳动力数量有关的组织因素和劳动生产率，我们就能够估计出劳动力的需求数量了。

在运用趋势预测法时，可以完全根据经验进行估计，也可以利用计算机进行回归分析来做出预测。所谓回归分析，就是利用历史数据找出某一个或几个组织因素与人力资源需求量的关系，并将这一关系用一个数学模型表示出来，借助这个数学模型，就可推测将来的人力资源需求。

2) 工作负荷法

工作负荷法是指通过不同单位在工作荷载和结果方面的横向比较来确定各个单位的效率水平的方法。一般采用此方法对企业人力资源的需求数量进行短期分析。用工作负荷法进行短期人力资源需求预测时，首先进行销售预测，根据销售预测确定工作量，按工作量制定生产进程，然后决定所需人力的数量，最后进行工作力分析，明确企业实际工作力和需要补充的人力。

### 阅读链接 8-4

**工作负荷法示例**

某公司某类工作所需的标准时间为 2 小时/件，预计未来一年的工作总量为 100 000 件，而从事这类工作的员工每年的工作时间为 2300 小时。那么，未来一年里公司所需这类工作人员的数量为 $(100\,000 \times 2) \div 2300 \approx 87(人)$。

### (二) 人力资源供给预测

人力资源供给预测包括组织内部人员供给预测和组织外部人员供给预测。

#### 1. 组织内部人员供给预测

组织内部人员供给预测主要使用的方法有技能清单法和人员替换法。

1) 技能清单法

技能清单是一个反映员工工作能力特征的列表，反映了员工竞争力，主要用于晋升人选的确定、职位调动的决策、对特殊项目的工作分配、培训、职业生涯规划等。表 8-2 就是技能清单的示例。

表 8-2 技能清单的示例

| 姓名： | | 职位： | | 部门： | |
|---|---|---|---|---|---|
| 出生年月： | | 婚姻状况： | | 到职日期： | |
| 教育背景 | 类别 | 学校 | 毕业日期 | 主修科目 | |
| | 大学 | | | | |
| | 硕士 | | | | |
| | 博士 | | | | |
| 工作经历 | 任职年限 | 职位 | 主要成就 | | |
| | | | | | |
| | | | | | |
| 培训情况 | 训练主题 | | 训练机构 | 训练时间 | |
| | | | | | |
| | | | | | |
| 技能 | 技能种类 | | 所获证书 | | |
| | | | | | |
| | | | | | |
| 志向 | 你是否愿意担任其他类型的工作？ | | | 是 | 否 |
| | 你是否愿意到其他部门去工作？ | | | 是 | 否 |
| | 你是否接受工作轮换以丰富工作经验？ | | | 是 | 否 |
| | 如有可能，你愿意承担哪种工作？ | | | | |
| 你认为自己需要接受何种训练？ | | 改善目前的技能和绩效： | | | |
| | | 晋升所需要的经验和能力： | | | |
| 你认为自己现在可以接受哪种工作指派？ | | | | | |

2) 人员替换法

人员替换就是对企业现有人员的状况做出评价，然后对他们晋升或调动的可能性做出判断，以此来预测企业潜在的内部供给。

**2. 组织外部人员供给预测**

组织外部人员供给的来源主要包括各类学校毕业生、失业人员、转业退伍军人、其他组织流出人员等。企业预测外部人力资源供给时，主要考虑的因素包括：竞争对手，包括竞争对手的业务发展状况、薪酬水平、工作条件、在吸引人才方面的措施等；由公司地理位置决定的交通方便程度、住房条件、子女就学条件等；社会经济状况；失业率；教育水平；法律规定，特别是对工作时间、最低工资、劳动合同等方面的规定。近年来，各地劳动行政主管部门建立了许多劳动力市场和劳动中介机构，这些机构经常向社会发布劳动供求信息，这些信息也是企业预测外部人员供给的重要依据。

### 阅读链接 8-5

#### 人力资源管理计划实例

下面是某公司人力资源部编写的一个较为完整的人力资源计划实例。该计划主要包括六个部分：职务设置与人员配置计划、人员招聘计划、选择方式调整计划、绩效考评政策调整计划、培训政策调整计划和人力资源预算。由于人员招聘是人力资源部新年度的工作重点，所以人员招聘计划部分最为详细。需注意的是，人力资源管理计划只是人力资源部门的一个年度工作计划，所以对每一项工作只能言简意赅地进行描述，不可能非常详尽。

**(一) 职务设置与人员配置计划**

根据公司 2020 年发展计划和经营目标，人力资源部协同各部门制订了公司 2020 年的职务设置与人员配置计划。在 2020 年，公司将划分为八个部门，其中行政副总负责行政部和人力资源部，财务总监负责财务部，营销总监负责销售一部、销售二部和产品部，技术总监负责开发一部和开发二部。具体职务设置与人员配置如下。

(1) 决策层(5人)：总经理 1 名、行政副总 1 名、财务总监 1 名、营销总监 1 名、技术总监 1 名。
(2) 行政部(8人)：行政部经理 1 名、行政助理 2 名、行政文员 2 名、司机 2 名、接线员 1 名。
(3) 财务部(4人)：财务部经理 1 名、会计 1 名、出纳 1 名、财务文员 1 名。
(4) 人力资源部(4人)：人力资源部经理 1 名、薪酬专员 1 名、招聘专员 1 名、培训专员 1 名。
(5) 销售一部(19人)：销售一部经理 1 名、销售组长 3 名、销售代表 12 名、销售助理 3 名。
(6) 销售二部(13人)：销售二部经理 1 名、销售组长 2 名、销售代表 8 名、销售助理 2 名。
(7) 开发一部(19人)：开发一部经理 1 名、开发组长 3 名、开发工程师 12 名、技术助理 3 名。
(8) 开发二部(19人)：开发二部经理 1 名、开发组长 3 名、开发工程师 12 名、技术助理 3 名。
(9) 产品部(5人)：产品部经理 1 名、营销策划 1 名、公共关系专员 2 名、产品助理 1 名。

**(二) 人员招聘计划**

1. 招聘需求

根据 2020 年职务设置与人员配置计划，公司人员数量应为 96 人，到目前为止公司只有 83 人，还需要补充 13 人，具体职务和数量为：开发组长 2 名、开发工程师 7 名、销售代表 4 名。

2. 招聘方式

开发组长：社会招聘和学校招聘。开发工程师：学校招聘。销售代表：社会招聘。

3. 招聘途径

学校招聘主要通过参加应届毕业生洽谈会、在学校举办招聘讲座、发布招聘张贴、网上招聘四种途径；社会招聘主要通过参加人才交流会、刊登招聘广告、网上招聘三种途径。

4. 招聘政策

(1) 本科生：A、转正后 2000 元，其中基本工资 1500 元、住房补助 200 元、社会保障金 300 元左右(养老保险、失业保险、医疗保险等)。试用期基本工资 1000 元，满半月有住房补助。B、考上研究生后协议书自动解除。C、试用期三个月。D、签订三年劳动合同。

(2) 研究生：A、转正后 5000 元，其中基本工资 4500 元、住房补助 200 元、社会保险金 300 元左右(养老保险、失业保险、医疗保险等)。试用期基本工资 3000 元，满半月有住房补助。B、考上博士后协议书自动解除。C、试用期三个月。D、公司资助员工攻读在职博士。E、签订不定期劳动合同，员工来去自由。F、成为公司骨干员工后，可享有公司股份。

5. 风险预测

(1) 由于今年本市应届毕业生就业政策有所变动，可能会增加本科生招聘难度，但由于公司待遇较高并且属于高新技术企业，可以基本回避该风险。另外，由于优秀的本科生考研的比例很大，所以在招聘时，应该留有候选人员。

(2) 由于计算机专业的研究生愿意留在本市的较少，所以研究生招聘将非常困难。如果研究生招聘比较困难，应重点通过社会招聘来填补开发组长的空缺。

(三) 选择方式调整计划

2019 年，开发人员选择面试和笔试相结合的考察办法，取得了较理想的效果。2020 年，首先要完善非开发人员的招聘程序，并且加强非智力因素的考察。另外，在招聘集中期，可以采用"合议制面试"，即总经理、主管副总、部门经理共同参与面试，以提高面试效率。

(四) 绩效考评政策调整计划

2019 年已经开始对公司员工进行绩效考评，每位员工都有了考评记录，并且对开发部进行了标准化的定量考评。

2020 年，绩效考评政策将做出以下调整。

(1) 建立考评沟通制度，由直接上级在每月考评结束时进行考评沟通。

(2) 建立总经理季度书面评语制度，让员工及时了解公司对自己的评价，并感受到公司对自己的关心。

(3) 在开发部试行"标准量度平均分布考核方法"，使开发人员更加明确自己在开发团队中的位置。

(4) 加强考评培训，减少考评误差，提高考评的可靠性和有效性。

(五) 培训政策调整计划

公司培训分为岗前培训、管理培训、岗位培训三部分。岗前培训在 2019 年已经开始进行，管理培训和技能培训从 2020 年开始由人力资源部负责。

2020 年，培训政策将做出以下调整。

(1) 加强岗前培训。

(2) 管理培训由公司专职管理人员开展，不聘请外面的专业培训人员。该培训分成管理层和员工两个层次，重点对公司现有的管理模式、管理思路进行培训。

(3) 技术培训根据相关人员的申请进行，采取公司内训和聘请培训教师两种方式。

(六) 人力资源预算

1. 招聘费用预算

(1) 招聘讲座费用：本科生和研究生各 4 个学校，共 8 次。每次费用 300 元，预算 2400 元。

(2) 交流会费用：参加交流会 4 次，每次平均 400 元，共计 1600 元。

(3) 宣传材料费：2000 元。

(4) 报纸广告费：6000 元。

2. 培训费用
2019年实际培训费用为35 000元，按20%递增计算，预计2020年培训费用为42 000元。
3. 社会保障金
2019年共缴纳社会保障金××××× 元，按20%递增计算，预计2020年社会保障金总额为×××××元。

# 第三节 招聘与甄选

## 一、人员招聘概述

人员招聘是指通过各种渠道，把具有一定技巧、能力和其他特性的申请人吸引到企业空缺岗位上的过程。

**(一) 影响人员招聘的因素**

影响人员招聘的因素有很多，主要可以分为外部因素和内部因素。

1. 外部因素

人员招聘的外部影响因素主要有宏观经济形势、招聘单位所在地区、所要招聘人员的类型及其供求状况、人员招聘的竞争对手，以及一些相关的政策和法规。这些因素对于企业来说虽然是不可控因素，但其影响和作用却是不可忽视的。

人员招聘往往会受到国家和地区宏观经济形势的影响，当经济发展缓慢时，各类组织对人力资源的需求减弱；而经济发展较快时，各类组织对人力资源的需求也呈旺盛的状态。

招聘单位所在的地区对人员招聘工作有着很大的影响。各地区的经济发展很不平衡，这在很大程度上造成我国各地区人才分布的极不平衡。一方面，经济发达地区各类人才蜂拥而至；另一方面，经济欠发达地区各类人才纷纷外流，这在很大程度上又制约了这些地区的经济发展。经济发达地区各类人才相对充足，这为人员招聘与选拔提供了更多的机会。而经济欠发达地区环境艰苦，人才匮乏，这就增加了这些地区人员招聘的难度。现在国家和某些地区推出一系列政策，鼓励各类人才到经济相对落后的地区工作，这些经济相对落后地区的企业和事业单位在吸引人才方面也采取了很多优惠而灵活的措施，这些政策和措施为经济落后地区吸引人才提供了条件。

在劳动力市场上，不同类型人员的供求状况存在很大差异。一般来说，招聘岗位的技能要求越低，劳动力市场的供给就越充足，招聘工作相对容易；招聘岗位的技能要求越高，劳动力市场的供给就越不充足，要吸引并招聘到这类人才就越困难。

竞争对手的综合实力及人力资源政策，如薪酬政策、培训政策、职业发展计划等都对组织的招聘工作有直接影响。长期以来，国内用人单位由于受传统人事制度及僵化的用人体制的束缚，在人才竞争方面一直处于劣势。现在，国内企业开始与世界知名大公司同台竞争，并且充分显示了企业的实力。组织在制订招聘计划时要尽可能多地了解竞争对手的实力及其人力资源政策，这样才能在人才竞争中扬长避短。

在分析影响人员招聘的外部因素时，还有一个不可忽视的因素，即相关政策和法规。在很多情况下，招聘工作会受到相关政策和法规的制约。

## 2. 内部因素

招聘工作的内部影响因素主要有组织的发展战略和组织的人事政策。

组织的发展战略决定了组织对人力资源的需求状况。当组织处于快速发展时期，会对人力资源产生更大的需求。

组织的人事政策决定了组织的招聘政策和招聘活动。一些大型组织由于工作岗位较多，一旦出现岗位空缺，更倾向于内部招聘，以便为员工提供更多的工作轮换和晋升机会，为员工发展创造空间。相对而言，小型组织更倾向于从组织外部招聘有岗位工作经验的人员。

### 阅读链接 8-6

**IBM 公司：用实习生计划取代传统的校园招聘**

IBM 公司在北京举行 2007 年"蓝色之路"大学生夏季实习计划闭幕仪式，500 余名参加实习计划的大学生拿到 IBM 的实习证书。在接受记者邮件采访时，IBM 大中华区人力资源部人力资源招聘和人才规划管理总监白艳女士表示："我们基本上不再做暑期校园招聘的活动，而是用实习生项目取代传统的校园招聘。"

IBM "蓝色之路"学生实习计划每年一期，每期包括两个阶段：夏季实习阶段和春季实习阶段。参加春季实习的学生都是已经拿到录用通知的学生。实习计划面向全国各大高校，主要针对 211 工程的教育部重点大学。现在，实习生计划已经成为 IBM 校园招聘的主要途径，2006 年的实习生聘用率达到了 70%，2007 年销售与服务等部门也将直接从实习生中确定 2008 年校园招聘的人选。夏季实习结束以后，IBM 公司与实习生们将通过双向选择最终确定聘用人选。那些拿到正式聘用证书的实习生们将于第二年参加春季实习计划，届时 IBM 公司将着重针对他们即将从事的工作进行专业指导，以帮助他们更快地适应未来的商业环境和岗位的需要。

## 二、人员招聘的程序

人员招聘工作的程序并不是绝对化的，一般来说主要包括以下几项。

### (一) 制订招聘计划

一份完整的人力资源招聘计划应该明确所招聘人员的技术要求及需要的时间，确定招聘区域，编制招聘预算。

### (二) 成立专门的招聘机构

通常情况下，不论是周期性的还是临时性的大规模招聘，都必须成立专门机构。招聘工作一般由人力资源业务部门负责，吸收各方面人员参加，通常还应邀请一些专家、学者参加。

### (三) 选择招聘渠道

招聘渠道有很多，如经熟人介绍、专门机构推荐、人才交流洽谈会、专门针对各类院校毕业生的招聘会，以及通过电视、广播、报刊、网络等各种传播媒介发布的招聘信息等。各类人力资源信息的来源渠道都有优缺点，可以针对实际情况扬长避短加以利用。

### (四) 考核录用

考核是人力资源选择的重要环节，该过程一般从初步面试开始，面试合格的求职者填写应聘单位的求职申请表，然后进行选择测试、聘用面试、证明材料和背景材料的核实。被录用的求职者会收到应聘单位的体检通知，体检合格后，将被正式聘用。

### (五) 办理录用手续

组织录用人力资源时，应办理录用手续，证明录用职工的合法性，使招聘工作接受劳动人事部门的监督。企业办理招聘录用手续应向劳动行政主管部门报送录用员工登记表，内容包括职工姓名、年龄、性别、种族、籍贯、文化程度、政治面貌、个人简历、考核结果和企业同意录用的意见等。报经劳动行政主管部门审查同意，在登记表上加盖同意录用印章，录用手续即办理完毕。

### (六) 签订劳动合同

劳动合同就是劳动契约，是企业、个体经济组织、事业组织、国家机关、社会团体与劳动者签订的协议。《中华人民共和国劳动法》规定，建立劳动关系应当订立劳动合同。新聘人员必须和用人单位签订劳动合同，合同签订后报人事部门备案，便于维护用人单位和被录用员工双方的合法权益。

## 三、人员招聘的渠道

### (一) 内部招聘

企业内部招聘是空缺岗位选人的重要途径，内部招聘有许多方式，包括公开招聘、内部提拔、横向调动、岗位轮换、重新聘用或招回以前的雇员等。可以在企业局域网、墙报、布告栏、内部报刊上发布招聘信息，公布空缺职位的性质、职责以及所要求的条件等，员工自愿申请或邀请符合条件的员工申请。还可以由管理层指定，即管理层根据考核结果指定候选人，有时甚至直接任命。

### (二) 外部招聘

外部招聘的方式主要有刊登广告、举行招聘会、求助于猎头企业、借助互联网、校园招聘等，企业可以根据自己的实际情况做出选择。实践证明，企业应当在充分认识自身所处环境及当前人力资源状况的基础上，将内部与外部招聘渠道配合使用。

## 四、人员甄选的办法

### (一) 笔试

笔试是指通过文字测验的形式，对应聘者的基本知识、专业知识、管理知识、技能、综合分析能力和文字表达能力等进行衡量的人员选拔方法。笔试是一种最古老而又最基本的人员选拔方法，它是让应聘者在试卷上笔答事先拟好的试题,然后根据应聘者解答的正确程度评定成绩。一般来说,笔试往往作为对应聘者的第一轮甄选,成绩合格者才能参加下一轮的选拔。

> **阅读链接 8-7**
>
> 宝洁公司的笔试
>
> 宝洁公司的笔试主要包括解难能力测试、英文测试和专业技能测试。
>
> 1. 解难能力测试
>
> 解难能力测试是宝洁进行人才素质考察的最基本的一关。在中国,使用的是宝洁全球通用试题的中文版本。试题分为5个部分,共50小题,限时65分钟,题型为选择题,每题5个选项,主要考察申请者的素质,包括自信心(对每个做过的题目有绝对的信心,几乎没有时间检查改正)、效率(题多时间少)、思维灵活程度(题目种类繁多)、承压能力(解题强度较大,65分钟内不可有丝毫松懈)、迅速进入状态的能力(考前无读题时间),以及成功率(很多事可能只有一次机会)。
>
> 2. 英文测试
>
> 英文测试包括笔试(包括45分钟的100道听力与75分钟的阅读题)和面试(用英语描述以往某个经历或个人思想的变化),主要考察母语非英语人员的英语水平。
>
> 3. 专业技能测试
>
> 专业技能测试主要针对一些有专业限制的岗位的申请者,如研究开发部、信息技术部和财务部等部门的岗位。宝洁公司的研发部门招聘的程序之一是要求应聘者就某些专题提交学术报告,并请公司资深科研人员加以评审,以考察其专业功底。
>
> 资料来源:陈国海,马海刚.人力资源管理概论[M].北京:清华大学出版社,2016.

## (二) 面试

面试是通过面试者与应聘者的正式交谈,客观了解与评价应聘者的外貌风度、求职动机、表达能力、知识水平、个人修养、逻辑思维等情况,并对其做出是否聘用的决策或为决策者提供依据的过程。面试具有直观性、随机性、双向沟通性。面试一般都要经过面试准备阶段、面试开始阶段、正式面试阶段、面试结束阶段。

## (三) 心理测评

心理测评又称心理测验法,是指在特定的情境下,向应试者提供一组标准化的刺激,将其引起的反应作为代表其行为的样本,从而对其个人行为做出定量评价的方法。心理测评是了解被测试者潜在能力及其心理活动规律的一种科学方法,其目的是判断应试者的心理素质和能力,从而考察应试者对招聘职位的适应度。心理测评按测评内容的不同,分为智力测试、能力测试、人格测试、成就测试、性格测试及情商测试。

## (四) 情景模拟

情景模拟是指根据应聘者可能担任的职务,编制一套与该职务实际情况相似的测试题目,将应聘者安排在模拟的、逼真的工作环境中,要求应聘者处理可能出现的各种问题,用多种方法来测评其心理素质、潜在能力的一系列方法。情景模拟可以包括很多内容,主要有公文处理、访谈、无领导小组讨论、角色扮演和即席发言等。由于情景模拟设计复杂,准备时间长,费用比较高,正确度比较高,因此往往用于招聘高级管理人员。

# 第四节 培训与开发

培训与开发是指企业通过各种方式使员工具备现在或者将来工作所需要的知识、技能,改变他们的工作态度,以改善员工在现有或将来职位上的工作业绩,最终实现企业整体绩效提升的一种计划性和连续性的活动。

## 一、培训与开发的意义

企业之所以要进行培训与开发工作,是因为它具有非常重要的作用,主要表现在以下几个方面。

### (一) 培训与开发有助于改善企业的绩效

企业绩效的实现是以员工个人绩效的实现为前提和基础的,有效的培训与开发工作能够帮助员工丰富知识和提升技能,改变他们的态度,增进员工对企业战略、经营目标、规章制度、工作标准等的理解,不断提高工作积极性,从而有助于改善他们的工作业绩,进而改善企业的绩效。

### (二) 培训与开发有助于增强企业的竞争优势

构筑自己的竞争优势,这是任何企业在激烈的竞争中谋求生存和发展的关键所在。当今时代,随着知识经济的迅速发展和科学技术的进步,企业的经营环境日益复杂多变,"未来唯一持久的优势是能够比你的竞争对手学习得更快"(彼得·圣吉)。通过培训与开发,一方面可以使员工及时掌握新的知识、新的技术,确保企业拥有高素质的人才队伍;另一方面也可以营造鼓励学习的良好氛围,这些都有助于提高企业的学习能力,增进企业的竞争优势。

### (三) 培训与开发有助于提高员工的满意度

应该说,员工满意度是企业正常运转的必要条件之一,而培训与开发有助于提高员工的满意度。对员工进行培训与开发,可以使他们感受到企业对自己的重视和关心,这是满意度的一个重要方面。此外,对员工进行培训与开发可以提高他们的知识技能水平,进而使员工的工作业绩得到提升,这有助于提高他们的成就感,这也是满意度的一个重要方面。

### (四) 培训与开发有助于培育企业文化

在竞争日益激烈的市场环境里,越来越多的企业家意识到文化管理同样是企业管理的一个重要部分。有关研究表明,良好的企业文化对员工具有强大的凝聚、规范、导向和激励作用,这些对企业来说有着非常重要的意义,因此很多企业在重视规章制度建设的同时也越来越重视企业文化的建设。作为企业成员共有的价值观念和道德准则，企业文化必须得到全体员工的认可，这就需要不断地对员工进行宣传教育，而培训与开发就是其中一种非常有效的方法。

(五) 培训与开发有助于增强企业对优秀人才的吸引力

知识经济时代，企业在优秀人才方面的竞争日趋激烈，而员工作为一个特殊的群体，具有一定的特殊性。例如有些员工看重发展的机会和自身进步，特别关注企业能否提供培训机会，企业如果能够给他们提供相应的培训与开发机会，就能满足他们的需求，留住这部分员工，并对外部人员产生较强的吸引力。

## 二、培训与开发的常用方法

(一) 直接传授培训法

1. 授课法

授课是成本最低的培训方法之一，就是通过培训者讲授或者演讲的方式来对受训人员进行培训。它几乎没有什么开发费用，并可以用于规模比较大的培训班。尽管有人认为授课法缺少实践和反馈的机会，但有关的研究显示，它至少有中等水平的效力。

2. 讲座法

讲座法是指培训者用语言传达想要受训者学习的内容，按照一定的组织形式传达大量信息，有效地节省成本和时间。这种学习的沟通主要是单向的，即从培训者到听众。讲座法缺少受训者的参与、反馈以及与实际工作环境的密切联系，这些都会阻碍学习和培训成果的转化。为尽量提高学习和培训成果的转化效率，讲座法常常会附加问题讨论和案例研究，为受训者提供更多的参与机会。

(二) 实践型培训法

1. 个别指导法

个别指导也叫师傅带徒弟，是指有针对性地对个别人进行一对一指导，一般由经验丰富的员工与新员工结成比较固定的师徒关系，并由师傅对徒弟的工作进行指导和帮助。这种方法比较节约成本，而且有利于迅速掌握工作技能。但是，这种培训的效果受师傅因素的影响比较大，会影响师傅的正常工作，降低工作效率；还容易形成固定的工作思路，不利于创新。在高科技企业中，这种方法又被称为导师制。

2. 工作轮换法

工作轮换法是一种在职培训的方法，目的在于提升员工的技能，使其胜任多方面的工作，同时增加工作的挑战性和乐趣，企业也可以在人员调配上获得更大的灵活性。

(三) 参与式培训法

1. 案例分析法

案例分析是指给受训者提供一个现实的案例，首先让他们独立地去分析这个案例，然后再与其他受训者一起讨论,从而提出自己对问题的解决办法。其中,案例大多来自实际工作,通过对案例的分析,有助于解决类似的实际问题,但案例的收集和提炼往往是比较困难的。案例虽然来自现实,但又不能是现实的直接反映,要经过一定的加工,此外,这种方法对培训者的要求也比较高,要求能够给受训者以启发。

2. 头脑风暴法

头脑风暴法又称智力激励法、自由思考法,是由美国创造学家 A. F. 奥斯本于1939年首次提出,于1953年正式发表。头脑风暴法是指通过会议的形式,让所有参加者在自由愉快、畅所欲言的气氛中自由交换想法或点子,激发与会者的创意及灵感,以产生更多创意的方法。头脑风暴法适合解决简单、需要严格确定的问题,比如产品名称、广告口号、销售方法、产品的多样化研究等,适用于需要大量的构思、创意的行业,如广告业。

(四) 态度型培训法

1. 角色扮演法

角色扮演法就是给受训者提供一个真实的情境,让他们分别扮演不同的角色,做出他们认为与角色相适应的行为,表现出角色的情感。在角色扮演过程中,培训者可以随时加以指导,结束后组织大家讨论,受训者分别发表意见。这就是通常所说的换位思考。

2. 拓展训练

拓展训练法也叫冒险性学习法,是利用户外活动的形式来开发团队协作和领导技能的一种培训方法。拓展训练最适合开发与团队有效性有关的技能,在这种高难度的活动中,受训者互相合作、互相信任,同时也更加了解彼此,有助于未来在团队中互相协作。

# 第五节 绩效考核与薪酬管理

## 一、绩效考核

### (一) 绩效考核的含义

绩效考核也叫绩效评估,是组织按照预先确定的标准和一定的考核程序,运用科学的考核方法,按照考核的内容和标准,对考核对象(员工)的工作能力、工作成绩进行定期或不定期的考察和评价。

### (二) 绩效考核的程序

绩效考核的程序一般分为横向和纵向两种。

1. 横向程序

横向程序是指按绩效考核工作的先后顺序进行绩效考核的程序,其主要环节有下列几项。

1) 制定绩效考核标准

制定绩效考核标准是在绩效考核时为避免主观随意性所不可缺少的前提和条件。绩效考核标准必须以职务分析中制定的职务说明与职务规范为依据,因为职务分析是对员工应尽职责的正式要求。

2) 实施绩效考核

实施绩效考核是指对员工的工作绩效进行考核、测定和记录。根据考核的目标,绩效考核可以是全面的,也可以是局部的。

3) 绩效考核结果的分析与评定

绩效考核的记录须与既定标准进行对照来做分析与评定,从而得出绩效考核的结果。

4) 结果反馈与实施纠正

绩效考核的结论通常应通报被考核员工,使其了解组织对自己工作的看法与评价,从而发扬优点,克服缺点。另外,还需针对绩效考核中发现的问题采取纠正措施。因为绩效是员工主、客观因素的综合反映,所以不应仅针对被考核的员工采取纠正措施,也需针对环境条件做出相应调整。

## 2. 纵向程序

纵向程序是指按组织层级逐级进行绩效考核的程序,一般是先对基层进行绩效考核,再对中层进行绩效考核,最后对高层进行绩效考核,形成由下而上的过程。其主要环节有下列几项。

(1) 以基层为起点,由基层部门的领导对其直属下级进行绩效考核。考核分析的内容包括员工个人的工作行为(如是否按规定的工艺和操作规程进行等)、员工个人的工作效果(如产量、废品率、原材料消耗率、出勤等),以及影响其行为的个人特征及品质(如工作态度、信念、技能、期望与需要等)。

(2) 基层考核之后,便开始对中层部门进行考核,其内容既包括中层负责人的个人工作行为与特征,也包括该部门总体的工作绩效(如任务完成率、劳动生产率、产品合格率等)。

(3) 待逐级上升到公司领导层时,再由公司所隶属的上级机构(如董事会)对公司领导层进行绩效考核,其内容主要是经营效果方面硬指标的完成情况(如利润率、市场占有率等)。

### 阅读链接 8-8

#### HP公司的绩效计划

HP公司的员工绩效管理要求为员工制订上下一致的计划。一个公司有很多不同职位的人,公司要求每个层面的人员都要制订各自的计划。股东和CEO要制订战略计划,各业务单位和部门要制订经营计划,部门经理和其团队要制订行动计划。通过不同层面人员的相互沟通,公司就能制订出一致性很高的计划,从而有利于发展步骤的实施。

对于员工的业绩指标,HP公司用SMTABC来表示。具体的解释是:S(specific,具体性),要求每一个指标的每一个实施步骤都要具体详尽;M(measurable,可衡量),要求每一个指标从成本、时间、数量和质量四个方面进行综合的衡量;T(time,定时),业绩指标需要指定完成日期;A(achievable,可实现性),员工业绩指标需要和老板、事业部及公司的指标相一致且易于实施;B(benchmark,以竞争对手为标杆),指标需要有竞争力,需要保持领先对手的优势;C(customer oriented,客户导向),业绩指标要能够达到客户和股东的期望值。

## 二、薪酬管理

薪酬是企业因使用员工的劳动而付给员工的钱或实物。薪酬分为直接薪酬和间接薪酬。直接薪酬包括基本工资、奖金、津贴补贴和股权。间接薪酬即福利。

### (一) 影响薪酬制度的因素

在市场经济条件下,企业的薪酬制度会受到内外部多种因素的影响,为了保证薪酬管理的有效实施,必须对这些影响因素有所了解和认识。一般来说,影响企业薪酬制度的因素包括企业外部因素、企业内部因素和员工个人因素。

**1. 企业外部因素**

1) 国家法律法规与政策

国家法律法规与政策对于企业的行为具有强制性的约束作用,因此,企业在制定薪酬制度时应当首先考虑到这一因素,在法律法规与政策规定的范围内进行薪酬管理。

2) 劳动力市场状况

按照经济学的解释,薪酬就是劳动力的价格,它取决于供给和需求的对比关系。在企业需求一定的情况下,劳动力资源供不应求,劳动力价格就会上涨,此时,企业要想获取必要的劳动力资源,就必须相应地提高薪酬水平;反之,如果劳动力资源供给过剩,劳动力价格就会趋于平缓或下降,此时,企业能够相对容易地获取必要的劳动力资源,甚至可能降低薪酬水平。

3) 物价水平

薪酬最基本的功能是保障员工的生活,因此对员工来说更有意义的是实际薪酬水平,即货币收入(又称名义薪酬)与物价水平的比率。当整个社会的物价水平上涨时,为了保证员工的实际生活水平不受或少受影响,支付给他们的名义薪酬相应地也要增加。

4) 其他企业的薪酬状况

其他企业的薪酬状况对企业薪酬管理的影响是最直接的,这是员工进行横向的公平性比较时非常重要的参考系数。当其他企业,尤其是竞争对手的薪酬水平提高时,为了保证外部的公平性,企业也要相应地提高自己的薪酬水平,否则就会造成员工的不满意甚至是流失。

**2. 企业内部因素**

1) 企业的经营战略

企业的薪酬制度应当服从和服务于企业的经营战略,在不同的经营战略下,企业的薪酬管理也会不同。

2) 企业所处的发展阶段

企业处于不同的发展阶段时,其经营的重点和面临的内外部环境是不同的,因此,在不同的发展阶段,薪酬制度也是不同的。

3) 企业的财务状况

薪酬是企业的一项重要成本开支,因此企业的财务状况会对薪酬制度产生重要的影响。良好的财务状况可以保证薪酬水平的竞争力和薪酬支付的及时性,是薪酬制度得以实现的物质基础。

### 3. 员工个人因素

1) 员工所处的职位

在目前主流的薪酬管理理论中,员工所处的职位是决定员工个人基本薪酬以及企业薪酬结构的重要基础,也是企业内部公平性的主要体现。职位对员工薪酬的影响并不完全来自它的级别,而主要来自职位所承担的工作职责以及对员工的任职资格要求。

2) 员工能力与绩效

能力是员工完成工作的关键因素之一,一般而言,能力越高,薪酬也越高。在设计员工的薪酬时,必须考虑员工的能力。员工的绩效是决定其可变薪酬的重要基础,在企业中,可变薪酬往往都与员工的绩效联系在一起,两者具有正相关的关系。总体来说,员工的绩效越好,其可变薪酬就会越高。此外,员工的绩效表现还会影响他们的绩效加薪,进而影响基本薪酬的变化。

3) 员工的工作年限

工作年限主要有工龄和企龄两种表现形式。工龄指员工参加工作以来的总工作时间,企龄则指员工在本企业中的工作时间。一般来说,工龄和企龄越长的员工,薪酬的水平相对也越高。

### (二) 工资制度

#### 1. 职务等级工资制

职务等级工资制是政府机关、企事业单位的行政人员和技术人员所实行的按职务等级规定工资的制度。这种制度是根据各种职务的重要性、责任大小、技术复杂程度等因素,按照职务高低规定统一的工资标准。同一职务又划分为若干等级。各职务之间用上下交叉的等级来区别工资差别线,呈现一职数级上下交叉的"一条龙"式的工资制度。职务等级工资制包括职务名称、职务工资标准表、业务标准、职责条件等要素。

#### 2. 岗位工资制

岗位工资制是指以岗位劳动责任、劳动强度、劳动条件等评价要素确定的岗位系数为支付工资报酬的依据,进行工资发放的制度。岗位工资制的特点是对岗不对人,实行岗位工资制要进行科学的岗位分类和岗位劳动测评。

#### 3. 技术等级工资制

技术等级工资制是指根据劳动的复杂程度、繁重程度、精确程度和工作责任的大小等因素划分技术等级,按等级规定工资标准的制度,由工资等级表、技术等级标准和工资标准三方面组成。技术等级工资制的主要特点是以劳动质量来区分劳动差别,进而依此规定工资差别。这种工资制度适用于技术比较复杂的工种。

#### 4. 计件工资制

计件工资制是指按工人生产的合格产品的数量和预先规定的计件单价来计算员工报酬的制度。计件工资制包括工资物等级、劳动定额和计件单价三个要素。工资物等级是指根据各种工作的技术复杂程度及设备状况等,按照技术等级的要求,确定从事该项工作的工人应该达到的技术等级;劳动定额是指在一定生产技术条件下,工人应该完成的合格产品的数量或完成某些产品的必要劳动时间的消耗标准,它是合理组织劳动和制定计件单价的基础;计件单价是以工资物等级和劳动定额为基础计算出来的单位产品的工资。

### 5. 提成工资制

提成工资制又称拆账工资制、分成工资制,是指对职工个人(或小集体)按固定的比例对其所创纯收入(或毛收入)支付劳动报酬的工资制度。采用提成工资制时,一般实行除本分成,既可以用于对职工个人提供的超过某个基数的纯收入分成支付奖金,也可以用于个人独立操作、以提供劳务为主、劳动成果能够以价值量直接考核到个人的餐饮服务业或某些小型手工作坊。

### 阅读链接 8-9

#### 李贺的迷思

李贺和他的朋友在一个周六的下午打高尔夫球交谈时,发现自己所在的部门雇用了一位刚毕业的大学生做系统分析员,他的底薪几乎和自己一样高。虽然李贺的脾气不错,但他还是很困惑和沮丧,他花了五年的时间成为高级系统分析员,并达到他现在的工资水平。总体来说,他一直对自己的公司很满意,而且很喜欢他的工作。

星期一的早上,李贺见了人力资源经理戴强,向他询问自己所听说的是否属实。戴强抱歉地承认是实情,并努力解释公司的处境:"李贺,系统分析员市场十分紧俏,我们实在需要再增加一名分析员,为使公司招聘到合格的人才,我们不得不提供一种溢价底薪。这是使公司招聘到这种人才的唯一办法。"

李贺继续问他的工资是否会相应调整。戴强说:"你的工资将在规定时间得到重新评价,由于你一直干得不错,我相信老板会同意加薪的。"李贺谢过戴强,摇着头离开了人力资源经理办公室,他感到前途渺茫。

关于此事,公司应采取什么行动呢?从此事来看,该公司应重新制定薪酬体系策略,从侧重内部公平转为侧重外部公平;其次,还应进行市场薪酬调研,使薪酬与市场挂钩。

资料来源:邱彦彪. 现代企业管理理论与应用[M]. 2版. 北京:北京大学出版社,2013.

### (三) 福利制度

#### 1. 员工福利的概念

福利是指企业以组织成员身份为依据,而不是以员工的劳动情况为依据支付给员工的间接薪酬。在劳动经济学中,福利又被称为小额优惠,是组织为提高员工的满意度,向员工及其家属提供的旨在提高其生活质量的措施和活动的总称。根据这一定义,我们可以从以下方面来理解福利:第一,福利的提供方是企业,而接受方是员工及其家属;第二,福利是整个薪酬系统中的重要组成部分,是基本薪酬和可变薪酬之外的那部分薪酬;第三,福利可以采取多种形式,服务、实物和货币都可以是福利的支付形式;第四,福利旨在提高员工的满意度和对企业的归属感。

#### 2. 员工福利的种类

1) 法定社会保险

法定社会保险包括基本养老保险、基本医疗保险、失业保险、工伤保险和生育保险,也就是企业通常所说的"五险"。企业应按照员工工资的一定比例为员工缴纳保险费,例如,我国《失业保险条例》第六条规定,城镇企事业单位按照本单位工资总额的2%缴纳失业保险费。

2) 住房公积金

住房公积金是用人单位和在职员工共同缴存的长期住房储金,由两部分组成:一是员工个人每月按规定从工资中扣缴的部分;二是单位每月按规定为员工个人缴存的部分。

3) 法定休假

法定休假包括两类:一是公休假日,是指劳动者周末的休息时间;二是法定假日,是指员工在法定节日要享受的休假。我国目前的法定节日包括元旦、春节、国际劳动节、国庆节和法律、法规规定的其他休假节日。《中华人民共和国劳动法》规定,法定节假日安排劳动者工作的,应支付不低于300%的劳动报酬。

4) 企业补充养老保险计划

企业补充养老计划又称企业年金计划。企业年金是在法定福利的基本养老保险基础上建立的,由企业和员工按照自愿的原则而自主设立的养老保险制度。它通过设立个人账户和年金基金,采取政府监管与市场化运作方式,为参加员工支付养老待遇。在国外,企业年金又称职业年金、雇主退休金计划。我国于2000年正式将原企业补充养老保险规范为企业年金。

**【本章小结】**

人力资源是指能够推动经济和社会发展的劳动者的智力和体力劳动能力的总和。人力资源管理是指运用科学的方法,在企业战略的指导下,对人力资源进行获取与配置、培训与开发、考核与激励、安全与保障、凝聚与整合等,最终实现企业目标和员工价值的过程。在这个过程中,我们需要做好人力资源的规划、人员的招聘、员工的培训和开发,以及员工绩效考核和薪酬制度的设计。

进行人力资源规划时,要做到对需求与供给的准确预测,人力资源需求的预测方法有现状规划法、经验预测法、德尔菲法、趋势预测法和工作负荷法,人力资源供给的预测方法有技能清单法和人员替换法。人员招聘主要有内部和外部两种渠道,主要的人员甄选方法有笔试、面试、心理测评及情景模拟。

对于员工的培训,应该结合公司的人员素质等具体情况选择恰当的方法,主要的培训方法有授课法、讲座法、个别指导法、工作轮换法、案例分析法、头脑风暴法、角色扮演法和拓展训练。

绩效考核直接影响员工工作的积极性,企业应当重视对绩效的考核。员工薪酬和福利制度与员工自身利益息息相关,也是对员工最直接的激励。企业可采取的工资制度主要有职务等级工资制、岗位工资制、技术等级工资制、计件工资制和提成工资制,员工可享受的福利有法定社会保险、住房公积金、法定休假和企业补充养老保险计划。

**【思考题】**

1. 什么是人力资源管理?人力资源管理的特征是什么?
2. 简述人力资源规划编制的过程。

3. 人员招聘的渠道有哪些？各自的优缺点是什么？
4. 人员培训的常用方法有哪些？
5. 什么是绩效考核？绩效考核的方法有哪些？
6. 什么是员工福利？员工福利的种类有哪些？

## 【案例分析】

### 美国西南航空公司通过人来竞争

美国民航业在1990—1993年损失了40亿美元，而西南航空公司在此期间却创造了大量的利润。自从1978年的《航空管制解除法》颁布以来，持续的运费价格战和白热化的竞争导致该行业的竞争环境动荡不安。解除航空管制之后，政府已经不再决定航空公司必须飞哪条航线以及必须为哪座城市提供航空服务，服务的收费水平以及所提供的服务本身都是通过竞争来决定的。这对该行业的冲击非常大，仅1991年一年，就有三家航空公司遭到了破产和被清算的命运，不仅如此，在1992年年初，环球航空公司也不得不向其债权人寻求保护。只有数量非常有限的航空公司如西南航空公司、美洲航空公司等得到发展。

1994年，美国民航业的年收入水平总共只有1亿美元，而西南航空公司的年收入却高达1.79亿美元，同时其运营成本也达到了每公里7美分这一行业最低水平。在过去的10年中，一共雇用了将近2.6万名员工的西南航空公司的收益增长了388%，净收入增长了1490%。公司连续31年盈利，1972—2001年股票投资者的最佳总回报超过300倍，公司市值比美国其他所有航空公司市值的总和还高。

航空业是一个资本密集型的行业，花费在飞机上的费用是巨大的。另外，航空公司还必须提供超级的顾客服务。航班延迟、行李丢失、超额订票、航班取消等情况都会使乘客迅速疏远某个航空公司。

对有些企业来讲，"以顾客为中心"只不过是一句口号而已，然而在西南航空公司，这却是一个每天都在追求的目标。比如，西南航空公司的员工对顾客投诉所做出的反应是非常迅速的。有5名每周需要通过飞机通勤到外州医学院上学的学生告诉西南航空公司，对他们来说，最方便的那个航班却每次都要使他们迟到15分钟。为了适应这些学生的需要，西南航空公司把航班的起飞时间提前了整整一刻钟。

西南航空公司是一家围绕全面质量管理目标来构造企业文化的组织。对于西南航空公司的全体员工(包括首席执行官赫本·凯勒)来说，以顾客为中心、雇员参与和授权、持续改善等已经不是一句停留在口头上的话而已。实际上，凯勒甚至征集了一些乘客来帮助公司强化顾客驱动型的文化。一些经常搭乘航班的乘客被邀请来协助公司的人事管理者对申请成为空中服务人员的候选者们进行面试和挑选工作。公司还成立了一些专门的工作小组来帮助公司考察顾客对于公司所提供的新服务所做出的反应，并且提出改进当前服务的新思路。此外，每周还会有1000名左右的顾客给公司写信，而这些人一般会在四周之内得到公司的单独反馈。西南航空公司经常成为美国交通部的三维皇冠奖(Triple Crown Award)获得者，三维皇冠奖通常发放给准时绩效最高、行李处理最好以及顾客投诉最少的航空公司。

西南航空公司的成功是由外部因素和内部因素共同促成的。外部因素包括燃油价格的下降和经济的强劲增长等，而内部因素则包括航线管理系统的设计、计算机化订票系统的建立以及拥有一支工作动机强烈的高素质员工队伍等。在关于西南航空公司核心竞争力的争论中，西南航空公司认为，机器和其他一些实物并不是西南航空的成功因素，才智、热情、精神和情操才是公司鹤立鸡群的根本原因。虽然许多航空公司想模仿西南航空公司的管理制度，但无法复制西南航空公司员工的精神、态度和无比的集体荣誉感。归纳西南航空公司成功的原因，包括只做你擅长的事、把事情简单化、使票价和成本低、把客户当宾客，以及最优秀的员工。

**公司的战略**

西南航空公司之所以能够持续地增长并维持住利润水平，是因为它有自己独特的企业远景和公司战略，而赫伯·凯勒就是建立和维护这种远景和战略的一个主要力量。西南航空公司是一家建立于20世纪60年代后期的航空公司，公司一开始就定位于运费低、航班多、航程短、点对点不中转，以及等级座舱单一、不联运，它的扩张方式是"每一个新机场做与原来相同的老事情"。

"每一个新机场做与原来相同的老事情"是西南航空公司的成功之道，这种扩张方式使这家航空公司即使是在变革最为剧烈的时期仍然能够维持增长势头。尽管旅客的订票和出票手续都是在起飞之前完成的，但是乘客实际的乘坐座位却是按照先来先占的原则确定的，而这只不过是公司不因循守旧的明证之一。通过航班飞行人员和空中服务人员在清扫客舱以及给养补充方面所提供的协助，西南航空公司得以将乘客转机的时间保持在行业最低的15分钟。航班上所供应的食品和饮料仅限于软饮料和花生米，只是在长途飞行时才在菜单中加入小甜点和饼干。西南航空公司并不与其他航空公司交换机票或者行李。凯勒指出，如果西南航空公司采用了计算机化的联运订票系统，那么他们在地面上的停留时间将会增加，而这将会使公司不得不另外再购买至少7架飞机，以每架飞机2500万美元计算，这一结果将会对乘客所必须支付的机票价格产生非常大的影响。而目前，西南航空公司的票价大大低于其竞争对手。

**公司的理念、文化以及人力资源实践**

西南航空公司是如何保持其独特的成本有效性地位的呢？在民航这个劳资双方之间的敌对关系非常普遍的行业中，西南航空公司是如何与其员工建立合作关系的呢？在凯勒的领导下，公司培育了一种像对待顾客一样对待员工的文化，关注员工、对员工的要求做出积极的反应，以及让员工参与决策。

公司人事副总裁伊丽莎白·皮德雷克·沙丁说，正是西南航空公司的文化使该公司显得与众不同。这种温馨愉悦的气氛让大家找到了一种共同体的感觉，同时还抵消了高强度的工作以及竞争所带来的压力。正如凯勒所指出的那样，"如果你不善待自己的人，就别指望他们善待他人。"因此，西南航空公司所关注的不仅仅是自己的顾客，同时也包括自己的员工。

西南航空公司的企业文化还包括对员工队伍的灵活性所赋予的较高价值。公司的员工为自己能够在短短的20分钟内就能使飞机做好起飞准备而感到自豪，因为这一时间比同行业的平均时间要少一半。西南航空公司的一句文化格言是"你别想让飞机待在地上就能给你挣钱"。地面服务人员负责卸载行李、清理机舱盥洗室、清除垃圾，以及重新给飞机装备冰块、饮料和花生米。空中服务人员则负责为下一次飞行准备好客舱,并且,如果飞行员有时间,他们也会加入这些准备工作中来。在西南航空公司,努力工作并不仅仅是一种义务,也是自豪感的一个源泉。地面服务人员迈克·威廉姆斯自豪地说,西南航空公司的快速转机服务与其他航空公司的区别就在于,当一架飞机降落时,其他航空公司的员工只不过是在按部就班地完成工作,而当我们的飞机降落时,我们却是向它展开猛烈的突击。

除了较高的激励性和对绩效的较高期望之外,我们还可以清楚地从西南航空公司的人员招募和甄选过程中了解其文化。西南航空公司全年都接受求职者对地面操作职位和空中服务职位的申请。许多申请者曾经还是公司的乘客,他们都曾经看到过公司的一张把凯勒扮成淘气鬼的招聘广告。1994年,西南航空公司一共收到了2.6万封求职信,人力部门为填补4500个职位而对3.5万多名求职者进行了面试。第二年,不断出现的扩张导致公司的人员招聘数量从年初开始就以更快的速度增长。在1995年的前两个月中,公司就雇用了1200名新员工。这样大的劳动力后备库使公司能够及时招募到最适合公司文化的新员工,在这种文化中,他们被要求超越工作描述的范围来做好自己的工作。

凯勒的"工作场所乐趣"哲学可以从公司为了对员工的贡献加以认可而花费的金钱和时间上得到体现。西南航空公司连续五年赢得三维皇冠奖的时候,公司将一架飞机献给了所有的员工。他们的名字被刻在飞机头部的外壳上!公司舞会可以因许多事件而发起,其中包括首席执行官的生日,那天员工们都要穿上黑色的礼服,西南航空公司每年一度的红辣椒烹饪大赛,颁奖晚宴以及每周五的"开心日",在这一天,雇员可以穿着随便的衣服甚至表演用的衣服到公司来上班。这些都表明公司的这样一种信条,即员工必须有幽默感,并且,心情放松的员工才会是高生产率的员工。公司常常通过举行聚会来增强大家对西南航空公司这个大家庭的归属感,而这些又对公司文化起到了积极的支持作用。

当一个记者询问公司花在认同员工贡献方面的时间和金钱时,凯勒回答说,如果公司不去做这些事情,那么公司肯定省钱,但问题是这样做的结果却无异于"摘走你的心脏"。

员工参与决策也是西南航空公司企业文化的主要内容。公司采用一种积极的、非正式的提案建议制度以及各种各样的激励手段(现金、商品和旅行凭证等)来对员工提出的新想法加以奖励。无论是各个工作小组还是个人,公司都期望他们能够为改善顾客服务以及节约成本贡献自己的力量,这已经成为他们工作的一个组成部分。

公司对一些棘手问题所做出的反应也总是基于公司的经营理念。随着福利成本的上升,有着极强成本意识的西南航空公司对员工的福利计划进行了重新设计,使之变成一种灵活的福利计划。不仅如此,公司又向前迈出了一步,公司当时的薪酬福利主管是莎婷。她认为要想使公司获得成功以及使员工满意,最关键之处还在于沟通。在征求了分布于7个不同城市中的700多名员工的意见以后,一种模仿报纸和早间新闻的福利推介计划面世了。占星图、建议栏以及推销广告等对这项新的福利计划起到了推动作用。员工发现这种福利推介形式比传统的福利手册更有趣味性,却少了强迫性。实际上,这些方面的努力使西南航空公司在1990年的商业保险杯员工福利沟通奖中获得了第一名。更为重要的是,员工理解了他们的福利选择权,并且对公司与他们进行公开交流的意愿心怀感激之情。

公司还设计了许多人力资源实践来支持公司的文化。薪酬计划的设计被用来增强西南航空公司与员工之间的联系，这些员工非常喜欢公司的一项利润分享福利计划。西南航空公司的业绩非常优秀的员工拥有公司大约11%的股票。为了支持公司的高效运转，公司与工会的合同中还避免出现限制性过强的工作规则。公司的信条之一是，员工可以(而且他们也希望能够)出现在需要他们的任何地方，而无论自己的工作名称或者工作类别是什么。西南航空公司自1971年创立以来从未解雇过一名员工，员工的年流动率为7%，这在行业内是最低的。1998年，公司的飞行员们通过投票决定，在执行与公司签订的为期10年的集体合同的后半段时间里，将继续维持原来确定的由公司提供低幅工资增长，但是却提供大量股票选择权的报酬计划。飞行员将在今后五年中连续每年获得3%的工资增长，同时再加上每股8.89美元的股票选择权。这种为期10年的集体协议在航空业中是独一无二的。此外，在1996年，凯勒还主动提出一直到1999年之前都将自己的年薪冻结在1992年的水平，以响应飞行员们的工资冻结行为。这种共同做出牺牲的精神帮助公司进一步培养了员工的士气以及他们对组织的承诺感。

对顾客和员工的共同关注使得西南航空公司的员工队伍越来越多元化。为了向美国西部的乘客提供更为有效的服务，公司一直在招募说西班牙语的雇员，并且向现有的员工提供西班牙语培训课程。

西南航空公司的员工们还积极参与大量的社区公共服务计划。这种献身精神在公司内部同样受到了鼓励并且能够找到明证。一个由员工们发起的灾难基金就是为了给公司里那些面临个人危机的人提供支持用的。不同的部门之间经常通过互相给予奖励以及为对方举办晚会等形式来表示对对方的感激之情。

员工们谈到了许多他们认为有利于向顾客提供优质服务的大量日常事例。比如公司的一名乘客服务人员就遇到了一名难缠的男乘客，当时他要赶乘一架航班去和正在度假的家人会合，这位男乘客要求能让他带狗上飞机。由于西南航空公司并没有动物搭乘业务，因此这名男乘客有可能会因此错过航班从而失去与家人会面的机会。于是这名乘客服务人员主动提出把乘客的狗带回自己的家并对其好生照料，当这名乘客回来时再把狗带到机场去还给他。他这样做不仅很好地处理了问题，同时还使公司获得了一个感激万分的顾客。

**问题讨论：**
1. 请分析西南航空公司采用的人力资源管理系统。
2. 你认为西南航空公司人力资源政策中最成功的地方是什么？请说明理由。
3. 为什么说西南航空公司是通过人来竞争，而不是通过战略来竞争？

**【技能训练】**

对生产部经理的考核

**训练目标：**
1. 通过角色扮演的训练方法使学生深刻认识人力资源管理中沟通的重要性。
2. 让学生掌握沟通的技巧和方法。

## 第八章 现代企业人力资源管理

**训练方法：**

这是一个角色扮演的练习，背景是一家制造公司，一个角色是总经理张维，另一个角色是生产部经理刘军。选出总经理张维和生产部经理刘军的扮演者，其他人为观察者。

**总经理张维的角色说明：**

你邀请了刘军来办公室开会。刘军是公司的生产部经理。从许多方面来说，你承认刘军是一个理想的管理人员，他有节约意识，聪明能干，积极主动，为人诚恳。在刘军的领导下，生产部的产量稳定上升。此外，刘军也是你的私人朋友。

你请刘军来讨论一个自去年以来一直困扰你的问题。尽管刘军有许多优点，但还是有一个不容忽视的问题，没有一个生产部的管理干部在公司工作超过6个月。他们抱怨刘军独断专行，从不允许他们自己处理问题。

刘军总是在监视他们，并明确告诉他们该怎么干，甚至最具体的事务也是如此。

公司一个副总经理位置空缺，你想过要不要提升刘军。另外，你还考虑过该不该让刘军走人。这个问题你已经与刘军谈过好几次了，你觉得你已经足够清楚地告知刘军，是否得到提升取决于他是否能够培养一位继任者担任生产部经理一职。

最近许多不错的年轻人离开公司。你要决定要么刘军改变做法制止住人才外流的趋势，要么让他辞职(你在文件处理上稍微落后了一点，不知道刘军最近给你送来了一份报告)。

**生产部经理刘军的角色说明：**

你刚接到总经理张维的电话，他要见你。在去他办公室的路上，你寻思他找你干什么？你想可能是以下两件事之一。

一是要提升你做副总经理。张维以前已经数次谈过这件事，如张维所言，如果你能在生产部经理职位上证明自己，副总经理职位非你莫属。你当然记得他曾暗示你理应得到提升。生产部的产量创了纪录，生产部门在你的领导下有效运转，你对自己的成绩感到自豪。

二是关于你上周提交给他的那份报告。你在那份报告中提出要招聘一些确实优秀的主管和工人：
(1) 大幅增加工资以期招揽资质更佳的人才；
(2) 引入先进的人事测评项目，以便淘汰平庸的求职者。

虽然你对自己在生产部门的成就感到自豪，但有一个问题困扰你，那就是中、低层管理人员的素质太差。这些人当中有几个刚刚入职，但你愿意让他们通通走人。这些家伙大多让人感到郁闷，又不负责任。大部分不能胜任工作，没有一个可以得到提升。

你总是为推进下属的工作而疲于奔命，不管你怎么指导、鼓励甚至威胁，最后还是要亲自检验才能确保他们把工作做好。在你看来，你已经通过纠正他们的错误，为公司节约了大量费用。

张维是你的老朋友，你对你们之间的工作关系感到满意，想到这里，你踏进了总经理办公室。

**观察者角色的说明：**

**1. 观察上司开始谈话的方式。**
(1) 上司做了什么？他是否以某种方式营造了融洽的气氛？
(2) 上司是否开门见山地说明谈话目的？
(3) 谈话目的是否表述得清楚简明？

2. 观察谈话是怎么进行的。
(1) 上司是否了解下属对工作的感觉？
(2) 上司是否以泛泛的、一般性的问题开始谈话？
(3) 上司是否批评下属？
(4) 上司是否理解下属的想法？
(5) 两人中，谁说话多？
(6) 上司是否了解其他情况？
(7) 上司有没有表扬下属？

3. 观察、评价谈话结果。
(1) 谈话结束时，上司对下属的评价在多大程度上做到了公正和准确？
(2) 上司是否给下属激励？
(3) 谈完后，两个人之间的关系是改善了还是恶化了？
(4) 上司怎样才能做得更好些？

**训练要求：**
总经理张维和生产部经理刘军的扮演者应严格按照角色说明模拟真实场景进行表演，观察者认真观察并记录两人的表现，最后进行讨论。

# 第九章

# 现代企业财务管理

【学习目标与要求】
- 理解企业财务管理中的基本概念。
- 掌握企业财务管理的目标。
- 掌握企业财务管理的基本内容与方法。

【导入案例】

2001年,上海证券交易所正式宣布"PT 水仙"退市,这是我国证券市场上第一个被摘牌的股票。投资失败是"PT 水仙"被摘牌的一个重要原因。1995年,水仙投资组建上海惠尔浦水仙有限公司,占 45%股权,然而该公司 1996—1998 年一直处于亏损状态,且亏损额越来越大,最后水仙只得抽出投资,损失惨重。1998年,水仙投资组建上海能率有限公司,因无力经营,最终廉价出售。在这些投资中,都无一例外地反映了水仙投资决策的严重失误,它在进行投资决策时,高估了市场需求、销售价格及未来的现金流,选择了错误的投资时机。营运资金管理不善、债务负担沉重是水仙最终崩溃的直接原因。审计水仙的过程中发现,其账面上的 1~2 年、2~3 年的应收账款根本无法偿还。公司在 1999 年的营运资金为 18 367 万元,而同期银行借款就达 35 721 万元,多数借款无法偿还。到 2000 年,水仙的营运资金为 25 968 万元。周转资金的极度缺乏,连同应收账款和负债的居高不下,使公司本身已经不具备持续经营的能力,再加上其信誉等级低下,银行不再提供贷款,使水仙最终陷入了财务危机。因此,人们把水仙的失败归因于公司财务管理的失败。

资料来源:邱彦彪. 现代企业管理理论与应用[M]. 2 版. 北京:北京大学出版社,2013.

案例启示:
财务管理是企业管理的一部分,是对有关资金的获得和有效使用进行管理的工作,是对企业资金的筹集、运用、耗费、回收、分配所进行的管理活动,是一项综合性理财活动。

## 第一节 财务管理概述

假设你决定创办一家小商品生产企业,为此你需要购买原材料,并招募一批生产和销售产品的员工。用财务管理专业术语来表达就是,你要在存货、机器、劳动力方面进行投资,并进行必要的产品生产和加工。当你开始销售这些产品时,你的公司将获得资金,这是价值创造的基础。

公司的目标就是创造价值,在从事价值创造的过程中,要进行各项经济活动并处理好与有关各方的经济关系,即财务关系。那么,企业在生产经营过程中主要有哪些财务活动,在财务活动的过程中要处理哪些关系呢?本节将阐述这些与财务管理有关的基本内容。

财务管理是基于企业生产循环过程中客观存在的财务活动和财务关系而产生的,是企业组织财务活动、处理与各方面财务关系所形成的一项经济管理工作。

## 一、企业财务活动

财务管理是基于企业客观存在的财务活动、财务关系而实施的管理。财务活动就是企业的资金运动;财务关系就是企业资金运动所体现的经济关系。企业的资金运动就是通过筹资、投资、用资和配资的财务活动来实现连续的运动。企业财务活动是指资金的筹集、投放、使用、回收及分配等一系列行为。从整体上讲,财务管理的内容包括资金筹集管理、企业投资管理、成本和利润管理、企业财务分析和评价控制四项管理。筹资、投资、用资和配资四项活动互相联系又有一定区别,构成了完整的企业财务活动,是企业财务管理的基本内容。

## 二、企业财务管理的原则

企业开展财务管理工作,就是要充分发挥财务管理的运筹作用,力争实现企业内部条件、外部环境和企业目标之间的动态平衡,并从平衡中寻求发展,促使企业实现其发展战略和经营目标。因此,遵循一定的财务管理原则,这是企业财务活动内在的要求。一般而言,企业财务管理原则包括以下几点。

### (一) 资本结构优化原则

资本结构优化原则是指企业在资金筹集过程中要充分考虑资金成本的高低,注意发挥财务杠杆的作用,选择最佳的筹资方式,保持最有利于实现企业发展战略和财务目标的资本结构。

### (二) 资源有效配置原则

资源有效配置原则是指企业在生产经营过程中,对拥有的各项资源进行有效配置和优化组合,并随着生产经营和市场竞争情况的变化而进行动态调整,使其发挥最大的效果。

### (三) 现金收支平衡原则

现金收支平衡原则是指企业在组织财务活动的过程中,力求使现金收支在数量上和时间上达到动态的平衡,实现资金链条环环相扣,以保证企业生产经营活动持续不断地顺利进行。

### (四) 成本效益最优原则

成本效益最优原则是指企业在生产经营过程中,加强成本管理,控制费用水平,实现以尽可能少的成本耗费获得最大化的经济效益,从而增强企业的成本竞争优势。

### (五) 收益风险均衡原则

收益风险均衡原则是指企业在组织财务活动的过程中,根据收益与风险互相依存的关系,对收益与风险充分评估后进行正确的抉择,以取得合理的平衡。

### (六) 分级授权管理原则

分级授权管理原则是指企业应建立内部分级财务管理制度，规定企业内部不同管理层次、不同部门的财务管理权限及其相应的责任，明确互相制约又互相配合的管理关系。

### (七) 利益关系协调原则

利益关系协调原则是指企业利用经济手段处理相关利益主体的财务关系，兼顾投资者、经营者、职工、债权人和社会等各方利益，为企业创造和谐的运行环境。

## 三、企业财务关系

企业财务关系是指企业在组织财务活动的过程中与有关各方所发生的经济利益关系。企业的筹资活动、投资活动、经营活动和利润分配活动与有关各方存在着广泛的纵横向联系，这种财务关系可概括为以下几个方面。

### (一) 企业与投资者之间的财务关系

企业与投资者之间的财务关系是指企业的投资者向企业投入资金，企业向投资者支付投资报酬所形成的经济关系。企业的所有者主要包括国家、法人、个人和其他组织。企业的所有者要按照投资合同、协议、章程的约定履行出资义务以便及时形成企业的资本，企业则利用资本运营以便实现预期利润。所有者的出资不同，对企业承担的责任不同，享有企业的权利和利益也不相同。

投资者是企业的所有者。投资者向企业投入资金，企业向投资者支付投资报酬，投资者通过投资协议、公司章程的约定履行出资义务，或通过购买股份向企业投资，形成企业的资本金。投资者有权行使参与企业的重大决策和利润分配的权利；企业利用投资者投入的资本金进行经营，对投资者的财产承担保全和增值责任。企业实现利润后，应按投资比例或协议、章程的规定，向投资者分配利润。企业与投资者之间的财务关系体现所有权的性质，以及与此相关的经济利益关系。

### (二) 企业与债权人之间的财务关系

企业与债权人之间的财务关系是指企业向债权人借入资金，并按借款合同的规定按时支付利息和归还本金所形成的经济关系。企业的债权人主要有债权持有人、贷款机构、商业信用提供者、其他向企业出借资金的单位和个人。企业利用债权人的资金，要及时向债权人支付利息；债务到期时，要按时向债权人归还本金。企业与其债权人的财务关系在性质上属于债权关系。

企业与债权人的财务关系，主要是指企业与银行及其他金融机构、客户之间的借贷和结算关系。企业为了满足经营的需要，可向银行和非银行金融机构取得借款；企业按规定还本付息，并接受金融机构的监督；企业还可以委托金融机构发行企业债券，向社会筹集资金；企业在经营过程中，还可能因为购销活动而发生拖欠。这些都构成企业的负债。

### (三) 企业与政府之间的财务关系

政府作为社会管理者，依法行使行政职能。依据这一身份，政府向企业征税并无偿参与企业利润的分配，企业必须按照税法规定向中央和地方政府缴纳各种税款。企业与政府之间的财务关系是一种强制和无偿的分配关系。

各级政府作为社会的组织者和管理者，行使政府行政职能。政府依据这一身份，无偿参与企业利润的分配和资金的调拨。企业必须依法缴纳各种税款和接受政府的资金监督，这就与财政和税收机关发生必要的财务关系。

### (四) 企业与受资者之间的财务关系

企业与受资者之间的财务关系是企业通过购买股票等形式向其他企业投资所形成的经济关系。随着市场经济的不断深入发展，企业经营规模和经营范围的不断扩大，这种关系将会越来越普遍。企业向其他单位投资，应按约定履行义务，并依据其出资份额参与受资者的经营管理和利润分配。企业与受资者之间的财务关系是一种所有权性质的投资与受资关系。

### (五) 企业与债务人之间的财务关系

企业与债务人之间的财务关系是指企业将其资金以购买债券、提供借款或商业信用等形式出借给其他单位所形成的经济关系。企业将资金借出后，有权要求债务人按约定的条件支付利息和归还本金。企业与债务人的关系体现为债权与债务关系。

### (六) 企业内部各单位之间的财务关系

企业内部各单位之间的财务关系是指企业内部各单位之间在生产经营各环节中提供产品或劳务所形成的经济关系。企业内部各职能部门和生产单位之间既分工又合作，形成企业系统这一经济单元。在实行厂内经济核算制和内部经营责任制的条件下，企业各个部门以及各个生产单位都有相对独立的经济利益，各个部门以及各个生产单位之间相互提供劳务和产品也要计价结算。这种在企业内部形成的资金结算关系，体现了企业内部各单位之间的利益关系。例如，在实行内部独立核算的情况下，企业内部产、供、销各部门的计价和结算关系；财务部门和会计部门之间在资金调度和使用方面所形成的经济关系等。

### (七) 企业与职工之间的财务关系

企业与职工之间的财务关系是指企业向职工支付劳动报酬的过程中所形成的经济关系。职工是企业的劳动者，凭借自身提供的劳动参加企业利润的分配。企业根据劳动者提供的劳动数量与质量，用其收入支付工资、津贴和资金，并按规定提取公益金，这种企业与职工之间的财务关系体现了职工个人与集体在劳动成果上的分配关系。

## 四、财务管理的特点

企业生产经营活动的复杂性决定了企业管理必须包括多方面的内容，如生产管理、技术管理、劳动人事管理、设备管理、销售管理、质量管理、关系管理和财务管理等。上述各项工作既互相联系、紧密配合，同时又具有各自的特点。企业财务管理工作的特点如下。

### (一) 财务管理是一项综合性的管理工作

企业管理在实行分工、分权的过程中形成了一系列专业管理工作，有的侧重于使用价值的管理，有的侧重于信息的管理。社会经济的发展要求财务管理主要运用价值形式对经营活动实施管理，通过价值形式，把企业拥有的经济资源、经营过程和经营成果进行合理规划和控制，达到企业效益不断提高、财富不断增加的目的。因此，财务管理既是企业管理的一个独立方面，又是一项综合性的管理工作。

## (二) 财务管理与企业各部门具有广泛联系

在企业中，一切涉及资金的收支活动都属于财务管理的范畴。事实上，企业内部与资金不发生联系的部门是很少见的。因此，财务管理常常涉及企业经营的各个部门。每一个部门都会通过资金的使用与财务部门发生联系，每一个部门也都要在合理使用资金、节约资金等方面接受财务部门的指导，受到财务制度的约束，以保证企业经济效益的提高。

## (三) 财务管理能迅速反映企业的生产经营状况

在企业管理过程中，决策是否得当，经营是否合理，技术是否先进，产销是否顺畅，都会迅速地在企业财务指标中得到反映。企业生产的产品如果适销对路，质量优良可靠，则可带动生产发展，实现产销两旺，加快资金周转，增强盈利能力。因此，财务管理工作既有其独立性，又受整个企业管理工作的制约。财务部门应通过自己的工作，向企业管理者及时通报有关财务指标的变化情况，以便把各部门的工作都纳入提高经济效益的轨道上来，努力实现财务管理的目标。

# 五、财务管理的环境

企业的财务管理环境又称理财环境，是指对企业财务活动产生影响作用的企业外部条件。它们是企业财务决策难以改变的外部约束条件，企业在更多的情况下应主动适应它们的要求和变化。财务管理的环境主要包括法律环境、金融市场环境和经济环境。

## (一) 法律环境

财务管理的法律环境是指企业和外部发生经济关系时所应遵守的各种法律、法规和规章。企业的理财活动，无论是筹资、投资还是利润分配，都要和企业外部发生经济关系。在处理这些经济关系时，应当遵守有关的法律规范。

(1) 企业组织法规，包括：《中华人民共和国公司法》《中华人民共和国合伙企业法》《中华人民共和国个人独资企业法》及《中华人民共和国外资企业法》等法律；《中华人民共和国登记管理条例》《中华人民共和国外资企业法实施细则》等法规和规章。

(2) 税收法规，包括：《中华人民共和国企业所得税法》《中华人民共和国税收征收管理法》等法律；《中华人民共和国增值税暂行条例》《中华人民共和国消费税暂行条例》《中华人民共和国进出口关税条例》《中华人民共和国企业所得税法实施条例》等法规；《中华人民共和国增值税暂行条例实施细则》《中华人民共和国消费税暂行条例实施细则》《中华人民共和国进出口关税条例实施细则》等规章。

(3) 财务法规，包括：《中华人民共和国会计法》《企业财务通则》《企业财务会计报告条例》《国有资本金绩效评价规则》《中华人民共和国证券法》及《中华人民共和国合同法》等。

这些法律法规的颁布给企业的财务活动带来了重大影响。

## (二) 金融市场环境

### 1. 金融市场与企业理财

广义的金融市场是指一切资本流动的场所，包括实物资本和货币资本的流动市场。狭义的金融市场一般是指有价证券市场，即股票和债券的发行和买卖市场。

金融市场具有以下作用。

(1) 金融市场是企业投资和筹资的场所。

(2) 企业通过金融市场使长期资金和短期资金互相转化。

(3) 金融市场为企业理财提供有意义的信息。

#### 2. 金融资产的特点

金融资产一般具有流动性、收益性和风险性三个特征。

(1) 流动性，是指资产能够以一个合理的价格顺利变现的能力。它是所投资资产的时间尺度(卖出它所需的时间)和价格尺度(与公平市场价格相比的折扣)之间的关系。

(2) 收益性。股票的收益性指股东凭其持有的股票，有权从公司领取股息或红利，获取投资的收益。股息或红利的大小主要取决于公司的盈利水平和公司的盈利分配政策。股票的收益性还表现在股票投资者可以获得价差收入或实现资产保值增值。通过低价买入和高价卖出股票，投资者可以赚取价差利润。

(3) 风险性，是指持有股票可能产生经济利益损失的特性。

一般而言，金融资产的收益性与风险性呈正相关关系，即高风险、高收益。流动性与风险性、收益性之间的关系比较复杂，对于通过到期赎回方式获得的流动性而言，流动性与风险性、收益性之间呈负相关关系。但是，对于主要通过市场转让途径获取的流动性，流动性与风险性又呈正相关关系。

#### 3. 利率的决定因素

在金融市场上，利率是资金使用权的价格，其计算公式为

$$利率＝纯粹利率＋通货膨胀附加率＋风险附加率$$

纯粹利率是指无通货膨胀、无风险情况下的平均利率。在没有通货膨胀的情况下，国库券的利率可以视为纯粹利率。纯粹利率的高低受平均利润率、资金供求关系和国家调节的影响。

利息是利润的一部分，所以利息率依存于利润率，并受平均利润率的制约。一般而言，利息率随平均利润率的提高而提高，利息率的最高限度不能超过平均利润率；利息率最低限度大于零，不可能等于或小于零。利息率占平均利润率的比例则取决于竞争结果。在平均利润率不变时，金融市场上的供求关系决定市场利率水平。经济高涨，供应量不变，利率上升；反之亦然。政府为了防止经济过热，在减少货币供应量的同时提高利率；反之亦然。

通货膨胀附加率用于弥补通货膨胀造成的购买力损失。每次发行的国库券利率随预期的通货膨胀率的变化而变化，国库券的利率等于纯粹利率加上预期通货膨胀率。

风险附加率是投资者要求的除纯粹利率和通货膨胀附加率之外的风险补偿。

### (三) 经济环境

经济环境主要指企业从事财务活动的宏观经济环境，具体包括以下几个方面。

#### 1. 国家的经济政策

政府具有宏观调控经济的职能。社会经济发展规划、政府产业政策、经济体制改革措施及财经法规对企业的生产经营和财务活动都有重大影响。国家颁布各项经济政策的目的是促进国民经济发

展,不同地区和不同行业的政策存在一定的差异。企业在做财务决策时要认真研究国家的经济政策,按照政策导向行事,趋利除弊,做到既有利于国民经济发展,又有利于增强企业自身的经济实力。

2. 经济发展状况

经济发展状况对企业财务管理环境有重大影响。社会经济发展存在周期性是人所共知的,我国的经济发展与运行也呈现出周期性的波动。过去曾经历过若干次投资膨胀、生产高涨的经济过热现象,以致国家采取控制投资、紧缩银根等措施进行调控。经济的快速发展为企业扩大规模、调整方向、打开市场及拓宽财务活动领域带来了机遇,同时,经济的快速发展与资金紧张又是一对客观存在的矛盾,这给企业的财务管理带来了严峻的挑战。此外,由于国际经济交流与合作的发展,全球经济活动日趋融合,西方经济周期的影响会不同程度地波及我国的一些企业。因此,企业财务管理人员应熟悉国内外经济环境,把握经济发展周期,为实现企业经营目标和经营战略服务。

3. 通货膨胀

通货膨胀不仅危害消费者,也给企业财务管理带来很大困难。例如,通货膨胀会引起企业利润虚增,造成企业资金流失;会大量增加资金占用,加大企业资金需求;引起利率上升,加大企业资金成本;引起有价证券价格下降,增加企业筹资难度等。企业对通货膨胀无能为力,只有中央政府才能控制通货膨胀。作为企业财务管理人员,应能预测通货膨胀的发生及其影响,并采取积极、主动的应对措施,减轻其不利影响。

4. 市场竞争

竞争广泛存在于市场经济之中,任何企业都无法回避。市场竞争不仅体现为产品和服务的竞争,而且体现为人才的竞争、技术的竞争、资金的竞争、信息的竞争和管理的竞争。市场经济是一种竞争经济,竞争是市场经济系统得以运行的动力,可以推动经济发展。对企业来说,竞争既是机会,也是威胁。作为企业财务管理人员,应认真研究本企业及竞争对手的特点,弄清自身的优势和劣势,分析造成这种情况的原因,探求对策,为企业进行财务决策、制定财务策略提供可靠的依据,使企业在竞争中立于不败之地。

# 第二节 资金筹集管理

## 一、资金筹集管理概述

### (一) 资金筹集的含义

企业资金筹集是指企业根据其生产经营、对外投资以及调整资本结构的需要,通过资本市场或金融机构,运用合理的资金筹集方式,有效地获取企业所需资金的财务活动。资金是企业从事生产经营活动的基本条件,没有资金,企业将难以生存,也不可能发展。筹集资金是企业经营活动的起点,是决定企业资金运动规模、生产经营发展速度及经营绩效获取状况的重要环节,是现代企业财务管理的重要内容。因此,企业应科学、合理地组织资金筹集。

## 阅读链接 9-1

### 克莱斯勒汽车公司起死回生

克莱斯勒汽车公司曾在面临非常恶劣的环境时,成功地使用优先股为公司筹集了巨额资金。

当时,由于接连发生亏损,公司的股价欲振乏力,其股票越来越不被看好,甚至投资者对该公司是否还能生存下去都抱有强烈的怀疑态度。在这种情形下,投资者不愿再将资金投入该公司,除非他们能够得到某种优先受偿的地位。解决的方案似乎只有发行债券和优先股。

当时克莱斯勒汽车公司的负债已达到债券限制条款中的上限。鉴于此,公司只得排除了通过债券筹资的想法而改用优先股,并适当提高了优先股的股息率。

公司还采取了种种鼓励措施配合优先股的发行,最终优先股的发行获得了出乎意料的成功。这种优先股一上市就非常畅销,发行额预定为1.5亿美元,后来在市场前景看好的情况下提高到了2亿美元。公司发行的所有优先股很快就被投资者如数吸纳了。

由于注入了巨额的资金,公司对生产经营进行了彻底的改进,最终扭亏为盈,摆脱了困境。可见,克莱斯勒汽车公司的起死回生主要归功于科学的筹资决策。

资料来源:李道芳,姚和平.企业管理概论[M].北京:高等教育出版社,2011.

### (二) 资金筹集的方式

企业筹集资金需要采用一定的方式。企业筹资方式是指企业筹集资金所采取的具体形式和工具。不同的筹资方式可以提供不同属性和使用期限的资本,对企业的资本成本以及企业的经营也会产生一定的影响,企业应该根据自身的特点和对资金需要的具体情况选择合适的筹资方式。一般而言,企业的筹资方式有以下几种。

#### 1. 投入资金筹资

投入资金筹资是指非股份制企业以协议等形式吸收国家、其他企业、个人和外商的直接投入的资金,形成企业投入资金的一种筹资方式。投入资金筹资不以股票为媒介,适用于非股份制企业。一般而言,投入资金筹资的主体是进行投入资金筹资的企业。从法律上讲,现代企业主要有三种法律形式,也可以说三种企业制度,即独资制、合伙制和公司制。可以采用投入资金筹资的主体是非股份制企业,包括个人独资企业、合伙企业和国有独资企业。

在我国,投入资金筹资的主体按照所有制标准可以分为国有企业、集体企业、私营企业、合资或合营企业。

#### 2. 发行股票筹资

发行股票筹资是股份有限公司筹集股权资本的基本形式,是股份有限公司按照公司章程依法发行股票进行直接筹资,形成公司股本的一种筹资方式。股票作为持有人对企业拥有相应权利的一种股权凭证,一方面,代表股东对企业净资产的要求权;另一方面,普通股股东凭借其所拥有的股份以及被授权行使权利的股份总额,有权行使相应的、对企业生产经营管理及其决策进行控制或参与的权利。

#### 3. 发行债券筹资

发行债券筹资是企业按照债券发行协议通过发售债券直接筹资,形成企业债权资本的一种筹资方式。债券筹资的筹资范围很广,若发行的债券符合国家有关规定,债券可以在市场上自由转让、流通。

### 4. 发行商业本票筹资

商业本票又叫一般本票。发行商业本票筹资是大型工商企业或金融企业获得短期债权资本的一种筹资方式。货币市场主要的交易工具就是商业本票，早期为确保债权，主要流通的票券是有实质交易基础的交易性商业本票，也就是俗称的CP1，不过有交易基础的商业本票，金额往往不规律，常有零头，造成交易上的不便。后来，由银行作为保证的融资性商业本票兴起，也就是CP2。融资性商业本票具有金额方便交易的优势，并有银行信用作为保证，跃升为金融市场交易的主流工具。目前，融资性商业本票交易约占货币市场交易的九成以上。

### 5. 银行借款筹资

银行借款筹资是各类企业按照借款合同从银行等各种金融机构借入各种款项的筹资方式。具体来说，企业向银行贷款的方式包括短期信用贷款和抵押贷款。短期信用贷款主要是由银行提供循环周转的信贷额度，企业与银行达成协议，在一定时期内需要资金时，有权在信贷额度中支取，而不必再重新申请。这种信贷额度只作为企业资金周转困难时的应急资金，该方式目前主要为欧美企业采用。抵押贷款主要是指银行以企业或第三者的财产为抵押而发放的贷款，可作为抵押的财产包括各种有价证券和固定资产。银行借款筹资的优点是方便灵活、期限和类型较多，但是申请手续比较麻烦，筹集资金的数量有限。

### 6. 商业信用筹资

商业信用筹资是企业通过赊购商品、预收货款等商品交易行为筹集短期债权资本的一种筹资方式。商业信用是指商品的赊销，包括欠账、期票和商业承兑票据三种方式。工商业使用最普遍的是欠账方式。在这种商业信用下，卖方把货物发运给买方时，随货附有发票，票上写明发运货物的名称、数量、质量、价格，以及货款总额和销售条件。这时，卖方要求买方签发期票来证明后者欠前者的债务，期票上写明出票人必须在将来某一天支付欠款。商业承兑票据是卖方要求买方正式承认所欠债务的另一种方式。在这种方式下，卖方向买方开出汇票，要求买方在将来某个日期支付票面金额。卖方要等到买方承兑定期汇票以后，才把货物交出。当买方承兑汇票时，要指定一家负责到期付款的银行，此时，这张汇票就成为商业承兑票据，它具有某种程度的变现性，而变现性则取决于买方的信誉。如果商业承兑票据可以变现，卖方就可以按票面金额打折出售，立刻取得货款。等到汇票到期，其持有者就可以到指定银行取款。

### 7. 租赁筹资

租赁筹资是企业按照租赁合同租赁资产，分期支付租金，从而达到筹资目的的一种特殊的筹资方式。租赁筹资实质是一种借贷属性，不过它的借贷对象是物而不是钱。与其他筹资方式相比，租赁筹资有筹资速度快、限制条款少、设备淘汰风险小、到期还本负担轻、保存企业的借款能力、税收负担轻等优点。但租赁筹资的成本较高，容易丧失资产残值，并且难以改良资产。

## 二、短期筹资方式

企业在正常经营过程中，为了满足短期性、临时性的资金需要，可能需要进行短期筹资。短期筹资是指筹集在一年内或者超过一年的一个营业周期内到期的资金，通常是指短期负债筹资。短期筹资具有筹资速度快、筹资弹性好、筹资成本低、筹资风险大等特征。

## (一) 自然性筹资

自然性筹资是指企业在正常经营过程中产生的，由于结算程序等原因导致的短期占用其他单位的资金。从企业自身的角度来看，自然性筹资是一种自然性的短期筹资方式。在此过程中，企业会形成自然性短期负债。自然性短期负债是指公司正常生产经营过程中产生的、由于结算程序的原因自然形成的短期负债。自然性筹资主要包括商业信用和应付费用。

### 1. 商业信用

商业信用是指商品交易中由延期付款或延期交货所形成的借贷关系，是企业之间的一种直接信用关系。商业信用筹资主要有赊购商品和预收货款两种形式。

### 2. 应付费用

应付费用是指企业在生产经营过程中发生的应付而未付的费用，如应付职工薪酬、应交税费等。这些应付费用一般形成在先，支付在后，因此在支付之前，可以为公司所利用。

## (二) 短期借款筹资

短期借款筹资通常是指银行短期借款，又称银行流动资金借款，是企业为解决短期资金需求而向银行申请借入的款项，是筹集短期资金的重要方式。企业短期借款通常包括信用借款、担保借款和票据贴现三类。

### 1. 信用借款

信用借款又称无担保借款，是指不用保证人担保或没有财产抵押，仅凭借款人的信用而取得的借款。信用借款一般都由贷款人给予借款人一定的信用额度或双方签订循环贷款协议。这种贷款分为信用额度借款和循环协议借款两类。

信用额度借款是指银行基于企业的信用状况而核定一个提供无担保贷款的最高限额，在信用额度内按照约定的贷款条件组织贷款。

循环协议借款是一种特殊的信用额度借款，是指企业和银行之间协商确定贷款的最高限额，在最高限额内，企业可以借款、还款、再借款、再还款，不停地周转使用。

### 2. 担保借款

担保借款是指由一定的保证人担保或以一定的财产作为抵押物而取得的借款。担保借款又分为保证借款、抵押借款和质押借款三类。保证借款是指按《中华人民共和国担保法》规定的保证方式以第三人承诺在借款人不能偿还借款时，按约定承担一般保证责任或连带责任而取得的借款。抵押借款是指按《中华人民共和国担保法》规定的抵押方式以借款人或第三人的财产作为抵押物而取得的借款。质押借款是指按《中华人民共和国担保法》规定的质押方式以借款人或第三人的动产或权利作为质押物而取得的借款。

### 3. 票据贴现

票据贴现是商业票据的持有人把未到期的商业票据转让给银行，贴付一定利息以取得银行资金的一种借贷行为。

## (三) 短期融资券

短期融资券又称商业票据、短期债券，是由大型工商企业或金融企业发行的短期无担保本票，是一种新兴的短期资金筹集方式。

## 三、长期筹资方式

长期筹资就是企业通过一定的方式筹集供企业长期使用的资金。根据具体筹资方式的不同，其可以分为投入资本筹资、股票筹资、债券筹资、长期借款、融资租赁等。

### (一) 投入资本筹资

投入资本筹资是指非股份制企业以协议等形式吸收国家、其他企业、个人、外商以及其他组织的直接投入资本，形成企业投资的一种筹资方式。投入资本是企业股权资本的重要部分，属于所有者权益，对于股份制企业来说，投入资本就是股本。在我国，非股份制企业，包括个人独资企业、个人合伙企业、国有独资企业可以采取投入资本筹资的方式来筹资。企业采用投入资本筹资，首先要确定投入资本筹资的数量、选择投入资本筹资的具体形式，然后与投资方签订合同或协议，最后按协议取得投入的资本。投入资本筹资是我国企业筹资中最早采用的一种方式，也曾是我国国有企业、集体企业、合资或联营企业普遍采用的筹资方式。通过投入资本筹资，企业可以获得先进的设备或技术等生产要素，能较快地形成生产力，筹资风险也比较低。但是，投入资本筹资的成本通常比较高。

### (二) 股票筹资

股票筹资就是股份制企业利用资本市场，通过发行公司股票向投资者筹集资金的方式。股票筹资是股份有限公司筹措股权资本的基本方式。按照股东享有的权利和义务的不同可以将股票分为普通股和优先股。我国有关法律规定，股份有限公司发行股票必须具备一定的发行条件，取得发行资格，并办理必要的手续。发行股票的股份有限公司应制定股份有限公司章程，向政府主管机构等有关部门提出发行股票的申请，制定并公告招股说明书，与具有法定资格的证券经营机构签订承销协议，并提供会计师事务所出具的财务会计报告等文件。股份公司发行股票分为设立发行和增资发行。我国的《公司法》等对设立发行和增资发行需要具备的条件做了明确的规定。与债券筹资相比，股票筹资不需要支付利息，可以取得长期使用的资本，财务风险较小。但是，股票筹资的成本相对比较高，支付的股利不能在所得税之前扣除，另外，大量发行股票可能还会分散公司的控制权。

### (三) 债券筹资

债券是债务人为筹集债权资本而发行的，约定在一定期限内向债权人还本付息的有价证券。发行债券是企业筹集债权资本的重要方式。按照我国《公司法》的规定，我国的股份有限公司和有限责任公司发行的债券称为公司债券。公司债券根据不同的标准可以分为记名债券和无记名债券、固定利率债券和浮动利率债券、抵押债券和信用债券等。公司发行债券应具备法律规定的发行资格和条件。我国《公司法》规定，股份有限公司、国有独资企业和两个以上的国有企业或者其他两个以上的国有投资主体投资设立的有限责任公司，具有发行公司债券的资格。我国《公司法》对发行公司债券的具体条件做了明确的规定。企业发行债券需要由企业提出申请，经过国务院证券管理部门审批。发行债券的申请经过批准后，应当向社会公告债券募集办法，公开向社会发行债券，并委托具有资格的证券承销机构向投资者发售。债券筹资的优点是债券成本较低，利息支出可以在所得税前扣除，可以保证普通股股东对公司的控制权等。债券筹资的缺点是财务风险较高、限制条件多、筹资的数量有限等。

### (四) 长期借款

长期借款是指企业向银行等金融机构以及其他单位借入的、期限在一年以上的各种借款。按照提供贷款的机构不同,长期借款可以分为政策性银行贷款、商业性银行贷款和保险公司贷款。按照有无抵押品作为担保,长期借款可以分为抵押贷款和信用贷款。企业向银行借款,需要提出借款申请,说明借款的原因、借款金额、用款时间和计划,以及还款期限和计划等。银行收到企业的借款申请,按照有关规定和贷款条件,对借款企业的财务状况、信用状况、借款理由、还款能力等方面进行审查,决定是否贷款。银行审查、批准后,企业和银行签订借款合同,明确双方的权利、责任和义务。和其他筹资方式相比,长期借款筹资速度快、成本低,比较灵活。但是,长期借款的筹资风险较高、限制条件比较多、筹资数量受到严格的限制。

### (五) 融资租赁

融资租赁又称资本租赁、财务租赁,是由租赁公司按照承租企业的要求,融资购买设备,按照契约或合同提供给承租企业长期使用,在使用期限内,承租企业缴纳租金给租赁公司。这种租赁形式本质上是一种长期的融资行为,它集融资和融物为一体,具有借贷性质,是承租企业借入长期资金的一种特殊的形式。企业进行融资租赁时,一般先向租赁公司提出正式的租赁申请,由租赁公司融资购进设备租给承租企业使用。融资租赁的租赁期限较长,租赁合同比较稳定,在规定的租赁期限内,不能单方面解除合同,由承租企业负责设备的维修、保养和保险,租赁期满,按照双方约定的办法处置设备,一般有退租、续租和留购三种形式。企业利用融资租赁的方式筹集资金,可以迅速获得所需要的资产,限制条件较少,并可以避免设备陈旧、过时等风险。但是,融资租赁的筹资成本比较高,企业财务负担比较重。

## 四、互联网金融下的新型融资方式

互联网的出现改变了很多行业的发展状态,与互联网深度融合成为很多行业转型升级的必由之路。金融与互联网有高度的相容性,金融业是最早与互联网结合的产业之一。互联网和金融的结合催生了互联网金融,也产生了一些新型的融资方式,影响比较大的有 P2P 借贷、众筹等融资方式。

P2P 是 Peer to Peer 的缩写,指局域网中计算机可以进行对等交互;也是 Person to Person 的缩写,指人与人之间的直接对接。P2P 借贷是指资金的供需双方在特定的网络环境中建立直接的借贷关系,通过网络进行信息交流交互,建立一定的规则,对金额、期限、风险、利率等因素进行匹配,签署具有法律效力的电子合同,满足借贷双方的需求并保障双方的权益。这种借贷关系具有以信用为基础、发起灵活、金额较小、利率较高等特点。P2P 借贷模式提供了新的融资渠道和融资方式,缓解了小微企业贷款难的困难,盘活了民间资本,填补了正规金融服务的空缺,是由互联网催生的新型融资方式。

众筹融资方式是指以感谢、实物、作品、股权等为回报形式,通过互联网平台向公众或特定的公众募集项目资金的融资方式。众筹网站的代表是 2009 年创立的 Kickstarter,它支持每个人发起创新性项目,包括电影、科技、游戏、出版等,进而向公众集资。与传统的银行融资、证券融资、天使投资、风险投资等模式相比,众筹融资具有成本低、参与门槛低、募集资金规模小、相对容易成功、有利于产品生产和推广等特点,是支持个人和小微企业创新创业的一种新型融资方式。

## 第三节 企业投资管理

### 一、企业投资的概念

投资是指经济主体为了获取经济利益,而投入资金或资源以转化为实物资产或金融资产的行为和过程。企业投资主要包括项目投资和证券投资。其中,项目投资是指以扩大生产能力和改善生产条件为目的的资本性支出,包括用于机器、设备、厂房的构建与更新改造生产性资产的投资。证券投资是指通过有价证券的购买和持有获取收益的投资行为,包括股票、债券、证券投资基金等有价证券的投资。

投资是现代企业财务活动的重要内容之一。能否合理地利用企业资金进行投资可以在很大程度上决定企业经济效益的好坏,甚至直接关系企业的生存和发展。因此,企业在投资时必须按照科学的投资决策程序,认真进行投资项目的可行性分析,以确保投资决策的正确性和有效性。

企业投资方式包括有形资产投资和无形资产投资。有形资产投资直接表现为物的形态的投资;以无形资产作为投资手段时,必须使用价值尺度,将其转化为资金形态。

企业投资的过程既包括资金的投入,也包括资金的运用、管理与回收。资金投入只是投资的开始,只有通过投入、运用、管理、回收这一资金运动的全过程,才能实现投资的预期目的。投资活动既是经济活动也是资金运动,离开资金运动,也就不存在投资。

### 阅读链接 9-2

#### 淘金和卖水

在美国历史上曾经有两次"淘金热",一次是在加州找金矿,一次是在德州找石油。在常人看来,寻找金矿、开采石油才是发财的唯一道路,其他之举都是不务正业。但是,偏偏某些淘金者能慧眼识商机。

有位美国青年叫亚默尔,他带着发财的梦想,随淘金的人群来到了加州。面对正在挥汗如雨地寻找、开采金矿的淘金大军,他并没有马上成为他们中的一员,而是东走西看、认真观察。亚默尔发现矿山地区气候燥热,水源奇缺,淘金者口渴难忍,人们常抱怨说:"要是有人给我一杯水喝,我宁愿给他一个金币。"

亚默尔听在耳里,记在心里。他不找金矿找水源,找到后,把水用纱网进行过滤,做成纯净、甘甜的矿泉水,背到矿山去,卖给淘金者喝。就这样,亚默尔靠卖水发了大财。

资料来源:李道芳,姚和平. 企业管理概论[M]. 北京:高等教育出版社,2011.

### 二、流动资产投资管理

流动资产是生产经营活动的必要条件,其投资的核心不在于流动资产本身的多寡,而在于流动资产能否在生产经营中发挥作用。流动资产投资管理的目标是节约企业流动资金的使用和占用,更好地实现企业利润,主要涉及以下三方面的内容。

#### (一) 现金和有价证券管理

现金是可以立即投入流通的交换媒介。它的首要特点是普遍的可接受性,即可以有效地立即用来购买商品、货物、劳务或偿还债务。因此,现金是企业中流动性最强的资产。企业的库存现金、各种形式的银行存款和银行本票、银行汇票都属于现金。有价证券是企业现金的一种转换形式。

有价证券变现能力强,可以随时兑换成现金。企业有多余现金时,常将现金兑换成有价证券;现金流出量大于流入量需要补充现金时,再出让有价证券换回现金。在这种情况下,有价证券就成了现金的替代品,获取收益是持有有价证券的原因。

企业置存现金,主要是满足交易性需要、预防性需要和投机性需要。交易性需要是指满足日常业务的现金支付需要,企业必须维持适当的现金余额,才能使业务活动正常地进行下去。预防性需要是指置存现金以防发生意外的现金支付需要。企业有时会出现料想不到的开支,现金流量的不确定性越大,预防性需要所需的现金数额也就越大。投机性需要是指置存现金用于不寻常的购买机会的现金支付需要,比如遇到廉价原材料或其他资产供应的机会,便可用手头现金大量购入。

如果企业缺乏必要的现金,将不能应付业务开支,使企业蒙受损失。由于现金短缺而造成的损失,称为短缺现金成本。短缺现金成本不考虑企业其他资产的变现能力,仅就不能以充足的现金支付购买费用而言,主要包括丧失购买机会(甚至会因缺乏现金不能及时购买原材料,而使生产中断造成停工损失)、造成信用损失和得不到折扣好处。其中,信用损失难以准确计量,但其影响往往很大,甚至可能导致供货方拒绝或拖延供货、债权人要求清算等。

但是,如果企业置存过量的现金,又会因这些资金不能投入周转无法取得盈利而遭受另一些损失。此外,一般来说,流动性强的资产,其收益性较低,这意味着企业应尽可能少地置存现金,即使不将其投入本企业的经营周转,也应尽可能多地投资于能产生高效益的其他资产,避免资金闲置或投资于低收益资产而带来的损失。这样,企业便不会面临现金不足和现金过量两方面的威胁。企业现金管理的目标就是在资产的流动性和盈利能力之间做出选择,以获取最大的长期利润。

### (二) 存货管理

存货是指企业在生产经营过程中为销售或者耗用而储备的物资,包括材料、燃料、低值易耗品、在产品、半产品、产成品、协作件、商品等。如果工业企业能在生产投料时随时购入所需的原材料,或者商业企业能在销售时随时购入该项商品,就不需要存货。但实际上,企业总有存货的需要,并因此占用或多或少的资金。

#### 1. 保证生产的需要

实际上,企业很少能做到随时购入生产所需的各种物资,即使是市场供应量充足的物资也是如此。这不仅因为不时会出现某种材料的市场断档,还因为企业距供货点较远而需要必要的途中运输及可能出现运输故障。一旦生产所需物资短缺,生产经营将被迫停顿,就会造成损失。因此,为了避免或减少出现停工待料、停业待货等事故,企业需要进行存货。

#### 2. 出自价格的考虑

零购物资的价格往往较高,而整批购买在价格上常有优惠。

#### 3. 满足市场销售的需要

必要的产成品和库存商品的储备,有利于满足销售的需求。必要的存货储备可以增强企业销售的机动性,更能适应市场的变化,特别是销售季节性很强或供不应求的商品,更应当储备足够的货源,尽量避免或减少因存货不足而影响企业销售的情况。

但是,过多的存货要占用较多的资金,并且会增加包括仓储费、保险费、维护费、管理人员工资在内的各项开支。由于存货是有成本的,存货过多会使利息支出增加并导致利润的损失,各项开支的增加会直接导致成本上升。存货管理的目标就是尽力在各种存货成本与存货效益之间做出权衡，达到两者的最佳结合。

### (三) 应收账款管理

应收账款是指因对外销售产品、材料、供应劳务及其他原因，应向购货单位或接受劳务的单位及其他单位收取的款项，包括应收销货款、其他应收款、应收票据等。应收账款是一种商业信贷，必然要占用一定的资金。应收账款较多，增加了资金占用和坏账风险，但同时却可以刺激销售，增加利润；反之，虽然减少了资金占用及其机会成本，以及坏账风险，但也会降低销售额。因此，合理的应收账款必须在利润与风险之间取得平衡。有的欠款超过了信用期是正常的，但要制定正确的收账政策以便到期后能够及时收回。企业对各种过期账款的催收方式，包括准备为此付出的代价，就是企业的收账政策。比如，对过期较短的顾客，不过多地打扰，以免将来失去这一顾客；对过期稍长的顾客，可措辞婉转地写信催款；对过期较长的顾客，应频繁地信件催款并电话催询；对过期很长的顾客，可在催款时采用严厉的措辞，必要时提请有关部门仲裁或提请诉讼等。

催收账款会发生费用，某些催款方式的费用还会很高，如诉讼费。一般来说，收账的费用越大，收账措施越有力，可收回的账款越多，坏账损失也就越小。因此，制定收账政策时，要在收账费用和所减少的坏账损失之间做出权衡。制定有效、得当的收款政策在很大程度上依靠有关人员的经验，从财务管理的角度来讲，也有一些量化的方法可以参照。根据收款政策的最优在于应收账款总成本最小的道理，可以通过比较各收账方案成本的大小对其加以选择。

## 三、固定资产投资管理

企业的固定资产投资管理主要有以下两种策略。

(1) 市场导向投资策略，要求固定资产投资随着市场的变化而适时地变化。但事实上，固定资产投资策略却不可能随之不停地变化，因为固定资产投资的金额一般很大，它决定了企业的规模，并着眼于一定的时期。所以，在不断变化的市场环境中，应适时地抓住固定资产投资的时机，既不造成原有投资的浪费，又尽可能地发挥新投资的效益。

(2) 最低标准收益率策略，指在企业决定某项固定资产投资之前，首先要确定最低标准的投资回报率，只有回报率高于这一比率的项目才有可能被采纳。从理论上讲，可行的最低回报率应该是企业的资本成本率，但在实践中，企业对风险的估计和对利润的追求都要求项目的投资回报率要高于资本成本率。

## 四、证券投资管理

证券是指根据政府有关法律法规发行的，票面载有一定金额，代表财产所有权或债权，并且可以有偿转让的信用凭证。证券投资是指企业通过购买股票、债券等有价证券，借以获取金融资产收益或其他权利的一种经济行为。

### (一) 证券投资的目的

(1) 盘活多余资金，获取利益。企业在现金余额过多的情况下，可利用闲置的现金进行短期证券投资，获取一定的收益。现金余额不足时，企业可通过出售证券来增加现金流量，以满足企业的临时需要。

(2) 为企业未来资金需求做准备。企业可以现在持有证券，当需要现金时，将这些证券卖掉。通过这种方式，既能满足企业未来的财务需求，又能使闲置资金得到有效利用，获取投资收益。

(3) 进行投机以获取收益。有时企业进行短期证券投资完全是出于投机的目的，以期获得较高的收益。一般来说，为投机而进行的证券投资风险较大，一般应利用其较长时期闲置的资金进行投资。当然，投资过程须严格进行风险控制。

(4) 分散企业风险。企业经营存在固有风险。投资一旦形成，风险就会产生。对投资项目本身来说，经营风险是不可分散的。但对企业来说，可以通过投资多元化将风险分散。证券投资就是实现投资多元化、分散企业整体风险的一种有效方法。

(5) 获得被投资企业的控制权。从企业发展的战略角度来看，有时需要对上游、下游企业或竞争对手进行控制，长期证券投资就是获得企业控制权的一种有效途径。

## (二) 证券投资的对象

一般来说，证券投资的对象包括股票、债券和基金。

### 1. 股票

股票投资的优点包括平均收益率较高、较容易控制因通货膨胀等因素带来的购买力风险等。但是，股票投资也具有投资风险大、分红不稳定等缺点。因此，企业在进行证券投资时，应把握股票投资的关键因素，尽力实现投资增值。一般来说，股票投资的收益来源于股票价格的上涨以及现金股利的派发。其中，前者是股票投资尤其是短期股票投资收益的重要来源，因此，预测股票价格的变动就成为股票投资成功的关键因素。股票价格的变动来源于股票在证券市场上供求关系的变化。当股票在市场上供不应求时，股票价格会上涨；相反，股票价格则会下跌。决定股票供求关系的主要因素是企业的经营状况和投资者的预期，决定企业经营情况及其变化趋势的因素都会影响投资者的预期，从而影响其投资决策。因此，企业在进行股票投资分析时，应着重围绕其经营情况及其变化趋势进行，并进一步对股票价格的变动趋势做出判断。

### 2. 债券

债券有政府债券、金融债券和企业债券。政府债券是中央政府或地方政府发行的债券，如我国发行的国库券、国家重点建设债券和特种国债等。在我国，地方政府没有发行债券的权力，因此我国的政府债券全部为中央政府债券。一般来说，政府信用较其他社会主体的信用水平要高，因此政府债券的风险一般很低。金融债券一般包括普通金融债券、累进利息金融债券和贴现利息金融债券三种。一般来说，银行或非银行金融机构也具有比较高的信用水平，债券到期无法兑付的风险虽高于政府债券，但远低于企业债券，因此其报酬率也较低。投资主体选择企业债券作为证券投资对象时，应对不同企业债券的风险水平和收益水平进行权衡，从而确定所要投资的企业债券。一般来说，企业债券的风险水平表现为债券的信用等级。债券信用等级则表示债券质量的优劣，反映债券还本付息能力的强弱，因此可反映债券投资风险的高低。

### 3. 基金

基金是由基金发起人以发行证券的形式汇集一定数量的具有共同投资目的的投资者的资金，委托由投资专家组成的专门投资机构进行分散化投资，并由投资者按投资比例分享投资收益和共同承担投资风险的一种投资方式。投资基金作为一种有价证券，具有债券、股票等有价证券的一般特征，但同时又有不同于债券、股票等有价证券的特点，主要表现在以下几个方面。①发行主体不同，体现的权利关系也不同。投资基金是由基金发起人发行的,投资人与发起人之间是契约关系,他们都不参与基金的业务管理,而是委托基金管理人进行运营。②风险和收益不同。投资基金可以广泛地选择金融市场上的金融商品,进行分散投资,达到分散风险的目的。投资基金的管理者往往是具有丰富专业知识的投资行业资深人士,因此,基金投资的风险往往低于股票投资,但大于债券投资。一般基金投资的收益要低于股票投资,大于债券投资。③存续时间不同。投资基金有一定的存续时间,期满即终止。经过投资基金持有人大会或基金企业董事会决定,可提前终止投资存续期,也可以在期满后延长期限。

## 第四节 成本和利润管理

企业生存和发展的关键在于不断提高经济效益,而提高经济效益的手段包括增收和节支,节支就是成本控制。

### 一、成本与成本核算

#### (一) 成本的概念与分类

成本是企业为生产产品、提供劳务而发生的各种耗费,不仅包括生产成本,还包括管理费用、销售费用、财务费用等期间费用。为了系统地理解和运用成本概念,必须对成本进行分类。

**1. 按照经济内容分类**

按照经济内容分类,成本可分为产品成本和期间费用,这种分类主要用于成本的核算。产品成本是指以销售为目的而购入或制造产品的相关成本。一般分为直接材料、直接人工和制造费用,简称工料费。企业一定时期内所发生的成本中,除了产品成本,剩余的就是期间费用。

**2. 按照成本形态分类**

按照成本形态分类,成本可分为变动成本和固定成本,这种分类主要用于企业经营决策和成本控制。变动成本一般包括生产成本中的直接人工、直接材料和变动制造费用等(其中直接人工有时会是固定成本或半变动成本)。固定成本包括酌量性固定成本和约束性固定成本。酌量性固定成本是指经过企业管理当局的决策可以发生改变的固定成本项目。酌量性固定成本的控制一般由企业最高管理当局在每个会计年度开始以前,斟酌计划期内的具体情况及财务负担能力,按照零基预算方法,针对各个酌量性固定成本项目的开支分别做出决策,并按照支出的递延性做出恰当的时间安排,最后依据分析、决策的结果制定酌量性固定成本的目标值。约束性固定成本是指企业管理当局的决策改变不了的固定成本项目。

**3. 按照成本核算时间分类**

按照成本核算时间分类,成本分成实际成本和标准(计划或目标)成本。实际成本根据成本实际发生的数额计算;标准成本则在成本实际发生之前计算,是进行成本计划、控制和决策的工具。

**4. 按照决策权利分类**

按照决策权利分类,成本可分成可控成本和不可控成本。在企业中,如果某个部门的决策影响到某个成本项目是否发生或在多大程度上发生,那么,该成本项目就由该部门负责,属于这个部门的可控成本,否则,即是不可控成本。在企业中,所有的成本都是可控的(因为总经理可通过关闭工厂将成本降低为零),对于具体的成本项目来说,需要弄清楚的是该项目对谁或对哪个部门是可控的。

### (二) 成本管理中需要注意的问题

#### 1. 确定成本和费用开支的基本原则

企业应当根据《企业财务通则》的有关规定,确定成本和费用的开支范围。一切与生产经营有关的支出,都应当按规定计入企业的成本和费用。

#### 2. 确定成本和费用开支的界限

具体包括以下几点。

(1) 确定本期成本、费用与下期成本、费用的界限。企业要按照权责发生制的原则确定成本和费用开支的期间、数额。

(2) 确定在产品成本与产成品成本的界限。企业应当注意核实期末在产品的数量,按规定的成本计算方法正确计算在产品成本,不得任意压低或提高产品和产成品的成本。

(3) 确定各种产品成本的界限。凡是能直接计入有关产品的各种直接成本,都要直接计入。与几种产品有关的成本、费用先归集,然后根据合理的分配标准,正确分配各种产品的直接成本。

#### 3. 明确不得列入成本的开支

不得列入成本的开支包括:购置和建造固定资产、无形资产和其他资产的支出;对外投资的支出;被没收的财物,支付的滞纳金、罚款、违约金、赔偿金,以及企业捐赠、赞助支出;国家法律、法规规定可以列入成本、费用的开支以外的各种费用;国家规定不得列入成本、费用的其他支出。

## 二、成本控制

成本控制就是依据一定时期的成本控制目标,在控制主体的责权范围之内,在生产耗费发生之前和企业成本形成过程中,为提高成本效益而对各种影响因素采取的主动预防和及时调节措施。下面介绍几种企业常用的成本控制方法。

### (一) 标准成本控制

标准成本控制是在 19 世纪末 20 世纪初随着泰勒制的产生而产生和发展起来的,是人类管理史上出现最早和最规范的成本控制系统。标准成本控制系统作为成本控制系统至少应该包括确定成本中心、制定成本标准、计量成本实际业绩、成本差异分析(成本比较)、编制成本反馈报告五个环节。

#### 1. 确定成本中心

成本(责任)中心是成本责任的承担者和控制的对象。确定成本中心首先要兼顾两个方面:一是组织结构,企业的每个组织单位都可以粗略地看成成本中心;二是生产过程,对制造企业的生产过程来说,每一个生产步骤都可以设立一个成本中心,成本中心的设置和生产部门的设置是完全一致的。典型的制造企业按组织单位的不同可分成基本生产、辅助生产、销售、采购和职能处室五类部门,并可进一步归并为生产和服务两大部门。生产部门只包括基本生产部门,但按照生产步骤划分可以分为若干个工艺阶段。服务部门包括辅助生产、销售、采购和职能处室，这些部门的基本特点是它们的成本要分配到基本生产部门。

### 2. 制定成本标准

成本标准也称成本指标，是为成本中心的负责人设定的成本责任，通常按照成本中心所生产的产品或半成品来计算。这里着重讨论生产成本中心的成本标准的制定。

生产成本中心的成本标准就是该中心所生产的产品的成本标准，包括工、料、费三项，用公式表示为

$$产品的标准总成本=标准直接材料总成本+标准直接人工总成本+标准总制造费用$$

如果该生产成本中心只生产一种产品，那么，产品的标准总成本就是该生产成本中心的责任成本；如果生产多种产品，那么，该生产成本中心的责任成本则是多种产品的标准成本之和。确定生产成本中心产品标准成本的关键在于确定单位产品的标准直接材料成本、标准直接人工成本和标准制造费用。

### 3. 计量成本实际业绩

成本实际业绩计量也可以称为标准成本的核算，是用数值的形式反映标准成本实际完成的进度或结果，是成本比较分析的前提，是实现成本控制的最基本环节。从另一个角度来看，成本实际业绩计量就是核算成本中心的产品或服务的实际成本。换句话说，为了编制财务报告而计算的产品的实际成本完全可以用来当作成本实际业绩。

### 4. 成本差异分析

1) 价格差异

(1) 材料价格差异的计算。材料价格差异就是实际采购的材料数量按实际价格计算与按标准价格计算之间的差额。其计算公式为

$$材料价格差异=实际价格 \times 实际数量-标准价格 \times 实际数量$$

(2) 工资率差异的计算。直接人工的价格差异通常称为工资率差异，是按实际工资率计算的人工成本与按标准工资率计算的人工成本之间的差额。其计算方法与材料价格差异基本相同，计算公式为

$$工资率差异=实际工资率 \times 实际工时-标准工资率 \times 实际工时$$

(3) 变动制造费用差异的计算。变动制造费用的价格差异通常称为变动制造费用差异，就是实际发生的变动制造费用数额与按实际工时计算的标准变动制造费用数额之间的差额。其计算方法与材料价格差异基本相同，计算公式为

$$变动制造费用差异=实际费用分配率 \times 实际工时-标准费用分配率 \times 实际工时$$

2) 数量差异

(1) 材料用量差异的计算。材料用量差异就是生产中实际耗用的材料数量与按标准计算的应耗用的材料数量之间的差额。根据成本差异通用公式可得出材料用量差异的计算公式为

$$材料用量差异=标准价格 \times 实际用量-标准价格 \times 标准用量$$

(2) 人工效率差异的计算。直接人工的数量差异通常称为人工效率差异,是生产中耗用的实际工时与按标准计算的应耗用的标准工时之间的差额。其计算公式为

人工效率差异=标准工资率×实际工时-标准工资率×标准工时

(3) 变动制造费用效率差异的计算。变动制造费用的数量差异通常称为变动制造费用效率差异,是按生产实际耗用工时计算的变动制造费用与按标准工时计算的变动制造费用之间的差额。其计算方法与人工效率差异基本相同,计算公式为

变动制造费用效率差异=标准工资率×实际工时-标准分配率×标准工时

3) 固定制造费用的成本差异

固定制造费用总额是不因业务量变动而变动的,但是单位产品成本中负担的固定制造费用的增减恰与业务量的增减成反比例关系。从企业的角度来说,出于对产品定价或其他方面的考虑,常常需要有一种被认可的、稳定的固定费用的单价。因此,在全部成本计算方法下制定标准成本时,应对固定制造费用确定一个费用分配率,其计算公式为

$$固定制造费用分配率=\frac{固定制造费用总预算}{估计的全年生产标准}$$

在日常经营活动过程中,由于实际耗用的工时或机器小时总数与估计的全年生产标准不一致,固定制造费用实际发生的金额与预算数往往也会有出入,因此就会发生成本差异。

固定制造费用的成本差异通常有两种。

(1) 预算差异。预算差异就是固定制造费用实际支付数与原预算数之间的差额,其计算公式为

预算差异=固定制造费用实际支付数-固定制造费用预算数

(2) 能量差异。能量差异就是在标准生产能量下标准产量工时的标准固定制造费用,与在实际产量应耗费的标准工时下的标准固定制造费用之间的差额。其计算公式为

能量差异=标准固定费用分配率×(产能标准总工时-实际产量应耗标准工时)

成本差异产生的原因和责任如下。

(1) 直接材料。材料价格差异通常应由采购部门负责,因为影响材料采购价格的各种因素(如采购批量、供应商的选择、交货方式、材料质量、运输工具等),一般来说都是由采购部门控制并受其决策的影响。当然,有些因素是采购部门无法控制的,例如,通货膨胀因素的影响、国家对原材料价格的调整等。因此,一定要对材料价格差异做进一步的深入分析和研究,查明产生差异的直接原因,分清各部门的经营责任,只有在科学分析的基础上,才能进行有效的控制。影响材料数量差异的因素也是多种多样的,包括生产工人的技术熟练程度和对工作的责任心、材料的质量、生产设备的状况等。一般来说,用量超过标准大多是工人粗心大意、缺乏培训或技术素质较低等原因造成的,应由生产部门负责,但材料数量差异有时也会由其他部门的原因所造成。

(2) 直接人工。原则上,工资率差异不是生产部门的责任而是人事部门的责任,但生产部门对本部门职工的工作安排也会影响工资率差异。人工效率差异是考核单位工时生产能力的重要指标,降低单位产品成本的关键就在于不断提高单位工时生产能力。影响人工效率的因素是多方面的,包括生产工人的技术水平、生产工艺过程、原材料的质量以及设备的状况等。所以,人工效率差异原则上应该

由生产部门负责，但同时还要具体分析，找出产生差异的具体原因，确定责任部门，以便更有效地控制成本。

(3) 制造费用。原则上，变动制造费用的耗费差异和效率差异是生产部门的责任，而固定制造费用中的能量差异则大部分不是生产部门的责任。

**5. 编制成本反馈报告**

成本反馈报告又称成本业绩报告，反映成本中心对标准完成的进度或结果，其基本用途就是将部门经理与成本中心的经营活动连接起来，为部门经理了解和控制成本中心的经营活动提供了一个强有力的手段，也是分析各成本中心成本差异和责任并进行相应奖惩的依据。

### (二) 目标成本控制

**1. 目标成本概述**

对于企业来说，目标成本是一项重要的经营管理目标。它既是一个目标概念，又是一个成本概念。作为目标概念，目标成本是目标的一种具体形式，是企业预先确定的一定时期内所要实现的成本目标。目标成本一般是由市场需求决定的目标售价(预期售价)和预期目标利润这两个因素决定的，其计算公式为

$$目标成本 = 目标售价 - 目标利润$$

或

$$目标成本 = 目标售价 \times (1 - 目标利润率)$$

**2. 目标成本计算的步骤**

目标成本计算包括目标成本设定计算、目标成本分解计算和目标成本对比估算三个主要步骤。

1) 目标成本设定计算

目标成本设定计算要求确定一个目标售价前提下能达成目标利润的目标成本额，主要针对已确定设计的产品。从原则上讲，目标成本设定计算应基于市场导向的要求，采用扣除方式进行计算，但实务上也有采用加算方式的，或者是两者结合。

(1) 加算方式。所谓加算方式，是指基于一定的历史的或现实的基准进行一定的加算来设定目标成本的方式。企业根据其拥有的技术水平、作业能力和经营管理水平，以现行材料、人工、制造费用等价格水平为前提计算成本，加上为追加新功能所需要的成本，减去可除去功能及可消除作业所涉及的成本，从而得出新产品可能达到的成本。

(2) 扣除方式。所谓扣除方式，是指按照竞争企业和类似产品的售价来预测所研制产品的可能售价。

(3) 统合方式。加算方式以现实的经营管理水平为依托，尽管可靠但较为消极，与市场脱节，不利于企业参与市场竞争；而扣除方式则是依托于市场，与市场需求比较接近，但有时与企业现有的资源和条件相距甚远。鉴于这种情况，企业普遍采用两者折中的统合计算方式，这样能较为有效地保证目标成本既具备达成的可能性，又与市场竞争的要求比较接近。

2) 目标成本分解计算

为了达成已设定的目标成本，将目标成本在企业内部各部门之间加以分解，以解决成本分摊问题。目标成本分解的方法有多种，企业要根据组织构架和成本形成过程的具体情况选择适当的方法。其可以选择以下分解方法。

(1) 按管理层次分解，将目标成本按企业、分厂、车间、班组、个人进行分解。

(2) 按管理部门职能分解，将成本在同一管理层次按职能部门分解。

(3) 按产品结构分解，将产品成本分成各种零部件成本和总成本，分派给各责任中心。

(4) 按产品形成过程分解，按产品设计、材料采购、生产制造、产品销售过程分解成本，形成每一个过程的目标成本。

(5) 按产品的经济内容分解，将产品成本分解为固定成本和变动成本；再将固定成本分解为折旧费、办公费、差旅费等项目，将年度目标成本分解为季度或月份成本。

### 3. 目标成本控制的实施

在目标成本控制体系中，企业应以目标成本作为控制的根本，一切管理行为以目标设立为开始，执行过程中也以目标为指针，结束时也应以目标成本是否达成来评价业绩。在目标成本控制的实施过程中，要强调授予下级一定的自主权，减少干预，在统一的目标下发挥下级的能动性和创造精神；强调事前明确目标，以使下级进行周密的计划并选择实现目标的有效方法，减少对作业过程的直接干预。

## (三) 责任成本控制

### 1. 责任制与责任成本控制

1) 贯彻责任制的方法

要贯彻责任制，首先应根据管理的需要，确定对所管辖的一定工作完全负责的责任层次，责任层次可大至企业内部的分企业、分厂、分店、车间、部门，小至工段、班组、施工队、柜组、个人等。原则上，每个责任层次都要对本身所做的工作负责，有一定的权限，同时也要承担一定的经济责任。此外，要适应管理的要求，建立一套能确定各责任层次工作成绩的考核制度，最终达到控制成本、利润和资金的目的。这套制度就是责任成本控制制度。

2) 责任成本控制的含义

责任成本控制不仅为每个责任层次确定一个可以衡量工作成绩的目标——预算和标准，还建立一套完整的制度，用于日常记录、计算和积累有关责任成本的数据并反映工作成果。经常将实际发生数与预算指标进行对比，可以考核各有关责任层次在一定期间的工作成绩和存在的问题；经常分析实际与预算发生差异的原因，找出巩固成绩、纠正缺点的办法，以便采取切实有效的措施来控制成本和资金占用，提高利润。综上所述，责任成本控制就是在企业内部确定责任层次，并对各责任层次的有关经济活动进行计划与控制的专门制度。

3) 责任成本控制的意义

责任成本控制可以贯彻责任制，促使每个责任层次严格控制自己应负责的成本指标，努力降低成本，减少资金占用，提高企业利润。同时，进行责任成本控制可以使各个责任层次的经营目标与整个企业的经营总目标同步，确立经营目标的一致性。

### 2. 责任中心

为了使每个责任层次能对他们的业绩或成果负责，必须要有十分明确的责任范围，也就是各责任层次能够控制的活动区域，即责任中心。责任中心按照控制范围的大小，一般可分为成本中心、利润中心、投资中心三类。

1) 成本中心

成本中心是成本发生的单位，它只能控制成本，即对成本负责。通常成本中心无法控制销售，也无法控制收益。成本中心的范围最广，任何对成本负有责任的单位都是成本中心。

2) 利润中心

利润中心是既对成本负责，又对收益负责的单位。它既要能控制成本的发生，又要能对应当取得的收益进行控制。利润中心适用于企业管理中的较高阶层，是具有独立收入来源的单位。

3) 投资中心

投资中心是既对成本、利润负责，又对资本负责的单位。它不仅要控制成本与收益，同时也要控制其所占用的资本。投资中心成果的考核包括投资报酬率法和剩余收益法两种方式。

(1) 投资报酬率法。对于投资中心成果的考核通常采用投资报酬率或资产盈利能力等指标来衡量。其计算公式为

$$投资报酬率 = \frac{该部门营业利润}{该部门控制的资产总额} \times 100\%$$

(2) 剩余收益法。其计算公式为

$$剩余收益 = 该部门营业利润 - 该部门资产总额 \times 资本成本率$$

### 3. 责任中心的相互结算

1) 责任成本的结转

由于责任成本所计算和考核的对象是责任成本，而责任成本的发生地点与应承担责任的地点往往并不相同，需要进行结算。

2) 相互提供产品或劳务的结转

相互提供产品或劳务的结转主要包括按标准成本制定转移价格、按实际成本加成制定转移价格、按市价制定转移价格、按市价制定转移价格和按议价制定转让价格。

# 第五节 企业财务分析和控制

## 一、财务分析

### (一) 财务分析的概念

财务分析是以企业财务报表及相关资料为依据，运用专门的分析方法，对企业的财务状况、经营成果和发展趋势进行剖析与评价，为企业本身及其利益相关者的经济预测和决策提供重要财务信息的财务管理活动。财务分析的基本功能就是将大量的报表和其他资料数据转换成对特定财务决策有用的信息，以减少决策的不确定性。不同利益主体对财务信息的需求有所不同，这就要求企业在进行财务分析时根据不同的需求来确定不同的侧重点。

### (二) 财务分析的方法

财务分析的方法有很多种，归纳起来主要有以下四大类。

#### 1. 比较分析法

比较分析法是将同一企业不同时期的财务状况或不同企业之间的财务状况进行比较，从而揭示企业财务状况差异的分析方法。比较分析是为了说明财务信息之间的数量关系和数量差异，为进一步分析指明方向。比较分析可以是静态的，如实际与计划相比；也可以是动态的，如本期和上期相比。

## 2. 比率分析法

比率分析法是把某些彼此存在关联的项目加以对比，计算出比率，据以确定经济活动变动程度的分析方法。比率是相对数，采用比率分析能够把某些条件下的不可比指标变成可比较指标，有利于揭示企业的财务状况，并进行企业之间、企业与行业之间，以及企业当期与过去期间的比较分析。

比率分析法是评价企业财务状况和经营成果的重要方法，它使人们可以把注意力集中于分析企业财务方面的各种相互关系上。需要强调的是，比率本身没有什么意义，它必须与同行业其他企业做比较，或者与会计前期做比较才有意义。而且，不同国家、不同行业对同一比率中的各要素定义可能会有不同，分析人员必须加以调整。

常用的财务分析比率包括：反映企业偿还到期债务能力的比率，如流动比率、速动比率、现金比率、资产负债率等；反映企业利用资金效率的比率，如应收账款周转率、存货周转率、流动资产周转率、固定资产周转率等；反映企业获取利润能力的比率，如销售毛利润、营业利润率、总资产报酬率、净资产收益率等。

## 3. 因素分析法

因素分析法又称因素替代法或连环替代法，是用来确定几个相互关联的因素对分析对象影响程度的分析方法。采用这种分析方法，当有若干因素对分析对象产生影响时，首先假定其他各个因素都不发生变化，然后按一定顺序确定每一个因素的单独变化对综合财务指标所产生的影响。

因素分析法既可以全面分析若干因素对某一个经济指标的共同影响，又可以单独分析其中某个因素对某一个经济指标的影响，在财务分析中应用十分广泛。采用这种分析方法时，必须注意因素分解的关联性、因素替代的顺序性、顺序替代的连环性、计算结果的假定性。

## 4. 趋势分析法

趋势分析法是通过对企业财务报表各项目(或财务比率)的增减变动的方向、数额和幅度进行分析，借以判断和说明企业财务状况与经营成果的变动趋势的分析方法。通常的做法是在年度或中期财务报告中，将财务报表中连续几年的数据以比较财务报表的形式列示，以便进行趋势分析。采用这种分析方法，可以确定引起企业财务状况与经营结果变动的主要原因、变动的性质，并预测企业未来的发展前景。

以上四种财务分析方法中，比率分析法无疑是最常用和最重要的方法。当然，每一项财务比率只能反映企业某一方面的财务状况，即使是综合性最强的权益净利率也不能反映企业财务状况的全貌。因此，为了对企业的财务状况进行综合的评价，首先，可以选定若干财务比率，按其重要程度给定权数，并使权数总和为100；然后，使用实际比率分析的综合模型——杜邦模型，来综合分析和评价企业的财务状况和经营结果。杜邦模型由杜邦延伸等式和杜邦修正图两部分组成，其最显著的特点是将若干用于评价企业财务状况和经营成果的比率按其内在联系有机地结合起来，形成一个完整的指标体系，并最终通过权益净利率综合反映企业的财务状况。

## 二、财务控制

### (一) 财务控制的概念

财务控制是指财务人员对企业日常的财务工作进行指导、组织督促和约束，以确保实现企业财务目标的管理活动。财务控制是企业财务管理的重要内容,加强企业财务控制是一个经久不衰的论题,也是当今企业亟待解决的重要问题。

需要指出的是,现代企业的财务控制绝不仅仅是财务部门的事情,也不仅仅是企业经营者的责任,而是整个管理体系内各组织机构共同参与的一项管理活动。财务控制的目标不仅仅是传统意义上管控一个企业的财务活动的合规性和有效性,而是企业现实的低成本和未来的高收益的统一。财务控制的客体首先是企业利益相关者形成的内部财务关系,其次才是各种不同的财务资源。财务控制的实现方式应该是激励措施与约束手段的统一。

### (二) 财务控制的特征

**1. 财务控制以价值控制为手段**

财务控制是为了实现财务预算,而财务预算所包括的现金预算、预计利润表、预计资产负债表等是以价值形式来反映的,因此,财务控制必须借助价值手段进行。

**2. 财务控制以综合经济业务为控制对象**

财务控制以价值为手段,可以将不同岗位、部门、层次的经济业务活动综合起来进行分析和度量。

**3. 财务控制以现金流量控制为日常控制内容**

由于日常的财务活动过程表现为组织现金流量的过程,因此,控制现金流量是日常财务控制的主要内容。

### (三) 财务控制的方法

**1. 建立有效的组织机构**

建立有效的组织机构是保证财务控制效果的首要条件。没有有效的组织机构来管理和协调,财务控制就无处下手。实务中,应该根据控制主体单位的大小、任务量的多少、相同或相近的职能进行组织机构设置,做到建立有效的组织机构与合理节约人力资源相统一。

**2. 健全和完善内部控制制度**

内部控制制度包括组织机构的设计和企业内部采取的所有相互协调的方法和措施。建立组织机构,明确责任主体和责任人,目的是进行协调与管理。有效的协调与管理必须依靠内部控制制度来完成。内部控制制度的建立必须在广泛调研的基础上,先试行、后修订、完善,再组织实施,使建立的内部控制制度具有实用性和可操作性。

**3. 制定切实可行的财务预算**

财务控制应以健全的财务预算为依据。财务预算应分解落实到各责任中心,使之成为控制各责任中心经济活动的依据。若财务预算严重偏离实际,财务控制就无法达到目的。

**4. 建立反应灵敏的信息反馈系统**

财务控制是一个动态的控制过程,要确保财务预算的贯彻落实,就必须对预算的执行情况进行跟踪监控,及时发现问题,及时调整执行偏差。为此,就必须建立一个反应灵敏的信息反馈系统。

**5. 制定奖惩制度并严格执行**

财务控制的最终效率取决于制定切实可行的奖惩制度并严格执行,否则,即便有符合实际的财务预算,也会因为财务控制的不力而得不到贯彻落实。奖惩制度的制定必须结合责任中心的预算责任目标，充分体现公平、合理、有效的原则。奖惩制度的执行依赖考评机制，考评机制的合理性直接影响奖惩制度的有效性。

### 6. 控制必须严格按照步骤进行

财务控制是在财务管理过程中，依据有关的信息并采用特定手段对企业财务活动所施加的影响或进行的调节，这种控制是一个有序的动态控制过程。财务控制必须严格按照以下步骤执行：合理制定控制标准，层层分解，落实责任；实时追踪控制，及时调整误差；认真分析执行情况，努力搞好考核奖惩等。

### 7. 正确处理各责任中心之间的关系

财务控制虽然是企业财务管理的一种手段，但并不说明它仅仅是财务部门的事情，它涉及企业内部的各级组织机构，只是由于各自承担的责任不同，所承担的义务也存在一定的差异。正是因为如此，在涉及某一具体责任的承担问题时，各组织机构之间极易产生矛盾，阻碍财务预算的贯彻执行。因此，处理好各组织机构之间的关系十分必要。

### 8. 处理好控制面与控制点的关系

财务控制制度不仅要对企业财务管理实行全方位的有效控制，而且要对企业财务管理的重要方面、重要环节实行重点控制。只有实现控制面与控制点的有机结合，财务控制才能发挥良好的作用。

尽管财务控制的方面有很多，但都必须服从并服务于财务预算这个财务控制目标。

## 【本章小结】

企业财务管理是企业管理的重要组成部分，是企业利用价值形式组织财务活动、处理财务关系的一项综合性管理工作。企业的财务活动主要有筹资活动、投资活动、资金营运活动和财务分析活动。企业资金筹集是指企业根据生产经营、对外投资以及调整资本结构的需要，通过资本市场或金融机构，运用合理的资金筹集方式，有效地获取企业所需资金的财务活动。资金筹集的渠道很多，企业可以按筹资管理的要求进行合理筹资。资金筹到以后要把它投放到最需要的地方去，进行合理配置。投资是指经济主体为了获取经济利益而投入资金或资源，以转化为实物资产或金融资产的行为和过程。企业投资主要包括项目投资和证券投资。企业要对成本进行核算和控制，以提高企业的经济效益。财务分析是以企业财务报表及相关资料为依据，运用专门的分析方法，对企业的财务状况、经营成果和发展趋势进行剖析与评价，为企业本身及其利益相关者的经济预测和决策提供重要财务信息的财务管理活动。

在企业经营过程中，企业与国家、投资者、受资者、债权人、债务人、客户、内部职工之间以及企业内部的各单位之间必然会发生各种各样的经济利益关系，这种经济利益关系称为财务关系。现代企业财务管理的要素有资金筹集、资产营运、成本控制、收益分配、信息管理和财务监督。企业财务管理的方法主要有财务预测方法、财务决策方法、财务预算方法、财务控制方法和财务分析方法等。

## 【思考题】

1. 什么是企业财务管理？企业财务各环节之间有什么关系？
2. 如何理解企业财务目标及其理财原则？
3. 你认为现代企业的发展需要什么样的理财理念？
4. 企业家应如何面对筹资风险与投资风险的挑战？

5. 为什么说财务管理的实质是对资金的管理?
6. 简述财务管理的内容。
7. 设计一个简单的财务管理工作流程。
8. 目前我国的宏观经济政策是怎么样的?将从哪些方面影响企业财务管理决策?

## 【案例分析】

风险投资

风险投资又称风险资本、创业资本,1946年始于美国。

**1. 风险投资的定义**

广义的风险投资泛指一切具有高风险、高潜在收益的投资;狭义的风险投资是指以高新技术为基础,生产与经营技术密集型产品的投资。根据美国全美风险投资协会的定义,风险投资是由职业金融家投入新兴的、迅速发展的、具有巨大竞争潜力的企业中的一种权益资本。

**2. 风险投资的特点**

(1) 投资对象多为处于创业期的中小型企业,而且多为高新技术企业,如电子信息技术、生物工程技术、节能环保、新材料等领域的企业。

(2) 投资期限在3~5年,或5年以上,投资方式一般为股权投资,通常占被投资企业15%~20%的股权,不要求取得控股权,也不需要任何担保或抵押。

(3) 投资决策建立在高度专业化和程序化的专家评估决策的基础之上。

(4) 创业人与投资者之间是同舟共济的关系。投资人积极参与被投资企业的经营管理,提供增值服务。

(5) 根据被投资企业的发展的不同阶段(种子期、创建期、成长期、扩张期、成熟期等)决定投资策略,以达到降低投资风险的目的。

(6) 获得投资红利不是风险投资追求的目标,风险投资的主要获利手段是通过被投资企业上市、收购、兼并或其他股权转让方式撤出投资资本,在产权流动中实现投资增值回报。

风险投资是一种无担保、高风险的投资,在国外,其资金来源主要是保险公司、证券公司、个人等;在我国,主要资金来源是政府、企业、国外资金等。

1999年2月,新浪网获得包括高盛银行在内的海外风险投资机构投资的2500万美元,这是当时国内网络公司获得的最大的一笔投资。今天,中国几乎所有的大型商业网站(包括新浪、搜狐、网易等)的背后都有风险投资的身影。"一部风险投资在华史就是一部中国互联网史",若没有这些慷慨解囊者,中国互联网产业就没有今天。

问题讨论:

1. 风险投资的特点是什么?
2. 国内外风险投资者的差异是什么?

**【技能训练】**

沃尔玛公司的财务目标与利益相关者

沃尔玛百货有限公司由美国零售业的传奇人物山姆·沃尔顿先生于 1962 年在阿肯色州建立。经过 40 余年的发展,沃尔玛百货有限公司已经成为美国最大的私人雇主和世界上最大的连锁零售商。目前,沃尔玛在全球十几个国家开设了超过 5000 家商场,员工总数 190 多万,每周光临沃尔玛的顾客近一亿四千万人次。2006 年,沃尔玛的销售收入增长 11.2%,增至 3511 亿美元,高于埃克森美孚公司的 3473 亿美元。2007 年 4 月 16 日,美国著名财经杂志《财富》公布的美国企业 500 强中,跨国零售商沃尔玛荣登榜首,这也是其近 6 年内第 5 次荣登该榜首位。埃克森美孚、通用汽车分别列于第二、第三名。沃尔玛在短短 40 多年的时间里从美国中西部的一家乡村杂货店迅速崛起为全球 500 强的首位,是什么使服务行业的零售百货公司多次战胜赚钱快的石油、汽车公司而成为美国最有实力的公司呢?沃尔玛成功的因素有很多,在此仅从财务目标的角度对其进行剖析。

从 20 世纪 80 年代至今,美国已有 29 个州修改了公司法,要求公司经理为公司利益的相关者服务,而不仅为股东服务。1995 年 5 月,由 29 个发达国家组成的经济合作与发展组织(OECD)理事会正式通过了其制定的《公司治理结构原则》,并指出公司治理结构框架应当确认利益相关者的合法权益,鼓励公司和利益相关者为创造财富和工作机会、保持企业财务制度健全而积极地进行合作。中国证监会在 2002 年年初出台的《上市公司治理准则》中专门为公司利益相关者的地位、范围、作用、权力等制定了框架性的规范,从制度方面为中国上市公司利益相关者的利益保护奠定了基础。

在现代市场经济条件下,企业的目标不能仅仅是追求股东财富最大化或企业利润最大化,而应该是追求利益相关者财富最大化。从某种程度上说,沃尔玛公司正是利益相关者财富最大化模式的最大受益者以及采用该模式取得成功的典范。下面就从沃尔玛在其经营战略和经营策略中追求顾客利益、员工利益、供应商利益、债权人利益、股东利益,以及政府和社会利益等的最大化,剖析沃尔玛的成功之道。

**(一) 顾客利益**

沃尔玛创始人山姆·沃尔顿一语破的——"我们并肩合作,这就是秘诀。我们为每一位顾客降低生活开支。我们要给世界一个机会,来看一看通过节约的方式改善所有人的生活是个什么样子。"沃尔玛有句名言:"不管我们付出的代价多大,如果我们赚了很多,就应当转送给顾客。"始终以低出别家商店的价格出售,给予顾客最大的实惠,强调尊重顾客,提供一流服务,成为沃尔玛制胜的法宝。为了实现低价,沃尔玛想尽了招数,其中重要的一点就是大力节约开支,绕开中间商,直接从工厂进货。这种类似"零库存"的做法使沃尔玛每年都可节省数百万元美元的仓储费用,从而使企业真正做到薄利多销,将这些费用都让利给了顾客,同时,沃尔玛提供了更高的品质保证。沃尔玛超市所售货物在价格上占有绝对优势,不仅如此,沃尔玛店内的通道、灯光设计都是为了令顾客更加舒适,店门口的欢迎者比其他同行更主动、更热情,收银员一律站立工作以示对顾客的尊敬。这一系列的措施使沃尔玛成为消费者的最佳选择。

**(二) 员工利益**

沃尔玛强调尊重公司的每一个人,多年来实行以人为本的管理策略,其员工不是被称为"雇员",

而是被称为"合作者"或"同事"。在美国管理界,沃尔玛被公认为最具管理特色的公司之一,并多次被评为最适宜工作的公司之一。公司对员工利益的关心并不仅仅停留在口头上或几条标语式的企业文化理论,而是有一套详细且具体的实施方案。沃尔玛拥有190多万名员工,公司给予每一位员工体现人生价值的机会都是均等的,每一位员工都享有培训和提升机会,更重要的是沃尔玛在全公司推行利润分享计划、雇员购股计划、损耗奖励计划、例会制度、福利计划等,将公司和员工结成一个利益共同体,沃尔玛员工的献身精神和团队力量都堪称一流。人力资本所有者参与企业收益的分配,不仅实现了人力资本所有者的权益,而且实现了企业财富分配原则从货币拥有者向财富创造者的转化,这已成为世界经济发展的一种趋势。

### (三) 供应商利益

目前,中国一些中小零售商包括大多数超市都通过压低供货商的利润来降低成本、提高利润,比如收取上架费、保证金等。而沃尔玛并不因自身规模大、实力强而肆意损害供应商利益来增加自身利润,而是重视与供应商建立友好、融洽的协作关系,保护供应商的利益。沃尔玛通过优化供应链降低物流成本,它花费4个亿从休斯公司购买了商业卫星,建立起全球联网的零售链,让供应商赞不绝口。沃尔玛拥有世界上最为庞大的民用数据库,沃尔玛的管理人员可以随时得知万里之外任何一家分店的运转情况,随时控制库存和进货。据调查,沃尔玛给予供应商的优惠远远超过同行,沃尔玛的库存流量速度是美国零售业平均速度的两倍,这使供应商能及时为生产、销售提供有力的决策支持,加快资金周转速度,从而降低成本,提供给沃尔玛的价格也会降低,这进一步使沃尔玛的销售额和经营利润同时获得大幅度增长。沃尔玛公司还不断开发自己的品牌,这样不仅能直接指导生产者调整产品结构,而且由于自有品牌的市场独占性,也使沃尔玛公司获得了比其他同行业公司更高的利润,可见,与供应商的合作实现了双赢。

### (四) 债权人利益

沃尔玛深知保持良好的信用、按时还本付息是确保债权人利益的最好方法,因此与债权人之间建立了良好的按时还款信用关系,银行等债权人也非常乐意贷款给它,这为沃尔玛早期的发展及壮大提供了充裕的资金,从1946年第一次贷款1800美元购买冰淇淋机开始,一直到1970年沃尔玛发行股票之前,贷款是沃尔玛最重要的资金来源,对财务目标的实现起到了重要的作用。

### (五) 股东利益

股东是企业的所有者,他们关心投资回报率和企业的发展。沃尔玛从满足股东要求和利益出发,加强与股东的交流,保证股东对公司的信心,从而得到了他们的支持,并且吸引了更多的投资者。事实上,最令股东们满意的还是沃尔玛的经营业绩和投资回报。2006年福布斯全球富豪榜的前20名中,沃尔玛公司的股东就占了5名。

### (六) 政府和社会利益

政府在制定经济政策、进行宏观调控以及提供各种公共服务方面,对企业生产经营具有直接或间接的影响。对于沃尔玛这样的跨国公司,是否能与所在国政府建立良好的关系,将影响沃尔玛在该国的进一步发展壮大和财务目标的实现。对此,沃尔玛通过一系列策略,与当地政府建立了良好的关系。多年以来,沃尔玛注重帮助政府发展教育事业,并积极参与公益慈善事业,赢得了良好的社会效益。沃尔玛在中国的企业社会责任计划重点体现在保护环境、回馈社区、关爱儿童、支持教育和救助灾区五方面。近十年来，沃尔玛在中国已经累计向各种公益慈善项目捐赠总额超过 2600 万元的资金和物品，员工在社会公益事业方面所投入的工时累计超过 13 万个小时。

综上所知，沃尔玛公司在财务目标的定位上采用了利益相关者财富最大化模式。沃尔玛公司正是考虑了顾客、员工、供应商、社会等利益相关者的利益，才创造了奇迹，发展成为美国最有实力的公司。

**训练目标：**
1. 增强对企业财务管理目标的认识。
2. 培养对企业财务管理环境的分析能力。

**训练方法：**
1. 以小组为单位，每个小组关注一种类型的利益相关者。
2. 应用所学理论分析本小组关注的利益相关者。
3. 请老师进行点评。

**训练要求：**
1. 通过网络等途径，获得较为充分的资料。
2. 每个小组分别准备发言稿。
3. 结合理论与本章知识对各组的发言内容进行分析与讨论。

**成果检验：**
1. 每个小组提交一份完整的分析报告。
2. 每组派一个代表发言，各组之间进行讨论。
3. 老师根据分析报告的质量和讨论过程中小组成员的表现给予评价，按一定比例确定成绩。

# 第十章

# 现代企业市场营销管理

【学习目的与要求】
- 掌握市场与市场营销的概念。
- 了解目标市场营销战略和竞争性市场营销战略的基本分析方法。
- 了解市场营销环境的 SWOT 分析方法。
- 掌握市场营销学中 4P 的含义,理解产品、价格、渠道和促销的策略选择,并能够根据相关理论分析实际案例。

【导入案例】

欧莱雅:良好品牌形象成就品牌魅力

1907 年,毕业于巴黎化学研究所的欧仁·舒莱尔研究出一种合成染发剂,主要成分是从某种植物中萃取的色料,效果更自然,并将此产品命名为"奥莱雅"。1908 年,欧仁·舒莱尔成立法国无害染发剂公司,并将公司重新命名为"欧莱雅","欧莱雅"来源于希腊语"OPEA",象征着美丽。

经验证明,追求美是女人的天性,而欧莱雅正是将美的产品融于美的文化,将美的艺术、美的理念带给全世界的人们。为实现这一美好的梦想,欧莱雅选择了国际明星担任其形象代言人,并打造了一支"美女梦之队",从不同的角度来告诉爱美之人,欧莱雅是值得拥有的,只要你使用欧莱雅就可以拥有如同明星一样的美。

之前欧莱雅旗下美宝莲彩妆在全球的形象代言人都是美国著名黑人模特托米可。尽管美宝莲化妆品的配方随着全球各地人们的皮肤类型和气候特征有所不同,但托米可代表着放荡不羁的纽约都市时尚,从柏林到上海,全球的年轻女孩都争相模仿。2001 年年初,"亚洲第一美女"章子怡成为首位美宝莲亚洲形象的代言人。她的青春亮丽、时尚现代、极具亲和力的形象,恰如其分地体现了"美来自内心,美来自美宝莲"的品牌形象。

自 1998 年起,法国名模莱迪提雅·卡斯塔成为欧莱雅脸部护理产品的彩妆产品形象代言人。她是世界级设计师和顶级品牌抢夺的对象,夺目的世界顶级模特的光环已经环绕在她的身上。2000 年,法国市长协会评选莱迪提雅为 2000 年度的"玛丽安娜",对于法国来说,这个荣誉的重要性如同国徽。同时,她还被世界多位权威摄影师称为"世界上最漂亮的女孩",当之无愧地被《滚石》杂志评为"最性感的女性"。

法国的"新生代国际巨星"维吉妮·丽多茵是欧莱雅彩妆新成员纷泽唇膏的形象代言人。德国的"世界上最美的女人"克劳迪亚·西弗也是欧莱雅彩妆纷泽唇膏的形象代言人。"世界最难以忘怀的女性"——俄罗斯的米拉·卓渥维奇是欧莱雅纷泽唇膏、无尽纤长睫毛液等彩妆产品的形象代言人。国际影星巩俐被称为"全球最美的东方女性",有着浓郁的东方气质,与生俱来的表演天赋,她于1996年成为欧莱雅在亚洲的形象代言人,与亚洲女性共同分享世界第一品牌化妆品欧莱雅的高贵品质。来自日本的川原亚矢子被称为"征服世界顶级摄影师的女子",是欧莱雅纷莹护发染发乳形象代言人。

资料来源:胡茉. 欧洲企业管理经典案例解析[M]. 上海:上海交通大学出版社,2016.

**案例启示:**

在充满竞争的新经济时代,谁能更好、更快地了解品牌,并建立一套科学的品牌管理体系,谁就能在这个领域中形成核心的竞争优势。欧莱雅集团把品牌管理作为重中之重的工作,成功地实行品牌战略,取得了辉煌的成就。在全球范围内拓展品牌,树立品牌文化,同时通过科技创新建立品牌优势,欧莱雅集团所做的这一切,使其在同行业竞争中处于优势地位,带给企业长足的经济利益。品牌管理——欧莱雅集团的核心竞争力,像一把利器,为欧莱雅集团未来的发展披荆斩棘。

# 第一节 市场营销概述

## 一、市场的概念

市场营销是和市场有关的人类活动,在介绍市场营销之前,我们先了解一下市场的概念。

经济学家从揭示经济实质的角度提出市场的概念,他们认为市场是商品内在矛盾的表现,是供求关系、商品交换关系的总和,是通过商品交换反映出来的人与人之间的关系。市场是社会分工的产物,是商品经济发展的产物。也就是说,哪里有商品生产和商品交换,哪里就有市场,市场是联系生产和消费的纽带。

管理学家侧重于从具体的交换活动及其运行规律的角度去认识市场。当代著名市场营销学家菲利普·科特勒指出:"市场是由一切具有特定消费需求和欲望,并且愿意和可能从事交换来使需求和欲望得到满足的潜在顾客所组成。"

可见,人们可以从不同的角度界定市场。本书认为,市场是商品经济中,生产者与消费者之间为实现产品或服务的价值,所进行的满足需求的交换关系、交换条件和交换过程的统称。

市场是建立在社会分工和商品生产即商品经济基础上的交换关系,这种交换关系由一系列交易过程构成,并由商品交换关系规律决定。现实市场的存在要有若干基本条件,这些条件包括:

(1) 存在消费者(用户)一方,他们有某种需求和欲望,并拥有可供交换的资源;

(2) 存在生产者(供给者)一方,他们能提供满足消费者(用户)需求的产品和服务;

(3) 有促成交换双方达成交易的各种条件,如法律保障、交易双方可接受的价格、时间、空间、信息和服务方式等。

市场的发展本质上是一个由消费者(买方)决定,而由生产者(卖方)推动的过程。一般来说,买方的需求是决定性的。

## 阅读链接 10-1

**管理人物：菲利普·科特勒**

菲利普·科特勒是公认的现代营销的集大成者，被誉为"现代营销学之父"，其经典著作《营销管理》已经成为包括中国在内的各国商学院首选的营销教材，其本人也被公认为"20世纪50位最佳管理大师之一"。

科特勒致力于营销战略与规划、营销组织、国际市场营销及社会营销的研究，其最新研究领域包括高科技市场营销，城市、地区及国家竞争优势研究等。

科特勒的营销理论对推动营销普及和提高企业营销水平发挥了重要作用。如今，顾客需求、顾客价值、顾客忠诚、整合营销、全球营销等概念已经流传开来，并逐步深入人心，许多企业已经或正在向顾客导向型企业转变，一批优秀的企业也在全面提升国际市场营销能力，积极参与国际市场竞争。

## 二、市场营销的概念

关于市场营销的概念，学术界有很多种说法，下面介绍几种比较权威的说法。

美国市场营销协会指出，市场营销是创造、沟通与传送价值给顾客并经营顾客关系，以便让组织与其利益关系人受益的组织功能与程序，是最直接、最有效的营销手段之一。

菲利普·科特勒强调了营销的价值导向，他表示市场营销是个人和集体通过创造并与他人交换产品和价值以满足需求和欲望的社会管理过程。科特勒在1984年对市场营销的定义又进行了修改。市场营销是指企业的一种职能——认识目前未满足的需要和欲望，估量和确定需求量大小，选择和决定企业能最好地为其服务的目标市场，并决定适当的产品、劳务和计划(或方案)，以便为目标市场服务。

麦卡锡(E. J. Mccarthy)于1960年对微观市场营销下了定义：市场营销是企业经营活动的职责，它将产品及劳务从生产者直接引向消费者或使用者，以便满足顾客需求及实现公司利润。同时，市场营销也是一种社会经济活动过程，其目的在于满足社会或人类需要，实现社会目标。

格隆罗斯所给的定义强调了营销的目的，即营销是建立在一种利益之上，通过相互交换和承诺，建立、维持、巩固与消费者及其他参与者的关系，实现各方的目的。

根据菲利普·科特勒的定义，可以将市场营销的概念归纳为以下几点。

(1) 市场营销的最终目标是使个人和群体的欲望和需要得到满足。

(2) "交换"是市场营销的核心。交换过程是一个主动、积极地寻找机会，满足双方需求和欲望的社会过程和管理过程。

(3) 交换过程是否顺利，取决于营销者创造的产品和价值满足顾客需求的程度以及交换过程管理的水平。

## 三、市场营销学的形成及发展

第一阶段，19世纪末到20世纪初，为市场营销学的萌芽时期。由于工业革命的爆发，资本主义世界的经济迅速发展，产生需求膨胀。市场状况为卖方市场，总趋势是产品供不应求。在这个阶段，市场营销学的研究特点是：①着重推销术和广告术，关于现代市场营销的概念、原则还没有形成；②研究活动基本局限于大学的课堂和教授的书房，没有得到社会和企业的重视。

第二阶段，20世纪30年代到第二次世界大战结束，为市场营销学的应用时期。1929—1933年，资本主义世界爆发了空前的经济危机，经济出现大萧条、大萎缩，社会购买力急剧下降，市场问题空前尖锐。危机对整个资本主义经济的打击很大，使资本主义世界的工业生产总值下降了44%，贸易总额下降了66%。

第三阶段，20世纪50年代至80年代初，为市场营销学的繁荣发展时期。第二次世界大战结束以后，各国经济由战时经济转入民用经济。战后经济的恢复及科学技术的发展，促进了西方国家经济的迅速发展。这个时期，市场营销学的研究从流通领域进入生产领域，形成了"以需定产"的经营指导思想，并由静态研究转变为动态研究，强调供给和需求之间的整体协调活动。

第四阶段，20世纪80年代至今，为市场营销学的创新发展阶段。市场营销理论对指导企业市场营销实践做出了重要贡献。但20世纪80年代以后，随着国际竞争的日益加剧和营销环境的复杂多变，对某些特殊的、复杂的营销环境而言，常规的市场营销理论及方法显露出某种局限和不足。1984年，科特勒提出了新的市场营销理论，他认为在以往的营销组合中，必须加上两个新的重要因素，权力(power)和公共关系(public relations)，即大市场营销的理论。

# 第二节　消费者市场的购买行为分析

消费者市场是个人或家庭为了生活消费而购买产品和服务的市场。生活消费是产品和服务流通的终点，因此消费者市场也称为最终产品市场。消费者市场的消费人群分布广泛，消费群体地域分散，消费品的种类复杂、易变，同时易受季节因素和替代性因素的影响。

## 一、消费者购买行为模式

营销人员在制定针对消费者市场的营销组合策略之前，必须先研究消费者的购买行为，但消费者市场涉及的内容较多，为此市场营销学家归纳出七种购买行为模式进行消费者购买行为的分析，如表10-1所示。

表10-1　消费者购买行为模式

| | |
|---|---|
| 消费者市场由谁构成？(who) | 购买者(occupants) |
| 消费者市场购买什么？(what) | 购买对象(objects) |
| 消费者为何购买？(why) | 购买目的(objectives) |
| 消费者市场的购买活动有谁参与？(who) | 购买组织(organizations) |
| 消费者怎样购买？(how) | 购买方式(operations) |
| 消费者何时购买？(when) | 购买时间(occasions) |
| 消费者何地购买？(where) | 购买地点(outlets) |

以某皮革厂生产和销售箱包为例，制定营销组合策略之前必须分析以下问题：①箱包的市场由哪些人构成？②目前消费者市场需要什么样的箱包？③消费者为什么购买这种箱包？④哪些人会产

生箱包购买行为？⑤消费者怎样购买这种箱包？⑥消费者何时购买这种箱包？⑦消费者在何处购买这种箱包？

其中，研究消费者购买行为的理论中最有代表性的是刺激—反应模式理论，如图10-1所示。市场营销因素和市场环境因素刺激购买者的意识，购买者根据自己的特征处理这些信息，在经过一定的决策过程后做出购买决策。

图 10-1 消费者购买行为的刺激—反应模式理论

## 二、影响消费者购买行为的因素

### (一) 文化因素

**1. 文化**

文化指人类从生活实践中建立起来的价值观念、道德、理想和其他有象征意义的综合体。文化是决定人类欲望和行为的基本因素，文化的差异引起消费行为的差异。

**2. 社会阶层**

社会阶层是社会学家根据职业、收入来源、教育水平、价值观和居住区域对人们进行的一种社会分类。社会阶层具有以下四个特点。

(1) 同一阶层的成员具有类似的价值观、兴趣和行为，在消费行为上相互影响并趋于一致。

(2) 人们根据自己所处的社会阶层来判断其他人在社会中所处地位的高低。

(3) 一个人的社会阶层不是由某一变量决定，而是受到职业、收入、教育、价值观和居住区域等多种因素的制约。

(4) 人们能够在一生中改变自己的社会阶层归属，既可以迈向高阶层，也可以跌至低阶层。

### (二) 社会因素

**1. 参照群体**

参照群体指能够直接或间接影响消费者购买行为的个人或集体。参照群体对消费行为的影响表现在三方面。

(1) 示范性，即参照群体的消费行为和生活方式为消费者提供了可供选择的模式。

(2) 仿效性，即参照群体的消费行为引起人们仿效的欲望，影响人们的购买选择。

(3) 一致性，即由于仿效而使消费行为趋于一致。

某有影响力的参照群体称为"意见领袖"，他们的行为会引起群体内追随者、崇拜者的仿效，但对相关群体购买行为的影响程度视产品类别而定。

### 2. 家庭

消费者以个人或家庭为单位购买产品,家庭成员和其他有关人员在购买活动中往往起着不同的作用并且相互影响,构成了消费者的"购买组织"。社会学家根据家庭权威中心点的不同,把家庭分为四种类型:各自做主型、丈夫支配型、妻子支配型和共同支配型。

### 3. 角色和地位

角色是周围的人对一个人的要求或一个人在不同场合应起的作用。消费者做出购买选择时往往会考虑自己的身份和地位,企业把自己的产品或品牌变成某种身份或地位的标志或象征,从而吸引特定目标市场的顾客。

### (三) 个人因素

个人因素包括消费者的经济因素、生理因素、个性因素、生活方式因素等。经济因素指消费者的可支配收入、储蓄、资产和借贷能力。经济因素是决定购买行为的首要因素,决定着能否发生购买行为、发生何种规模的购买行为,以及购买商品的种类和档次。生理因素指年龄、家庭生命周期、性别、体征(高矮胖瘦)、健康状况和嗜好(如饮食口味)等生理特征的差别。生理因素决定顾客对产品款式、构造和细微功能的不同需求。个性因素指一个人的心理特征,一个人的个性影响消费者对市场营销因素的反应。生活方式因素指一个人在生活中表现出来的活动、兴趣和看法。

在设计产品和广告时,应明确针对某一生活方式的群体。最有名的生活方式划分模式是斯坦福国际研究所 VALS(Value and Lifestyles)模式及 AIO(Attitude/Interest/Opinion)模式。

## 阅读链接 10-2

### 沙拉油的失败

有一家企业计划生产一种作为凉拌菜佐料的沙拉油,尽管试销效果好,但重复购买率低,并未实现预期收益。主要原因是家庭主妇们并不想放弃显示自己高超配制调料技术的机会(向丈夫、客人等),只有在没有时间的时候才使用现成的调料。

## 三、消费者购买行为的类型

不同的消费者做出购买决策过程的复杂程度不同,究其原因主要是受购买者的介入程度和品牌差异程度的影响。阿萨尔根据购买者的介入程度和品牌差异程度将消费者的购买行为分为四种类型,如表 10-2 所示。

表 10-2 购买行为的类型

| 品牌差异程度 \ 购买者的介入程度 | 高 | 低 |
| --- | --- | --- |
| 大 | 复杂的购买行为 | 多样性的购买行为 |
| 小 | 减少失调感的购买行为 | 习惯性的购买行为 |

### (一) 复杂的购买行为

对于复杂的购买行为，营销者应帮助购买者掌握产品知识，通过印刷媒体、电波媒体和销售人员宣传本品牌的优势，同时发动商店营业员和购买者的亲友，影响最终购买决定，简化购买过程。

### (二) 减少失调感的购买行为

对于减少失调感的购买行为，营销者要提供完善的售后服务，经常通过各种途径提供有利于本企业和产品的信息，使顾客相信自己的购买决定是正确的。

### (三) 习惯性的购买行为

对于习惯性购买行为，应采取以下营销策略。
(1) 利用价格与促销吸引消费者试用。
(2) 投放大量重复性广告，加深消费者印象。
(3) 增强购买者的介入程度和品牌差异。

### (四) 多样性的购买行为

对于寻求多样性的购买行为，市场领导者力图通过占有货架、避免脱销和提醒购买的广告来鼓励消费者形成习惯性购买行为。而挑战者则以较低的价格、折扣、赠券、免费赠送样品和强调试用新品牌的广告来鼓励消费者改变原习惯性购买行为。

## 四、消费者做出购买决策的过程

不同的购买行为反映了消费者购买过程的差异性和特殊性，但是消费者的购买过程也有其共同性或一般性，西方营销学者对消费者做出购买决策的一般过程进行了深入研究，提出了若干模式，采用较多的是五阶段模式，如图10-2所示。

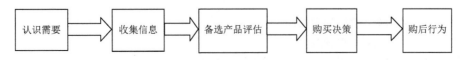

图10-2 消费者做出购买决策的过程

### (一) 认识需要

认识需要指消费者确认自己的需要是什么，需要可由内在刺激或外在刺激唤起。

营销人员在这个阶段有三个任务：一是了解与本企业产品有关的现实的和潜在的需要，在价格和质量等因素既定的条件下，一种产品如果能够满足消费者多种需要或多层次需要就能吸引更多的消费者购买；二是了解消费者需要随时间推移以及外界刺激强弱而波动的规律性，以便设计诱因，增强刺激，唤起需要，最终唤起人们采取购买行动。

### (二) 信息收集

被唤起的需要立即得到满足须符合三个条件：第一，这个需要很强烈；第二，满足需要的物品很明显；第三，该物品可立即得到。所需信息量取决于购买行为的复杂性。

营销人员在这一阶段有两个任务：一是了解消费者信息来源，消费者信息来源有四个，即经验来源、个人来源、公共来源、商业来源；二是了解不同信息来源对消费者的影响程度。

### (三) 备选产品评估

一般而言，消费者对备选产品的评估涉及三个方面。

(1) 产品属性。产品属性指产品所具有的能够满足消费者需要的特性。产品属性在消费者心中表现为一系列基本属性的集合。

在价格不变的条件下，一个产品有较多的属性将更能吸引顾客购买，但是会增加企业的成本。营销人员应了解顾客主要对哪些属性感兴趣，以确定本企业产品应具备的属性。

(2) 品牌信念。品牌信念指消费者对某品牌优劣程度的总看法。

(3) 效用要求。效用要求指消费者对该品牌每一个属性的效用功能应当达到何种水准的要求。

### (四) 购买决策

消费者经过产品评估后会形成一种购买意向，但是不一定导致实际购买，从购买意向到实际购买还受一些因素影响，如他人态度、意外因素。顾客一旦决定实现购买意向，必须做出购买决策，包括产品种类决策、产品属性决策、产品品牌决策、时间决策、经销商决策、数量决策、付款方式决策等。

### (五) 购后行为

#### 1. 购后评价

消费者的购后评价不仅取决于产品质量和性能发挥状况，也取决于心理因素。有两种理论对消费者购后评价行为进行了研究，包括预期满意理论和认识差距理论。

(1) 预期满意理论。消费者购买产品以后的满意程度取决于购前期望得到实现的程度。可用函数式表示为

$$S=f(E,P)$$

如果 $P=E$，则消费者会感到满意。

如果 $P>E$，则消费者会很满意。

如果 $P<E$，则消费者会不满意，差距越大就越不满意。

(2) 认识差距理论。消费者在购买和使用产品之后对商品的主观评价和客观实际总会存在一定的差距，可分为正差距和负差距两种。消费者对产品满意与否直接决定其以后的购买行为。如果感到满意，则会重复购买或带动他人购买该品牌；如果感到不满意，则会尽量减少或消除失调感。

消费者消除失调感的方式各不相同：第一种方式是寻找能够表明该产品具有高价值的信息或避免接触该产品具有低价值的信息，证实自己原先的选择是正确的；第二种方式是讨回损失或补偿损失，比如要求企业退货、调换、维修，以及补偿自己在购买和消费过程中的物质和精神损失等；第三种方式是向政府部门、法院、消费者组织和舆论界投诉；第四种方式是采取各种抵制活动。总之，企业应当采取有效措施减少或消除消费者的购后失调感。

#### 2. 购后使用和处置

如果消费者经常使用甚至为产品找到新用途，则对企业有利。如果消费者将产品闲置不用甚至丢弃，则说明产品无用或不能令人满意。如果消费者把产品转卖他人或用于交换其他物品，将会影响企业产品的销售量。

## 五、市场营销机会分析

市场营销机会简称市场机会,是指在某种特定的营销环境条件下,企业可以通过一定的营销活动创造利益。市场机会可以为企业赢得利益的大小表明市场机会的价值,市场机会的价值越大,对企业利益需求的满足程度也就越高。市场机会的产生来自营销环境的变化,新市场的开发、竞争对手的失误以及新产品新工艺的采用等,都可能产生新的待满足需求,从而为企业提供市场机会。

不同的市场机会为企业带来的利益大小也不一样,即不同市场机会的价值具有差异性。为了在千变万化的营销环境中找出价值最大的市场机会,企业需要对市场机会的价值进行更详尽的分析。

### (一) 市场机会的价值因素

市场机会的价值大小由市场机会的吸引力和可行性两方面因素决定。

#### 1. 市场机会的吸引力

市场机会对企业的吸引力是指企业利用该市场机会可能创造的最大利益。它表明了企业在理想条件下充分利用该市场机会的最大极限。反映市场机会吸引力的指标主要有市场需求规模、利润率、发展潜力。

(1) 市场需求规模。市场需求规模表明市场机会当前所提供的待满足的市场需求总量的大小,通常用产品销售数量或销售金额来表示。事实上,由于市场机会的公开性,市场机会提供的需求总量往往由多个企业共享,特定企业只能拥有该市场需求规模的一部分,因此,这一指标可以由企业在该市场需求规模中当前可能达到的最大市场份额代替。一般来说,市场需求规模越大,该市场机会对这些企业的吸引力也就越大。

(2) 利润率。利润率是指市场机会提供的市场需求中,单位需求量当前可以为企业带来的最大利益(这里主要是指经济利益)。不同经营现状的企业,其利润率是不一样的。利润率反映了市场机会所提供的市场需求在利益方面的特性。利润率和市场需求规模一起决定了企业当前利用该市场机会可创造的最高利益。

(3) 发展潜力。发展潜力反映市场机会为企业提供的市场需求规模、利润率的发展趋势及其发展速度。发展潜力同样也是确定市场机会吸引力大小的重要依据。即使企业当前面临的某一市场机会所提供的市场需求规模很小或利润率很低,但由于整个市场规模或该企业的市场份额或利润率有迅速增大的趋势,则该市场机会对企业来说仍可能具有相当大的吸引力。

#### 2. 市场机会的可行性

市场机会的可行性是指企业把握住市场机会并将其转化为具体利益的可能性。从特定企业角度来讲,只有吸引力的市场机会并不一定能成为本企业实际上的发展良机,同时具有大吸引力和强可行性的市场机会才是企业高价值的市场机会。

市场机会的可行性是由企业内部环境条件和外部环境条件两方面决定的。

1) 内部环境条件

企业内部环境条件是企业能否把握市场机会的主观决定因素,它在四个方面对市场机会可行性具有决定作用。第一,市场机会只有适合企业的经营目标、经营规模与资源状况,才会具有较大的可行性。例如,一个具有很大吸引力的饮料产品的需求市场的出现,对主营方向为非饮料食品的企业来说,可行性就不如对饮料企业的可行性大。同时,即使是同一行业的企业,该市场机会对于经营规模大、实力强的企业和经营规模小、实力弱的企业的可行性也不一样。一个吸引力很大的市场机会很可能会导致激烈的竞争,所以,对实力较差者来说,吸引力很大的市场机会的可行性可能并不大。第二,市场机会必须有利于企业内部差别优势的发挥才会具有较大的可行性。所谓企业的内部差别优势,是指该企业比市场中其他企业更优越的内部条件,通常是先进的工艺技术、强大的生产力、良好的企业声誉等。企业应对自身的优势和弱点进行正确分析,了解自身的内部差别优势所在,并据此更好地弄清市场机会的可行性大小。第三,企业还可以有针对性地改进自身的内部条件,创造出新的差别优势。第四,企业内部的协调程度也影响市场机会可行性的大小。市场机会的把握程度是由企业的整体能力决定的,针对某一市场机会,只有企业的组织结构及所有各部门的经营能力都与之相匹配时,该市场机会对企业才会有较大的可行性。

2) 外部环境条件

企业的外部环境条件从客观上决定了市场机会的可行性的大小。外部环境中,每一个宏观、微观环境要素的变化都可能使市场机会的可行性发生很大的变化。例如,某企业已进入一个吸引力很大的市场。在前一段时间里,由于该市场的产品符合企业的经营方向,并且该企业在该产品生产方面有工艺技术和经营规模上的优势,企业获得了相当可观的利润。然而,企业当前许多外部环境要素已发生或即将发生一些变化,随着原来的竞争对手和潜在的竞争者逐渐进入该产品市场,并采取了相应的工艺革新,使该企业的差别优势减弱,市场占有率下降。例如,该产品较低价的替代品已经开始出现,顾客因此对原产品的定价表示不满,而降价意味着利润率的锐减;环保组织在近期的活动中已经把该企业产品使用后的废弃物列为造成地区污染的因素之一,并呼吁社会各界予以关注,则销售量会下降,意味着利润率的下降;政府即将通过的一项关于国民经济发展的政策可能会使该产品的原材料价格上涨,这也将意味着利润率的下降。针对上述情况,该企业决定逐步将一部分的生产能力和资金转投其他产品,即部分撤出该产品市场。

**(二) 市场机会价值的评估**

确定了市场机会的吸引力与可行性,就可以综合这两个方面对市场机会进行评估。按吸引力大小和可行性强弱组合可构成市场机会的价值评估矩阵,如图10-3所示。

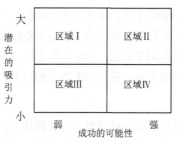

图10-3 市场机会的价值评估矩阵

区域Ⅰ为吸引力大、可行性弱的市场机会。一般来说,此类市场机会的价值不会很大。除了少数好冒风险的企业,一般企业不会将主要精力放在此类市场机会上。但是,企业应时刻注意决定其可行性大小的内、外部环境条件的变动情况,并做好对可行性变大进入区域Ⅱ做出迅速反应的准备。

区域Ⅱ为吸引力、可行性俱佳的市场机会,该类市场机会的价值最大。通常,此类市场机会既稀缺又不稳定。企业营销人员的一个重要任务就是要及时、准确地发现有哪些市场机会进入或退出了该区域。该类市场机会是企业营销活动最理想的经营内容。

区域Ⅲ为吸引力、可行性皆差的市场机会。通常企业不会去注意该类价值最低的市场机会。该类市场机会不大可能直接跃居到区域Ⅱ中，它们通常需经由区域Ⅰ、Ⅳ才能向区域Ⅱ转变。当然，在极特殊的情况下，该区域的市场机会的可行性、吸引力也可能突然同时大幅度增加。企业对这种现象的发生也应有一定的准备。

区域Ⅳ为吸引力小、可行性大的市场机会。该类市场机会的风险低，获利能力也小，通常稳定型企业、实力薄弱的企业以该类市场机会作为其常规营销活动的主要目标。对于该类市场机会，企业应注意其市场需求规模、发展速度、利润率等方面的变化情况，以便在该类市场机会进入区域Ⅱ时可以及时、有效地予以把握。

需要注意的是，市场机会价值评估矩阵是针对特定企业的。同一市场机会在不同企业的市场机会价值评估矩阵中出现的位置是不一样的。这是因为对于不同经营环境、条件的企业来说，市场机会的利润率、发展潜力等影响吸引力大小的因素状况，以及市场机会的可行性均会有所不同。

> **阅读链接 10-3**
>
> **如何发现和创造营销机会**
>
> 一家鞋业公司派一名推销员到东南亚某国，去了解公司的鞋能否在那里找到销路。一星期后，这位主管发电报回来说："这里的人不穿鞋，因而鞋在这里没有市场。"接着，该鞋业公司总经理派市场部经理到这个国家考察。一星期后，经理发电报回来说："这里的人没有鞋，这里是一个巨大的市场。"
>
> 总经理为弄清楚情况，再派市场营销副总经理去进一步考察。两星期后，营销副总经理来电说："这里的人不穿鞋子，但他们有脚疾，而穿鞋对脚会有好处。因此，我们必须特别设计我们的鞋子，同时，必须花一笔钱对他们进行教育从而让他们懂得穿鞋的好处，并与部落首领进行合作。这里的人没有什么钱，但他们有我未曾尝过的最甜的菠萝。我估计鞋的潜在销售周期在三年以上，因而我们的一切费用包括推销菠萝给与我们有合作关系的连锁超级市场的费用，都将得到补偿。总体算起来，我们还可赚得垫付款30%的利润。我认为，我们应该毫不迟疑地去干。"
>
> 资料来源：菲利普·科特勒. 市场营销管理——分析、规划、执行和控制[M]. 6版. 北京：科学技术文献出版社，1991.

# 第三节　市场营销战略

## 一、目标市场影响战略

### (一) 市场细分

市场细分就是企业根据自身条件和营销意图，以需求的某些特征或变量为依据区分具有不同需求的顾客群体的过程，其发展经历了大量营销阶段、产品营销阶段和目标营销阶段。市场细分理论经历了一个不断完善、发展的过程。20世纪70年代以来，由于能源危机和整个资本主义市场不景气,以及不同阶层的消费者的可支配收入出现不同程度的下降,人们更多地注重价值、价格和效用的比较。过度细分市场导致企业营销成本上升,总收益减少,于是反细分化理论应运而生。营销学家和企业家认为,应该从成本和收益的比较出发对市场进行适度的细分。与此同时,市场细分的客观理论依据是顾客群体对不同的商品属性的重视程度不同,以及需求偏好差异的存在,顾客群体的需求偏好差异主要有同质偏好、分散偏好和集群偏好之分。

### (二) 市场选择

选择目标市场的首要步骤是分析、评价各个企业细分市场,并对各细分市场在市场规模增长率、市场结构、企业目标与资源等方面的情况进行详细评估。其中,常用的是波特的五力分析模型,即决定一个市场或一个细分市场长期盈利潜力的因素有五个——行业竞争者、潜在竞争者、替代者、购买者的议价能力和供应者的议价能力。

#### 1. 目标市场的选择模式

1) 单一市场集中化

市场集中化即企业只选择一个细分市场进行集中性营销。这种策略的主要优点是能集中企业的有限资源,通过生产、销售和促销等专业化分工,提高经济效益。一般适用于实力较弱的小企业,与其在大(多)市场里平庸无奇,倒不如在小(少)市场里占有一席之地。但这种策略存在较大的潜在风险,例如当消费者的爱好突然发生变化,或有强大的竞争对手进入这个细分市场时,企业很容易受到损害。

2) 选择专业化

选择专业化即企业有选择性地进入几个不同细分市场。其中,每个细分市场都有吸引力并符合企业要求,各细分市场之间很少有联系,但每个细分市场都有可能盈利。这种多细分市场目标优于单细分市场目标,因为这样可以分散企业的风险。

3) 产品集中化

产品集中化即企业同时向几个细分市场销售同一产品的策略。这种策略可使企业在某种产品上树立起很高的声誉,扩大产品的销售,但如果这种产品被全新技术产品所取代,其销售量就会大幅度下降,发生危机。

4) 市场专业化

市场专业化即企业向同一细分市场销售多种产品的策略。企业提供一系列产品专门为这个目标市场服务,容易获得这些消费者的信赖,树立良好的声誉,打开产品的销路。但如果这个消费群体的购买力下降,产品的销量也会下降,企业就会面临滑坡的危险。

5) 全面进入

全面进入即企业意图为所有顾客群提供所有产品的策略。只有大公司才能选择这种策略。比如,通用汽车公司在全球汽车市场,宝洁公司在全球家庭洗涤用品市场,都采取了全面进入模式。

#### 2. 目标市场的选择策略

目标市场的选择策略有三种,即无差异市场营销策略、差异性市场营销策略和集中性市场营销策略。

1) 无差异市场营销策略

无差异市场营销策略指企业将产品的整个市场视为一个目标市场,用单一的营销策略开拓市场,即用一种产品和一套营销方案吸引尽可能多的购买者。无差异市场营销策略最大的优势在于低成本和大批量。例如，国内彩电市场上长虹、TCL、康佳、创维等厂商所采用的就是无差异市场也营销策略。

2) 差异性市场营销策略

差异性市场营销策略指将整体市场划分为若干细分市场，针对每一个细分市场制定一套独立的营销方案。例如，海飞丝，去头屑；飘柔，柔顺秀发；沙宣，保湿成分使头发柔软；伊卡璐，天然植物精华。

3) 集中性市场营销策略

集中性市场营销策略指集中力量进入一个或少数几个细分市场，实行专业化生产和销售。例如浙江万向集团，在它还是很小的乡镇企业时，只专门生产汽车使用的万向节，并向国内的多家汽车厂商供货。为了开拓美国市场，还精心策划颇具创意的广告沟通策略。因为上门推销，无疑会被拒之门外，于是，他们在美国某汽车厂商的办公楼对面大厦顶层的广告牌上投放户外广告。时间久了，该汽车厂商就有人提议把他们叫来问问。受邀拜访自然好于主动上门，于是，先试用，效果不错，接下来就是源源不断的大订单。

**3. 目标市场策略选择应考虑的因素**

在选择目标市场策略时，企业应综合考虑以下几个方面的因素。

1) 企业资源或实力

企业的资源包括企业的人力、物力、财力、信息、技术等。如果企业资源多，实力雄厚，可运用无差异或差异性市场策略；如果企业资源少，实力不足，最好采用集中性市场策略。

2) 产品的同质性

企业若生产同质性高的产品，如大米、食盐等，由于产品差异较小，可采用无差异市场策略；若生产同质性低的产品，如衣服、照相机、化妆品、汽车等，由于消费者认为这类产品各个方面的差别较大，在购买时需要挑选、比较，所以适合采用差异性市场策略去满足不同消费者的需求。

3) 市场同质性

如果各个细分市场的消费者对某种产品的需求和偏好基本一致，对市场营销刺激的反应也相似，则说明这些市场是同质或相似的，最好采用无差异市场策略。

4) 产品所处生命周期的不同阶段

由于市场的环境发生变化，企业应根据产品所处生命周期的不同阶段采用不同的市场策略。在产品的导入期和成长期前期，由于没有或只有很少的竞争对手，一般应采用无差异市场策略；在产品的成长期后期和成熟期，由于竞争对手多，企业应采取差异性市场策略，开拓新的市场；在产品的衰退期，企业则可采用密集性市场策略，集中企业有限的资源。

5) 竞争对手的目标市场选择策略

如果竞争者对手已积极进行市场细分，并选择差异性市场策略，企业应进行更有效的市场细分，并采用差异性市场策略或集中性市场策略，寻找新的市场机会。如果竞争者采用无差异市场策略，企业可用差异性市场策略或集中性市场策略与之抗衡，如果竞争对手较弱，企业也可以实行无差异市场策略。

# 现代企业管理

> **阅读链接 10-4**
>
> **屈臣氏的目标市场策略**
>
> 屈臣氏采用的是集中性市场营销策略,在细分后的市场上,选择两个或少数几个细分市场作为目标市场,进行专业化生产和销售。在个别少数市场上发挥优势,提高市场占有率。通过市场细分,在地理因素上,屈臣氏从城市与农村市场选择上,锁定了城市市场;在人口因素上,从性别上选定了女性,从年龄上选定了青年,从收入上选定了中高收入阶层,最终确定了目标客户群是 18~35 岁的女性。这类目标比较注重个性,有较强的消费能力,但时间紧张,不太喜欢去大卖场或大超市购物,追求的是舒适的购物环境。

## (三) 市场定位

### 1. 市场定位的含义和依据

1) 市场定位的含义

市场定位是指公司设计出自己的产品和形象,从而在目标消费者心中确定与众不同的有价值的地位。市场定位的对象不是产品,而是潜在顾客的思想。市场定位与产品差异化关系密切,但两者却有着本质的区别,市场定位是一个相对概念,其本质是为顾客寻找一个"买点"。

2) 市场定位的依据

营销者可以使用各种依据为产品或品牌定位。这些定位依据来自产品、市场(购买者或使用者)、竞争者和企业自身的有关因素,具体包括产品属性和特色定位、用途或使用场合定位、价格和质量定位、利益定位、使用者定位、竞争或竞争者定位、多重定位。

### 2. 市场定位策略

不同的企业所采取的定位策略不同,具体的市场定位策略包括避强策略、迎头策略和重新定位策略。

(1) 避强策略。企业尽力避免与实力较强的竞争对手直接竞争,而将自己的产品定位于另一个市场区域内,使自己产品的某些属性或特性与竞争对手明显区别开。

(2) 迎头策略。企业根据自身实力,为了占有较好的市场位置,不惜与市场上占支配地位的实力较强的企业发生正面冲突,从而达到使自己的产品进入与对手相同的市场位置的目的。

(3) 重新定位策略。当企业经营出现重大危机时,可考虑进行重新定位。

> **阅读链接 10-5**
>
> **万宝路的重新定位**
>
> 万宝路刚进入市场时,是以女性作为目标市场,它的口味也特意为女性消费者而设计,淡而柔和。它的口号是:像5月的天气一样温和。从产品的包装设计到广告宣传,万宝路都充分考虑目标消费者——女性烟民。然而,尽管当时美国吸烟人数年年都在上升,万宝路的销量却始终平平。20世纪40年代初,莫里斯公司被迫停止生产万宝路香烟。后来,广告大师李奥贝纳为其做广告策划时,做出一个重大的决定,万宝路的命运也因此发生了转折。李奥贝纳决定沿用万宝路品牌名并对其进行重新定位。他将万宝路重新定位为男子汉香烟,并将它与最具男子汉气概的西部牛仔形象联系起来,吸

引所有喜爱、欣赏和追求这种气概的消费者。通过这一重新定位,万宝路树立了自由、野性与冒险的形象,在众多的香烟品牌中脱颖而出。从20世纪80年代中期到现在,万宝路一直居世界各品牌香烟销售量首位,成为全球香烟市场的领导品牌。

旧万宝路的定位:针对女性、淡烟、香料少、没有过滤嘴、白色包装、老旧形象。

新万宝路的定位:针对男性、重口味香烟、香料多、有过滤嘴、红白色包装、现代化形象。

## 二、竞争性市场营销战略

竞争是市场经济的基本特征,在发达的市场经济条件下,任何企业都处于竞争者的包围之中,同时由于各个企业自身的竞争实力不同,因此企业在面对竞争者时要充分考虑各个因素制定竞争战略。

### (一) 市场领先者的竞争战略

市场领先者是在行业中处于领先地位的营销者,占有最大市场份额,一般是该行业的领导者。这类企业更关心的是自己市场地位的稳固性和能否有效保持已有的市场份额。作为市场领先者,需要对自身的弱点经常进行检讨,并选择以下三种战略其中之一。

#### 1. 扩大市场总需求战略

扩大市场总需求战略属于发展类型的战略。企业需要找到扩大市场总需求的方法,采用"欲望竞争"的观念是市场领先企业应具有的主要竞争观念,主要通过以下途径:①寻找新用户,具体包括两个方面,第一,开发未使用产品的群体用户,说服他们使用新产品;第二,开发现有细分市场中还未使用产品的顾客,或只偶尔使用的顾客,说服他们选用产品或是增加使用量;②发现产品的新用途,可以通过发现产品新用途并推广这些新用途来扩大市场对产品的需求。

#### 2. 防御战略

防御战略属于维持性战略。市场领先企业应采取较好的防御措施和有针对性的进攻,来保持自己的市场地位。尤其需要强调的是,市场领先者绝不能一味地采取防御战略。与军事上所奉行的"最好的防御是进攻"的原则一样,市场领先者也应该使自己具有竞争的主动性和应变能力。防御战略主要包括以下四种。

(1) 阵地防御。阵地防御是在现有市场四周构筑起相应的"防御工事"。典型的做法是企业向市场提供较多的产品品种和采用较大的分销覆盖面,并尽可能地在同行业中采用低价策略。但这是一种最为保守的竞争战略,因缺少主动进攻,长期实行会使企业滋生不思进取的思想和习惯。

(2) 侧翼防御。侧翼防御是指市场领先者在市场上最易受攻击处,设法展现较强的业务经营实力或显示出更大的进取意向,借以向竞争对手表明在这一方面或领域内,本企业是有所防备的。

(3) 反击式防御。当市场领先者已经受到竞争对手攻击时,采取主动的甚至是大规模的进攻,而不是仅仅采取单纯防御的做法,就是反击式防御。例如日本的松下公司,每当发现竞争对手意欲采取新促销措施或是降价销售时,总是采取增强广告力度或是更大幅度降价的做法,以保持该公司在电视、录像机、洗衣机等主要家电产品市场的领先地位。

(4) 收缩防御。当市场领先者的市场地位已经受到来自多个方面的竞争对手的攻击时，企业自身可能受到短期资源不足与竞争能力的限制，只好采取放弃较弱业务领域或业务范围，收缩到企业应该主要保持的市场范围或业务领域内的策略。

### 3. 扩大市场份额的战略

在市场需求总规模能有效扩大的情况下，市场领先者应随市场情况变化调整自己的营销组合，努力在现有市场规模下扩大自己的市场份额。扩大市场份额的主要做法有：①质量策略，即不断向市场提供超出平均质量水平的产品；②多品牌策略(此策略为美国的 P&G 公司首创)，即在企业销路较大的产品项目中，采用多品牌营销，使品牌转换者在转换品牌时，都购买本企业的产品。

### (二) 市场挑战者的竞争战略

市场挑战者是市场占有率位居市场领先者之下而在其他竞争对手之上的企业。但并不能完全把它们看成竞争实力一定次于市场领先者的，因为有时很可能它们是一些很有实力的企业，只是暂时对某项业务还没有投入更多精力或还没有将其作为主要业务来发展。市场挑战者往往可以采取两种竞争战略：一是向市场领先者发起进攻，夺取更多的市场份额；二是固守已有的市场地位，使自己成为不容易受到其他竞争者攻击的对象。

市场挑战者在本行业中要寻求进一步的发展，一般要采取进攻战略。因此，进攻战略是市场挑战者主要奉行的竞争战略。市场挑战者的进攻战略主要有五种。

### 1. 正面进攻

正面进攻战略是指正面向对手发起进攻，直接攻击对手的优势项目，而不是它的弱点。即便不能一役以毙之，也可极大消耗对手实力，其结果取决于谁的实力更强或更有持久力。正面进攻的常用做法有三种。

(1) 产品对比，即将自己的产品和竞争对手的产品用合法的形式进行特点对比，使竞争者的顾客重新考虑是否有必要更换品牌。

(2) 采用攻击性广告，即使用与竞争者相同的广告媒介，拟订有对比性的广告文稿，针对竞争者的每种广告或广告中体现的其他营销定位因素进行攻击。例如在巴西占市场份额第二位的剃刀片制造商，向占市场份额第一位的美国吉利公司发动进攻时，用了这样的广告："'它的价格是最低的吗？''不！''它的包装是好的吗？''不！''它是最耐用的吗？''不！''它给经销商最优惠的折扣吗？''不！'"。

(3) 价格战。价格战有两种做法：一是将产品的价格定得比竞争者价格更低，或是调整到低于竞争者的价格；二是采用相对降低价格的做法，即企业通过改进产品的质量或提供更多的服务，明显提高产品可觉察价值，但保持原销售价格。

### 2. 侧翼进攻

侧翼进攻采取的是"集中优势兵力攻击对方的弱点"的战略原则。当市场挑战者难以采取正面进攻，或是使用正面进攻风险太大时，往往会考虑采用侧翼进攻。侧翼进攻包括从地理市场和细分市场两个战略方向来向对手发动攻击。

(1) 地理市场战略方向，即向同一地理区域市场范围竞争对手发起进攻。常用的做法有两种：一是在竞争对手所经营的相同市场范围内，建立比竞争对手更强有力的分销网点，以"拦截"竞争对手的顾客；二是在同一地理区域内，找到竞争对手产品没有覆盖的市场，即"空白区"，占领这些区域并组织营销。

(2) 细分市场战略方向。细分市场战略指利用竞争对手产品线的空缺或是营销组合定位的单一而留下的空缺，冲入这些细分市场，迅速用竞争对手所缺乏的产品品种加以填补。

### 3. 包围进攻

包围进攻是在对方市场领域内，同时在两个或两个以上的方面发动进攻的做法。一般用来应对只在面对单一方面进攻时会迅速采取反应的竞争对手，使被攻击者首尾难顾。该战略要求企业具有两方面的条件：一是竞争对手留下的市场空白不止一处，因而提供比竞争对手更多的东西，使消费者愿意接受或是迅速采用；二是本企业确实具有比竞争对手更大的资源优势。包围战略奉行的是"速决速胜"原则，尽快使攻击奏效，不陷入"持久战"的泥潭中。日本的索尼公司在向原由美国几大公司控制的世界电视机市场进攻时，采用了此类做法，即提供的产品品种比任何一个美国公司提供的产品品种都齐，使当时这些老牌大公司节节败退。

### 4. 绕道进攻

绕道进攻如同军事上的"迂回进攻"的方法，即尽量避免正面冲突，在对方没有防备的地方或是防备的薄弱点发动进攻。对于市场挑战者来说，有三种可行方法：一是多样化，即经营相互无关联的产品；二是使现有的产品进入新的地区市场发展多样化；三是以采用新技术生产的产品来代替用老技术生产的产品。其中，尤以采用新技术生产产品的做法最容易获得成功。

### 5. 游击进攻

游击进攻是采用骚扰对方、拖垮对方的战略方法，适合实力较弱、短期内没有足够财力的企业向较强实力对手发起攻击时采用。企业不可能靠游击进攻彻底地战胜竞争对手，有时市场挑战者往往是在准备发动较大的进攻时，先以游击进攻作为全面进攻的战略准备，迷惑对手，干扰对手的战略决心。

### (三) 市场追随者的竞争战略

对于市场份额小于市场领先者的市场追随者来说，在已经取得的市场份额内，需要不断改进营销，通过增加顾客的满意感来保持顾客。市场追随者有三种战略类型。

### 1. 紧紧追随

紧紧追随是指在尽可能多的细分市场和营销组合中模仿市场领先者的做法。在这种情况下，市场追随者很像是一个市场挑战者，但是市场追随者采取避免直接发生冲突的做法，使市场领先者的既有利益不受妨碍或威胁。比如，在产品功能上，市场追随者可以和市场领先者一致，但是在品牌声望上，和市场领先者保持一定差距。

### 2. 保持一段距离的追随

市场追随者总是和市场领先者保持一定的距离，例如在产品的质量水平、功能、性价比、促销力度、广告密度以及分销网点的密度等方面，都不使市场领先者和挑战者觉得市场追随者有侵入的态势或表示。市场领先者往往很乐意有这种追随者存在，并让它们保持相应的市场份额，以使市领先者自己更符合《反垄断法》的规定。采取这种策略的市场追随者一般靠兼并更小的企业来获得增长。

### 3. 有选择的追随

市场追随者在某些方面紧跟市场领先者，而在另外一些方面又走自己的发展路线。这类企业具有创新能力，但是它在整体实力不如对方的时候，需要采用避免直接冲突的做法，以便企业有时间悉心培养自己的市场和竞争实力，有望在以后成长为市场挑战者。

### (四) 市场利基者的竞争战略

除了寡头竞争行业，其他行业都存在一些数量众多的小企业，这些小企业差不多都是为一个更小的细分市场或者是为一个细分市场中存在的空缺提供产品或服务。例如我国许多街道小厂生产冰箱保护器这类小产品，由于这些企业对市场的补缺，可使许多大企业集中精力生产主要产品，也使这些小企业获得很好的生存空间。

作为市场利基者，在竞争中最关键的是找到一个或多个安全的、有利可图的补缺基点。理想的市场补缺基点应该具有的特点：第一，有足够的市场需求量或购买量，从而可以获利；第二，有成长潜力；第三，为大的竞争者所不愿经营或者是忽视的；第四，企业具有此方面的特长，或者可以很好地掌握补缺基点所需要的技术，为顾客提供合格的产品或服务；第五，企业可以靠建立顾客信誉来保卫自己，对抗大企业攻击。

该战略的关键是专业化，即利用分工原理，专门生产和经营具有特色的或是拾遗补阙的、为市场需要的产品或服务。由于是在一个较小的领域内追求较大市场份额，补缺也可以使那些最小的企业获得发展或者是取得较高的投资盈利。一般而言，在下列几方面可以找到专业化的竞争发展方向：第一，最终使用者的专业化；第二，纵向专业化；第三，顾客类型专业化，市场利基者可以集中力量专为某类顾客服务；第四，地理区域专业化；第五，产品或产品线专业化；第六，订制专业化；第七，服务专业化，专门为市场提供一项或有限的几项服务。

---

**阅读链接 10-6**

**麦当劳的主要目标市场**

(1) 小孩和家庭，这是麦当劳所设定的首要目标顾客群，是公司"欢乐餐"与特别促销活动的焦点。

(2) 少年，具有反叛或反传统的思想倾向，不希望受约束，渴望理解，希望人们能坦诚相待。对于这一顾客群，公司制作了专门的广告片，片中邀请青少年的偶像做一些青少年们喜欢做的事情。

(3) 青年，指年龄在 18~34 岁的人。这些人正在开创自己的事业或刚刚建立家庭，公司为这些人提供快速、高效的餐饮服务。

(4) 少数群体，在美洲大陆主要是指亚裔、非裔及西班牙语系的消费者。公司投入大量资金，通过有线电视网播放带有浓重民族性的广告片。

(5) 年长者，指年龄在 54 岁以上的人。公司针对这一顾客群，主要从餐饮的经济性角度进行营销，同时也鼓励年长者参与餐厅的工作。

# 第四节 市场营销策略

## 一、产品策略

### (一) 产品的概念

产品是指能够通过交换满足消费者或用户某一需求和欲望的任何有形产品或无形的服务。产品的整体概念主要有五个层次,分别是核心产品、形式产品、期望产品、延伸产品和潜在产品,如图10-4所示。

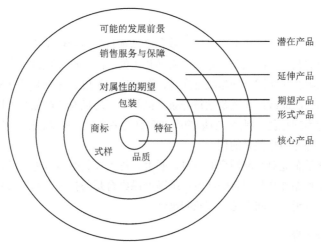

图10-4 产品的整体概念的五个层次

#### 1. 核心产品

核心产品是指向顾客提供的产品的基本效用或利益,从根本上说,每一种产品实质上都是为解决问题而提供的服务。比如,人们购买空调机不是为了获得装有某些电器零部件的物体,而是为了在炎炎夏日满足凉爽舒适的需求。任何产品都必须具有反映顾客核心需求的基本效用或利益。

#### 2. 形式产品

形式产品是指核心产品借以实现的形式,由五个特征构成,即品质、式样、特征、商标及包装,即使是纯粹的服务产品也具有与此类似的五个特征。产品的基本效用必须通过具体形式才能实现,市场营销人员应努力寻求更加完善的外在形式以满足顾客的需求。

#### 3. 期望产品

期望产品是指购买者在购买该产品时期望得到的与产品密切相关的一整套属性和条件。比如,旅馆的客人期望得到清洁的床位、洗浴香波、浴巾、衣帽间的服务等。因为大多数旅馆均能满足旅客这些一般的期望,所以旅客在选择档次相同的旅馆时,一般不是选择哪家旅馆能提供期望产品,而是根据哪家旅馆交通方便而定。

#### 4. 延伸产品

延伸产品(附加产品)是指顾客购买形式产品或期望产品时,附带获得的各种利益的总和,包括产品说明书、保证、安装、维修、送货、技术培训等。国内外许多企业的成功，在一定程度上应归功于它们更好地认识了服务在产品整体概念中所占的重要地位。许多情况表明，竞争并不仅仅依靠各公司在其工厂中所生产的产品，关键是公司能否正确发展延伸产品。

5. 潜在产品

潜在产品是指现有产品包括所有附加产品在内的可能发展成为未来最终产品的潜在状态的产品。潜在产品指出了现有产品可能的演变趋势和前景，如彩色电视机可能发展为电脑终端机。

产品的整体概念的五个层次体现了以顾客为中心的现代营销观念，这一概念的内涵和外延都是由消费者的需求来决定的。消费者所追求的是整体产品，企业所提供的也必须是整体产品，没有产品的整体概念，就不可能真正贯彻现代市场营销观念。

### (二) 产品组合

产品组合是指企业提供给市场的全部产品线和产品项目的组合或结构，即企业的业务经营范围。产品线指产品组合中的某一产品大类，是一组密切相关的产品。产品项目指产品线中不同品牌和细类的特定产品。产品组合包括四个衡量维度变量，即宽度、长度、深度和关联度。其中，宽度是指企业内有多少条不同的产品线；长度是指每一条产品线上平均拥有的产品品种数；深度是指产品项目中每一个品牌所含不同花色、规格、质量的产品数目的多少；关联度是指各条产品线在最终用途、生产条件、分销渠道等方面相关联的程度。

产品组合决策就是企业对产品组合的宽度、长度、深度和关联度等方面的决策。扩大产品组合包括开拓产品的宽度和加强产品组合的深度；缩减产品组合是与扩大产品组合相反的组合策略；产品线延伸策略包括向下延伸、向上延伸和双向延伸。

### (三) 产品的生命周期

产品生命周期又称产品寿命周期，是指产品经过研究开发，从进入市场开始，直到最终退出市场为止所经历的全部时间。产品生命周期一般可分为投入期、成长期、成熟期和衰退期四个阶段。典型的产品生命周期曲线如图10-5所示。

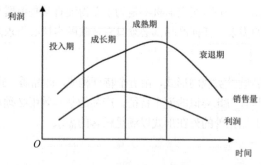

图10-5 产品生命周期曲线

1. 投入期

投入期又称引入期、介绍期，指产品从设计投产直到投入市场进入测试阶段。在这个阶段，顾客对产品不熟悉，生产不稳定，生产的批量较小；成本比较高，企业负担较大(通常没有利润，甚至亏损)；人们对该产品尚未接受，销售增长缓慢；产品品种少；市场竞争小。

投入期的营销策略主要包括：加强促销宣传；利用现有产品辅助发展的办法，用名牌产品带动新产品;采取试用的办法;给经营产品的批发、零售或其他类型后续经销企业加大折扣,使中间商的推销力度加大。

### 2. 成长期

成长期又称成长阶段,指新产品试销效果良好,购买者逐步接受该产品,产品在市场上站住脚并且打开了销路。这一阶段进行大批量生产经营,成本降低,企业利润迅速增加;销量上升较快,价格也有所提高;生产同类产品的竞争者开始介入。成长期可采取以下三种市场营销策略。

(1) 扩充目标市场,积极开拓新的细分市场。

(2) 广告宣传的重点从建立产品知名度转向厂牌、商标的宣传,使人们对该产品产生好的印象、好感和偏爱。

(3) 增加新的分销渠道或加强分销渠道。

### 3. 成熟期

成熟期又称成熟阶段,指产品进入大批量生产并稳定地进入市场销售,产品需求趋向饱和的阶段。这一阶段,产品普及并日趋标准化;销售数量相对稳定;成本低,产量大;生产同类产品的企业之间在产品质量、花色、品种、规格、包装、成本和服务等方面的竞争加剧。产品在成熟期的具体策略主要有以下三种。

(1) 千方百计地稳定目标市场,保持原有的消费者,同时使消费者"忠于"某个产品。

(2) 增加产品的系列,使产品多样化,增加花色、规格、档次。扩大目标市场,最少也要维持原市场占有率(覆盖率),改变广告宣传的重点和服务措施。

(3) 重点宣传企业的信誉,同时还要加强售后服务工作及做好产品的开发和研制工作。

### 4. 衰退期

衰退期又称衰落或衰退阶段,指产品走向淘汰阶段。这时,产品在市场上已经老化,不能适应市场需求,市场上已经有其他性能更好、价格更低廉的新产品,足以满足消费者的需求。这时,产品的销量和利润呈锐减状态;产品价格显著下降。这一阶段,对大多数企业来说,应当机立断,弃旧图新,及时实现产品的更新换代。有经验的营销人员将衰退期的营销策略总结为三个字——撤、转、攻。

## (四) 产品品牌策略

### 1. 品牌的含义

品牌是用于识别某个销售者或某群销售者的产品或服务,并使之与竞争对手的产品或服务区别开来的商业名称及其标志,通常由文字、标记、符号、图案和颜色等要素或这些要素的组合构成。品牌是一个集合概念,包括品牌名称和品牌标志两部分。品牌名称是指品牌中可以用语言表述的部分,也称品名,如奔驰(BENZ)、奥迪(Audi)等;品牌标志也称品标,是指品牌中可以被认出、易于记忆但不能用言语表述的部分,通常由图案、符号或特殊颜色等构成。品牌名称和品牌标志经向政府有关部门注册登记后,获得专用权,受到法律保护就称为商标。注册商标是一个法律名词,用于保证企业的利益不受侵犯。

### 2. 产品品牌策略

产品品牌策略是指企业为了发挥品牌的积极作用,对如何使用品牌所采取的策略。一般会涉及企业是自营品牌还是借用他人品牌,是采用统一品牌还是分类、分品设计,一个产品上标一个品牌还是一个产品上标两个或两个以上的品牌等品牌策略问题。

(1) 有无品牌决策。使用品牌对大部分产品而言是必要的，但不是所有的产品都必须使用品牌，有些产品在初期会采用无品牌策略。

(2) 品牌归属决策。对于如何决策品牌的归属问题，企业一般有三种可供选择的策略：一是企业使用属于自己的品牌，这种品牌叫作企业品牌、生产者品牌或自有品牌；二是使用他人品牌，即企业将产品售给中间商，由中间商使用自己的品牌将产品转卖出去，这种品牌叫中间商品牌；三是企业对部分产品使用自己的品牌，而对另一部分产品使用中间商品牌或其他生产者品牌。

(3) 品牌统分决策。品牌无论归属于生产者还是中间商，或者两者共同拥有品牌使用权，都必须考虑对所有产品的命名问题。品牌命名通常有以下三种可供选择的决策：①统一品牌。统一品牌是指企业所有的产品(包括不同种类的产品)都统一使用一个品牌。例如飞利浦公司的所有产品，包括音响、电视、灯管、显示器等都以"Philips"为品牌。②个别品牌与多品牌。个别品牌是指企业对各种不同的产品分别使用不同的品牌。多品牌是指企业同时对一种产品设计两种或两种以上相互竞争的品牌的做法。③分类品牌。分类品牌是指企业在对所有产品进行分类的基础上，对各类产品使用不同的品牌。例如企业可以对自己生产的器具类产品、家庭设备类产品、妇女服装类产品分别赋予其不同的品牌名称及品牌标志。这实际上是对前两种做法的折中。

### 阅读链接 10-7

**金利来的诞生**

金利来的创始人——曾宪梓先生，在初涉领带行业时就已意识到品牌的重要性，为产品取名"金狮"。领带作为男性服饰，必须体现男子汉的气魄。"金狮"听起来就是一种阳刚之美，而且也符合东方传统的审美心理。

曾宪梓的朋友在一次交谈中说："人人都想发财，谁都想讨个吉利，但'金狮'在发音上与粤语的'尽输'极其相似，人们在购买时，心中总有些不舒服。长此以往，可不是好兆头。"这席良言对曾宪梓触动很大，于是决定为其易名。当时香港地区的人大多熟悉英语，也普遍使用英语，"金狮"的英文拼写"Goldlion"中的"lion"在粤语发音中酷似"利来"。"金利来"不仅有国外名字的韵味，又有典型的东方色彩，中西兼有，合二为一，正是东西方文化的巧妙结晶。

一名定乾坤，"男人的世界"——金利来品牌就这样诞生了。

## 二、定价策略

确定企业定价目标、定价方法，得出产品的基本价格之后，还要根据市场环境、产品特点等采用不同的定价策略。企业定价策略是指企业为实现企业定价目标，根据市场中影响产品价格的不同因素，在制定价格时灵活采取的各种定价手段和定价技巧。主要有以下几种定价策略：新产品定价策略、折扣定价策略、地区定价策略、心理定价策略和差别定价策略等。

### (一) 新产品定价策略

新产品定价关系到新产品能否顺利进入市场、企业能否站稳脚跟，以及能否取得较大的经济效益。常见的新产品定价策略主要有三种，即撇脂定价策略、渗透定价策略和满意定价策略。

### 1. 撇脂定价策略

撇脂定价是指新产品上市之初，将产品价格定得较高，以便在短期内获取厚利，迅速收回投资，减少经营风险，待竞争者进入市场，再按正常价格水平定价。这一定价策略就如从鲜奶中撇取其中所含的奶油一样，取其精华，所以称为撇脂定价策略。

一般而言，对于全新产品、受专利保护的产品、需求价格弹性小的产品、流行产品、未来市场形势难以确定的产品等，可以采用撇脂定价策略。

### 2. 渗透定价策略

渗透定价是指企业在新产品上市之初将其价格定得较低，吸引大量的购买者，借以打开产品销路，扩大市场占有率，谋求较长时期的市场领先地位。当新产品没有显著特色，竞争激烈，需求弹性较大时宜采用渗透定价法。

### 3. 满意定价策略

满意定价策略又称适中定价策略，是一种介于撇脂定价与渗透定价之间的定价策略，以获取社会平均利润为目标。

## (二) 折扣定价策略

大多数企业为了鼓励顾客及早付清货款或大量购买，或者为了增加淡季销售量，还常常会酌情给顾客一定的优惠，这种价格的调整叫作价格折扣或折让。折扣定价是指对基本价格做出一定的让步，直接或间接降低价格，以争取顾客，提高销量。其中，直接折扣的形式有数量折扣、现金折扣、功能折扣、季节折扣；间接折扣的形式有回扣和津贴。

(1) 数量折扣。按购买数量的多少分别给予不同的折扣，购买数量越多，折扣越大。

(2) 现金折扣。对在规定的时间内提前付款或用现金付款的购买者给予的价格折扣，其目的是鼓励顾客尽早付款，加速资金周转，降低销售费用，减少财务风险。

(3) 功能折扣，也叫贸易折扣或交易折扣。中间商在产品分销过程中所处的环节不同，其所承担的功能、责任和风险也不同，企业据此给予不同的折扣。

(4) 季节折扣。企业鼓励顾客淡季购买的一种减让，以使企业的生产和销售能在一年四季保持相对稳定。

(5) 回扣。回扣是间接折扣的一种形式，是指购买者在按价格目录将货款全部付给销售者以后，销售者再按一定比例将货款的一部分返还给购买者。

## (三) 地区定价策略

在产品卖给不同的地区的顾客时，可采取以下几种策略。

### 1. 原产地定价策略

原产地定价策略是指顾客(买方)以产地价格或出厂价格为交货价格，企业(卖方)只负责将这种产品运到产地某种运输工具(如卡车、火车等)上交货，运杂费和运输风险全部由买方承担。这种做法适用于销路好、市场紧俏的商品，但不利于吸引路途较远的顾客。

### 2. 统一交货价策略

统一交货价策略也称邮资定价法，是指企业对不同地区的顾客实行统一的价格，即按出厂价加平均运费制定统一交货价。这种方法简便易行，但实际上是由近处的顾客承担了部分远顾客的运费，对近处的顾客不利，因而比较受远方顾客的欢迎。

### 3. 分区定价策略

分区定价策略是指企业把销售市场划分为远近不同的区域，各区域因运距差异而实行不同的价格，同区域内实行统一价格。分区定价类似于邮政包裹、长途电话的收费。对企业来讲，可以较为简便地协调不同地理位置用户的运费负担问题，但对处于分界线附近的顾客而言，还会存在一定的问题。

### 4. 基点定价策略

基点定价策略是指企业在产品销售的地理范围内选择某些城市作为定价基点，然后按照出厂价加上基点城市到顾客所在地的运费来定价。这种情况下，运杂费用等是以各基点城市为界由买卖双方分担的。该策略适用于体积大、运输费用占成本比重较高、销售范围广、需求弹性小的产品。有些公司为了提高灵活性，选定许多个基点城市，按照顾客最近的基点计算运费。

### 5. 津贴运费定价策略

津贴运费定价策略又称减免运费定价策略，是指由企业承担部分或全部运输费用的定价策略。有些企业因为急于和某些地区的客户做生意，而负担该地区客户全部或部分实际运费。这些卖主认为，如果生意扩大，其平均成本就会降低，因此足以抵偿这些费用开支。此种定价策略有利于企业进行市场渗透。当市场竞争激烈或企业急于打开新的市场时，常采取这种做法。

### (四) 心理定价策略

心理定价策略是指根据消费者不同的消费心理而制定相应的产品价格，以引导和刺激购买的价格策略。常用的心理定价策略有尾数定价策略、声望定价策略、招徕定价策略、习惯定价策略等。尾数定价策略又称零数定价策略、奇数定价策略、非整数定价策略，指企业利用消费者求廉的心理，制定非整数价格，而且常常以零数作为尾数；声望定价策略指根据产品在顾客心中的声望、信任度和社会地位来确定价格的定价策略；招徕定价策略又称特价商品定价策略，是指企业将某几种产品的价格定得非常之高，或者非常之低，在引起顾客的好奇心理和观望行为之后，带动其他产品的销售，加速资金周转；习惯定价策略是指根据消费市场长期形成的习惯性价格定价的策略。

### (五) 差别定价策略

差别定价(歧视定价)策略是指企业以两种或两种以上不同反映成本费用的比例差异的价格来销售一种产品或服务，即价格的不同并不是基于成本的不同，而是企业为满足不同消费层次的要求而构建的价格结构。差别定价策略包括以顾客为基础的差别定价策略、以产品为基础的差别定价策略、以地点为基础的差别定价策略和以时间为基础的差别定价策略。顾客差别定价策略是指企业把同一种商品或服务按照不同的价格卖给不同的顾客；产品差别定价策略是指企业根据产品的不同型号、不同式样，制定不同的价格，但并不与各自的成本成比例；地点差别定价策略是指对处于不同地点或场所的产品或服务制定不同的价格，即使每个地点的产品或服务的成本是相同的。时间差别定价策略是指产品或服务的价格因季节、时期或时间的变化而变化。

## 三、分销策略

美国市场营销学权威菲利普·科特勒提到："分销渠道是指某种货物或劳务从生产者向消费者

转移时，取得这种货物或劳务所有权或帮助转移其所有权的所有企业或个人。"简单地说，分销渠道就是商品和服务从生产者向消费者转移的具体通道或路径。

### (一) 分销渠道的层次

分销渠道可根据其渠道层次分类。在产品从生产者转移到消费者的过程中，任何一个对产品拥有所有权或负有推销责任的机构，就成为一个渠道层次。市场营销学中，一般根据中间机构层次的数目确定渠道的长度，如图10-6所示。

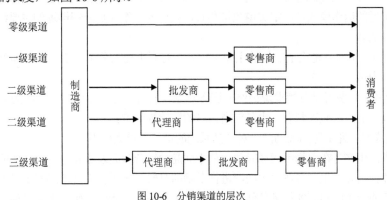

图 10-6 分销渠道的层次

**1. 零级渠道**

零级渠道又称直接渠道，是指没有渠道中间商参与的一种渠道结构。零级渠道也可以理解为是一种分销渠道结构的特殊情况。在零级渠道中，产品或服务直接由生产者销售给消费者。零级渠道是大型或贵重产品，以及技术复杂、需要提供专门服务的产品销售所采取的主要渠道。在 IT 产业链中，一些国内外知名 IT 企业，如联想、IBM、HP 等公司设立的大客户部或行业客户部等就属于零级渠道。另外，DELL 的直销模式也是一种典型的零级渠道。

**2. 一级渠道包括一个渠道中间商**

在工业品市场上，一级渠道的渠道中间商通常是代理商、佣金商或经销商；而在消费品市场上，一级渠道的渠道中间商则通常是零售商。

**3. 二级渠道包括两个渠道中间商**

在工业品市场上，二级渠道中的两个渠道中间商通常是代理商及批发商；而在消费品市场上，二级渠道中的两个渠道中间商则通常是批发商和零售商。

**4. 三级渠道包括三个渠道中间商**

三级渠道主要适用于消费面较广的日用品，如肉食品、方便面等。在 IT 产业链中，一些小型的零售商通常不是大型代理商的服务对象，因此，在大型代理商和小型零售商之间衍生出一级专业性经销商，从而出现了三级渠道结构。

### (二) 分销渠道的设计

分销渠道的设计是指企业在市场调研的基础上，根据内外部条件，对其基本的分销模式(渠道结构)、目标、渠道管理方法和政策等进行确定。设计一个有效的分销渠道系统，必须经过确定渠道目标、限制并明确各主要渠道的交替方案和评估各种可能的渠道交替方案等步骤。

### (三) 渠道成员的管理

渠道设计完成之后,企业还要重视对渠道成员的管理,主要是对中间商进行选择、激励和定期评估。渠道成员的管理是指通过计划、组织、激励、控制等环节来协调与整合分销活动中的人力、物力和财力资源,以便更好、更有效地提高渠道运行效率和效益的过程。渠道成员的管理是一种跨组织管理,管理职能有其自身的特点,在管理方式上,主要依靠利益协调各方面的力量,而且较多地依靠合同、契约或一些规范。渠道成员主要包括以下几个。

(1) 生产者。生产者(制造商)为渠道提供产品或服务,构成分销渠道的源头和起点。生产者往往确定和调整渠道的运作模式,决定渠道政策和管理渠道的运作,是分销渠道的主要组织者,是渠道创新的主要推动者。

(2) 中间商。中间商是渠道功能的主要承担者,有利于提高分销渠道的效率和效益,是协调渠道关系的重要力量。

(3) 消费者。消费者是分销渠道最终的服务对象,同时也是渠道中最具影响力的成员。消费者是渠道运行效果的最权威评判者,也是渠道信息的原始提供者。

(4) 其他成员。通常称为辅助商,对分销系统的运行起重大作用。

一般来讲,生产者在选择中间商时要评估中间商的经营时间及成长记录、清偿能力、合作态度和声望等条件。另外,生产者在对中间商进行激励的时候,既不能出现激励不足又不能出现激励过分的情况,要使给予中间商的优惠条件与取得合作所需条件相适应。生产者还必须定期对中间商的绩效进行评估,从而保持整个分销渠道的有效性。

## 四、促销策略

促销策略是指企业如何通过人员推销、广告、公共关系和销售促进等各种促销方式,向消费者或用户传递产品信息,引起他们的注意和兴趣,激发他们的购买欲望和购买行为,以达到扩大销售的目的。一般情况下,企业将产品出售的相关信息传递到目标市场是通过两种方式:一是人员推销,即推销员向顾客面对面地进行推销;二是非人员推销,即通过大众传播媒介在同一时间向大量消费者传递信息,主要包括广告、公共关系和营销推广等多种方式。这两种推销方式各有利弊,起着相互补充的作用。此外,目录、通告、赠品、店标、陈列、示范、展销等也都属于促销策略范围。一个好的促销策略往往能起到多方面的作用,如提供信息情况、及时引导采购、激发购买欲望、扩大产品需求、突出产品特点、建立产品形象、维持市场份额、巩固市场地位等。

### (一) 推式策略和拉式策略

根据促销手段的出发点与作用的不同,可分为推式和拉式两种促销策略。

#### 1. 推式策略

推式策略,即直接方式,是指企业的推销员把产品或劳务推荐给批发商,再由批发商推荐给零售商,最后由零售商推荐给最终消费者。该策略适用于以下几种情况。

(1) 企业经营规模小,或无足够资金用以执行完善的广告计划。

(2) 市场较集中,分销渠道短,销售队伍大。

(3) 产品具有很高的单位价值,如特殊品、选购品等。

(4) 产品的使用、维修、保养方法需要进行示范。

## 2. 拉式策略

拉式策略，即间接方式，是指通过广告和公共宣传等措施吸引最终消费者，使消费者对企业的产品或劳务产生兴趣，从而引起需求，主动去购买商品。采用这种策略时，企业将消费者引向零售商，将零售商引向批发商，将批发商引向生产企业。这种策略适用于以下几种情况。

(1) 市场广大，产品多属便利品。
(2) 商品信息必须以最快速度告知广大消费者。
(3) 对产品的初始需求已呈现出有利的趋势，市场需求日渐上升。
(4) 产品具有独特性能，与其他产品的区别显而易见。
(5) 能引起消费者某种特殊情感的产品。
(6) 有充分的资金用于广告。

### (二) 人员促销

人员促销是指企业派出推销人员直接与顾客沟通并宣传商品，以达到促进销售目的的活动过程。它既是一种渠道方式，也是一种促销方式。

#### 1. 人员促销的特点

1) 人员促销具有很大的灵活性

在推销过程中，买卖双方当面洽谈，易于形成一种直接而友好的相互关系。通过交谈和观察，推销员可以掌握顾客的购买动机，有针对性地从某个侧面介绍商品特点和功能，抓住有利时机促成交易；可以根据顾客的态度和特点，有针对性地采取必要的协调行动，满足顾客需要；还可以及时发现问题，进行解释，解除顾客疑虑，使之产生信任感。

2) 人员促销具有选择性和针对性

在每次推销之前，可以选择具有较大购买可能的顾客进行推销，并有针对性地对未来顾客进行研究，拟订具体的推销方案、策略、技巧等，以提高推销成功率。这是广告促销所不能做到的，广告促销往往包括许多非可能顾客在内。

3) 人员促销具有完整性

推销人员的工作从寻找顾客开始，到接触、洽谈，最后达成交易，除此以外，推销员还可以担负其他营销任务，如安装、维修、了解顾客使用后的反应等，而广告促销则不能做到这些。

4) 人员促销具有维护公共关系的作用

一个有经验的推销员为了达到促进销售的目的，可以使买卖双方从单纯的买卖关系发展到建立深厚的友谊，彼此信任，彼此谅解，这种感情增进有助于推销工作的开展，实际上也起到了维护公共关系的作用。

#### 2. 人员促销的基本策略

1) 试探性策略

试探性策略也称刺激—反应策略，这种策略是在不了解顾客的情况下，推销人员运用刺激手段引发顾客产生购买行为的策略。推销人员事先设计好能引起顾客兴趣、能刺激顾客购买欲望的推销语言，通过渗透性交谈进行刺激，在交谈中观察顾客的反应，然后根据其反应采取相应的对策，并选用得体的语言再对顾客进行刺激，进一步观察顾客的反应，以了解顾客的真实需要，诱发购买动机，引导产生购买行为。

2) 针对性策略

针对性策略是指推销人员在基本了解顾客某些情况的前提下，有针对性地对顾客进行宣传、介绍，以引起顾客的兴趣和好感，从而达到成交的目的。因推销人员常常在事前已根据顾客的有关情况设计好推销语言，这与医生对患者诊断后开处方类似，故又称为配方—成交策略。

3) 诱导性策略

诱导性策略是指推销人员运用能激起顾客某种需求的说服方法，诱发引导顾客产生购买行为。这种策略是一种创造性的推销策略，它对推销人员要求较高，要求推销人员能因势利导，诱发和唤起顾客的需求，并不失时机地宣传、介绍和推荐所推销的产品，以满足顾客对产品的需求。因此，从这个意义上说，诱导性策略也可称诱发—满足策略。

### 阅读链接 10-8

#### 海尔集团的"3E 管理"

海尔集团将对营销人员的过程管理发挥到了极致。他们把对营销人员的控制称为"3E 管理"，即管理到每个营销人员(everyone)的每一天(everyday)、每一件事(everything)。例如，海尔集团下属的某公司虽然仅有 40 多名驻外营销人员，但其总部的营销管理人员却多达 4 名，这 4 名营销管理人员的任务就是对营销人员的全部营销过程进行控制。

每天早晨 8 点钟，总部的营销管理人员都要打电话对营销人员进行检查，看他们是否准时到达指定客户(或工作地点)处开展营销工作。每天傍晚 5~6 点，营销人员都要准时与总部管理人员联系，汇报当日工作，包括到什么地方，拜访什么客户，商谈什么问题，解决了什么问题，还存在什么问题，需要公司提供何种帮助，客户的姓名、地址、电话等，以及明天的工作计划。营销管理人员将所有信息记录在公司的"日清单"上。公司总部将根据汇报的信息，定期或不定期地进行抽查，调查汇报信息的真实性。营销人员每天也要填写"日清单"。营销人员回公司报销、述职时，营销管理人员要对照"日清单"核定票据的真实性，然后才予以报销。

### (三) 广告

广告是指通过特定的媒体传播商品和劳务等有关经济信息的大众传播活动。广告是一种促销方式或促销手段，也是一门带有浓郁商业性质的综合艺术。

根据广告的内容和目的划分，可将广告分为商品广告和企业广告。商品广告是针对商品销售开展的大众传播活动。商品广告按其具体的广告目标又可分为开拓性广告(又称报道性广告)、劝告性广告(又称竞争性广告)、提醒性广告(又称备忘性广告或加强性广告)。根据广告传播的区域来划分，可将广告分为全国性广告和地区性广告。

广告媒体也称广告媒介，是广告主与广告接受者之间的连接物，是广告宣传必不可少的物质条件。经常使用的广告媒体有报纸、杂志、广播、电视，这四者被称为四大广告媒体。此外还有其他广告媒体，如户外广告、互联网和邮寄广告等。

广告效果不仅取决于广告媒体的选择，还取决于广告设计的质量。高质量的广告必须遵循真实性、社会性、针对性、感召性、简明性、艺术性等原则。

## (四) 公共关系

企业在从事市场营销活动中应正确处理企业与社会公众的关系(即公共关系)，以便树立品牌及企业的良好形象，从而促进产品销售。公共关系的活动方式有宣传性公关、征询性公关、交际性公关、服务性公关和赞助性公关。公共关系的工作程序包括调查、计划、实施、检测四个步骤。

### 1. 公共关系调查

公共关系调查是公共关系工作的一项重要内容，是开展公共关系工作的基础和起点。通过调查，能了解和掌握社会公众对企业决策与行为的意见。公共关系调查的内容广泛，主要包括企业基本状况、公众意见及社会环境三方面的内容。

### 2. 公共关系计划

公共关系是一项长期性工作，合理的计划是公共关系工作持续高效的重要保证。制订公共关系计划，要以公共关系调查为前提，依据一定的原则，来确定公共关系工作的目标，并制定科学、合理且可行的工作方案，如具体的公共关系项目、公共关系策略等。

### 3. 公共关系实施

为确保公共关系实施的效果最佳，正确地选择公共关系媒介和确定公共关系的活动方式是十分必要的。公共关系媒介应依据公共关系工作的目标、要求、对象和传播的内容以及经济条件来选择，并根据企业的自身特点、不同发展阶段、不同的公众对象和不同的公共关系任务来选择最合适、最有效的活动方式。

### 4. 公关关系检测

检测能衡量和评估公共关系活动的效果，在肯定成绩的同时，发现新问题，为制定和调整企业的公共关系目标、公共关系策略提供重要依据，也为使企业的公共关系成为有计划的持续性工作提供必要的保证。

---

**阅读链接 10-9**

**美国电话电报公司的方案**

20世纪20年代，美国电话电报公司已经成为业务系统遍布全美的大企业。因业务具有独占性，公司担心受到社会舆论的干涉和责难，他们先行一步，制定了一套旨在防御的方案。

(1) 系统地改造设备，以进一步提高服务质量。
(2) 尽量、尽快降低服务费用和价格，取悦公众。
(3) 加强与政府部门和有关业务机构的往来，培养良好关系，使公司拥有良好的公共关系。
(4) 话务员改由女性担任，以减少与顾客发生争执。
(5) 装线人员要特别小心地对待用户的地板、墙壁和住房的其他设施，尽一切可能使其不受损害。

---

## (五) 销售促进

销售促进又称营业推广，是指企业运用各种短期手段鼓励消费者、中间商购买经销企业产品或服务的促销活动。销售促进的方式多种多样,每一个企业不可能全部使用,这就需要企业根据各种方式的特点、促销的目标、目标市场的类型及市场环境等因素选择适合本企业的销售促进方式。

(1) 向消费者推广的方式。为了鼓励老顾客继续购买和使用本企业的产品,激发新顾客试用本企业产品,采取赠送样品、赠送代金券、包装兑现、廉价包装、赠品印花、有奖销售等方式。

(2) 向中间商推广的方式。向中间商推广的目的是促使中间商积极经销本企业的产品,主要有购买折扣、资助、经销奖励三种方式。

## 【本章小结】

市场是商品经济中,生产者与消费者之间为实现产品或服务的价值,所进行的满足需求的交换关系、交换条件和交换过程的统称。市场营销是个人和集体通过创造并与他人交换产品和价值以满足需求和欲望的社会和管理过程。

消费者的购买行为会受到文化、社会和个人等因素影响。根据品牌差异度和购买者介入程度的不同,消费者的购买行为可分为复杂的购买行为、减少失调感的购买行为、习惯性的购买行为和多样性的购买行为。市场营销战略包括目标市场营销战略和竞争性市场营销战略。目标市场营销战略包括市场细分、市场选择和市场定位三部分。在竞争性市场中,主要存在市场领先者、市场挑战者、市场追随者和市场利基者,处于不同竞争地位的企业应采取相应的竞争策略。

营销策略即 4P 策略,包括产品(product)、价格(price)、分销(place)与促销(promotion)。产品是指能够通过交换满足消费者或用户某一需求和欲望的任何有形的产品和无形的服务。产品一般会经历投入期、成长期、成熟期到衰退期的过程。企业定价策略是指企业为实现企业定价目标,根据市场中影响产品价格的不同因素,在制定价格时灵活地采取各种定价手段和定价技巧。主要定价策略包括新产品定价策略、折扣定价策略、地区定价策略、心理定价策略和差别定价策略等。分销渠道是指某种商品和服务从生产者向消费者转移的过程中,取得这种商品和服务的所有权或帮助所有权转移的所有企业和个人。促销策略是指企业如何通过人员推销、广告、公共关系和销售促进等各种促销方式,向消费者或用户传递产品信息,引起他们的注意和兴趣,激发他们的购买欲望和购买行为,以达到扩大销售的目的。

## 【思考题】

1. 什么是市场营销?市场营销管理的发展经历了哪几个阶段?
2. 市场营销环境分析包括哪些方面?
3. 什么是市场细分?有哪些目标市场策略?如何进行市场定位?
4. 竞争性市场中存在哪几种竞争角色?它们各自有哪些策略?
5. 什么叫产品?如何理解产品的生命周期?
6. 有哪些价格策略?
7. 分销渠道的类型有哪些?
8. 促销有哪几种方式?

## 【案例分析】

### 尿布大战

在世界市场上,宝洁公司和金佰利一克拉克公司是两家垄断市场的寡头企业。从世界范围来看,宝洁公司的市场占有率为40%,远远高于金佰利公司27%的市场占有率。但是具体到不同国家,双方是互有胜负,甚至有时还是金佰利公司占据上风。两巨头在巴西展开的价格战就是一个经典案例。在当时的巴西,一次性婴儿尿布仍是奢侈品。宝洁公司和金佰利公司进入巴西前,不管是穷人还是富人,一般都是用布作为尿布,甚至什么都不用。1993年,当不足5%的巴西人使用一次性尿布时,宝洁推出了无饰边、不分性别的尿布——帮宝适Uni。其想法是,先让父母依赖价格便宜的Uni,然后再促使他们购买价格较贵的尿布。当时唯一的跨国经营竞争者强生公司决定不对低价格做出反应,因此,宝洁公司迅速占领了市场。质优价廉的Uni从根本上改变了尿布市场的状况。在宝洁公司引入Uni时,金佰利公司还未打入巴西市场,但是,随着金佰利与联合利华携手进入巴西市场,宝洁公司只能摆开阵势,迎接老对手的挑战。联合利华在肥皂市场的主要竞争对手是宝洁,金佰利在尿布市场的主要竞争对手也是宝洁。因此,联合利华与金佰利联手的目的非常明确,他们不仅仅希望在巴西市场上战胜共同的对手,而且希望以此为契机形成一个全球联盟,寻求对双方都有利的合作。有了联合利华的帮助,金佰利迅速打开了巴西市场并向纵深方向发展。为了与竞争者一比高低,金佰利收购了宝洁最大的当地竞争者Kenkod Brazil,由此金佰利坐上了巴西尿布市场的头把交椅。这对宝洁来说是个不小的打击。此后,双方展开了一场令人眼花缭乱的价格大战。

家乐福是法国零售商,现在是巴西最大的连锁商店,出售从墨西哥进口的、做工粗糙的Bye-Bye Pipi尿布。宝洁由于不能满足家乐福对供应商提出的特别条款,而没有在该商店出售其产品。零售商发现,虽然这些廉价进口货的质量不高,但对尿布价格却产生了全面的冲击。

两巨头在竞相降价的同时,还投入大量资金用于做广告和直销。帮宝适在美国医院中用得最多,宝洁公司想在巴西如法炮制。宝洁与佛罗里达一家对医院直销有丰富经验的公司合作,向圣保罗的医院兜售尿布。金佰利公司也不示弱,在圣保罗的大型零售市场开展了一次由成千上万的儿童参加的公关活动。几家公司为了抢夺新顾客,一番激烈的价格战之后,一次性尿布的价格从6年前的1美元降到了33美分,并且还有进一步降价的可能性,因为在美国一块尿布只要23美分。市场仍然在发展,真正的"战争"要等到市场不再成长时才会到来。

问题讨论:
1. 宝洁公司和金佰利公司在巴西尿布市场争夺的是哪一类消费者?
2. 宝洁公司和金佰利公司在市场竞争中采取了哪些营销策略?
3. 巴西尿布市场的需求是如何被开发的?

## 【技能训练】

训练目标:
1. 通过参加实际调研工作,加强学生对市场调研重要性的理解。
2. 培养学生对市场营销环境的分析能力。

**训练法：**

课题 1：假设你准备在学校附近新开一家店面，店面的经营方向自选。请运用所学知识开展一次调研，并根据调研结果拟订一份可行性方案。

课题 2：针对大学生消费状况、大学生手机购买行为等课题，选择调研角度，开展一次调研，根据调研结果拟订一份调查报告。

**训练步骤：**

1. 设计调查问卷。
2. 利用设计好的问卷进行实地调查。
3. 整理、分析调查所得数据，讨论得出结论并形成调查报告。

**训练要求：**

1. 各小组根据调查内容设计问卷。
2. 交换问卷初稿，互相提建议。
3. 问卷返回各小组修改，直至完稿。
4. 实地调查之后应完成以下工作：
(1) 收集所得到的问卷；
(2) 分析数据；
(3) 撰写可行性报告；
(4) 制作口头报告 PPT。

**成果检验：**

1. 每个小组提交一份书面报告。
2. 每组派一个代表进行口头报告，各组之间互相讨论。
3. 教师根据报告的质量和小组成员的表现给予评价，并确定成绩。

# 第十一章

# 现代企业物流管理

【学习目标与要求】
- 掌握物流的概念、作用与价值。
- 了解物流运输管理合理化的影响因素和实现途径。
- 掌握 ABC 库存管理法和 JIT 库存管理法。
- 了解物流配送的基本流程。
- 理解配送中心的功能和作用。
- 正确理解第三方物流与第四方物流的概念,以及两者的区别。

【导入案例】

### 信息不畅是青岛啤酒保鲜大碍

青岛啤酒是从 1998 年起开始推行新鲜度管理的。按照旧有的业务流程,产成品出厂后先进周转库,再发至港、站,再到分公司仓库,最后才转运给消费者。在这个过程中,啤酒作为日常消费品,其口味已发生了极大的变化。物流渠道不畅不仅增加了运费,加大了库存,也占用了资金,提高了管理成本,使新鲜度管理很难落到实处。另外,各区域销售分公司在开拓市场的同时还要管理运输和仓库,往往顾此失彼。所以,青岛啤酒把新鲜度管理、市场网络建设等纳入了信息化建设范畴。青岛啤酒认为,由于不能及时为公司决策层提供准确的销售、库存信息而造成的信息不畅,成为消费者喝到最新鲜啤酒的严重障碍。

2000 年,青岛啤酒决定利用先进的信息化手段再造青岛啤酒的销售网络,组建青岛啤酒销售物流管理信息系统,建立将销售公司与各销售分公司的物流、资金流、信息流集合在一起的物流管理信息系统。这个系统对企业的发货方式、仓储管理、运输环节进行了全面改造,打造了销售体系内部开放化、扁平化的物流管理体系。

青岛啤酒物流管理信息系统由财务、库存、销售、采购、储运等模块构成,可以加快产品周转,降低库存,加速资金周转。更重要的是,可以实现以销定产的"订单经济"。

2001 年 2 月,青岛啤酒与 ORACAL 正式开始合作,通过引入 ERP 系统实施企业信息化战略。借助 ERP 系统这个现代管理平台,将所有的啤酒厂、数以百计的销售公司、数以万计的销售点,集成在一起。对每一点、每一笔业务的运行过程,实施全方位监控,对每一个阶段的经营结果实施全过程的审计,加快资金周转速度,提高整个集团的通透性,实现资源的优化配置。在青岛啤酒看来,引入 ERP 绝对不是赶时髦,而是用新技术改造青岛啤酒传统业态的管理体制和动作方式,还要建立畅通的渠道，制定各种规章制度，建立综合信息库，采用先进的数理统计方法对收集的信息进行分析处理，并应用到营销决策、资源配置、纠正预防和持续改进过程中去。

**案例启示：**

实现供应链管理的基础是信息共享，供应链的协调运行是建立在供应链主体之间高质量信息传递与共享的基础之上。现代信息网络技术贯穿青岛啤酒供应链管理的全过程，并且发挥着不可替代的作用，最终保持物资流、资金流和信息流的顺畅流动。可见，必须借助网络信息技术的应用，改造产品价值链，实现企业生产链向供应链管理转变才是青岛啤酒管理重组的必经之路。

# 第一节 物流概述

现代文明开始以来，物流就已经存在了，它算不上什么新鲜事物。在现实社会，实现最佳的物流已成为业务管理和部门管理的最激动人心和最富挑战意义的作业领域之一。物流被誉为企业发展的"加速器"和"第三利润源泉"，物流业被称为21世纪的"黄金产业"。

## 一、物流的定义

"二战"中，围绕战争物资供应，美军建立了后勤理论，物流正是以此为原型。当时的后勤是指将战时物资生产、采购、运输、配给等活动作为一个整体进行统一布置，以求战略物资补给的费用更低、速度更快、服务更好。后来，将后勤体系移植到现代经济生活中，才逐步演变为今天的物流。物流系统也可像互联网一样，促进全球化。在贸易上，若要更进一步与世界联系，就要依靠良好的物流管理系统。

1935年，美国市场营销协会最早从销售的角度对物流进行了定义："物流是销售活动中所伴随的物质资料从生产地到消费地的种种企业活动，包括服务过程。"很显然，这一定义仅仅概括了销售领域的物流活动，并没有囊括所有的物流活动。

1960年，美国物流管理协会对物流进行了定义："物流是把完成品从生产线的终点有效地移动到消费者手里的广大范围的活动，有时也包括从原材料的供给源到生产线的始点的移动。"这一定义的范围有所扩大，不仅包括了销售领域中，产品从生产线的终端开始，经过批发、零售，最终被传递到消费者手中的物流活动，还包括了供应领域中，原材料从供给源开始，经过运输、中转等，直接被传递到生产线上的物流活动。

2001年，美国物流管理协会又对物流的定义进行了完善，将其修改为："物流是供应链运作中，以满足客户要求为目的，对货物、服务和相关信息在产出地和销售地之间实现高效率和低成本的流动和储存所进行的计划、执行和控制的过程。"这说明物流不仅可以是物品、服务和相关信息从供应地到消费地的正向的流动过程，还可以是物品、服务和相关信息从消费地到供应地的逆向的流动过程，即把逆向物流纳入了物流的范畴，目前普遍认同的便是这一定义。

我国国家标准物流术语将物流定义为："物流是物品从供应地向接收地的实体流动过程，根据实际需要，将运输、存储、装卸、搬运、包装、流通加工、配送、信息处理等基本功能实施有机结合。"这一定义重点强调了物流包括的一系列具体活动。

## 阅读链接 11-1

### "第三利润源"学说

"第三利润源"学说是由日本早稻田大学的西泽修教授提出来的。企业挖掘利润的最直接的方式就是降低成本,而产品成本中最明显的成本构成就是原材料成本和劳动加工成本。因此,人们把物质资源和劳动力资源分别视为"第一利润源"和"第二利润源",通过节约物质资源和降低劳动力的消耗在生产领域挖掘利润。当这两个利润源的潜力越来越小的时候,这两个领域所能开发的利润也达到了一定的极限。这时,人们又发现了物流的潜力,于是把目光转向了物流领域,从物流活动中挖掘利润,使其成为继节约物质资源和降低劳动力消耗之后企业创造利润的第三条途径,因此把物流称为"第三利润源"。

这三个利润源分别对应着生产力的三个要素。"第一利润源"对应的是劳动对象,"第二利润源"对应的是劳动者,"第三利润源"对应的是劳动工具。

把物流作为"第三利润源",实际上就是通过物流合理化来降低物流成本,进而为企业创造更多的利润。

## 二、物流管理的目标

在企业运营过程中,物流是将企业的原料采购、生产、销售等各环节有效衔接的桥梁与纽带。企业物流管理的目标就在于帮助企业实现以最低的总成本创造最高的客户价值,具体体现在以下几个方面。

### (一) 服务最优

企业实施物流管理的首要目标之一,就是实现各部门之间及上下游企业之间协调一致的运作,从而保证达到满意的客户服务水平,保留现有客户,吸引潜在客户,并不断提高客户对企业的忠诚度,最终实现企业价值的最大化。

那么,企业需要为客户提供怎样的服务,才能不断增强客户的满意度呢?最重要的就是要合理规划物流流程,尽量做到物流合理化,从而为客户提供更加快捷、更加便利、更加准确的产品递送服务,避免物流管理不当而造成的送货延迟、货物损坏、货物投递错误等现象。例如,准时制物流就体现了这种服务最优的目标。

### (二) 物流质量最优

商品从生产领域进入消费领域,中间要经过多次不同情况、不同条件的运输、储存、装卸、搬运、堆码等各种物流作业,不正确、不规范的物流作业往往会导致商品发生不同程度的损坏,最终使企业花费更多的费用来完成货物的交付。因此,物流质量管理是全面质量管理的主要组成部分。达到并保持物流质量最优的水平,是物流管理的重要目标之一,这一目标的实现,必须从原材料、零部件供应的零缺陷开始,直至物流管理全过程、全方位质量的最优化。

### (三) 快速反应

快速反应是指按照客户的要求,把客户需要的产品快速送达指定地点。这一目标体现企业及时满足客户需求的能力,是服务性目标的延伸。现代企业之间的竞争实质上是时间的竞争,这就要求企业要尽可能地缩减不必要的物流环节,努力在最短的时间内完成物流作业,最大限度地缩短从客户发出订单到收到货物的时间周期,从而实现快速、有效的反应,更快、更好地满足客户需求,直达物流、JIT(Just In Time)物流就是这一目标的具体表现。

### (四) 总成本最低

企业提供良好的服务,不仅体现在要快速响应客户需求,让客户快捷、方便地获得所需要的正确的产品之外,同时还要考虑到让客户获得更多的实惠,也就是说要通过良好的物流管理或物流运作降低产品的成本和价格,最终让利于消费者。例如沃尔玛连锁超市就是基于强大的物流配送系统,做到了"天天平价"。

需要强调的是,总成本最低目标并不是单纯地追求运输费用最低化或库存成本最低化,而是要实现产品总成本的最低,其中包括物流成本,这就对企业的物流运作提出了更高的要求。

### (五) 库存合理化

库存是指为了使生产正常,或为了及时满足客户的订货需求而设置的必要的物品储备。按照JIT的管理思想,库存是闲置的资源,是不确定的产物,不能立即为企业创造效益。然而,没有库存又会造成缺货,从而使企业流失客户。因此,为了及时满足客户的需求,同时又不至于造成货物的积压,企业必须设立合理库存,即在保障供给的前提下,保持最低的库存水平。

库存合理化目标实质上就是把存货减少到与客户服务目标相一致的最低水平。这样既能满足客户需求,避免缺货,同时又能加快库存资金的周转率,使企业在存货上占用的资金得到最充分的利用。

## 三、物流的作用与价值

随着现代物流的发展,人们越来越认识到物流对于企业生产经营的重要性。可以说,离开了物流,任何企业的生产经营活动都不能正常完成。物流作为企业生产经营活动的必要环节,不仅能保证企业生产经营活动的连续、稳定运转,还能帮助企业降低成本、增加利润,进而提高企业竞争力。

### (一) 物流是企业生产经营的前提保证

在现代企业的生产经营活动中,物流贯穿从原材料采购、加工制造,到把产品送达顾客的全过程,其中的每个环节都必须经过物流活动才能完成。比如,采购环节涉及原料的运输、储存、装卸、搬运等物流活动,只有按质、按量地把原料送到生产线上,才能保证生产线的稳定运行;生产环节涉及上下工序之间零部件、半成品的搬运等物流活动,只有做到上下工序之间的有效衔接,才能保证生产线连续不断地运转;销售环节涉及产成品的运输、储存、装卸、搬运等物流活动,只有把产成品送到相应地点,才能把产品顺利地销售出去。另外,各环节之间也需要通过物流活动进行有效衔接,因此可以说,物流是企业生产经营活动连续、稳定运转的前提,企业生产经营活动的任何一个环节都需要伴随着物流活动而运行。

### (二) 物流是企业的"第三利润源"

目前,高昂的成本已经成为很多企业发展的难题之一,特别是物流成本居高不下,这是困扰我国很多企业的难题。继挖掘原材料成本和劳动成本之后，人们发现物流领域还有很大的降低成本的空间，于是把物流作为能够为企业创造利润的"第三利润源"。物流活动的合理化不仅能消除企业生产经营中不必要的物流环节，提高企业的生产经营效率，同时还能帮助企业降低生产经营成本，从而为企业创造更多的利润。

### (三) 物流是提升企业竞争力的法宝

在当前的经济环境下，企业之间的竞争越来越激烈。合理的物流活动能够帮助企业降低成本，进而让利于顾客，通过价格竞争吸引更多的客户。另外，快速、有效的物流活动还能保证企业将产品及时、准确地送到客户手中，更好地满足客户需求，进而提升企业形象，增强企业竞争力。

## 四、第三方物流与第四方物流

### (一) 第三方物流

#### 1. 第三方物流的概念

第三方物流的概念源自管理学中的外包，意指企业动态地配置自身和其他企业的功能和服务，利用外部的资源为企业内部的生产经营服务。将外包引入物流管理领域，就产生了第三方物流的概念。

关于第三方物流的概念，不同的学者有不同的表述，尚未形成统一的定论。日本的一些学者将第三方物流定义为："为第一方生产企业和第二方消费企业提供物流服务的中间服务商组织的物流运作。"在日本理论界还有一种说法："第一方物流是指生产企业和流通企业自己运作的物流业务，第二方物流是指提供诸如运输、仓储等单一物流功能服务的物流企业运作业务，第三方物流则是指为客户提供包括物流系统设计规划、解决方案以及具体物流业务运作等全部物流服务的专业物流企业运作的物流业务。"

美国物流管理协会在《物流术语词条 2002 升级版》中，将第三方物流定义为："第三方物流是将企业的全部或部分物流运作任务外包给专业企业去管理经营，而这些能为顾客提供多样化服务的专业企业称为第三方物流提供商。"

2001 年 4 月，由我国国家质量技术监督局发布的《GB/T 18354-2001 物流术语》将第三方物流定义为："第三方物流是由供方与需方以外的物流企业提供物流服务的业务模式，是指在物流渠道中，由中间商以合同的形式在一定期限内向供需企业提供所需要的全部或部分物流服务。"国内外第三方物流概念的差异，实际上也是现实中第三方物流形态多样化的反映。

综合国内外学者的观点，本书认为，第三方物流是指商品交易双方之外的第三方为商品交易双方提供部分或全部物流服务的运作模式。运输、仓储、报关等单一环节的物流服务和一体化综合性物流服务或多功能系列化物流服务，都包括在第三方物流的范畴内。

#### 2. 第三方物流的特征

第三方物流的特征具体表现在以下几个方面。

1) 关系契约化

首先，第三方物流是通过契约形式来规范物流经营者与物流消费者之间关系的。物流经营者根据契约规定,提供多功能直至全方位一体化物流服务,并通过契约来管理所提供的物流服务活动及其过程。其次,物流联盟也是通过契约的形式来明确各物流联盟参加者之间的权责及相互关系的。

2) 服务个性化

不同的物流消费者存在不同的物流服务要求,第三方物流需要根据不同物流消费者在企业形象、业务流程、产品特征、顾客需求特征、竞争需要等方面的不同要求,提供针对性强的个性化物流服务和增值服务。此外,从事第三方物流的物流经营者也受市场竞争、物流资源、物流能力的影响需要形成核心业务,不断强化所提供物流服务的个性化和特色化,以增强在物流市场上的竞争能力。

3) 功能专业化

第三方物流所提供的是专业的物流服务。从物流设计、物流操作过程、物流技术工具、物流设施到物流管理必须体现专门化和专业化,这既是物流消费者的需要,也是第三方物流自身发展的基本要求。

4) 管理系统化

第三方物流具有系统的物流功能,是第三方物流产生和发展的基本要求,第三方物流需要建立起现代管理系统才能满足运行和发展的基本要求。

5) 信息网络化

信息技术是第三方物流发展的基础。信息技术的发展实现了信息实时共享,促进了物流管理的科学化,极大地提高了物流效率和物流效益。

## 阅读链接 11-2

### 李宁公司的物流配送

通常情况下,国内的很多企业总是相信大型物流公司,而李宁公司在挑选物流公司时,不找最大的物流公司,只找最适合的。

李宁公司的招标准则是选择最合适的承运商。李宁公司选择的物流服务商都是一些中等规模的物流公司或是运输公司。李宁公司认识到,大的物流公司有可能有更大的客户,如果自己在行业里排第二,那么肯定会有更大的客户排在前面,其受重视程度肯定要比自己大。有了这种思考之后,李宁公司转变思路,开始选择一些中等规模的物流公司作为合作伙伴。在这些中等规模的物流公司中,李宁公司的货物倍受重视,物流公司在服务上尽心尽力,这样物流公司在与李宁公司的合作中就可以做到,无论什么情况,李宁公司的货物首先发。

李宁公司在招标选择承运商时,非常重视招标流程的合理性,关注是否能够真正控制招标的过程。在选定承运商之后,李宁公司还非常重视对承运商的动态管理,对承运商实行绩效考核、末位淘汰与追踪控制。

李宁公司的承运商和物流代理公司都必须接受严格的绩效考核。公司共有五个考核指标,分别是准时提货率、及时正点率、货损货差率、服务态度及完美回单率。针对专线承运商,李宁公司的物流部会亲自监控每一个指标的完成,而对于代理公司,则进行整体考评。

所有物流承运商都要把他们的信息管理系统与李宁公司的物流部进行对接,及时反馈运输监控信息。他们必须每天提交报表,包括货单号、提货时间、发货时间、在途时间、长途运输过程中的事故报告和事故原因分析报告。与此同时,李宁公司物流部有人专门负责电话追踪经销商、专卖店,把自己得到的信息与承运商反馈的数据统一整合为一个文件,形成承运商的运输数据。

参照这些数据，李宁公司每个月都会给承运商打分，每个季度集中向承运商公布数据报表，针对其不足，限期整改。依靠这种严格的末位淘汰制度，承运商的服务水平不断提高，现在与李宁公司合作的承运商不仅有招标入围的，还有曾经被淘汰后又提高自身水平再次得到李宁公司认可的。而李宁公司的货物运输在业内也受到广泛的赞许，赢得了广大经销商的信赖，只要货款到账，货物就一定会安全、正点送到。

## (二) 第四方物流

第四方物流的概念最早是由美国埃森哲咨询公司于1998年提出，第四方物流专门为第一方、第二方和第三方提供物流规划、咨询、物流信息系统、供应链管理等服务。埃森哲咨询公司将第四方物流定义为一个供应链集成商，该供应链集成商结合自己与第三方物流供货商和科技公司的能力，整合并管理客户的资源、能力与科技。

第四方物流既不承担企业全部物流和管理服务的外包，也不完全由企业自己管理和从事物流，而是一种中间状态，这一点与第三方物流的外包性质有所不同。之所以如此，其原因在于物流业务的外包有一定的优势，例如它能减少委托企业在非核心业务或活动方面花费的精力和时间、改善顾客服务、有效地降低某些业务活动的成本，以及简化相应的管理关系等。但与此同时，企业内部物流也有它的好处，即它能够在组织内部培育物流管理的技能，对客户服务水准和相应的成本实施严格的控制，并且与关键顾客保持密切的关系和面对面的沟通。正是出于以上两方面的考虑，第四方物流并没有采用单一的模式来应对企业物流的要求，而是将两种物流管理形态融为一体，在统一的指挥和调度之下，将企业内部物流与外部物流整合在一起。

第四方物流组织往往是主要委托客户企业与服务供应组织(如第三方、IT服务供应商以及其他组织)之间通过签订合资协议或长期合作协议而形成的组织机构。在第四方物流中，主要委托客户企业反映了两重身份：一是它本身就是第四方物流的参与者，因为第四方物流运作的业务中包含了委托客户企业内部的物流管理和运作，这些活动需要企业直接参与并且加以控制；二是主要委托客户企业同时也是第四方物流的重点客户，它构成了第四方物流生存发展的基础或市场。由于上述两重身份，因此，在第四方物流组织中，主要委托客户企业不仅有资本上的参与，而且他们也将内部的物流运作资产、人员和管理系统交付给第四方物流使用，第四方物流在使用这些资产、系统的同时，也需向主要委托客户企业缴纳一定的费用。

第四方物流是委托客户企业与众多物流服务提供商或IT服务提供商之间的唯一中介。由于第四方物流要实现委托客户企业内外物流资源和管理的集成，提供全面的供应链解决方案，因此，仅仅是一个或少数几个企业的资源是无法应对这种要求的，它势必要在很大程度上广泛整合各种管理资源，这样一来，第四方物流内部可能在企业关系或业务关系的管理上会非常复杂。尽管如此，对于委托客户企业而言，它将整个供应链运作管理的任务只委托给了第四方物流，所以，任何由供应链运作失误而导致的责任一定是由第四方物流承担，而不管实际差错是哪个具体的参与方或企业造成的，这是第四方物流负责全程管理的典型特征。

第四方物流大多是在第三方物流充分发展的基础上产生。由上述内容可知，第四方物流的管理能力应当是非常高的，它不仅要具备某个或某几个业务管理方面的核心能力，更要拥有全面的综合管理能力和协调能力，其原因是它要将参与企业的不同资源进行有机整合，并根据每个企业的具体情况进行合理安排和调度，从而形成第四方物流独特的服务技能和全方位、纵深化的经营诀窍，这显然不是一般企业所能具备的。从发展的规律来看，第四方物流的构成主体除了主要委托客户企业外，高度发达并具有强大竞争能力的第三方物流才是孕育第四方物流的土壤，这些企业由于长期从事物流供应链管理，完全具备相应的管理能力和知识，并且目前优秀的第三方物流已经在从事各种高附加价值服务的提供和活动的管理，具有部分综合协调管理的经验。所以，这类企业才有可能发展成为第四方物流，相反，如果没有第三方物流市场的充分发展，特别是优秀的第三方物流企业的形成和壮大，第四方物流是很难形成的，这不是简单的企业合并就能实现的。

### (三) 第三方物流与第四方物流的比较

#### 1. 侧重点不同

第三方物流侧重于为企业客户提供策略性与操作性决策，以及具体的物流解决方案，而非整体的物流决策规划，且缺乏对整个供应链进行规划所需的技术和具有专业知识的人才。第四方物流侧重于为企业客户提供一种战略性决策，并通过运用充分、准确的信息以及各方面的技术来对整个供应链与物流资源进行整合，从而提供一个决策方面的规划方案，进而达到资源优化配置与供应链之间的协调。

#### 2. 服务功能不同

第三方物流虽然与企业客户之间是一种战略联盟关系，可节约企业客户的运营成本、提高物流运作效率，但两者之间难免会存在目标不一致等问题，甚至产生冲突，其主要原因在于第三方物流自身存在缺陷，不能承揽全部物流与供应链服务。而第四方物流则可通过管理咨询及第三方物流能力的集成为企业客户提供一个全方位的供应链解决方案，通过对整个供应链的整合获得更多的价值。所以，第四方物流在管理目标上与企业客户是一致的，能为企业客户带来更多的利益。

#### 3. 合作目标不同

由于第三方物流缺乏系统性、综合性的技术，以及整合、应用技术的能力，企业客户不得不把物流业务外包给多个第三方物流提供商，这样会增加企业客户的运营成本和供应链的复杂性，使物流外包效率下降，所以企业客户与第三方物流之间是一对多的合作关系。而第四方物流可凭借充足的信息优势、整合应用的能力以及具有专门知识的人才，为企业客户提供所需的服务，企业客户与第四方物流之间是一对一的合作关系，外包程度更高，功能更多。

#### 4. 资产性质不同

第三方物流拥有固定资产和机械设备，更容易赢得客户的信任。此外，第三方物流更有操作经验，更能判断方案的可行性。相对于第三方物流，第四方物流虽然没有固定资产和机械设备，却拥有专业知识和技能，能够提供最佳的供应链管理模式和物流方案。第四方物流最大的优势在于它能够确保产品更快、更好，价格更低地送到需求者手中。由于角色和能力的双重优势，第四方物流比第三方物流拥有更多的技术与经验、更大的业务范围、更专业和便捷的服务产品。最重要的是，第四方物流能够提供满足客户需求的解决方案，为客户创造更多的价值。

第四方物流通过提供全方位的供应链管理解决方案，满足企业的广泛而且复杂的需求。它关注供应链管理的各个方面，既能提供持续更新和优化的技术方案，又能满足不同客户的独特需求，突破了单纯发展第三方物流的局限性，能真正做到低成本、高效率与实时运作，在最大范围内实现资源整合。第三方物流缺乏跨越整个供应链管理、运作以及真正整合供应链流程所需的战略与专业技术，而第四方物流可以不受约束地将各领域最佳的物流提供商组合起来，为客户提供最佳的物流服务，进而形成最优的物流方案或供应链管理方案。由此可见，在未来的物流领域，一部分优秀的第三方物流逐步过渡到第四方物流将是发展趋势。

> **阅读链接 11-3**
>
> **管理定律：长鞭效应**
>
> "长鞭效应"是对扭曲的需求信息在供应链中传递的一种形象描述。其基本思想是，当供应链上的各节点企业只根据来自其相邻的下级企业的需求信息进行生产或者供应决策时，需求信息的不真实性会沿着供应链逆流而上，产生逐级放大的现象。当信息达到最源头的供应商时，其所获得的需求信息和实际消费市场中的顾客需求信息发生了很大的偏差。由于这种需求放大效应的影响，供应方往往维持比需求方更高的库存水平。
>
> 解决"长鞭效应"最好的方法是将这个"鞭子"缩得越短越好，这样引起的变化也会很小。通过高效的供应链管理系统，可以减少"长鞭效应"，直接降低企业的运营成本，实现实时响应客户需求的理想境界。

# 第二节 物流采购管理

有效的货物或服务的采购，对公司的竞争优势具有极大的作用。采购过程把供应链成员连接起来，保证供应链的供应质量。在许多行业中，原材料投入成本占总成本的比例很大，投入原材料的质量影响成品的质量，并由此影响顾客的满意度和公司的收益。因为采购对收入、成本和供应链关系起着决定性的作用，所以就不难理解为什么采购管理越来越受到重视。

## 一、采购管理的内容

采购管理是计划下达、采购单生成、采购单执行、到货接收、检验入库、采购发票的收集到采购结算的采购活动的全过程。采购管理过程中，应对物流运动各个环节的状态进行严密的跟踪、监督，实现对企业采购活动执行过程的科学管理。

采购管理包括采购计划管理、采购订单管理及发票校检三个部分。

### (一) 采购计划管理

采购计划管理是对企业的采购计划进行制订和管理，为企业提供及时、准确的采购计划和执行路线。采购计划包括定期采购计划(如周、月度、季度、年度采购计划)和非定期采购计划(如系统根据销售和生产需求生成的采购计划)。通过多对象、多元素的采购计划的编制和分解，将企业的采购需求变成直接的采购任务。

### (二) 采购订单管理

采购订单管理以采购订单为源头，对从供应商确认订单、发货、到货、检验到入库等采购订单流转的各个环节进行准确的跟踪，实现全过程管理。通过流程配置，可进行多种采购流程选择，如订单直接入库或经过到货质检环节后检验入库等。在整个过程中，可以实现对采购存货的计划状态、订单在途状态、到货待检状态等的监控和管理。采购订单可以直接通过电子商务系统发送给对应的供应商，进行在线采购。

### (三) 发票校检

发票校验是采购结算管理的重要内容。采购货物的费用是否需要暂估、劳务采购的处理、非库存的消耗性采购处理、直运采购业务、受托代销业务等均是在此阶段进行处理。通过对流程进行配置，允许用户更改各种业务的处理规则，也可定义新的业务处理规则，以适应企业业务不断重组、流程不断优化的需要。

## 二、采购管理的过程

采购管理的过程中会遇到许多问题，包括组织结构的不灵活、组织文化的不灵活等。但大部分公司认为这一过程相对而言是较为容易的，在处理这些活动时，重要的是要记住不同的公司对采购的过程有不同的要求。下面的步骤可用来提高效益。

### (一) 确定采购类型

在采购过程中，首先应确定采购类型，采购类型在大多数情况下将决定整个采购过程的时间和复杂程度。按时间和复杂程度的不同，采购可以分为三种类型。

(1) 重新采购，直接按过去的惯例采购。

(2) 修正采购，需要对目前的供应商或投入物做些改变。

(3) 全新采购，由全新的用户需求引起的采购。

### (二) 决定必要的投入水平

采购过程需要公司两种类型的投入，即时间与信息。采购人员进行采购需要花费时间，采购越复杂、越重要，所花的时间就越多。信息可以是内部或外部的，内部信息是有关用户的需求和采购对公司的意义，外部的信息是有关供应链成员、潜在的供应商和其他单位的信息。采购越复杂、越重要，为了提高采购的效率，就需要越多的投资。如果没有足够的投资，可能在满足用户需求方面就会产生问题。

### (三) 采购过程的实施

一般情况下，采购过程的实施包括实施必要的活动，以有效的采购满足用户的需求。这一步骤也允许专业采购人员及时收集数据。

### (四) 对采购过程的有效性进行评估

采购管理的最后一个步骤中，最重要的是评价实际投资，以及如何更好地满足用户需求。对采购过程的有效性进行评估是一个控制步骤，采购管理的目的是投资足够的时间与信息真正地满足客户需求，如果采购过程无效，原因可能追溯到没有足够的投资，没有进行适当的活动，或在进行一项或多项活动时产生失误。不论何种情况，如果采购过程无效，管理者必须确定为什么无效，并采取适当措施，确保以后的采购有效。如果采购活动以合适的投资水平满足了用户的需求，则采购是有效的，并可作为今后采购的一个参考。

## 阅读链接 11-4

### 让你成为"物流"高手

一天中午，丈夫在外给家里打电话："亲爱的老婆，晚上我想带几个同事回家吃饭可以吗？"(订货意向)

妻子："当然可以，来几个人，几点来，想吃什么菜？"

丈夫："6个人，我们7点左右回来，准备些酒、烤鸭、番茄炒蛋、凉菜、蛋花汤……你看可以吗？"(商务沟通)

妻子："没问题，我会准备好的。"(订单确认)

妻子记录下需要做的菜单(MPS 计划)和具体要准备的东西：鸭、酒、番茄、鸡蛋、调料……(BOM物料清单)，发现需要1只鸭、5瓶酒、4只鸡蛋(共用物料)。

打开冰箱一看(库房)，只剩下2个鸡蛋(缺料)。

在自由市场，妻子问："请问鸡蛋怎么卖？"(采购询价)

小贩："1个1元，半打5元，1打9.5元。"

妻子："我只需要8个，但这次买1打。"(经济批量采购)

妻子："有一个坏的，换一个。"(验收、退料)

回到家中，准备洗菜、切菜、炒菜……(工艺线路)，厨房中有燃气灶、微波炉、电饭煲……(工作中心)

妻子发现拔鸭毛最费时间(瓶颈工序，关键工艺路线)，用微波炉自己做烤鸭可能来不及(产能不足)，于是到楼下的餐厅里买现成的(产品委外)。

下午4点，接到儿子的电话："妈妈，晚上有几个同学想来家里吃饭，你帮忙准备一下。"(紧急订单)

"好的，你们想吃什么，爸爸晚上也有客人，你愿意和他们一起吃吗？"

"菜你看着办吧，但一定要有番茄炒鸡蛋，我们不和大人一起吃，6点半左右回来。"(不能并单处理)

"好的，肯定让你们满意。"(订单确定)

"鸡蛋又不够了，打电话让小店送来。"(紧急采购)

6点半，一切准备就绪，可烤鸭还没送来，急忙打电话询问："我是李太太，怎么订的烤鸭还不送来？"(采购委外单跟催)

"不好意思，送货的人已经走了，可能是堵车吧，马上就会到的。"

门铃响了。

"李太太，这是您要的烤鸭，请在订单上签字。"(验收、入库、付款)

6点45分，女儿打来电话："妈妈，我想现在带几个朋友回家吃饭可以吗？"(紧急订购意向，要求现货)

"不行啊，女儿，今天妈妈已经需要准备两桌饭菜了，时间实在是来不及，真的非常抱歉，下次早点说，一定给你准备好。"(这就是ERP的使用局限，要有稳定的外部环境和一个起码的提前期)。

送走了所有客人，疲惫的妻子坐在沙发上对丈夫说："亲爱的，现在咱们家请客的频率非常高，应该要买些厨房用品了(设备采购)，最好能再雇个小保姆(人力资源系统有缺口了)。"

丈夫："家里你做主，需要什么你就去办吧。"(通过审核)

妻子："还有，最近家里花销太大，用你的私房钱来补贴一下，好吗？"(应收款的催要)

ERP 的操作流程非常清晰：需要→交流沟通→确认→MPS 计划→BOM 展开→采购→验收、入库→付款，还需要及时处理每一个环节出现的紧急事件。

# 第三节 物流运输管理

现代物流对生产、流通和消费都产生了巨大影响，因而越来越受到企业的重视。然而，对于现代物流来说，最重要的部分仍然是一个古老的行业——运输。运输是指物品借助运力在空间上所发生的位置移动。具体地讲，运输就是用设备和工具，将物品从一个地点向另一个地点运送的物流活动，包括集货、分配、搬运、中转、装入、卸货和分散等一系列操作。虽然运输过程中未产生新的物质产品，但它可以实现物流的空间效用。

## 阅读链接 11-5

通用汽车公司采用业务外包策略，把零部件的运输和物流业务外包给理斯维物流公司。理斯维物流公司负责通用汽车公司的零部件到几个北美组装厂的运输工作，通用汽车公司则将力量集中于其核心业务——轿车和卡车制造。通用汽车公司与理斯维物流公司的这种外包合作关系始于 1991 年，节约了大约 10%的运输成本，缩短了 18%的运输时间，裁减了一些不必要的物流职能部门，减少了整条供应链上的库存，并且在供应链运作中保持了高效的反应能力。理斯维物流公司在克利夫兰设有一个分销中心，处理复杂的运输路线，通过电子技术安排各个通用汽车公司的北美工厂的运输路线，这样可以动态地跟踪装运情况，并且根据实际需求实现 JIT 方式的运输。理斯维物流公司的卫星系统可以保证运输路线组合的柔性化。如果一个供应商的装运落后于计划，理斯维物流公司可以迅速地调整运输路线的组合。理斯维物流公司采用的精细可视路线技术保证了通用汽车公司生产线上的低库存水平。

## 一、运输方式的分类

货物从生产所在地向消费所在地的物理性转移是通过不同的运输方式来实现的。运输方式可以按照以下方法分类。

### (一) 按照运输线路分类

按照运输线路的不同，可将运输方式分为干线运输、支线运输、城市内运输和厂内运输。

#### 1. 干线运输

干线运输是利用铁路、公路的干线和大型船舶的固定航线进行的长距离、大数量的运输，是进行远距离空间位置转移的重要运输形式。与同种工具的其他运输方式相比，干线运输一般速度较快，成本也较低。干线运输是运输的主体。

### 2. 支线运输

支线运输是与干线相接的分支线路上的运输。支线运输是干线运输与收、发货地点之间的补充性运输形式,路程较短,运输量相对较小。支线的建设水平往往低于干线,运输工具水平也往往低于干线,因而速度较慢。

### 3. 城市内运输

城市内运输是一种补充性的运输形式,主要是干线、支线运输到站后,站与用户仓库或指定接货地点之间的运输,路线较短。由于是单个单位的需要,所以城市内运输的运量也较小。

### 4. 厂内运输

厂内运输是在工业企业范围内,直接为生产过程服务的运输,一般在车间与车间之间、车间与仓库之间进行。小企业中的运输以及大企业车间内部、仓库内部的运输一般不称为"运输",而是称为"搬运"。

## (二) 按照运输作用分类

按照运输作用的不同,可将运输方式分为集货运输和配送运输。

### 1. 集货运输

集货运输是将分散的货物集中起来进行的运输,一般是短距离、小批量的运输,货物集中后才能利用干线运输形式进行远距离及大批量运输,因此,集货运输是干线运输的一种补充形式。

### 2. 配送运输

配送运输是将站点中已按用户要求配好的货物分送向各个用户的运输,一般是短距离、小批量的运输。从运输角度来讲,配送运输是对干线运输的补充和完善。

## (三) 按照运输的协作程度分类

按照运输的协作程度,可将运输方式分为一般运输、联合运输及多式联运三类。

### 1. 一般运输

一般运输是指孤立地采用不同运输工具或同类运输工具而没有形成有机协作关系的运输,如汽车运输、火车运输等。

### 2. 联合运输

联合运输简称联运,是使用同一运送凭证,由不同运输方式或不同运输企业进行有机衔接运送货物,利用每种运输手段的优势充分发挥不同运输工具效率的运输方式。

对用户来讲,采用联合运输可以简化托运手续,方便用户,同时可以加快运输速度,也有利于节省运费。经常采用的联合运输形式有铁海联运、公铁联运、公海联运等。

### 3. 多式联运

多式联运是联合运输的一种现代形式。一般的联合运输规模较小,在国内大范围物流和国际物流领域,往往需要反复地使用多种运输手段进行运输。在这种情况下,将多种运输方式进行有效衔接,并且具有联合运输形式的运输称作多式联运。

## 二、运输的基本方式

运输是物流的重要环节，物流中采用的运输方式有很多种，而每种运输方式都有其自身的特点和独特的经营方式。了解各种运输方式及其特点，对合理选择和正确利用各种运输方式具有重要意义。

### (一) 公路运输

公路运输是指主要使用汽车，也使用其他车辆(如人、畜力车)在公路上进行货客运输的一种方式。公路运输主要承担近距离、小批量的货运，水运、铁路运输难以到达地区的长途、大批量货运，以及铁路、水运优势难以发挥的短途运输。由于公路运输有很强的灵活性，近年来，在有铁路运输、水运的地区，较长途的大批量运输也开始使用公路运输。

公路运输的主要优点是灵活性强，公路建设期短，投资较低，易于因地制宜，对收到站的设施要求不高。可以采取"门到门"运输形式，即从发货者门口直接到收货者门口，不需转运或反复装卸、搬运。公路运输也可作为其他物流运输方式的衔接手段。公路运输的经济半径一般在200千米以内。

### (二) 铁路运输

铁路运输是使用铁路列车运送客货的一种运输方式。铁路运输主要承担长距离、大批量的货运，在没有水运条件的地区，几乎所有大批量货物都依靠铁路运输，是在干线运输中起主力运输作用的物流运输方式。铁路运输的优点是速度快，运输能力受自然条件限制较少，载运量大，运输成本较低。主要缺点是灵活性差，只能在固定线路上实现运输，需要与其他运输手段进行配合和衔接。铁路运输的经济里程一般在200千米以上。

### (三) 水运

水运是使用船舶运送客货的一种运输方式。水运主要承担大批量、长距离的运输，是在干线运输中起主力作用的运输形式。在内河及沿海，水运也常承担补充及衔接大批量干线运输的任务。

水运的主要优点是成本低，能进行低成本、大批量、远距离的运输。但是水运也有显而易见的缺点，主要是运输速度慢，受港口、水位、季节、气候影响较大，因而一年中中断运输的时间较长。水运有以下四种形式。

**1. 沿海运输**

沿海运输是使用船舶通过大陆附近沿海航道运送客货的一种物流运输方式，一般使用中、小型船舶。

**2. 近海运输**

近海运输是使用船舶通过大陆邻近国家海上航道运送客货的一种物流运输方式，视航程可使用中型船舶，也可使用小型船舶。

**3. 远洋运输**

远洋运输是使用船舶跨大洋的长途运输形式，主要依靠运量大的大型船舶。

### 4. 内河运输

内河运输是使用船舶在陆地内的江、河、湖、川等水道进行运输的一种物流运输方式，主要使用中、小型船舶。

### (四) 航空运输

航空运输是使用飞机或其他航空器进行运输的一种形式。航空运输的单位成本很高，因此，主要适合运载的货物有两类：一类是价值高、运费承担能力很强的货物，如贵重设备的零部件、高档产品等；另一类是紧急需要的物资，如救灾抢险物资等。

航空运输的主要优点是速度快，不受地形的限制。在火车、汽车都达不到的地区也可依靠航空运输，因而有其重要意义。

在实际的物流运作中，航空运输主要采取以下三种方式。

#### 1. 班机运输

班机是指在固定时间、固定路线、固定始发站和目的站间飞行的飞机。通常班机使用客货混合飞机，一些大型的航空公司也开辟了定期全货运机航班，班机具有定时、定航线、定站等特点，因此适用于运输急需品、鲜活货物以及时令性货物。

#### 2. 包机运输

包机运输是指包租整架飞机或由几个发货人联合包租一架飞机来运输货物。因此，包机又分为整包机和分包机两种形式，前者适用于运输数量较大的货物，后者适用于有多个发货人，货物到达站是同一个地点的货物运输。

#### 3. 集中托运

集中托运是指航空货运公司把若干单独发运的货物组成一整批，用一份货运单整批发运到预定目的地，由航空货运公司在那里的代理人收货、报送、分货后交给实际收运人，集中托运的运价比班机运价低 7%～10%，因此发货人比较愿意将货物交给航空公司安排。

### (五) 管道运输

管道运输是利用管道输送气体、液体和粉状固体的一种运输方式，其运输是靠物体在管道内顺着压力方向循序移动实现的，和其他运输方式的重要区别在于，管道设备是静止不动的。

管道运输的主要优点是，由于采用密封设备，在运输过程中可避免散失、丢失等损失，也不存在其他运输设备本身在运输过程中消耗动力所形成的无效运输问题。另外，管道运输适合于运输量大、定点、单向的流体运输。

管道运输的缺点是在输送地点和输送对象方面具有局限性。一般适用于气体、液体，如石油、天然气等，也可用于粉状固体的近距离输送，如粮食、矿粉等。目前，还研究了将轻便物体放到特定的密封容器内，在管道内利用空气压力进行输送的方法，如书籍文件、实验样品的输送。随着技术的进步，管道运输对象的范围在不断扩大。

以上几种运输方式的综合比较如表 11-1 所示。

表 11-1　几种运输方式的综合比较

| 运输方式 | 适用情况 | 优点 | 缺点 |
| --- | --- | --- | --- |
| 公路运输 | 小批量、短距离 | 灵活性强、建设期短、投资较低 | 长距离运输的运费比较昂贵、易污染、常发生事故、消耗能量多 |

(续表)

| 运输方式 | 适用情况 | 优点 | 缺点 |
|---|---|---|---|
| 铁路运输 | 长距离、大批量的货运 | 速度快、受自然条件限制较少、载运量大、运输成本较低 | 灵活性差，只能在固定线路上实现运输 |
| 水运 | 长距离、数量大的运输 | 承载量大、成本低、批量大，适合长距离运输 | 速度慢，受港口、水位、季节、气候影响较大 |
| 航空运输 | 高价值货物和紧急物资 | 速度快、不受地形的限制 | 成本高 |
| 管道运输 | 气体、液体的近距离输送 | 可避免损失、丢失 | 输送地点和输送对象有局限 |

### 阅读链接 11-6

**联合利华的物流外包**

联合利华生产出来的产品，下了生产线以后全部外包给上海友谊物流集团公司运作，包括储运、盘点、货物的流通加工(如消毒、清洁、礼品和促销包装、贴标签、热塑封口等)。联合利华就可以集中精力来进行新产品开发、扩大市场销售网络等工作。

上海友谊物流集团公司可以随时提供发货信息查询服务，可以随时上网查询货物现在所在的地点。上海友谊物流集团公司还与联合利华作息时间一致，提供全天候储运服务，顾客的需求就是工作的出发点，顾客的满意就是工作的终结点。

上海友谊物流集团公司为了降低运输成本，还采用了一种"公交车"的方式，就是用户可以随时装货和卸货，这样可以降低整体物流成本。这种"公交车"方式能够提高满载率，按照客户的分布对物流的线路进行策划。

# 第四节　物流库存管理

## 一、库存管理的概念

库存管理也称库存控制，是指对制造业或服务业生产、经营全过程的各种物品、产成品，以及其他资源进行管理和控制，使其储备保持在经济、合理的水平上，是企业根据外界对库存的要求和订购的特点，预测、计划和执行库存的行为，并对此行为进行控制。库存控制的关键在于确定如何订货、订货多少、何时订货等问题。

对库存管理控制不当会导致库存的不足或剩余。库存管理基于两个方面：一是用户服务水平，即在正确的地点、正确的时间，有合适数量的产品；二是订货成本与库存持有成本的关系。

## 二、库存管理的方法

### (一) ABC 库存管理法

**1. ABC 库存管理法原理**

ABC 库存管理法又称重点管理法，其基本特点是将企业的全部存货分为 A、B、C 三类，属于

A 类的是少数价值高、最重要的项目,这些存货品种少,而单位价值却较大。实务中,A 类存货的品种数大约只占全部存货总品种数的 10%左右,而从一定期间出库的金额来看,这类存货出库的金额大约要占到全部存货出库总金额的 70%左右。属于 C 类的是为数众多的低值项目,从品种数量来看,这类存货的品种数大约要占到全部存货总品种数的 70%左右,而从一定期间出库的金额来看,这类存货出库的金额大约只占全部存货出库总金额的 10%左右。B 类存货则介于这两者之间,从品种数和出库金额来看,大约都只占全部存货总数的 20%左右。管理时,把金额高的 A 类物资,作为重点来加强管理与控制;B 类物质按照通常的方法进行管理和控制;C 类物资品种数量繁多,但价值不大,可以采用最简便的方法加以管理和控制。

### 2. ABC 库存管理法的原则

在对库存物资进行 ABC 分类时,要遵循一定的原则,否则,实施 ABC 库存管理法不仅不能带来成本的降低,反而会在某些方面适得其反,给库存管理工作增添麻烦。一般来说,应遵循以下三个方面的原则。

1) 成本—效益原则

这是企业的各种活动所必须遵守的基本原则,也就是说无论采用何种方法,只有在其付出的成本能够得到完全补偿的情况下才可以实施。企业对库存进行 ABC 分类同样也适用于这一原则,如果是一个规模很小、存货少的企业,不用花费太多的人力、物力就可以把库存管理好的话,就没有必要劳师动众地进行分类管理,花费不必要的精力在 ABC 分类上面。但对一个中、大型企业来说,库存品种上千甚至上万,其中又能分出主要品种、次要品种,实施 ABC 分类就显得非常必要了。因为相对于实施这种方法所花费的成本,企业所取得的效益才是主要的。

2) "最小最大"原则

本质上来说,库存管理就是以最小的成本求得最大效益,而 ABC 库存管理法更要贯彻这一原则。管理的本身并非重点,管理的效果才是最主要的。我们要在追求 ABC 分类管理的成本最小的同时,追求其效果的最优,这才是管理之本。

3) 适当原则

在通过 ABC 库存管理分析进行比率划分时,要注意企业自身的状况,对企业的库存划分 A 类、B 类、C 类并没有一定的基准。比如,同样是轮胎,在汽车配件厂可能是 B、C 类物品,而对于轮胎专营店则一定是 A 类物品。商业企业与生产企业分类时所使用的比率不同,这就要求企业要对存货情况进行详细的统计分析,找出适合自己的划分比率,才能扎实地做好 ABC 库存管理分析的准备工作,为以后进行分类管理打下坚实的基础。

### 3. A、B、C 类物品的分类管理

ABC 库存管理分析的结果只是理顺了复杂事物、明确了重点,若要将分析转化为利益,就必须针对三类库存物品进行有区别的管理。

1) A 类库存物资

A 类库存物资在品种数量上仅占库存物资的 10%左右,但其资金额却占到了 70%左右,因此,这类物资对企业相当重要,需要进行最严格管理。从整个企业的角度来说,应该千方百计地降低它们的消耗量(对销售人员来说,则是增加它们的销售额)。而对于库存物流管理人员来说,除了应该协助企业降低它们的消耗量外,还要在保证供给的情况下尽量降低它们的库存额,较少地占用资金,提高资金周转率。

因此,对 A 类库存物资进行管理时应采取以下措施。

(1) 根据需求变化特点组织进货。A类物资中，有些是日常需要，有些则是集中消耗的，如基建项目、船舶建造、船舶大修等的用料量集中发生，批量很大，而且用料时间是可以预知的，应掌握其需求时间，尽可能慎重、正确地预测其需求量，需要时再进货，以免过早进货造成积压。

(2) 增加盘点次数，以精确掌握库存量，保持完整的库存记录。

(3) 恰当选择订购点，请客户配合，力求出货量稳定，减少需求变动，将安全库存量降至最小。这就要求对库存量的变化进行严密监控，事先了解供货厂家的生产情况、运输条件、本系统其他仓库物品的库存情况等。一旦库存降低至订购点，便可忙而不乱，保证供应。

(4) 降低进货批量。对A类库存物资原则上应勤进货而少量采购，尽可能在不影响需求的情况下降低进货的批量，这样便可减少库存，提高库存周转率。

2) C类库存物资

C类库存物资与A类库存物资相反，虽然品种数很多，但所占的库存金额却很少。对这类物资，不应投入过多的管理力量，由于所占库存金额很少，所以多储备一些，并不会增加多少占用资金。此类物资的具体管理措施如下。

(1) 不将一些货物列入日常管理的范围。例如对于螺丝、螺母之类的数量大、价值低的货物，不将其作为日常盘点的货物，并可规定最少出库的批量，以减少处理次数等。

(2) 安全库存量可以保持较高，以免发生缺货现象。

(3) 减少这类货物的盘点次数，可以一个月或两个月盘点一次。

(4) 通过现代化的工具能够很快订货的货物，可以不设置库存。

(5) 尽可能提高订货批量、减少订货次数，以便在价格上获得优惠，降低费用，多存储对库存资金的占用影响不大。对C类库存物资通常订购六个月或一年的需求量，期间不需要保持完整的库存记录。

3) B类库存物资

对B类库存物资的管理严格程度介于A、C两类之间，可以用常规管理方法管理，通常的做法是将若干物品合并在一起订购。具体管理措施有以下两点。

(1) 可以采用定量订货方式采购，但对前置时间较长，或需求量出现季节性变动趋势的商品要采用定期订货方式采购。

(2) 每两到三周进行一次盘点。

A、B、C类库存物资的管理控制标准可以归纳为表11-2。

表11-2 A、B、C类库存物资的管理控制标准

| 分类及管理方法 | | A | B | C |
|---|---|---|---|---|
| 定额的综合程度 | | 按品种或规格 | 按大类品种 | 按该区总金额 |
| 定额的查定方法 | 消耗定额 | 技术计算法 | 现场查定法 | 经验估算法 |
| | 周转库存定额 | 按库存理论建立的数学模型 | 按库存理论建立的数学模型 | 经验统计法 |
| 检查 | | 经常检查 | 一般检查 | 按季度或年度检查 |
| 统计 | | 详细统计 | 一般统计 | 按金额统计 |
| 控制 | | 严格控制 | 一般控制 | 金额总量控制 |
| 安全库存 | | 较低水平 | 较高水平 | 允许较高 |

## (二) 零库存管理法

零库存管理又称 JIT 库存管理，可以追溯到 20 世纪六七十年代。当时的日本丰田汽车公司实行准时化生产方式，并在管理手段上采用看板管理、单元化生产等技术，实行拉式生产，以实现在生产过程中基本没有积压的原材料和半成品。这样大大减少了生产过程中的库存和资金的积压，也提高了相关生产活动的管理效率。

### 1. 零库存的含义

零库存是一种特殊的库存概念，是库存管理的理想状态。它并不是指企业所有的原材料、半成品、成品的库存为零，而是指在确保企业生产经营活动顺利进行的条件下，采用各种科学的管理方法，对库存进行合理计算和有效控制，尽可能降低库存量的一种方法。它的基本思想是在恰当的时间、恰当的地点，以恰当的数量、恰当的质量提供恰当的物品。零库存并不等于不要储备和没有储备，而是说某些经营实体不单独设立库存和储存物资，并不取消其他形式的储存活动。实际上，企业为了应付各种意外情况，如运输时间延误、到货不及时、生产和消费发生变化等，常常要储备一定数量的原材料、半成品和成品，只是这种储备不采用库存形式而已。

### 2. 零库存管理的形式

1) 委托保管方式

委托保管方式是指受托方接受用户的委托，利用其专业化的优势，以较高的库存管理水平、较低的库存管理费用代存代管所有权属于用户的物资，从而使用户不再设立仓库，甚至可以不再保有安全库存，从而实现零库存。这种零库存方式主要是靠库存转移实现的，并不能使库存总量降低。但委托方省去了仓库规划、建设及库存管理的大量费用和时间，集中力量于生产经营，体现了专业化特色，是目前国内企业发展零库存的主要趋势。

2) 协作分包方式

协作分包方式主要是制造企业的一种产业结构形式，这种形式可以以若干企业的柔性生产实现准时供应，使主企业的供应库存为零，同时主企业的集中销售库存使若干分包劳务及销售企业的销售库存为零。在经济发达的国家，制造企业都是由一家规模很大的主企业和数以千百计的小型分包企业组成一个金字塔形结构。例如，分包零部件制造的企业可采取各种形式和库存调节形式，以保证主企业的生产，按指定时间送货到主企业，使主企业不再设立原材料库存，实现零库存。

3) 轮动方式

轮动方式也称同步方式，是指在对系统进行周密设计的前提下，使各个环节速率完全协调的一种零库存、零储备形式。这种方式是在传送带式生产的基础上，使生产与材料供应同步进行而形成的。

4) 准时制方式

准时制方式是指依靠有效的衔接和计划，达到工序之间、供应与生产之间的协调，从而实现零库存。看板管理是准时制方式中一种简单、有效的方式，要求企业各工序之间、生产企业之间或生产企业与供应者之间采用固定格式的卡片作为凭证，由下一环节根据自己的节奏，逆生产流程方向，向上一环节指定供应，各环节做到准时同步，从而使供应库存实现零库存。

5) 水龙头方式

水龙头方式是一种像拧开自来水管就可以取水一样地提取物资而无须自己保有库存的零库存方式，这是日本索尼公司首先采用的。用户可以随时提出购入要求，采取需要多少就购入多少的方式，供货者以自己的库存和有效供应系统承担即时供应的责任,从而使用户实现零库存。这种方式经过一定时间的演进,已发展成即时供应制度。

6) 配送方式

配送方式是综合运用上述若干方式采取一定的配送制度来保证供应从而使用户实现零库存的。

### 阅读链接 11-7

#### 揭秘丰田"零库存"

为了彻底消除浪费,早期的丰田在美国"自选超市方式"的启发下,把超市看作生产线上的前一道工序,顾客购买相当于后一道工序,他们在需要的时间内买需要数量的商品,而超市将立即补充顾客买走的那一部分商品。丰田经过实际生产中的不断完善与调校后,拉式生产应运而生,即由后一道工序在需要的时刻到前一道工序去领取需要数量的特定零部件,而前一道工序则只生产所需要领取的数量。

因此,在广州丰田的总装车间,看不到分门别类堆积在货架上的零部件,也见不到其他工厂零部件搬运工往来穿梭的繁忙景象,这都归功于丰田对装配线成套供给零部件的体系,即每一个物料架紧随一辆等待装配的车身,总装工人只需在物料架和车身同步流动的平台上,将触手可及的零部件对号入座装配上车身即可,连工人转身取物料的时间都节省下来。"通过对零部件采取这种'配餐式'的供应,在必要的时间内生产必要数量的产品,是丰田精益的生产方式所倡导的。"广州丰田高层曾表示。因此,广州丰田无论整车还是零部件,都能实现"零库存"的管理目标,同时也掀起了"60 秒生产一辆凯美瑞"的新一轮效率革命,兑现了"顾客买多少,就送多少到顾客手上"的承诺。

广州丰田不仅引进了丰田最先进的设备和人才,还引进了生产中非常重要的一环——看板管理。根据拉式生产的实际情况,把生产计划下达给最后的组装线,在指定的时间生产指定数量的指定车型,组装线便依次向前一道工序领取所需要的各种零部件。在这过程中,用于领取工件或者传达生产指令的媒介就是为拉式生产而量身定制的看板。

思路其实很简单。看板记录了所需物品的信息内容,所有生产人员都根据看板所显示的信息来生产零部件或产成品,它起到了传递生产和运送指令、调节生产均衡、改善运营机制等作用。看板管理是从丰田汽车的零部件生产开始的,但它的优越性使其在全工厂里推广开,现已成为了丰田汽车的中枢神经。

## 第五节　物流配送管理

配送是物流系统的一个子系统,而且是直接面对用户提供物流服务的子系统。由于服务的对象不同,配送物品的性质不同,用户要求的多样化,特别是订制化服务的需求,使配送系统的要素、配送模式和服务等也呈现出多样化。深入认识配送体系的构成,正确选择配送系统模式,对提高物流效率和经济效益有着重要影响。

### 一、配送的定义与特点

配送是物流中一种特殊的、综合的活动形式,是商流与物流的紧密结合,包含了商流活动和物流活动,也包含了物流中的若干功能要素。

### (一) 配送的定义

对物流配送较通俗的理解是，配送是按客户的订货要求，以较为现代的送货方式，在物流节点间进行货物配备，继而将产品送交客户，实现资源最终配置的经济活动。国家标准《物流术语》指出，物流配送的定义是在经济合理区域范围内，根据客户要求，对物品进行拣选、加工、包装、分割、组配等作业，并按时送达指定地点的物流活动。

有学者从资源配置的角度，认为配送是以现代送货形式实现资源配置的经济活动。可进一步理解为，配送是资源配置的一部分；配送是"最终配置"，因而是接近客户的配置；配送的主要经济活动是送货，强调"现代"两字；配送是接近客户的那一段流通领域，有其局限性。

### (二) 配送的特点

#### 1. 配送是一种专业化的增值服务

整个配送体系必须有明确的经营组织——专业配送中心，稳定的商品供应渠道，现代化、自动化的装备，专业化的管理水平。配送是一种专业化的分工方式。配送为客户提供订制化的服务，根据客户的订货要求准确、及时地为其提供物资供应保证，在提高服务质量的同时可以通过专业化的规模经营获得单独送货无法得到的低成本。

#### 2. 配送全过程有现代化技术和装备作为保证

物流配送面对的是成千上万的供应厂商和消费者，还有不断变化的市场环境，这就决定了拥有现代化的配送设施和完善的配送网络是高效实现物流配送的前提条件，是扩大物流配送规模的必要手段。同时，配送联系着供应链的上游和下游，其运作管理具有很强的复杂性，在运营中会用到很多配送技术和设备，如 GIS 技术、GPS 技术、自动分拣系统、自动立体化仓库等。

#### 3. 配送活动有效地连接了物流和商流

配送是重要的物流手段，是重要的商流形式，配送将销售与供应有机结合起来，使物流和商流一体化。成功的配送活动一般具有以下重要功能。

(1) 准确而又稳定的配送活动可以在保证供给的同时，最大限度地降低生产企业或流通企业的商品库存量，从而降低销售总成本。

(2) 集中而高效的配送活动可以在简化流通程序、缩短流通渠道的同时，提高物流系统本身的效率及服务水平，是赢得消费者的有效手段。

(3) 合理而顺畅的配送活动可以提高车辆利用率，节约能源，降低成本，减少交通拥挤和城市污染，与此同时也可以降低物流系统的单位成本。

## 二、配送的模式

### (一) 企业自营型配送模式

企业自营型配送模式是指企业物流配送的各个环节由企业自身筹建并组织管理，实现对企业内部及外部货物配送的模式。这种模式有利于企业供应、生产和销售的一体化作业，系统化程度相对较高,既可满足企业内部原材料、半成品及成品的配送需要,又可满足企业对外进行市场拓展的需求。其不足之处表现在,企业为建立配送体系所进行的投资将会大大增加,在企业配送规模较小时,配送的成本和费用也相对较高。

一般而言,采取自营型配送模式的企业大都是规模较大的集团公司。有代表性的是连锁企业的配送,其基本上都是通过组建自己的配送系统来完成企业的配送业务,包括对内部各连锁、店的配送和对企业外部顾客的配送。

### (二) 单项服务外包型配送模式

单项服务外包型配送模式主要是由具有一定规模的物流设施设备(库房、站台、车辆等)和拥有专业经验及技能的批发、储运或其他物流业务经营企业,利用自身业务优势,承担其他生产性企业在该区域内为进行市场开拓、产品营销而开展的纯服务性配送。

随着物流产业的不断发展以及电子商务模式的不断丰富,进行外包型配送服务成为众多企业的首选。通过外包配送,可以节约企业的运营成本,大大提高企业自身的专业化服务优势。同时,一般提供外包服务的企业都是第三方物流服务商,他们拥有广泛的服务网络、专业的服务团队、灵敏的市场供求信息,因此可以更好地为企业提供订制化的配送服务。

在将企业的配送业务外包出去的同时,也会在一定程度上将企业的供求信息泄露给外界,对企业经营造成一定的影响。并且企业的一些特殊要求可能无法实现,用户与企业的沟通也需要通过外包企业来传达,企业自身对用户的需求会出现滞后反应。

### (三) 社会化的中介型配送模式

社会化的中介型配送模式中,从事配送业务的企业,通过与上游企业(生产、加工企业)建立广泛的代理或买断关系,与下游企业(零售店铺)形成较稳定的契约关系,在将生产、加工企业的商品或信息进行统一组合、处理后,按客户订单的要求,配送到店铺。

这种配送模式可减少用户所需全部物资的进货负担,他们只需要和少数配送企业联系,便可解决多种需求的配送。

此配送方式需要企业具有较强的组织和协调能力,同时,稳定性也较差,因为企业要与上、下游的几家企业形成互用网络,就必须保证上、下游企业都是正常运营的,如果某个企业出现问题,那么这种模式就会受到影响,甚至会损害企业自身利益。

### (四) 共同配送模式

按照日本工业标准的解释,共同配送是指为提高物流效率,许多企业一起进行配送的配送方式。即为提高物流效率,对某一地区的用户进行配送时,由许多配送企业联合在一起进行配送,它是在配送中心的统一计划、统一调度下展开的,有以下两种运作方式。

(1) 由一个配送企业对多个用户进行配送。即由一个配送企业综合某一地区内多个用户的要求,统筹安排配送时间、次数、路线和货物数,对多个用户进行配送。

(2) 仅在送货环节上将多个用户待运送的货物混载于同一辆车上,然后按照用户的要求分别将货物运送到各个接货点,或者运送到多个用户联合设立的配送货物接收点上。这种配送有利于节省运力和提高运输车辆的货物满载率。

## 三、配送的业务流程

配送作业是配送企业或部门运作的核心内容,因此配送作业流程的合理性以及配送作业效率的高低都会直接影响整个物流系统的正常运行。现将配送作业的主要流程概括如下。

### 1. 进货

进货作业包括对货品进行实体上的接收,从货车上将货物卸下,并核对该货品的数量及状态(数量检查、品质检查、开箱等),然后记录必要信息或录入计算机。

### 2. 搬运

搬运是将不同形态的散装、包装或整体的原料、半成品或成品,在平面或垂直方向加以提起、放下或移动,可能要运送、重新摆置物料,从而使物品能适时、适量移至恰当位置或场所存放。配送中心的每个作业环节都包含搬运作业。

### 3. 储存

储存作业的主要任务是把将来要使用或者要出货的物料保存起来,且经常要对库存品进行检核控制,储存时要注意充分利用空间,还要注意存货的管理。

### 4. 盘点

货品因不断进出库,在长期的累积下,库存资料容易与实际数量产生不符,或者有些产品因存放过久、不恰当,致使品质功能受到影响,难以满足客户的需求。为了有效控制货品数量,需要对各储存场所进行盘点作业。

### 5. 订单处理

由接到客户订货开始至准备着手拣货之间的作业称为订单处理,包括有关客户、订单的资料确认、存货查询、单据处理以及出货配发等。

### 6. 拣货

每张客户订单中都至少包含一项及以上的商品,如何将这些不同种类、数量的商品由配送中心中取出、集中在一起,此即所谓的拣货作业。拣货作业的目的在于正确且迅速地集合顾客所订购的商品。

### 7. 补货

补货作业包括从保管区域将货品移到拣货区域,并做相应的信息处理。

### 8. 出货

将拣取分类完成的货品做好出货检查,装入合适的容器,做好标记,根据车辆趟次或厂商等的指示将物品运至出货准备区,最后装车配送。

### 9. 配送

配送是指将被订购的物品,使用运输工具从配送中心送至顾客手中的活动。配送主要涉及从供应链的制造商到终端客户的运输和储存活动。运输的功能在于完成产品空间上的物理转移,克服制造商与客户之间的空间距离,从而产生空间效用;而储存的功能就是将产品保存起来,利用客户产品供应与需求的时间差,创造时间效用。所以,配送创造了时间效用和空间效用。

## 阅读链接 11-8

### 袜子、盘子与 IBM 的供应链管理

IBM 中小企业市场管理总监 Hichal Ruiz 认为，所谓供应链是指在相互关联的业务流程以及业务伙伴间所发生的，从产品设计到最终客户交付全过程中的物流和信息。在供应链中，原材料和零部件的供应商、产品制造企业、运输和分销公司、零售企业，以及售后服务企业都成为向最终消费者提供产品和服务的供应链实体。而供应链管理就是企业与其供应链中的其他企业协同运作、协同管理，优化供应链，共同为客户提供优质产品和服务，共同降低成本和库存，赢得市场。供应链管理用一句话简单概括，就是让客户在正确的时间、正确的地点，以最优的价位，获得正确的产品。Hichal Ruiz 强调，今后市场竞争的关键已不是单纯企业间的实力较量，而是企业供应链之间的竞争。

## 【本章小结】

物流是为了把物品高效、低成本地送达目的地，对货物、服务和相关信息在供应地和接收地之间实现流动所进行的运输、储存、装卸、搬运、包装、流通加工、配送、信息处理等一系列功能活动。第三方物流是指商品交易双方之外的第三方为商品交易双方提供部分或全部物流服务的运作模式。第四方物流则专门为第一方、第二方和第三方提供物流规划、咨询、物流信息系统、供应链管理等服务。第三方物流与第四方物流在侧重点、服务功能、合作目标和资产性质等方面存在差异。

采购管理是指从计划下达、采购单生成、采购单执行、到货接收、检验入库、采购发票的收集到采购结算的采购活动的全过程，对采购过程中物流运动的各个环节状态进行严密的跟踪、监督，实现对企业采购活动执行过程的科学管理。采购管理包括采购计划管理、采购订单管理及发票校检。

运输是指物品借助运力在空间上所发生的位置移动。具体地讲，运输就是用设备和工具，将物品从一个地点向另一个地点运送的物流活动，包括集货、分配、搬运、中转、装入、卸下和分散等一系列操作。运输方式包括公路运输、铁路运输、水路运输、航空运输和管道运输。物流运输合理化是各种经济、技术和社会因素相互作用的结果。运输合理化是一个系统分析过程，常采用定性与定量相结合的方法，对运输的各个环节和总体进行分析与研究。

库存管理也称库存控制，是指对制造业或服务业生产、经营全过程的各种物品、产成品以及其他资源进行管理和控制，使其储备保持在经济、合理的水平上，是企业根据外界对库存的要求和订购的特点，预测、计划和执行库存的行为，并对此行为进行控制。本书针对库存管理介绍了 ABC 库存管理法和零库存管理法。

配送是物流系统的一个子系统，而且是直接面对用户提供物流服务的子系统。配送模式包括企业自营型模式、单项服务外包型配送模式、社会化的中介型配送模式和共同配送模式。

## 【思考题】

1. 什么是物流？物流的作用和价值有哪些？
2. 影响运输合理化的因素有哪些？如何实现运输的合理化？
3. 试描述 ABC 库存管理法的原理。
4. 实现 JIT 库存管理法的方法有哪些？
5. 试描述配送的业务流程。
6. 配送中心的作用和功能是什么？
7. 比较第三方物流与第四方物流的区别。

## 【案例分析】

海尔：现代物流创造的奇迹

海尔集团首席执行官张瑞敏在一次研讨会上谈起海尔为什么要搞物流时说："物流对海尔的发展非常重要，为此我们大约用了两年半的时间进行物流的整合和改造。到目前为止，我们认为物流对企业的发展起到了巨大的作用。"

张瑞敏认为："在网络经济时代，一个现代企业，如果没有现代物流，就意味着没有物可流，这是由现代企业运作的驱动力所决定的。现代企业运作的驱动力就是两个字——订单。如果没有订单，现代企业就不可能运作。也就是说，它不可能有物可流。要实现这个订单，就意味着为订单去采购，为订单去制造，为订单去销售。如果要实现完全以订单去销售、采购、制造，那么支持它的最重要的一个流程就是物流。如果没有物流，就不可能有订单的采购；如果没有订单的采购，那就意味着采购回来的就是库存，因为采购回来的这些物料到底给谁不知道；如果没有订单的制造，就等于天天虽然非常忙，但是在制造库存，天天制造产品就等于天天增加库存。最后，没有订单的销售，就是处理库存，因为你不知道卖给谁，唯一的出路就是降价、削价处理。"

**1. 重塑企业的业务流程，真正实现市场化程度最高的订单经济**

海尔现代物流的起点是订单。企业把订单作为企业运行的驱动力，作为企业流程的源头，完全按订单组织采购、生产、销售等全部经营活动。从接到订单起，就开始了采购、配送和分拨物流的同步流程，现代物流过程也就同时开始。由于物流技术和计算机管理的支持，海尔物流通过 3 个 JIT，即 JIT 采购、JIT 配送、JIT 分拨物流，来实现同步流程。这样的运行速度为海尔赢得了源源不断的订单。目前，海尔集团平均每天接到 200 多个销售订单，平均每个月接到 6000 多个销售订单，订制产品 7000 多个规格品种，需要采购的物料品种达 15 万种。由于所有的采购基于订单，采购周期减到 3 天；所有的生产基于订单，生产过程降到一周之内；所有的配送基于订单，产品一下线，中心城市在 8 小时内、辐射区域在 24 小时内、全国在 4 天之内即能送达。加总来看，海尔完成客户订单的全过程仅为 10 天时间，资金回笼一年达 15 次(1999 年我国工业企业流动资本周转速度年均只为 1.2 次)，呆滞物资降低 73.8%。张瑞敏认为，抓住了订单，就抓住了满足即期消费需求、开发潜在消费需求、创造崭新消费需求这个牛鼻子。如果没有现代物流保障流通的速度，有了订单也会失去。

**2. 从根本上改变物流企业的流通方式，基本实现资本效率最大化的零库存**

海尔改变了传统仓库的"蓄水池"功能，使之成为一条流动的"河"。海尔认为，提高物流效率的最大目的就是实现零库存，现在海尔的仓库已经不是传统意义上的仓库，它只是企业的一个配送中心，成为为下道工序配送而暂时存放物资的地方。

建立现代物流系统之前，海尔占用 50 多万平方米的仓库，费用开支很大。目前，海尔建立了两座我国规模最大、自动化水平最高的现代化、智能化立体仓库，仓库使用面积仅有 2.54 万平方米。其中，坐落在海尔开发区工业园中的仓库，面积 1.92 万平方米，设置了 1.8 万个货位，满足了企业全部原材料和制成品配送的需求，其仓储功能相当于一个 30 万平方米的仓库。这个立体仓库与海尔的商流、信息流、资金流、工作流联网，进行同步数据传输，采用世界上最先进的激光导引无人运输车系统、机器人技术、巷道堆垛机、通信传感技术等，整个仓库空无一人。自动堆垛机把原材料和制成品举上 7 层楼高的货位，自动穿梭机则把货位上的货物搬下来，一一放在激光导引无人驾驶运输车上，运输车井然有序地按照指令再把货送到机器人面前，机器人叉起托盘，把货物装上外运的载重运输车上，运输车开向出库大门，仓库中物的流动过程结束。整个仓库实现了对物料的统一编码，使用了条形码技术、自动扫描技术和标准化的包装，没有一个环节会使流动的过程阻塞。

海尔的流程再造使原本固态的、静止的、僵硬的业务过程变成了动态的、活跃的和柔性的业务流程。未进行流程再造前的 1999 年，海尔实现销售收入 268 亿，库存资金 15 亿元，销售资金占用率为 5.6%。2000 年，实现销售收入 406 亿元，比上年超了 138 亿元，库存资金降为 7 亿元，销售资金占用率为 1.72%。2001 年，海尔把库存资金降为 3 个亿，销售资金占用率降到 0.5% 左右，此时海尔基本实现零库存。在海尔，所谓库存物品，实际上成了在物流中流动着的、被不断配送到下一个环节的"物"。

**3. 从根本上打破企业自循环的封闭体系，建立市场快速响应体系**

面对日趋激烈的市场竞争，现代企业要占领市场份额，就必须以最快的速度满足终端消费者的多样化个性需求。因此，海尔建立了一整套对市场快速响应的系统。一是建立网上订单管理平台。全部采购订单均由网上发出，供应商在网上查询库存，根据订单和库存情况及时补货。二是建立网上支付系统。目前，网上支付已达到总支付额的 20%，支付准确率和及时率达 100%，并节约近 1000 万元的差旅费。三是建立网上招标竞价平台。供应商与海尔一道共同面对终端消费者，以最快的速度、最好的质量、最低的价格供应原材料，提高了产品的竞争力。四是建立信息交流平台。供应商、销售商共享网上信息，保证了商流、物流、资金流的顺畅。集成化的信息平台，形成了企业内部的信息"高速公路"，架起了海尔与全球用户资源网、全球供应链资源网和计算机网络的桥梁，将用户信息同步转化为企业内部信息，以信息替代库存，强化了整个系统执行订单的能力。海尔物流成功通过电子商务体系大大缩短了海尔与终端消费者的距离，为海尔赢得了响应市场的速度，扩大了海尔产品的市场份额。在国内市场中，海尔彩电占 10.4%，冰箱占 33.5%，空调占 30.6%，冷柜占 41.8%。在国际市场上，海尔产品占领了美国冷柜市场的 12%、200 升以下冰箱市场的 30%、小型酒柜市场的 50%，占领了欧洲空调市场的 10%，中东洗衣机市场的 10%。目前，海尔的出口量已经占到销售总量的 30%。

**4. 扭转了单个企业参与市场竞争的局面,使企业通过全球供应链参与国际竞争**

从 1984 年 12 月到现在,海尔经历了三个发展战略阶段。第一阶段是品牌战略阶段,第二阶段是多元化战略阶段,第三阶段是国际化战略阶段。在第三阶段,其战略创新的核心是从海尔的国际化到国际化的海尔,建立全球供应链网络,而支持这个网络体系的是海尔的现代物流体系。

海尔在进行流程再造时,围绕建立强有力的全球供应链网络体系,采取了一系列重大举措。一是优化供应商网络。将供应商由原有的 2336 家优化到 978 家,减少了 1358 家。二是扩大国际供应商的比重。目前国际供应商的比例已达 67.5%,较流程再造前提高了 20%。世界 500 强企业中已有 44 家成为海尔的供应商。三是就近发展供应商。海尔与已经进入和准备进入青岛海尔开发区工业园的 19 家国际供应商建立了供应链关系。四是请大型国际供应商以其高技术和新技术参与海尔产品的前端设计。目前参与海尔产品设计开发的供应商比例已高达 32.5%。供应商与海尔共同面对终端消费者,通过创造顾客价值使订单增值,形成了双赢的战略伙伴关系。

在抓上游供应商的同时,海尔还完善了面向消费者的配送体系,在全国建立了 42 个配送中心,每天按照订单向 1550 个专卖店、9000 多个网点配送 100 多个品种、5 万多台产品,形成了快速的产品分拨配送体系、备件配送体系和返回物流体系。与此同时,海尔与国家邮政总局、中远集团和黄天百等企业合作,在国内可调配车辆达 16 000 辆。

海尔认为,21 世纪的竞争将不是单个企业之间的竞争,而是供应链与供应链之间的竞争。谁所在的供应链总成本低、对市场响应速度快,谁就能赢得市场。一只手抓住用户的需求,一只手抓住满足用户需求的全球供应链,这就是海尔物流创造的核心竞争力。

**问题讨论:**
1. 与传统企业相比,海尔在物流的理念上有哪些突破?
2. 海尔在物流整合上采取了什么措施?
3. 海尔成功地利用物流能力的提升,增强国内外市场的竞争力,你认为关键因素有哪些?

## 【技能训练】

**训练目标:**
通过实际物流配送方案的调查与制定,加强学生对物流相关流程的认识,培养学生实际的操作能力。

**训练方法:**
选取当地某一数量较多的零售行业(如便利店)为设计对象,根据当地该行业的实际情况,尝试设计一个便利店的共同配送方案,提高整个零售行业的物流效率。方案应包括以下内容。
1. 便利店的配送现状及存在的问题分析。
2. 共同配送模式的设计。
3. 配送业务流程的设计。
4. 方案实施的难点预测。

以小组为单位,每个小组形成一个方案,方案包括 Word 文档和 PPT 文档。各小组派代表进行方案陈述,然后大家互相讨论。

训练要求:
1. 方案的内容应具有可行性、有效性和创新性。
2. PPT应清晰、美观。
3. 方案陈述时,语言应简洁、流利。

成果检验:
教师根据方案的可行性和有效性,以及PPT的制作水平、课堂讨论情况给予相应的评价,并与学生共同评选出优秀方案。

# 第十二章

# 现代企业创新

【学习目标与要求】
- 掌握企业创新的含义及性质。
- 理解企业创新与制度创新、组织创新、技术创新之间的基本关系。
- 掌握企业技术创新、企业制度创新、企业管理创新的基本内容。
- 初步具备运用企业创新概念框架及基本理论思考问题、分析问题的能力。

【导入案例】

### 创新的宜家

你有过四处求借睡椅用来排队的经历吗？或是在一家家具店外面搭一星期的帐篷来排队的经历吗？宜家，这家以现代设计为特色的零售店在亚特兰大开业时的情景就是这样的。这一品牌是如此深入人心，以致在盛大的开幕典礼时有几千人在外面排队。2006年4月，宜家在东京的新店，也是日本的第一间宜家，开业第一天就吸引来35 000名顾客。中国香港地区的一间宜家开业时，当地的交通堵塞持续了一整天。

顾客对宜家的高档设计和低廉价格相结合的独特产品极为忠诚。公司创始人英格瓦·坎普拉德在瑞典的一个小农场长大，1943年创建宜家。他在17岁时就开始销售便宜的小商品。后来，他的产品线扩大到当地家具商的家具产品。16年后，也就是1957年，英格瓦·坎普拉德才开办了第一家宜家商场。经历了初期的缓慢发展，宜家的成长开始逐渐加快。现在，宜家在33个国家中开设了231间商店，每年平均增加15间店面。

宜家的理念是"好的设计和功能以及便宜的价格"，宜家商品的风格强调轻便、自然木质和明快的色彩，设计外观以曲线、特殊材料和怪异为主导。家具可以适应不同空间和装修的要求。宜家注重设计和成本的创新，其瑞典的设计师说："设计漂亮且昂贵的产品并不难，设计出既有用又便宜的产品才是真的挑战。"

宜家在培养顾客品味方面也表现出创新。它鼓励消费者放弃家具是一种耐用品的观点。宜家经理马西埃认为，保留老家具没有什么意义。他说："美国人的餐桌一辈子只换1.5次，就像他们的婚姻一样。"当然，这种做法提高了宜家公司家具的销售量。

宜家的产品创新不仅仅表现在风格上。宜家在绝大多数产品中使用可回收的软木(如松木)，保护自然环境，还为每一种产品印刷了专门的小册子指导回收。为了节省运输中消耗的能源，所有的产品都可以拆件运输，公司将组件送到顾客手上，由顾客自行组装。廉价的木材和拆件式的运输还为宜家节省了开支，可以在较低的价格下获得较高的利润。

宜家的店面设计也表现出创新性。店内陈设有趣而独到。顾客在店内走动，在宜家提供的记事本上记下要买的东西，然后自己到商店里面的仓库区找到这些东西。商店里面还有附属设施，包括提供瑞典式餐饮的餐厅和有人看管的儿童玩耍区。这样可以让顾客享受更多的服务，延长他们在店内的逗留时间。购买结束后，顾客可以租赁宜家的大型车将大件送回家。

资料来源：里基·W.格里芬. 管理学[M]. 9版. 刘伟，译. 北京：中国市场出版社，2008.

**案例启示：**

宜家未来的成功取决于其能否继续保持创新和领先一步。宜家的公司资产规模已超过了500亿美元，宜家正在继续走向成功。创新是一个组织不断发展、永葆活力的动力，如果没有创新，组织必将落后于竞争对手，可持续竞争的唯一优势来自超越竞争对手的创新能力。福特公司创始人亨利·福特曾指出，不创新就灭亡。英特尔公司总裁安迪·格罗夫认为，创新是唯一的出路。

# 第一节　企业创新概述

## 一、创新的含义与特性

### (一) 创新的含义

美籍奥地利经济学家约瑟夫·熊彼特在1912年出版的《经济发展理论》中指出，经济活动有两种类型：一种是经济循环，在这种状态下，企业的总收入等于总支出，整个生产过程循环往复，周而复始，企业没有发展；另一种是经济发展，它的基本动力便是创新。熊彼特将创新定义为企业家对生产要素的重新组合，并指出创新活动是在经济活动本身中存在着的某种破坏均衡的力量。在熊彼特的眼中，创新才是推动企业成长的根本途径。创新绝不等同于过去传统意义上的技术革新，一种新的变革只有当它被应用于经济活动时才能成为真正意义上的企业活动创新。熊彼特进一步将企业的创新活动划分为以下五个方面。

(1) 发掘一种新的产品或一种产品的新特性。

(2) 采用一种新的生产方法或经营方式。

(3) 开辟一个新的市场。

(4) 掠取或控制原材料或半成品的一种新的供应来源。

(5) 实现任何一种工业的新的组织方式。

因此，创新就是创造新的生产经营手段和方法，创造新的资源配置方式、生产组织方式，创造新的符合消费者需求的产品和劳务，使资源配置效率更高。熊彼特认为，创新是把一种新的生产要素和生产条件的"新组合"引入生产体系，创新是一个经济范畴，而非技术范畴，它不是科学技术上的发明创造，而是把已发明的科学技术引入企业之中，形成一种新的生产能力。

美国管理学家彼得·德鲁克认为，创新是使人力和物质资源拥有更大的物质生产能力的活动；任何改变现存物质财富创造潜力的方式都可以称为创新；创新是创造一种资源。在德鲁克看来，创新绝不仅仅是一项原有的产品和服务的改进，而是提供与以前不同的经济满足，并使其成为更有活力、更有创造性的活动。

可以说，创新包含的范围很广，包括各种各样的以新的方式提高资源配置效率的活动。创新的概念一般有狭义和广义两个层次。狭义的创新立足于把技术和经济结合起来，即创新是指从新思想的产生到产品设计、试制、生产、营销和市场化的一系列活动。广义的创新力求将科学、技术、教育及政治等与经济融合起来,即创新表现为不同参与者和机构之间(包括企业、政府、大学、科研机构等)交互作用的网络。在这个网络中,任何一个节点都有可能成为创新行为实现的特定空间,因而创新行为可以表现在技术、制度或管理等不同的方面。

### (二) 创新的特性

(1) 创新的主体是企业。创新主体是指在创新体系内进行创新的开发和使用的个人和组织。企业是创新体系中最主要的创新主体。其他创新主体还包括用户、供应商、竞争企业、大学等研究机构、中介组织等非企业组织。

(2) 创新是一种经济行为,其目的是获取潜在的利润,市场实现是检验创新成功与否的标准。

(3) 创新者不是发明家,而是能够发现潜在利润、敢于冒风险并具备组织能力的企业家。

(4) 创新联结了技术与经济,是将技术转化为生产力的过程。

(5) 创新是一个综合化的系统工程,需要企业中多个部门的参与和合作。

## 二、创新的过程

创造发明是创新的前提和基础,但创造发明是个完整的过程。企业创新是把某一项新技术、新工艺、产品新创意引入生产,进而引入市场销售并实现价值的过程。美国彼得·圣吉博士在《第五项修炼》中提出,1903年莱特兄弟创制了简陋的飞行器,证实动力飞行是可能的,这是飞机的重要发明。而30年后,对飞机进行设计、制造,并引导它进入商业航空领域的是麦道公司。他们推出的DC-3是第一架在经济上满足商业要求、在科学上证实空气动力理论的飞机,由此发展出整个航空业。莱特兄弟所从事的是发明创造,是先导,麦道公司所从事的是创新。可见,一个新的创意、构思在实验室被证实是可行的,这是发明创造,但不一定具有价值性、实用性、商业性。当能够以适当的规模和切合实际的成本进行稳定的重复生产并产生一定效益、社会效益时,才能称为创新。创新是企业发展的一个关键阶段,是将创意、创造发明形成具体的产品或成果,并实现市场化,为消费者带来新价值的完整过程。

创新的过程包括创新理念的开发、应用、上市、成长、成熟与衰退。图12-1描述了创新的过程。

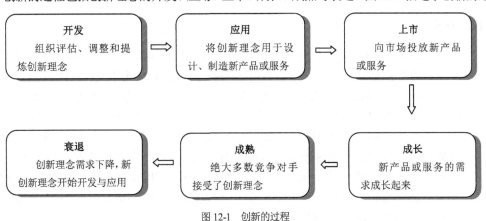

图12-1 创新的过程

### (一) 开发

创新开发包括创新理念的评估、调整和提炼。创新开发将为本来潜力不大的产品和服务开创出巨大的市场潜力。例如，著名的游戏软件制作公司 Parker Brothers 公司在创新开发过程中决定不将室内排球游戏上市，而是单卖这款游戏所设计的吸引人的碰碰球。这家公司永远也不会知道室内排球游戏会不会好卖，但碰碰球和许多相关产品却为公司带来了数百万美元的收入。

### (二) 应用

创新应用是组织采用一个开发的创新理念，进行新产品、服务或流程设计、制造和交付的过程。在这一阶段，创新从实验室中走出来转变为有形的商品或服务。创新应用的例子之一是宝丽来的电波对焦即时成像系统。用电波发现移动物体的位置、速度和方向是第二次世界大战期间首先由同盟国军队大规模使用的。

### (三) 上市

上市是组织向市场投放新产品或服务的过程。问题不是"创新可行吗"，而是"顾客愿意购买创新产品或服务吗"。历史上有许多未能在顾客中赢得足够兴趣的创新理念，如索尼的坐垫加热器、宝丽来 SX-70 即时成像相机(开发费用花了 30 亿美元，一年的销售不足 10 万台)。也就是说，即使经过了开发和应用阶段，新产品和服务在上市阶段也可能会遇到失败。创新是一个艰苦的过程，把创造发明引入生产过程需要巨额投资，要冒巨大的风险。因为并不是所有的发明创造都有实用价值，都能带来市场机会，人们往往会过高估计发明创造的价值，而忽视了市场需求是否真实可靠。中关村某经销商与北京大学学生合作开发一种能在黑暗中发出荧光的键盘，不用灯光就可以敲打键盘。这个创意很好，但试制成本过高，而且市场前景不被看好。因为绝大多数经常使用计算机的人基本都可实现盲打，该产品缺乏实用性，不能获得成功。创新是创造发明的成果商业化、市场化的过程，必须充分考虑市场的需求和承受力。日本太阳工业集团的领导能村龙太郎取得了一项新产品专利——"太阳浴池"，即可以在家里装上让小孩浴水玩耍的泳池，其构造可叠，在寸土寸金的日本，让家庭拥有不占地方的活动泳池可以供小孩自由玩耍，估计肯定会畅销，但结果是"太阳浴池"产品以彻底失败而告终。事后分析失败的原因是，为了保证产品坚固耐用而导致价格高昂。尽管当时日本经济已有了惊人的发展，但人们只是刚刚步入消费时代，消费能力很有限，绝大多数家庭对这种奢侈的儿童泳池望而却步。

### (四) 成长

一旦创新进入成功上市阶段，下一阶段将是创新应用的成长。这是组织实现高经济绩效的阶段，因为产品或服务的需求通常会大于供应。没能预期到这一阶段到来的组织会在无意间限制自己的成长，高估需求同样有害，销售不掉的产品可能在仓库里待上几年。有的创新方案本身很好，但缺乏条件，也不能实现。20 世纪 60 年代初期，美国一家管理顾问公司的执行董事吉尔伯特·克利提出，我们已经进入"世界企业"的时代，有眼光的企业家应该把建立"世界企业"提上议程。"世界企业"的基本特征是：首先从原料价格最便宜的国家购进原料，然后到工资最低的国家开办工厂，最后把产品销售到价格最高的国家。从理论上讲，"世界企业"的创意具有很强的说服力。美国、日本的许多企业纷纷到低工资的海外地区建立工厂，但大部分遭遇了失败。这些地区与发达国家在文化背景上有很大差异，管理上遇到很多麻烦。

### (五) 成熟

经过一段时间的成长，创新的产品或服务会进入成熟阶段。创新的成熟阶段是指产业中绝大多数组织接受创新并且以几乎相同的方式进行应用。在这一阶段，创新的技术应用可能变得极为复杂。由于绝大多数企业已经应用了创新，要么它们自行开发了创新，要么模仿了其他组织的创新，相互之间几乎没有竞争优势可言。从创新开发阶段到创新成熟阶段所需要的时间由于产品和服务的不同而千差万别。如果创新中包含了复杂的技术(如复杂的制造过程或高度复杂的团队协作)，那么从成长阶段到成熟阶段将需要更长的时间。此外，如果实施这些创新所需要的技能是稀缺的和难以模仿的，则战略模仿将被推迟，组织可以保持较长时间的竞争优势。

### (六) 衰退

任何成熟的创新都包含衰退的种子。如果企业无法从进入成熟期的创新中获得竞争优势，它必须鼓励自己的创意科学家、工程师开始寻找新的创新。对竞争优势的不断追求驱动新产品和服务从创新成长阶段进入创新成熟阶段，直到进入创新衰退阶段。创新衰退阶段是创新需求下降和新一代创新开发与应用的阶段。

## 三、创新与企业的可持续发展

### (一) 领先一步，形成自己的核心能力，成为行业中的领先者

无论是成本、技术还是其他方面的领先，都能使企业拥有比竞争对手更大的回旋余地，位于其后的竞争对手需要花费一定的时间和精力来追赶。相对竞争对手，行业领先者能腾出更多的人力、财力和物力来谋划企业日后的生存与发展。

### (二) 创造新的生产组织方式，提高资源配置效率，增强企业的竞争力

知识作为不可忽视的力量加入生产过程中，计算机技术的迅猛发展又使信息在企业中的传播较以往有了很大的不同，人力资本作为一种不可或缺的生产要素，以往的机械式管理制度对其不再适用。企业自身的种种变化，要求企业的生产组织形式做出相应的改进。企业从集权到分权，U型组织结构、H型组织结构以及M型组织结构的出现，组织再造理论的流行等都是企业创新的表现，其目的都是实现对资源更有效的整合，提高企业的竞争能力，以实现企业的可持续发展。

### (三) 推动企业的发展

创新并不仅仅指企业根本的、全面的革新，企业进行适应性调整也是一种创新，因为这是企业经营者对生产要素进行重新组合的一种形式。调整后的企业更能适应生存环境，企业资源配置的效率自然也能有所提高。适应性调整不会减小企业现有的规模和业绩，却能为其在日后的发展铺平道路。

### (四) 创造出奇制胜的机会

日益激烈的市场竞争中，唯有创新才能出奇制胜，才能使企业获得巨大的成功。在企业的创新活动中，"第一个吃螃蟹者"不仅是英雄，而且是成功者。创新能使企业产品与众不同，竞争对手对于有别于传统的竞争方式需要花费一定的时间来适应，这就使创新企业在竞争中获得了主动。另外，新奇的出发点往往也是竞争对手防卫的薄弱之处，使企业能较轻易地克敌制胜。简单地说，创新能使企业在竞争中拥有"易守难攻"的优势。

### 阅读链接 12-1

#### Sony 的"以变应变"

互联网自从 1995 年开始投入商业用途以来，一直在突飞猛进地发展。21 世纪之后，数字网络技术及通信基础设施将更加完善，以往只能传输文字和静止图像等小容量信息的窄带网络，将逐步过渡到能够自由传输高画质电影和大容量家庭游戏软件等信息内容的宽带网络。此外，能够在户外或办公室外连接互联网的移动网络技术也急速发展。

Sony 认识到宽带网络时代即将来临，为了对宽带网络时代的到来做好最充分的准备，制定了向"宽带网络时代的知识创新型企业"转变的经营方针。

Sony 公司首先将创业以来一直是企业主要业务领域的电子业务重新定义为基础业务的一环，同时将电子业务、游戏业务、网络及通信服务业务、娱乐业务和金融业务并列为五项基础业务。此外，在 Sony 公司总部的统一领导下，不断强化各基础业务之间的战略性合作，确立集团整体的整合发展战略，最大限度地提高企业价值。

拥有这五项基础业务的 Sony 公司，通过将各个基础业务所拥有的资源，即品牌、知识、知识产权、技术、产品、服务和人才等，有机地结合起来，构筑起一种其他公司无法效仿的集团整合战略。为公司的经营者或战略决策者间进行战略性合作创造良好的环境，这是 Sony 公司总部的重要任务之一。

为了更好地实现整合与分散的经营方针，加强公司内的联盟，Sony 对公司总部进行了重组，新设立了全球业务管理中心和电子总部。另外，在上述两个新机构之外，Sony 还新设立了一个经营平台，统一向各单位提供会计、财务、法律、人事、公关等专门职能的高水平服务。

在宽带网络时代，如何能使 Sony 继续保持领先地位呢？Sony 公司董事长认为，应该以电子业务为中心，将游戏业务、网络及通信服务业务、影视及音乐等娱乐业务，以及金融服务业务联系在一起，通过各个业务之间的合作提高公司的整体价值，增强公司的竞争力。

## 四、企业创新的内容

### (一) 技术创新

1947 年，熊彼特在其出版的富有创新精神的著作《资本主义、社会主义和民主主义》中提出，技术创新是创新的内生思想。创新是指引入一种新的生产方式，这种新的生产方式可以建立在一种新的科学发现的基础上，也可以是以获利为目的经营某种商品的新方法，还可以是工艺上的创新。新的生产方式具体是指企业从投入品到产出品的整个物质生产过程中发生的革命性的变化，或称突变。这种突变与在循环流转中年复一年的同质流动或小步骤调整不同，既包括原材料、能源、设备、产品等硬件创新，也包括工艺程序设计、操作方法改进等软件创新。其中，产品创新按新产品的创新和改进程度，可以分为全新新产品、换代新产品、改进新产品和仿造新产品；工艺创新则可以分为独立的工艺创新和伴随性的工艺创新。熊彼特提出，创新需求并不是由市场产生，而是由拥有技术专利的创新主体按技术的功能适用性进行创新，从而间接地满足市场上存在的某种需求或在市场上创造新需求。这一理论模式可表示为

科学发现或技术发现 ➡ 技术创新 ➡ 新产品 ➡ 市场需求

科技进步之所以会推进企业创新，根本原因在于科学技术是第一生产力，是最活跃的因素，并持

续不断的发展。科学技术、生产力的其他要素与社会经济相互渗透,转化为现实的生产力,实现经济增长,这是科学技术的物化过程。第一,科学技术具有内在的物化趋向性,它通过技术化、工程化、生产化和商业化,物化成产品和服务。第二,技术系统具有生命周期,具有自我更新的功能。当旧的技术知识已经不能创造出人类需要的产品或服务时,便会自我淘汰,而新的科学技术会取而代之,进入新科技自身的物化过程。第三,某种新的科学技术的出现会激发或创造出新的需求,这种新的技术作为满足需求的手段,将会很快完成物化过程,最终完成技术创新。

## (二) 制度创新

制度创新是指引入新的企业制度来代替原来的企业制度,以适应企业面临的新情况或新特点。20世纪70年代,戴维斯和诺斯等人把熊彼得的创新理论和制度学派的"制度"综合起来,研究现存制度的改革在促使企业获得追加利益中定出来的规则、服务程序,以及道德、伦理的行为规范,具体包括企业的组织方式、产权结构、管理体制及市场规范等。制度创新的核心是产权制度创新,涉及为调动经营者和员工的积极性而设计的一整套利益机制。制度创新的目标是建立现代企业制度,这应当是一个反映新型生产关系的制度体系,其内容包括:两权分离、产权清晰的企业产权制度;以公司制为主的企业组织制度;以规范的法人治理结构创新的企业领导制度。这个制度体系应科学、合理,又能促使用工制度、工资制度、人事制度、财务制度与时俱进等。只有先进的企业制度,才能调动各类员工的积极性,推动技术创新和管理创新的发展。

## (三) 管理创新

管理创新是指企业把新的管理要素(如新的管理方法、新的管理手段、新的管理模式等)或要素组合引入企业管理系统的创新活动,它通过对企业的各种生产要素(包括人力、物力、技术)和各项职能(包括生产、销售等)在质和量上进行新的改进或组合安排,创造出一种新的、更有效的资源整合范式。这种范式既可以是新的有效整合资源以达到企业目标和责任的全过程式管理,也可以是新的具体资源整合及新的目标制定等方面的细节管理。创新管理的主体首先是组织的管理者,尤其是高层管理者,其次是组织的全体成员。管理创新是对产品和服务的设计、制造及递送过程的变革。管理创新不一定直接改变产品或服务的物理外观和绩效。事实上,我们所说的企业业务流程改变或再造就属于管理创新。管理创新行为如图12-2所示。

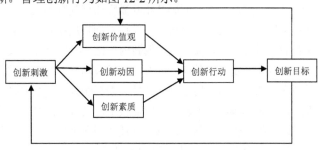

图 12-2 管理创新行为

管理创新主要体现在五个方面。
(1) 提出一种新的经营理念及思路并加以有效实施。
(2) 创设一个新的组织结构并使之有效运转。
(3) 提出一种更有效的新管理模式。

(4) 设计一种新的管理模式。
(5) 进行一项制度的创新。

管理创新对企业发展的效用主要体现在五个方面。
(1) 提高企业经济效益。
(2) 降低交易成本。
(3) 稳定企业，推动企业发展。
(4) 拓展市场，帮助竞争。
(5) 有助于企业家阶层的形成。

## 五、技术创新、管理创新及制度创新之间的关系

### (一) 制度创新是技术创新和管理创新的动力与基础

企业技术创新和管理创新的目的是提高生产能力与生产效率，但这些创新活动的主体是以企业家为核心的全体员工。例如，对于股份制企业来说，创新活动的主体包括经营管理阶层的各级经理人员，劳动者阶层的工人、科技人员、营销人员等。市场需求、计划干预、商品竞争、技术推动所构成的外部压力能否有效地转化为企业技术创新和管理创新的内在动力，关键在于企业活动主体进行技术创新能否给个人带来物质上的经济利益和精神上的成就感(如上级的表彰及个人地位的升迁等)，企业管理者阶层与劳动者阶层的技术创新和管理创新利益是否有足够的强度。

因此，制度创新应该先行于技术创新和管理创新，为创新的主体提供一种将个人利益与企业目标相结合的制度安排，使企业的各个利益相关者(如所有者、经营管理人员、技术人员和普通员工等)能在这种安排下得到相应的利益，从而拥有追求技术创新和管理创新的动力。

### (二) 管理创新是技术创新和制度创新的组织保障

首先，管理创新是一种创造新的资源整合范式的动态性活动，通过这一活动，可以形成科学、有效的管理，与技术一起构成现代企业中不可缺少的投入组合。但作为一种与生产技术知识有着本质不同的知识体系，管理是一种"知识的知识"，具有整合和优化生产要素(包括技术)的特征，即管理对技术有着一定的驾驭性。可以说，一方面通过管理创新使企业内部的权力机构、决策机构、执行机构形成所有者、经营者及生产者之间明确的相互激励和相互制衡关系，以及科学的领导体制和决策程序，从而确立技术创新的决策和激励机制，使技术创新从在独立于企业外的研究机构和实验室中进行逐渐变为在企业内进行，即为促进技术创新内在化——研究与开发体系的建立与开展提供动力机制；另一方面，技术创新是一个从研究开发、市场成功到创新扩散的完整过程，具有高度的不确定性，即除了受技术创新研究与开发领域的特性因素影响外，还受到技术创新主体能力、行为方式、技术创新过程的管理效率等因素的影响，因而技术创新过程既是一个技术问题，也是一个管理问题。对技术创新过程的细节管理创新，可以降低技术创新过程中资源配置的不确定性，提高现有技术效率和资源配置效率，有助于技术创新的成功。所以说，管理创新实际上是技术创新的组织保障。

其次，任何一种新的企业制度的建立，都是对一个市场和企业的边界重新界定、对企业内部的产权体系重新安置，以及对公司治理机构重新确立的过程。新制度经济学认为，产权体系重新安置而产生的资源配置效率是通过合适的组织结构安排实现的，如威廉姆斯就认为产权再安置形成的交易技术和组织结构有个匹配问题，并且有效率的新组织结构的创新过程应遵循资产专用性原则和外

部效应原则。因此,现代企业制度中一系列的产权再安置,必将导致企业的组织结构做出相应的调整和变更,即必须进行组织管理的创新。另外,产权体系重新安置的过程也是一个具有很强不确定性的制度经济一体化的过程,而且制度创新与技术创新一样,也有一个投入与产出效率的问题。所以,从这个意义上讲,制度创新本身是一个动态的、需要管理的过程。只有通过制度创新过程中的管理创新(建立相适应的管理机制、组织构架等),才能降低制度创新的不确定性,加快制度创新的进程,促进制度创新、优化资源配置效率的目标的实现,真正发挥其巨大的制度效应。所以说,管理创新也是制度创新的组织保障。

### (三) 技术创新是制度创新和管理创新的物质条件

#### 1. 技术创新是管理创新的物质条件

正如钱德勒所说,现有的需求和技术创造出管理协调的需要和机会。可以说,技术创新直接或间接地给管理创新带来新的课题,推动管理创新的展开。技术创新的直接推动作用表现为通过技术创新过程使管理技术(即管理的程序化因素)得以创新,直接促进管理方法和管理手段的创新,如价值工程、网络技术、信息技术、运筹学、博弈论的运用;技术创新的间接推动作用表现为由于技术创新中生产技术(产品、工艺方面)的创新,使企业的组织结构、人员安排、市场营销及管理观念都需做出相应的变革,以适应企业生产流程、产品性能的变化,如新产品成功开发后的市场创新。因信息技术在现代企业生产中的广泛应用而产生的诸如并行工程、虚拟公司等创新管理思潮则更是一种管理上的创新。

#### 2. 技术创新是进一步推动制度创新的物质条件

由于技术创新的成果只能在现有的制度框架下分配,因此,对于技术创新中的各个关键角色来说,他们的利益诉求只能服从于现有的制度,一旦现有的制度不能满足他们对创新成果的利益诉求,他们进行技术创新的积极性就会下降,使技术创新在现有制度下的发展空间变得有限。当技术创新发展到这个现有制度下的极限后,客观上就要求制度创新,为下一轮的技术创新打好制度的基础。同时,技术创新也为本次的制度创新准备了充分的物质条件。历史上,每当技术创新发展到一定的阶段,就会要求制度做出一定的响应。在工业时代,普通雇工的地位一直在多数企业中被漠视,但在迈向知识经济时代的今天,在许多知识型企业中,由于工人在创新和企业经营中的地位日益受到重视,因此出现了员工持股等各种各样的制度创新,用于激励知识工人在企业中进行技术创新,并在管理创新中做出更大的贡献。所以说,技术创新为制度创新提供了物质条件,推动了新一轮创新的形成。

## 第二节 企业技术创新

### 一、企业技术创新的含义

技术创新是指从技术的新构想开始,经过研究开发或技术组合,到获得实际应用,并产生经济效益、社会效益的商业化的全过程。其中,技术的新构想是指新产品、新服务、新工艺的新构想,构想的产生可以来源于科学发现、技术发明、新技术的应用,也可以来源于用户需求;技术组合是指将现有技术进行新的组合,它只需进行少量的研究与开发,甚至不经过研究与开发即可实现;实际应用是指生产出新产品、提供新服务、采用新工艺或对产品、服务、工艺的改进；经济效益、社会效益是指近期或未来的利润、市场占有率或社会福利等；商业化是指全部活动出于商业目的；全过程则是指从新思想产生到获得实际应用的全部过程，这一过程如果中止于新设想或研究与开发，则不能称为技术创新。

不同学者对技术创新有不同的定义。1912年，美籍奥地利裔经济学家熊彼特在《经济发展理论》中指出，技术创新是指把一种从来没有过的关于生产要素的新组合引入生产体系，这种新的组合包括：①引进新产品；②引用新技术，采用一种新的生产方法；③开辟新的市场(以前不曾进入)；④控制原材料新的来源，不管这种来源已经存在，还是第一次创造出来；⑤实现任何一种工业新组织，例如形成一种垄断地位或打破一种垄断地位。索罗的技术创新"两步论"即新思想来源和以后阶段的实现发展，被认为是技术创新概念界定研究史上的里程碑。厄特巴克在《产业创新与技术扩散》中指出："与发明和技术样品相区别，创新是技术上的实际采用或首次应用。"1962年，伊诺思将技术创新定义为：技术创新是几种行为综合的结果，这些结果包括发明的选择、资本投入保证组织建立、制订计划、招用工人和开辟市场等。此外，关于技术创新，曼斯费尔德的研究对象主要侧重于产品创新。1973年，弗里曼在《工业创新中的成功与失败研究》中指出，技术创新是技术的工艺和商品化的全过程，其导致新产品的市场实现和新技术工艺与装备的工业化应用。技术创新是产品或服务物理外观或绩效的变革，或者是产品或服务生产的物理过程的变革。例如在半导体取代真空管、集成电路取代半导体、芯片取代集成电路的技术发展过程中，许多电子产品的功能、易用性和运算速度得到了巨大提高。

### 阅读链接 12-2

#### 技术与管理

人们一直认为发展经济仅仅需要技术转让、教育和资本。尽管这些都是很重要的，但人们已经认识到，先进的管理技能可能是推动经济发展的所有因素中最重要的因素。

虽然人们必须承认技术知识对经济增长来讲是必不可少的，但是技术是很容易在国家之间转移的，没有一个国家能够长期垄断它。即使像原子弹这样的复杂的技术，美国曾想努力保守它的秘密，但不到20年，苏联、法国、中国也都掌握了。大多数的技术进步既不那么复杂，也保守得不那么好，所以，它们的转移往往并不困难。特别是当人们认识到，任何国家为将这种技术应用于实际，只需少数人懂得它就行，情况更是如此。

物力、财力和人力资源本身是被动的因素。如果一个国家要想使经济增长和发展达到相当高的水平，就必须通过健全、主动的管理工作把这些资源有效地结合和协调起来。

## 二、企业技术创新的内容

### (一) 渐进性创新和根本性创新

20世纪80年代，苏塞克斯大学的科学政策研究所(Science Policy Research Unit，SPRU)根据创新的重要性将技术创新分为渐进性创新和根本性创新。

渐进性创新又称改进型创新，是指对现有技术的改进引起的渐进地、连续地创新。这是一种存在于几乎所有工业和服务业活动之中的，主要依靠需求压力和技术机会连续不断地推进技术发展的创新活动。例如，对现有的彩色电视机进行改进，生产出屏幕更大、操作更方便、能收看更多频道的电视机。技术革新多属于渐进工艺创新，而渐进产品创新是指一种现有产品经过改进，其性能得到显著的增强或提高。

根本性创新又称重大创新，是指技术有重大突破的技术创新。它常常伴随一系列渐进性的产品创新和工艺创新，并在一段时间内引起产业结构的变化。根本性创新一旦成功，将开拓新的市场或者使原有产品的质量得到巨大的改善或使成本得以降低。例如，数字式高清晰度彩色电视机就是电视机领域的一项根本性创新。

### (二) 产品创新和过程创新

按照技术应用的对象不同，技术创新可分成产品创新和过程创新。

产品创新是指技术上有变化的产品的商业化，包括有形产品创新和无形产品创新。在技术上有某种改变，可以是原有产品性能的提高、外观的改善、耐用程度的增强，也可以是性能、外观等完全不同的全新产品，如一款新型汽车、一种针对体弱婴儿的新型保险政策、一套新的家用娱乐系统。产品创新是对现有产品或服务物理特征的变革或新的产品和服务品牌的创立。

过程创新也称工艺创新或流程创新，是指产品的生产技术的变革，包括新工艺、新设备和新的组织管理方式。过程创新是产品和服务的制造、创造或分销方式的变革。如果说产品创新通常影响产品开发，那么过程创新是直接影响产品制造。过程创新同样也有重大和渐进之分，可以是采用新的原材料或半成品，可以是采用新的或改善的模具，也可以是采用新的或者改善的新设备、新工序或新的加工形式，还可以是采用新的或改善的生产组织管理方式。例如，网上银行、电子商务的应用，新型汽车或家用娱乐设备生产过程中生产工艺及生产设备的调整，以及与新型保险政策相关的办公程序及处理程序的改进。

一般而言，在开发、应用和上市阶段，物理特征和创新的效用对于组织绩效影响最大。因此，在这些初始阶段，产品创新具有特别重要的作用。当创新进入成长、成熟和衰退阶段，组织过程创新的能力对于保持经济回报具有重要影响，包括制造技术的提高、产品品质的改善和分销能力的提高。日本的企业通常在过程创新上表现出色。20 世纪 60 年代初，佳能公司和尼康公司开始进行相机生产的时候，35mm 相机的市场由德国和其他几家欧洲制造商占领。早期的日本产品不算成功，但是这些企业不断投资于流程技术，最终提高了品质并且实现了低成本。现在，35mm 相机市场上的占领者是日本企业，而德国企业则由于未能保持同样的流程创新，正为自己的市场份额和盈利能力而苦苦挣扎。

---

**阅读链接 12-3**

**管理定律：达维多定律**

达维多定律是以英特尔公司副总裁达维多的名字命名的。他认为，一个企业要想在市场上总是占据主导地位，那么就要做到第一个开发出新产品，又第一个淘汰自己的老产品。这一定律着眼于市场开发和利益分割的成效。因为人们在市场竞争中无时无刻不在抢占先机，只有先入市场才能更容易获取较大的市场份额和较高的利润。

---

### 三、企业技术创新的过程

20 世纪 60 年代以来，国际上出现了多种具有代表性的技术创新过程模型。下面介绍几种有代表性的技术创新过程模型。

### (一) 技术推动模型

技术推动模型是最早提出的模型,如图 12-3 所示。该模型认为,技术创新是由科学发现和技术发明推动的,研究与开发是创新的主要来源,市场是创新成果的被动接受者,研究与开发产生的成果在寻求应用的过程中推动创新的完成。

图 12-3 技术推动模型

在现实生活中,许多根本性创新确实来自技术的推动,对技术机会的认识会激发人们的创新努力,特别是新的发现或新的技术常常容易引起人们的注意,并刺激人们为之寻找应用领域。例如,无线电、晶体管、计算机的发明导致的根本性创新就是由技术发明推动的。

### (二) 需求拉动模型

20 世纪 60 年代中期,通过对大量技术创新的实证研究和分析,人们发现大多数技术创新(特别是渐进性创新)并不是由技术推动引发的,而是需求拉动起了重要作用,于是提出了需求拉动模型,如图 12-4 所示。在该模型中,强调市场是研究与开发构思的来源,市场需求为产品和工艺创新创造了机会,激发企业为之寻找可行的技术方案的研究与开发活动,并认为技术创新是市场需求引发的结果,市场需求在创新过程中起到了关键性的作用。研究表明,60%~80%的创新是由市场需求引发的。因此,对企业而言,研究需求并由需求拉动技术创新更重要。

图 12-4 需求拉动模型

### (三) 技术与市场交互作用模型

很多人认为,将创新界定为由前一环节向后一环节单向推进的过程过于简单化。20 世纪 70 年代末 80 年代初,有关学者在综合前两种模型的基础上提出了第三代创新过程模型,即交互作用模型。该模型认为,技术创新是技术和市场共同作用引发的,单纯的技术推动创新和需求拉动创新之间,以及创新与市场需求和技术进步之间还存在交互作用的关系。

### (四) 一体化创新过程模型

一体化创新过程模型是 20 世纪 80 年代后期出现的第四代创新过程模型,它不是将创新过程看作从一个职能到另一个职能的序列性过程,而是将创新过程看作同时涉及创新构思的产生、研究与开发、设计、制造和市场营销的并行过程(如图 12-5 所示)。在该模型中,强调研究与开发部门、设计生产部门、供应商和用户之间的联系、沟通和密切合作。例如,波音公司在新型飞机的开发和生产中采用了这种一体化创新过程模型,大大缩短了新型飞机的研制生产周期;我国两弹一星的研制也采用了这种一体化创新过程模型。

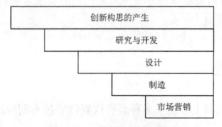

图 12-5 一体化创新过程模型

### (五) 系统集成网络模型

系统集成网络模型是 20 世纪 90 年代初提出的第五代创新过程模型，是一体化创新过程模型的进一步发展。该模型认为，创新过程不仅是一体化的职能交叉过程，而且是多机构系统集成网络联结的过程，该模型强调合作企业之间的战略联系，更多地借助专家系统进行研究与开发，利用仿真模型替代实物原型，并采用创新过程一体化的计算机辅助设计与计算机集成制造系统。例如，美国政府组织的最新半导体芯片的开发过程就是多机构系统集成网络联结的过程。随着技术的飞速变化，技术创新过程模型也在不断更新，创新过程正变得更快、更灵活、更有效率，并越来越多地使用新的信息技术。同时，创新过程涉及的因素比以前更多，创新过程也变得越来越复杂，这就要求企业在创新过程中应拥有高素质的技术人员和管理人员，并建立具有高度适应性的有利于创新的组织机构。

## 四、企业技术创新战略

### (一) 企业技术创新战略的类型与特点

企业技术创新战略主要解决企业技术创新的基本原则、根本目标和主要规划等企业技术创新经济活动中带有全局性和方向性的问题。按照创新经济学的主流观点，企业技术创新战略主要有四种不同的分类方法。

**1. 按技术开发方式划分**

(1) 自主创新战略。自主创新是指企业通过自身的努力和探索产生技术突破，攻破技术难关，并在此基础上依靠自身的能力推动创新的后续环节、完成技术的商品化、获取商业利润、达到预期目标的创新活动。

(2) 模仿创新战略。模仿创新是指企业通过学习、模仿率先创新者的创新思路和创新行为，吸取率先创新者成功的经验和失败的教训，引进、购买或破译率先创新者的核心技术和技术秘密，并在此基础上改进与完善，进一步开发，在工艺设计、质量控制、成本控制、大批量生产管理、市场营销等创新链的后期阶段投入主要力量，生产出在性能、质量、价格方面具有竞争力的产品，与率先创新的企业竞争，以此确立自己的竞争地位，获取经济利益的一种行为。

(3) 合作创新战略。合作创新是指企业之间或企业、科研机构、高等院校之间的联合创新行为。合作创新通常以合作伙伴的共同利益为基础，以资源共享或优势互补为前提，有明确的合作目标、合作期限和合作规则，合作各方在技术创新的全过程或某些环节共同投入、共同参与、共享成果、共担风险。合作创新一般集中在新兴技术和高新技术产业，以合作开发为主要形式。

**2. 按技术竞争态势划分**

(1) 领先战略。技术领先战略致力于在同行业竞争中处于技术领先地位，采用该战略要求企业不断开发出新技术并占领市场。

(2) 跟随和模仿战略。技术跟随和模仿战略不追求率先开发、采用新技术，而是在新技术被开发、采用后立即跟上或进行模仿。该战略往往是在对率先采用的新技术进行改进后推向市场，甚至只利用新技术的原理而开发独特的技术。跟随和模仿战略中的模仿战略与前述技术开发方式分类中的模仿创新战略有相同之处，但也有差别。相同之处在于技术都来源于模仿；不同之处在于，跟随和模仿战略不仅模仿技术，而且常常模仿技术推向市场的过程、市场目标和行为。

### 3. 按市场竞争划分

(1) 市场最大化战略。它追求最大的市场占有率，在技术上表现为：以领先的技术抢先占领市场，巩固和扩大市场阵地；以优势的(但不一定是领先的)技术与优势资源的良好配置来开拓市场，扩大市场份额。

(2) 市场细分化战略。在主要市场已被占领的情况下，这种战略强调应用基本技术服务于特定的细分市场。要求企业在制造技术方面具有较高的柔性，有较强的工程设计能力。

(3) 成本最小化战略。这种战略利用规模经济和制造技术的优势，大力降低成本以取得价格竞争的优势。企业要不断优化产品设计，在生产系统采用优势制造技术，实现专业化，并降低管理费用。

### 4. 按行为方式划分

(1) 进攻战略。在市场竞争中采取进攻姿态，向同行业市场和技术领域发起进攻，以进入某技术领域或扩大市场。

(2) 防御战略。在市场竞争中采取防御姿态，固守本企业的技术和市场阵地。为此，要采取一系列措施建立和加固进入壁垒，以便在遭到攻击时进行有力的反击。

(3) 游击战略。采取这种战略的往往是在技术和市场上处于劣势地位的企业。为了打破现有的技术和市场地位格局，它们推出一种新的技术以取代占统治地位的现有技术，打乱优势企业的阵脚，以求重新瓜分市场。这种战略一旦得手，就要转变为其他战略。

以上从不同角度讨论的战略类型，是以在企业战略中占主导地位而论的。实际上，企业的技术创新战略是一个体系，它由以某种战略为主体，其他战略相配合的几种战略集合而成。同一企业可以同时实施两种以上的战略。

## (二) 企业技术创新战略选择的实施步骤

### 1. 机会、目标及竞争态势识别

在调查和充分掌握信息的基础上，对市场机会进行鉴别；预测技术发展前景、市场规模大小、竞争者可能采取的行动；估计本企业的可能活动空间；明确本企业的发展战略对技术创新的要求。

### 2. 企业能力评价

对本企业的技术能力及资源调动、运用能力进行评价，并与潜在竞争者进行比较，鉴别本企业的优势与劣势。

### 3. 机会、目标与能力的匹配分析

产业机会能否被企业利用，企业战略对技术的要求能否达到，取决于企业的技术能力与将机会和要求变为现实的需求之间的匹配。企业要对这些匹配关系进行恰当的分析与判断。

### 4. 基本战略的选择

在对机会、目标和能力进行深入分析的基础上，企业应在拟采取的基本技术创新战略中做出选择。这是一个关键步骤，也是复杂而重大的决策。决策者要在错综复杂且往往相互矛盾和相互牵制的众多因素中进行权衡。

### 5. 主要战略部署的决策

在选定基本战略后，还要就实施战略的一些关键问题做出决策，主要包括技术定位、产业定位和市场定位。技术定位是对主要技术发展方向做出选择，产业定位是对拟进入的产业做出选择，市场定位是对企业拟占领的市场做出选择。

### 阅读链接 12-4

#### 思科进军数字家庭市场：是天堂还是地狱？

以并购而著称并快速成长起来的思科，被业界称为"快鱼"。2000年之前，思科凭借互联网快速发展时期积累的雄厚资本，进行了大规模并购，一年内并购的公司多达数十家，一度成为世界上最有价值的公司。然而，近年来这条快鱼却放缓了成长的脚步。在中国，华为举着价格与服务这两把剑，"杀"得思科很受伤。思科中国的销售额已经连续4年都只能维持在大约6亿美元，甚至每年都有些许下滑。思科2006年第一季度的报告显示，尽管订单数创了新高，但中国区增速只达到亚太区平均水平的30%，大大低于印度的70%。

这样的表现并不奇怪。一方面，网络设备市场增长放缓；另一方面，市场竞争加剧。因此，思科迫切需要寻找新的业绩增长点。当前，思科最重要的任务就是冲出突围，在被日益瓜分的市场上重整旗鼓。数字家庭市场成为思科重点突围的方向。

**"困兽"转身：进军数字家庭市场**

2003年，思科收购了生产无线路由器的Irvine公司；2005年7月，思科收购了丹麦的KISS公司，该公司能够提供数字娱乐信息传送到家庭的另一种途径；2005年11月，思科以70亿美元收购了以生产有线电视机顶盒而闻名的Scientific Atlanta公司。目前，美国市场只有两家公司在生产销售有线电视机顶盒设备，除了Scientific Atlanta公司外，另一家公司是摩托罗拉。2006年2月，思科联合迪士尼、英特尔投资基金又投资了视频点播公司MovieBeam，如果用户购买了由Linksys生产的价值199美元的机顶盒设备，通过该视频点播公司，用户花费很少的钱就能观看100部最新的高清电影。

如今，思科家庭数字市场的商业模式已经完全成型。在思科所描绘的世界中，所有的数字化设备都能够相互交流。思科首席执行官约翰·钱伯斯认为，在未来的数字化生活中，电视、电话及互联网服务将三网合一进入家庭，消费者将通过特殊菜单正如现在通过浏览器一样控制电视。

**数字家庭市场——令人垂涎的"猎物"**

据Forrester资讯公司称，2004年，只有8.8%的使用了宽带连接的家庭实现了网络化，2005年的这一数字不超过20%，到2010年，这一比例将攀升至40%。

面对前景可观的家庭网络设备市场，思科是无法抵挡这个诱惑的。正如思科首席技术官兼旗下Linksys家庭网络部门主管查尔斯·詹卡洛在接受采访时说，消费者对网络连接设备的需求呈现"家用化"趋势，而传统消费电子产品又在向"网络化"靠拢，这给了互联网设备公司一个拓展新市场的绝佳机遇。思科认为，消费电子企业的核心竞争力在于单机设备，然而随着市场潮流的不断变化，带有联网新功能的电子产品日益受到消费者的追捧，这足以让思科成为市场的"搅局者"。

而对网络化的电子消费品市场的开拓，必将带动与之相关的网络技术的开发和网络产品的消费。正如思科公司总裁兼CEO钱伯斯所说，美国以外各国的运营商网络负荷正在以100%的年增长速度发展。随着亚洲和北美考虑以先进的点播服务提供高清晰IP电视节目，网络负荷可能会每年增长300%~500%。随着网络化的电子消费品的需求升温，思科的传统网络设备产品也将得到进一步的需求拉动。

通过一系列并购，思科在数字家庭市场上，产品路线已清晰可辨，有人认为思科的一系列并购是

"一次伟大胜利"。通过这些并购,思科不仅将在宽频电视这一新兴领域具备与媒体巨头更多"讨价还价"的能力,还将使微软垄断数字电视标准的企图几近落空。此外,当今世界排名第一的机顶盒生产商摩托罗拉将面临一个无比强劲的对手。而且,思科与 Google、雅虎等在线内容公司有着良好的合作关系,这也是思科进军数字家庭市场的一个优势。

## 第三节 企业制度创新

### 一、企业制度创新概述

#### (一) 制度

制度是指一系列被制定出来的规则和程序,旨在约束追求主体效用最大化的团体和个人的行为。因此,制度的基本功能就是提供人类相互影响的框架,这种制度框架约束着人们的选择集合。同样,企业制度就是企业这一特定范围内各种正式和非正式规则的集合,旨在约束企业及其成员追求效用最大化的行为。

企业制度的形成有其现实的基础,其物质载体便是企业组织。如果以个体为生产单位,就不需要企业制度,只有在群体合作进行生产时,才需要有约束并协调其成员行为的规则,才会形成企业制度。因为在群体合作生产中,要使用由合作各方提供的各种不同类型的资源,而且其产出并不是单个成员拥有资源分别产出的简单加总。出于"搭便车"的动机,个人往往会谋求少提供资源而多索取收益(如少干活多拿钱等),企业制度的出现恰好成为保证群体合作生产正常运行的激励和约束机制。

#### (二) 企业制度创新

制度创新是指制度主体通过建立新的制度调整和优化各方面的关系,明确各方利益,完善组织结构及各项规章制度,合理配置各种要素,以获得更大追加利益的活动。制度创新的实质是利益格局的调整。

从广义上来讲,企业制度创新不仅包括组织创新,还包括市场创新和管理创新;不仅包括企业内部的非市场契约创新,还包括企业外部的各种非市场的与市场的契约创新,如企业与企业、企业与银行、企业与政府等不同利益主体之间契约关系的创新。从狭义上来讲,企业制度创新即指组织创新,主要包括企业的产权结构、组织结构、雇用结构、分配结构、激励制度以及生产管理制度等创新。

制度创新就是改变原有的企业制度,塑造适应社会生产力发展的市场经济体制和现代化大生产要求的新的微观基础,建立产权清晰、权责明确、政企分开、管理科学的现代企业制度。制度创新意味着对原有企业制度的否定,是一个破旧立新的过程,本质上是对利益的调整和再分配。

### 二、制度创新的一般过程

如图 12-6 所示,制度创新的一般过程可以划分为五个步骤。

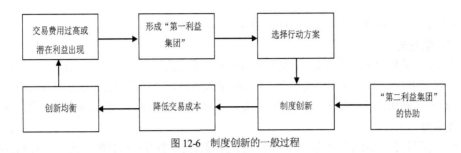

图 12-6 制度创新的一般过程

(1) 形成"第一利益集团"。所谓"第一利益集团",是指预见潜在利益,并认识到只有进行制度创新才能得到这种潜在利益的决策者,他对制度创新起着主要的作用。

(2) "第一利益集团"提出制度创新的方案。

(3) "第一利益集团"按照最大利益原则对各种可供选择的方案进行比较和选择。

(4) 形成"第二利益集团",即形成在制度创新过程中帮助"第一利益集团"获得利益的组织,它能够促使"第一利益集团"的制度创新方案得以实现。

(5) "第一利益集团"和"第二利益集团"共同努力,实现制度创新。

### 三、企业制度创新的内容

#### (一) 产权制度创新

##### 1. 企业产权制度的概念

企业产权制度是围绕企业财产权利的运营而发生的相关主体间权、责、利关系的制度安排。它规定着企业内所有者、经营者、生产者在一定条件下的地位、相互关系以及各部门的作用。企业产权制度就是企业法人财产权制度,说明企业是通过何种权利框架和组织方式来实现自己的目的。在此制度下,终极所有权的实现形式主要是参与企业的决策过程,获得收益;法人企业则是享有财产的占有权、处置权等。这是建立现代企业制度去改造我国国有企业的核心所在。因为只有建立现代企业制度,才能使国家公权力与法人企业民事权利分离开,才能将全民所有权(国家所有权)从法人企业中分离出来,使政企真正分开。

##### 2. 企业产权制度的发展

企业产权制度的发展是一个自然的历史过程,它反映生产力进步的要求,并总是向着更有效率的方向进行调整。企业产权制度经历了由个人业主制到合伙制,再到现代公司制的发展过程。

#### (二) 现代公司治理结构创新

##### 1. 股东大会

股东公司是由股东投资组成的,股东应是公司权力的最终来源。由于股东人数众多,需要由股东大会这种机构来代表股东的意愿,以体现资本所有权。因此,股东大会是公司的最高权力机构,公司其他机构行使的职权,都直接或间接地来自或派生自股东大会。大多数国家的法律都对股东大会赋予了公司最高权力机构的职权。但是,股东大会作为一个议事表决的非常机构,本身不能直接进行业务经营活动。因此,需要设立一个代替股东大会、代表股东意愿、执行股东大会决议的机构——董事会。

##### 2. 董事会

依照法律规定,董事会必须由公司设置,由股东推选的董事组成,对内管理公司事务,对外以公司名义进行活动。董事会是公司生产经营和行政管理的领导机构。

### 3. 专门委员会

为了保证决策和管理的科学性，大型股份公司的董事会往往下设若干专门委员会，作为董事会决策管理的咨询机构。法律对专门委员会一般不做强制性规定，而是由公司根据自身的具体情况来决定是否设立，并在公司章程或章程细则中对专门委员会的设立程序、职权等事项做出具体规定。

### 4. 监事会

监事会是股份公司依照公司法、公司章程设立并对公司事务进行监督的机构。在各国公司法中，具有这种性质或类似性质的公司机构，有的称为监察会或监察委员会，有的称为监察人或监察人会，也有的称为查账员。

各国法律对监事会的具体性质和行使职权的规定不尽相同，大致有两种情况。

(1) 监事会是对公司业务管理活动实施监督的机构。在这种情况下，公司的业务经营管理主要由董事会来执行，监事会的监督对象主要是董事会的业务活动，不参与公司业务决策和具体管理，对外也不能代表公司。

(2) 监事会是具有监督公司业务管理职能，并参与决策管理的机构。德国、法国和意大利等国家实行这种监事会制度。

我国《公司法》规定，股份有限公司和有限责任公司应设立监事会。监事会由股东代表和适当比例(具体比例由公司章程规定)的公司职工代表组成。董事、经理及财务主管等高级管理人员不得兼任监事。

对于企业制度创新，主要应注意以下几个方面。

(1) 选择适合自身的企业制度形式。现代企业制度是社会化大生产和商品经济发展到一定阶段的产物，其典型组织形式是公司制，它较好地适应了从事大规模生产和大规模流通相结合的经济活动的大中型企业的需要。企业改革取得的成果表明，建立现代企业制度是国有大中型企业制度创新的必然选择，但是在我国建立现代企业制度具有特殊性。现代企业制度最早是对西方市场经济条件下企业模式的归纳和总结，也是市场经济高度发展的产物。我国是在社会主义市场经济逐渐形成、产权关系逐步理顺的过程中建立企业制度的，具有一定特殊性。因此，我们不能把西方企业的模式当作完美的制度形态，更不能将现代西方国家现有的某种具体制度形式等同于现代企业制度。现代企业制度是历史发展到一定阶段的产物，它自身也是动态发展，没有固定的制度体系可供追寻，在不同的经济背景下有不同的模式体现。现代社会中，现代企业制度创新的必然结果是建立某种适合自身发展的现代企业制度。企业在制度创新过程中要走自己的特色创新之路。

(2) 建立创新制度体系。企业制度是关于企业组织、运营、管理等行为的规范和模式，主要包括产权制度、企业组织制度和管理制度，不能以任何一种组织形式创新代替制度创新的全部。部分条件成熟的企业已经借鉴国外企业的先进经验，结合自身状况进行了公司制改造，并取得了一定的经济效益。有的企业仅仅进行了产权制度改革，而未注意到相关制度的配套改革，这样不利于其长远发展，所以企业的任何一种具体制度发生变革，其他制度如人事用工制度、分配制度、财务制度等也要同步开展创新活动，以保证整个新制度体系的协调运转。

(3) 保证制度创新的目标。一种创新的制度是否优越的衡量标准是企业的内部交易成本是否降低。制度是交易活动的规则，由于交易活动成本的存在，制度运行是有成本的，制度创新同样也受成本收益约束。制度创新应坚持收益大于成本的原则，其实际发生条件是不仅要满足新制度运行之后能提供净收益，而且要满足新制度所提供的净收益要大于旧制度所提供的净收益。若创新成本过高，制度创新活动无价值，制度创新即意味着失败。

# 第四节　企业管理创新

## 一、管理创新的定义

所谓管理创新，是指企业通过引入一种更为有效且尚未被众多企业采用的管理方式和方法，改变原有生产函数，或建立新生产函数，从而在要素不变的情况下提高产出水平，或者在较少的要素投入的情况下获得同样高的产出水平。在全面的企业创新过程中，组织创新主要解决企业的产权制度和企业的组织问题，技术创新主要是采用一种新的方法或采用新技术，而管理创新则是创造一种更有效的资源整合模式，把各种生产要素整合起来，以建立新的生产函数。在一定意义上说，管理创新带有整合的特征，它是一种更加有效的整合范式，这种范式既可以是新的有效整合资源达到企业目标的全过程管理，也可以是新的具体资源整合，即目标体系等方面的细节管理。管理创新是组织形成创新性思想并将其转换为有用的产品、服务或作业方法的过程，即富有创造力的组织能够不断地将创造性思想转变为某种有用的结果。当管理者说到要使组织更富有创造性的时候，他们通常指的就是要激发创新。本书认为，管理创新是指企业把新的管理要素(如新的管理方法、新的管理手段、新的管理模式等)或要素组合引入企业管理系统以更有效地实现组织目标的创新活动的一种资源整合范式。

有三类因素将有利于组织的管理创新，它们是组织的结构、文化和人力资源。

(1) 从组织结构因素来看，有机式结构对创新有正面影响，拥有富足的资源能为创新提供重要保证，单位间密切的沟通有利于克服创新的潜在障碍。

(2) 从文化因素来看，充满创新精神的组织文化通常有如下特征：接受模棱两可、容忍不切实际、外部控制少、接受风险、容忍冲突、注重结果甚于手段、强调开放系统。

(3) 在人力资源因素中，有创造力的组织积极对其员工开展培训，以使其保持知识的更新。同时，组织还给员工提供高工作保障，以减少员工因犯错误而遭解雇的顾虑。组织还鼓励员工成为革新能手，一旦产生新思想，革新能手们会主动而热情地将思想予以深化、提供支持并克服阻力。

### 阅读链接 12-5

**丰田汽车公司的社训**

- 上下同心协力，以至诚从事业务的开拓，以产业的成果报效国家。
- 将研究与创造的精神深植于心中，不断研究与开发，以站在时代潮流的前端。
- 切实戒除奢侈华美，务必力求朴实与稳健。
- 发挥温情友爱的精神，把家庭式的美德推广到社会上。

## 二、管理创新的特点

管理创新不同于一般的创新，其特点体现在创新和管理两个方面。管理创新具有创造性、长期性、风险性、效益性和艰巨性。

### (一) 创造性

以原有的管理思想、方法和理论为基础，充分结合实际工作环境与特点，积极地吸取外界的各种思想、知识和观念，创造出新的管理思想、方法和理论。其重点在于突破原有的思维定式和框架，创造具有新属性的、增值的管理思想、方法和理论。

### (二) 长期性

管理创新是一项长期的、持续的、动态的工作过程。

### (三) 风险性

风险是无形的，对管理进行创新具有挑战性。管理创新并不总能获得成功。创新作为一种具有创造性的过程，包含着许多可变因素、不可知因素和不可控因素，这种不确定性使创新必然存在许多风险。这也是创新的代价之所在。但是存在风险并不意味着要一味地冒险，去做无谓的牺牲，要理性地看待风险，要充分认识不确定因素，尽可能地规避风险，使成本付出最小化，成功概率最大化。

### (四) 效益性

创新并不是为了创新而创新，而是为了更好地实现组织的目标，取得效益和效率。通过技术创新提高产品技术含量，使其具有技术竞争优势，从而获取更高利润。通过管理创新，建立新的管理制度，形成新的组织模式，实现新的资源整合，从而建立起企业效益增长的长效机制。

### (五) 艰巨性

管理创新任务因其综合性、前瞻性和深层性而颇为艰巨。人们的观念、知识、经验等及组织目标、组织结构、组织制度等，关系到人的意识、权力、地位、管理方式和资源的重新配置，这必然会涉及各个层面的利益，使管理创新在设计与实施中遇到诸多"麻烦"。

## 三、管理创新的分类

### (一) 根据创新内容的不同划分

根据创新内容的不同划分，管理创新可分为观念创新、手段创新和技巧创新，其中，手段创新又可细分为组织创新、制度创新和方法创新。管理创新贯穿企业创新的全过程。

管理观念创新是指形成能够比以前更好地适应环境的变化并更有效地利用资源的新概念或新构想的活动。

管理手段创新是指创建能够比以前更好地利用资源的各种组织形式和工具的活动，可进一步细分为组织创新、制度创新和管理方法创新。其中，组织创新是指创建适应环境变化与生产力发展的新组织形式的活动，制度创新是指形成能够更好地适应环境变化和生产力发展的新规则的活动，管理方法创新是指创造更有效的资源配置工具和方式的各种活动。

管理技巧创新是指在管理过程中为了更好地实施调整观念、修改制度、重组机构，或更好地进行制度培训和贯彻落实、员工思想教育等活动所进行的创新。

### (二) 根据创新的程度划分

从创新的一般定义来看，创新既指对原有事物的改变，也指新事物的引入。要对原有的事物加以改变，必然需要在原有的事物中加入新的事物，因此，创新也可简单归结为新事物的引入。对原有事物的改进和新事物的形成这两类创新，只不过是创新过程中侧重面不同而已。根据创新程度的不同，前一类创新被称为是渐变性的，后一类创新被称为是创造性的。也就是说，渐变性创新主要基于对原有事物的改进，创造性创新更多的是基于新事物的引入。例如，根据实践情况对现有的管理思想的实现方法加以改进或对运用范围加以拓展，应属于渐变性管理创新；根据环境的新变化提出新的管理思想，并在此基础上形成新的管理模式或管理方法，应属于创造性管理创新。更进一步来说，根据管理创新程度的不同，在实践中，管理创新还可划分为以下三种类型。

(1) 重大创新，是指始于管理观念创新，从根本上改变原有管理思想或管理手段的创新。例如企业再造理论，它的提出就是源自对传统的分工理论前提条件的否定。

(2) 一般创新，是指管理基本思想改变不大，创新发生在管理手段和技巧上，而且与原方法相比变化不大的创新。一般创新主要是根据实际情况对现有管理思想的实现手段或运用领域、范围进行改进，管理技巧创新一般属于此类。另外，变化较小的管理手段创新如管理信息系统的进一步开发也属此类。

(3) 综合创新，是指既有管理思想的改变，又有管理手段或管理技巧的改变，但变化程度不大的管理创新。

## 阅读链接 12-6

### 马桶的创新有效地保持了洗手间的卫生

公共马桶在采用画苍蝇设计前，尽管保洁员每天擦洗，但是都无法保持小便的飞溅造成的男卫生间卫生极差的状况，后来，设计师便在小便池的中心位置画了一个苍蝇图案，于是，当人们小便时会刻意瞄准这只苍蝇。这个简单的改变让小便的飞溅率降低了80%。

## 【本章小结】

组织创新过程包括创新理念的开发、应用、上市、成长、成熟与衰退。创新是各种各样以新的方式提高资源配置效率的活动。企业创新作为一个系统工程，包括技术创新、管理创新和制度创新等，这些不同的创新活动相互联系、相互作用，共同构成一个具有整体性的企业创新工程。制度创新是技术创新和管理创新的动力和基础，管理创新是技术创新和制度创新的组织保障，技术创新是制度创新和管理创新的物质条件。

技术创新是指从技术的新构想开始，经过研究开发或技术组合，到获得实际应用，并产生经济效益、社会效益的商业化的全过程。20世纪60年代以来，国际上出现了多种具有代表性的技术创新过程模型。

制度创新是指制度主体通过建立新的制度调整和优化各方面的关系，明确各方利益，完善组织结构及各项规章制度，合理配置各种要素，以获得更大附加利益的活动。制度创新的一般过程有五个步骤。企业制度创新应注意选择适合自身的企业制度形式、建立创新制度体系、保证制度创新的目标。

管理创新是指企业把新的管理要素(如新的管理方法、新的管理手段、新的管理模式等)或要素组合引入企业管理系统以更有效地实现组织目标的创新活动的一种资源整合范式。管理创新具有创造性、长期性、风险性、效益性、艰巨性等特点。

根据创新内容的不同。管理创新可分为观念创新、手段创新和技巧创新。根据创新的程度，管理创新可分为渐变性创新和创造性创新。

## 【思考题】

1. 什么是创新？
2. 请分析这样的评述："管理创新只是一种思维方式的改变。"
3. 企业技术创新战略有哪些类型？
4. 如何看待技术创新、制度创新、管理创新三者之间的关系？
5. 举出一些成功的新产品和现有产品改进的例子，再举出一些不成功的新产品和现有产品改进例子。
6. 下列产品分别属于激进或渐进、技术或管理、产品或流程中的哪一种创新形式？
  (1) 用录像进行教学，通过互联网传递影像。
  (2) 虚拟组织的流行。
  (3) 用医院里常用的 MRI 扫描仪检查航班行李。
  (4) 结合手机与笔记本电脑的特性，生产能够上网的设备。
  (5) 能够做人手无法完成的精密手术的机器臂。
  (6) 混合动力车，混合使用汽油和电池。
  (7) 用游戏教授士兵规划和实施战斗。

## 【案例分析】

### 武桥重工：制度创新使老牌国企重获新生

美国次贷危机引发的金融风暴笼罩着整个华尔街，蔓延到世界的各个角落，对世界经济造成了严重的影响。在经济危机之下，企业面临生存与淘汰的考验，企业靠什么来赢得市场，取信消费者，以换取生存的权利呢？

**三次改制使老牌国企走出困境**

武桥重工的崛起源于连续进行的三次改制。

拥有半个多世纪历史的武桥重工进入 2002 年已经走到了破产的边缘。从 1997 年到 2002 年连续 6 年，净资产不到一个亿的桥机厂(武桥重工集团股份公司的前身)，每年平均亏损不低于 1000 万元。

"那是一段很抑郁的日子。"武桥重工集团股份有限公司董事长、总经理黄雍回忆起当时的情形依然深有感触。1997 年，他从大桥局五公司调到陷入困局的桥机厂任副厂长，参与了这个国企大厂在困局中的抗争与突围。

正是在这种生死存亡的关键时刻，桥机厂人开始思考在改制中寻找企业的出路：2002 年年末，桥机厂第一次改制，由全民所有制国有企业改制为国有控股 80%、员工持股 20% 的有限责任公司。

2005 年，尝到改制甜头的桥机厂人继续筹划第二次改制，创立了中铁武桥重工股份有限公司。和第一次的翻牌改制相比，这是一次更伤筋动骨的彻底改制，通过清资核产、量化国有资产，置换国企职工、集体企业职工身份，国有股减持为不足 20%，企业员工普遍持股，经营管理团队和技术骨干持有尽可能多的股份。

2007 年，武桥重工进行第三次改制，从资本市场引进战略投资者，进一步改善股权结构，实现股份多元化，按照上市公司要求规范股权管理，筹划公司挂牌上市。

五年跨三步，一改、再改、三改，一个濒临破产的老牌国企终于走出困境，获得新生，并且成功"变身"为现代企业，走上了迅猛发展的快车道。

黄雍对记者说："从大桥局桥机厂到中铁武桥重工，再到武桥重工集团，武桥重工人经历了观念转变、身份转换和体制变革的三大阵痛,但阵痛过后,迎来的是企业的新生。现在,坚冰已被打破,航道业已开通,企业发展的路会越走越宽广。"

### 在变化中寻找生机

从20世纪90年代到21世纪,国有企业改制一直是一个趋势和潮流,但一些企业的改制往往停留在"翻牌改制"这一步,再深入的改制则很难推进下去。是什么力量支撑武桥重机在5年里完成3次改制,而且一次比一次深入,一次比一次彻底?

"人心思变,企业求变,在变化中寻找生机,这就是我们坚持改制的原动力。"黄雍一语道出了企业求生存、求发展的内在需求。

谈到进行第二次、第三次改制的初衷,黄雍表示,第一次的改制实际上是一次翻牌改制,即把国有大型企业的二级企业改制成国有企业控股的有限责任公司,虽然企业有了独立法人地位,但因为大桥局持有改制后的中铁武桥重工有限责任公司80%的股权,是绝对的控股方,改制后的企业自主权依然很有限,所以,需要一次更深入的改制。

2005年,恰逢国家经贸委等8部委联合下发"859号文件",提倡大型国企实行主辅分离、辅业改制和股份制改造。武桥重工在大桥局的发展规划中正好属于辅业,所以,公司就抓住这个机会,乘势而上,提出第二次改制。

"相比第一次的翻牌改制,第二次改制是一场攻坚战,要完成三个艰巨任务:一是清产核资,量化国有资产,而且使国有股由原来的80%减持为不足20%;二是置换掉国企职工、集体企业职工的身份,由员工变成股东;三是动员经营管理人员、技术骨干多持股份,让他们和企业荣辱与共,共同成长。"黄雍表示。

两次改制成功后,企业的活力增强了,业绩也越来越好,于是公司就有了第三次改制。"其实,这件事我们过去一直想做,但那个时候企业自己是'破帽遮颜过闹市',自己还看不起自己呢,哪能指望别人来给你投资。"

家有梧桐树,才招凤凰来,第三次改制吸引了7家法人单位购买了公司40%的股权,不仅募集了7240万元资金,更重要的是促使了公司向现代化企业迈进。"我们按照上市公司的运作模式,完成了对股份公司的进一步改造,逐步收购普通员工所持的股份,减少自然人股东的数量,成立一家法人公司代表管理团队和技术人员在股份公司的利益,按照上市公司要求规范股权管理,构建公司下属的二级单位法人实体,搭建母子公司结构,创建集团式集约化管理模式,为挂牌上市铺平了道路。"

### 危机背后蕴含机遇

"改制的目的是解放生产力。武桥重工的三次改制扩大了企业的经营自主权,提高了决策效率,增强了企业在市场上的竞争力。"黄雍介绍,改制前,企业的很多决策都要等待上级公司批准,一些好方案或被束之高阁,或者批下来时商机早就错过。改制后,公司的决策效率提高了,看准的事,只要对企业的发展有利,董事会很快可以定下来。

"改制后的新体制、新机制与新技术匹配,为推动企业发展释放了巨大的能量。"对于这几年公司所取得的业绩,黄雍如数家珍:这几年,公司整合了原来业务单一的桥梁工程机械研究所、起重机研究所、水工设备研究所、施工设备研究所、自动化控制研究所和工艺研究所,组建了实力强劲的技术设计研究中心,加大了对科技研发的投入,先后研制出了一批具有较高科技含量的桥梁施工设备,如投入武汉天兴洲公铁两用长江大桥基础施工的KTY—4000型动力头钻机、为上海东海大桥研制的"小天鹅"2500吨海运架梁起重船和具有世界领先水平的"天一号"3000吨海上运架梁起重船、为我国客运专线建设研发的900吨轮胎式运梁车等。这些新设备的研制成功和投入使用,在为我国桥梁建设做出新贡献的同时,也增强了武桥重工的核心竞争力。

改制还极大地调动了公司上下的创造热情和劳动积极性。武桥重工党委书记、副董事长陈维克介绍，武桥重工制定适合改制企业的工资分配方案起步于2003年，之后，每年都根据改制的深入和企业发展的新形势进行增补和调整。目前，主要设置了8个大类的分配模式：年薪制、协议工资、技术项目包干工资、提成工资、岗薪工资、计件工资、承包工资、竞业禁止工资和保密工资等。

同时，改制后企业的增值渠道呈多元化发展。改制前，企业的收益模式比较单一，就是靠造设备、卖设备赚钱，改制后，公司在"一业为主"的前提下，还可以通过资产置换、资本运作等多种方式筹资、融资，实现企业资产升值。

"2006年是武桥重工改制步伐最大的一年，按照上市公司的要求，公司进一步优化运营模式，搭建新型母子公司结构，组建了6家二级公司，规范了4家二级独立法人公司。这个举措既是为了满足公司上市的需要，更是为了实现公司长远发展目标。作为国内桥梁设备和机械的领军企业，我们的目标就是打造一个能够抵御市场风浪、既能协同作战，又能单兵突击的现代企业舰群。"黄雍对武桥重工未来的发展前景充满信心。

危机背后蕴含机遇，优秀的企业往往能够快速抓住危机背后的机遇。武桥重工经历了3次脱胎换骨的改制和连续10年的科技创新与技术改造，企业体制更活，决策速度更快，控制风险的能力更强，产品的科技含量更高，品牌的竞争力更强。2008年，公司提前完成产值7.5亿元，实现利润5000万元，和2007年同期比，分别增长了21%和5%。公司的目标是在全面实现企业跨越式发展的同时，努力为中国的桥梁装备发展和桥梁建设水平的快速提升再立新功。

**问题讨论：**

1. 该企业改制的实质是什么？改制后形成了什么样的治理模式？
2. 从该案例中分析制度创新的意义。

## 【技能训练】

研究某组织内发生的一个真实的创新活动，可以通过采访、商业报纸或互联网获得资料。描述创新活动的过程，思考实际的创新活动是否与本章所描述的理想过程吻合？为什么？

**实训目标：**

1. 增强学生对企业创新的基本认识。
2. 培养学生对企业创新的初步分析能力。

**实训形式：**

1. 实地调查或网上收集公司资料并对创新类型进行分析。
2. 以小组为单位进行讨论。
3. 每组写出发言提纲。

**实训要求：**

1. 分小组或每个同学分别对公司创新情况做出总结性描述。
2. 结合本章学习内容展开讨论，形成本组讨论结果。

**成果检验：**

1. 每组提交一份总结，针对所分析的案例，指出其进行创新的初步设想或启示。
2. 教师对每个同学的表现进行评价，并分析优点与不足，或者小组内部互评。

# 第十三章

# 现代国际企业管理

【学习目标与要求】
- 正确理解国际企业的相关概念。
- 掌握国际企业全球化战略模式及其选择。
- 掌握国际企业的风险防范与管理。
- 了解中国企业国际化经营。

【导入案例】

海尔的国际化战略

"国际化"在一些企业眼里就是指出口创汇,而且是给国外大公司贴牌生产,现在这种企业为数不少;"国际化"在另一些企业眼里看来是自讨苦吃,放着十几亿人口的中国市场不做,为什么要到国际市场去啃骨头?

海尔人认为,国际化不仅仅是出口创汇,更重要的是出口创牌,这不是企业愿不愿意的问题,而是有没有这个能力的问题。进军国际市场并非海尔一朝一夕的念头,而是海尔在发展过程中的必然趋势,是海尔在国际市场上做大做强之后顺势而为的结果。海尔进军国际市场的目的不仅仅是出口创汇,更是为了成为国际化的海尔,创出中国的世界名牌。

海尔集团是在1984年引进德国利勃海尔电冰箱生产技术时成立的,是在青岛电冰箱总厂基础上发展起来的产品多元化、经营规模化、市场国际化的国家特大型企业,是中国首批公布的十大驰名商标中唯一的家电名牌。

海尔从一个亏空147万元的集体小厂迅速成长为拥有白色家电、黑色家电和米色家电的中国家电第一品牌,产品包括42门类8600多个品种,冰箱、冷柜、空调、洗衣机、电热水器、吸尘器等产品市场占有率均居全国首位,企业销售收入以平均每年82.8%的速度稳定增长,1998年集团工业销售收入实现162亿元。1997年8月,海尔被国家经贸委确定为中国6家首批技术创新试点企业之一,重点扶持冲击世界500强。

海尔的发展经历了三个战略阶段。

1. 名牌发展战略阶段——名牌战略与国际化的关系

只有国内市场做大做强,才有资格谈国际化的问题。

这一阶段海尔艰难起步并确立冰箱行业的名牌地位,其代表事件就是"砸冰箱",通过砸掉76台有问题的冰箱砸醒职工的质量意识,树立名牌观念。

经过艰苦努力,海尔通过质保体系国际认证、产品国际认证、检测水平国际认可取得国际化经营的资格;海尔从引进、消化、吸收到通过合资引资,使各类产品保持与国际同步。

2. 多元化发展战略阶段——多元化与国际化的关系

企业在竞争中取胜要靠国际化，而国际化必须要多元化。国外把家电分为三类：白色家电、黑色家电和米色家电。白色家电指可以替代人们家务劳动的产品；黑色家电指可提供娱乐的产品，像彩电、音响等；米色家电指电脑信息产品。

多元化的发展应是一种趋势，最关键的是在国际市场把牌子做好，不一定有自己的工厂，但却拥有全世界的市场。

3. 国际化发展战略阶段——海尔的国际化与国际化的海尔两者之间的区别与本质联系

海尔的国际化是国际化的海尔的基础，只有先做到了海尔的国际化才能去做国际化的海尔。我们在做海尔的国际化的时候，就是要使海尔的各项工作都能达到国际标准，主要包括三方面：一是质量，质量要达到国际标准；二是财务，财务的运行指标、运行规则应该和西方财务制度一致；三是营销，营销观念、营销网络应达到国际标准。只有我们自身具备这种素质才可以进入国际市场去，所以"出口"是针对海尔的国际化而言。

从某种意义上说，选择在美国建厂就是自找苦吃，因为在美国建厂要求非常高，但是如果在美国市场可以获得成功的话，就可以取得非常宝贵的经验。另外，美国市场非常大，我们在美国市场已经销售了几十万台，如果不设厂，就会受到很大制约，如运费问题。

资料来源：方虹. 国际企业管理[M]. 北京：首都经贸大学出版社，2006.

**案例启示：**

从海尔的国际化历程与战略选择中可以看出，海尔的国际化道路是建立在其在国内市场上早已处于领先地位的基础之上。海尔充分认识到了"无内不稳"这一点，先在国内发展出完善的生产链与销售链，使"海尔，真诚到永远"的品牌形象铭刻在国内消费者心中，然后再开展海外业务，将企业做大做强。此外，海尔将"三位一体"的本土化战略作为整个国际化战略的核心，在产品中充分结合了当地市场的传统文化因素，从而很快占据了海外市场。这给其他企业带来了以下启示：第一，企业要结合自身的优势并对竞争对手进行分析，确定符合自身条件的国际化目标市场与战略；第二，要对目标市场的资源状况和文化传统进行深入调查，生产出满足当地消费者个性化需求的产品。

# 第一节 国际企业概述

国际企业是经济国际化的一种组织形式，它是科学技术进步、世界经济发展，以及企业经营国际化的产物。国际企业的迅速发展对国际经济产生了深刻影响。研究国际企业形成和发展的过程、途径、原因，认识它的性质、作用，对我国国际企业经营国际化具有十分重要的理论和实践意义。

21世纪以来，人类进入了信息和知识经济时代。随着世界经济一体化步伐的加快，企业的经营活动也从20世纪60年代末至80年代中期的国际化过渡到全球化。

## 一、国际企业的相关概念

国际企业是指从事涉及国际范围内的产品、技术、劳务、信息、资金等经营活动的企业。

国际企业的业务具体可分为以下几类：

(1) 商品买卖，即国际贸易。

(2) 直接投资，包括对制造业、采掘业、农业、建筑业、商业、公共事业的投资等。

(3) 专利授权与特许，包括商标、专利权、制造程序或具有财产价值的知识产权的使用。

(4) 劳务供应，包括市场广告、法律服务、财务信息咨询、保险、货物运输、会计，以及管理技术咨询等劳务的供应。

(5) 其他投资，如证券投资及不动产投资等。

国际企业的活动可分为两个基本的过程：一是资源的传送或转移，包括物品、人员、资金、技术等，转移的方向或层次由各国之间的经济差异或发展水平来决定；二是国际企业与东道国或母国在经营过程中发生的各种联系和影响，这种联系和影响既有正面的、有利的、互相配合、互利互惠的一面，也有相互矛盾导致冲突、发生纠纷的一面。

国际企业的主体经营活动是国际商务，国际企业的主要代表类型是跨国公司。

跨国公司(Transnational Corporation)是指由两个或多个国家的实体所组成的公营、私营或混合所有制企业。

由于跨国公司经营的形式多样，所有权的形式也有很大的差异，研究的学者也往往站在不同的角度思考和判断问题，因而，不仅造成跨国公司有不同的定义，而且还有不同的称谓。如有人称跨国公司为多国企业(Multinational Enterprise，MNE)或多国公司(Multinational Corporation，MNC)，也有人将跨国公司称为全球公司(Global Corporation)，甚至称为宇宙公司。1974 年，联合国经社理事会讨论知名人士小组提供的《跨国公司对发展和国际关系的影响》的报告时，一位拉丁美洲的代表提出，为避免与安第斯条约国家共同创办的多国联营公司相混淆，建议用 Transnational Corporation 替代 Multinational Corporation，因此，Transnational Corporation 成为联合国称呼跨国公司的正式用语。

不同的定义和称谓反映了跨国公司的复杂形态。应注意，从事国际商务活动的企业不一定都是跨国公司，而且在进行国际商务活动时，其规模的大小、跨国的程度都有很大的差异。

## 二、企业国际化

企业国际化既然是一个发展过程，人们自然会提出如何评价这个发展过程，即对企业国际化程度做出评价。这是一个颇有争议并且尚处于探索阶段的问题。评价企业国际化程序的基本方法主要有三种：比例法、跨国化指数法和国际化动态雷达图法。

### (一) 比例法

比例法是采用一系列指标来反映企业国际化程度。美国学者苏利文设计了五种指标来反映企业的国际化程度。

(1) 国际销售率 $= \dfrac{国外销售总额}{国际销售总额} \times 100\%$

(2) 海外资产比例 $= \dfrac{海外资产净值}{全部资产净值} \times 100\%$

(3) 国际管理指数 = 高级管理人员的国际经验

(4) 国际投资指数 = 投资过程中对海外市场的熟悉度

(5) 海外公司比例 $= \dfrac{海外子公司}{全部子公司} \times 100\%$

## (二) 跨国化指数法

联合国采用跨国化指数评价企业国际化程度，具体公式为

$$跨国化指数 = \frac{\dfrac{国外资产}{总资产} + \dfrac{国外销售额}{总销售额} + \dfrac{国外雇员数}{雇员总数}}{3} \times 100\%$$

## (三) 国际化动态雷达图法

企业国际化是一个动态的过程，在其进程中，企业随着外部环境以及企业经营活动状态发生变化，主要影响因素包括组织机构、海外资金比例、销售额比例、海外当地雇员比例、海外生产比例和企业管理制度的一致性。

### 1. 组织机构

企业的组织结构形成了其内部的部门权力和职权范围，其组织结构可分为职能型、产品型、地域型、混合型和网络型，这五种方式的演变可反映出企业的国际化程度的不断提高。

### 2. 海外资金比例

海外资金比例主要反映资金的海外筹集和海外运用规模与程度。在资金筹集中，用海外筹集资金与总筹集资金的比例反映企业国际化程度；在资金运用中，用海外投资项目的多少来反映其国际化水平的高低。

### 3. 销售额比例

销售额比例主要反映对海外市场的依存程度。用企业海外销售额与企业销售总额进行对比，从而反映国外市场对企业经营业绩的贡献率。

### 4. 海外当地雇员比例

现代企业的竞争是人才的竞争，各企业都十分重视人才。企业海外雇员占全体雇员的比例可以直接反映企业在人力资源开发中的国际化程度。

### 5. 海外生产比例

海外生产比例主要反映企业生产空间的广度，用企业海外生产的总产值与其全部产值进行对比，从而反映企业生产地域的广泛性。

### 6. 企业管理制度的一致性

在企业财务、人事、生产、销售等运作管理过程中，企业的海外公司和国内公司采用一致的标准和规则，是衡量企业国际化程度的标志之一，一致性越高，反映企业国际化程度越深。

国际化动态雷达模型从以上六个方面反映企业的国际化程度，如图 13-1 所示。

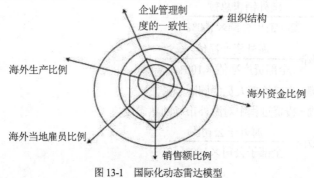

图 13-1 国际化动态雷达模型

把企业在各个指标上的位置依次相连,形成一个封闭的雷达图,该图形的面积反映企业的国际化程度。

## 三、全球化进程中的企业国际化

### (一) 企业经营国际化的道路选择

企业经营国际化并不是单纯意义上的跨出国门,走向世界。越来越多的企业发现,在经济全球化的浪潮中,它们所面临的国际竞争并不是在遥远的异国他乡,而是在自己生存发展的本地市场,也就是在自己的家门口。改革开放以来,数百亿美元的外资涌入中国,外国产品在中国直接生产销售,这既给中国经济带来了巨大的活力,也给技术和管理相对落后、受原有体制约束较大的许多国有骨干企业造成了巨大的压力。对这类企业来说,经营国际化在很大程度上首先意味着如何在本地市场迎接世界竞争。因此,经营国际化可以分为外向型和内向型两类,或者说经营国际化有外向型和内向型两条道路,如表13-1所示。上海汽车厂和德国大众公司合资在上海生产桑塔纳轿车,对前者而言是内向型国际化,而对后者而言则是外向型国际化。首都钢铁公司投资购买秘鲁铁矿,进行开采经营,是典型的外向型国际化。

表 13-1  企业经营国际化的道路选择

| 对比项目 | 外向型 | 内向型 |
| --- | --- | --- |
| 贸易形式 | 出口 | 进口 |
| 技术转让形式 | 技术出让 | 购买技术专利 |
| 合资合营 | 国外合营公司 | 国内合营公司 |
| 独立跨国投资 | 在国外建子公司、分公司或兼并国外企业 | 成为国外跨国公司的分支机构 |

### (二) 企业经营国际化的三个阶段

所谓外向型的经营国际化,就是一个土生土长的国内企业,逐渐走向世界的发展演变过程。这种从本土到世界的发展大体要经过以下三个阶段:一是最初的跨国经营过程,也就是我们常说的跨出国门,走向世界,打入国外市场的过程;二是在国外市场的渗透过程,也就是在国外落地生根,发展壮大,逐渐在世界各国占领当地市场的过程;三是全球优化组合过程,这是企业在成功渗透国外市场的基础上,追求增强企业全球体系的整体战略优势的过程。在这三个不同的阶段,企业国际商务活动的重点各不相同,需要解决的主要管理问题也不同,如图13-2所示。

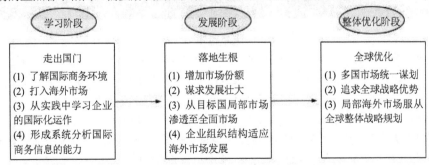

图 13-2  我国企业经营国际化的三个阶段

## (三) 企业经营国际化面临的重大问题

对于企业外向型经营国际化，企业管理人主要面临四大类问题，如图 13-3 所示。

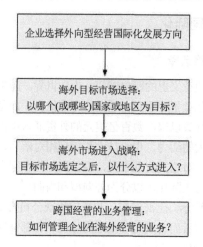

图 13-3　企业外向型经营国际化面临的四大类问题

企业经营国际化首先要确定企业应该在本国市场还是国外市场上寻找发展成长的机会。并不是所有的企业都必须跨国经营，跨国经营对企业成长的作用也未必一定优于仅在国内经营。如果所有的中国企业都到美国去做生意，而所有的美国企业都到中国来投资，其所造成的损失恐怕比所有的企业都只在本国经营还要大。

当企业决定开展外向型经营国际化之后，接下来就需要回答第二、第三个决策模块中的问题，即企业应该如何选择海外目标市场和选择哪种方式进入所选定的海外市场。世界市场那么大，企业跨国经营应当从哪里开始？先进入哪个国家或地区的市场？市场选定后，应当选择什么样的进入方式？是出口、技术转让，还是去当地投资设厂生产？要回答好这些问题，既需要理论和思路，也需要具体的分析工具和方法。

最后，为了使外向型经营国际化取得良好的效果并得到持续的发展，需要回答第四个决策模块中的问题，也就是如何管理企业在海外经营的业务。由于外向型经营国际化的业务分布在不同的国家和地区，面临复杂的经营环境和形势，因此，必须采用不同于国内企业的管理理论、管理思路、管理战略和管理方法。

## 阅读链接 13-1

### 鹰之重生

鹰是世界上寿命最长的鸟类，它一生的年龄可达 70 岁。要活那么长的寿命，它在 40 岁时必须做出困难却重要的决定。这时，它的喙变得又长又弯，几乎碰到胸脯；它的爪子开始老化，无法有效地捕捉猎物；它的羽毛长得又浓又厚，翅膀变得十分沉重，使飞翔十分吃力。

此时的鹰，要么等死，要么经过一个十分痛苦的更新过程，150 天漫长的蜕变。

它必须很努力地飞到山顶，在悬崖上筑巢，并停留在那里，不得飞翔。鹰首先用它的喙击打岩石，直到其完全脱落，然后静静地等待新的喙长出来。鹰会用新长出的喙把爪子上老化的趾甲一根根拔掉，鲜血一滴滴洒落。当新的趾甲长出来后，鹰便用新的趾甲把身上的毛一根一根拔掉。5 个月以后，新的羽毛长出来了，鹰重新开始飞翔，再度过 30 年的岁月！

> 鹰的故事告诉我们：在企业的生命周期中，有时候我们必须做出困难的决定，开始一个更新的过程。在这个过程中，必须把旧的、不良的习惯和传统彻底抛弃，勇敢放弃一些过去支持企业成功而今天已经成为企业前进障碍的观念和方法，让企业重新前进。蜕变是痛苦的，对企业、对员工都一样，但为了企业的生存，为了实现企业的发展目标，企业需要像鹰的蜕变一样重新开启新的生命周期。
>
> 资料来源：李道芳，姚和平．企业管理概论[M]．北京：高等教育出版社，2014.

## 第二节 国际企业全球化战略模式及其选择

每一个国际企业都面临着复杂的企业战略问题。企业内部的计划、组织、控制都必须以战略作为行动总则；企业外部，在适应国际经营环境，以及与相关国家间的关系方面，同样离不开战略的制定。许多国际企业开始走向全球性战略管理阶段。

国际经济活动的内容非常丰富，空间和地域也很广阔，加之科学技术的进步和管理的创新，使企业进入国际市场的方式呈多样化。按照价值链的概念，价值链的每一个环节都有一个在世界范围内选择经营点的问题。因此，企业选定了目标市场之后，接下来就需要进一步研究，如何将自己的产品、设备、技术、商标、管理等资源进行组合，制定一个最好的战略打入海外目标市场。

运用与主要竞争对手不同的战略同样会获取优势。厂商出口战略中最重要的决策是：应该在全球推广标准化的产品，还是应该针对不同国家的不同需求修改产品和营销组合，这一决策没有绝对的对与错，完全取决于厂商关注的主要方面，如调整产品的能力、研制、开发与设计成本，以及生产和营销多种系列产品对生产、存储和销售成本的影响。

选什么样的市场进入方式打入该国市场，是跨国经营成败的一个关键问题，也是市场进入战略要回答的主要问题，即产销活动的布局问题——"在哪里生产，到哪里销售"，以及产销活动的控制问题——"谁来组织，谁来协调"目标市场的产销活动。什么是走出去？走出去当然是指企业走出去，包括到国外建销售网络，在国外建工厂、开矿等；走出去也应当包括产品走出去，虽然企业没有走出去，但产品大部分或全部都销到国外，甚至产品和原材料两头都在外，这样的企业与在国外办厂的企业本质上基本相同，因此也应列入走出去的企业之列。按照这样的概念，一般而言，企业开拓海外市场的进入模式大致可以划分为三大类：贸易型进入模式、契约型进入模式、投资型进入模式。除此以外，还可以建立各种形式的战略联盟。根据产销活动的布局和组织协调方式的不同，我们将企业进入目标市场的方式做了以下几种划分，如图13-4所示。

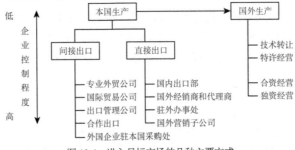

图13-4 进入目标市场的几种主要方式

不同国家和地区的经济实体之间进行的跨边界商品交换活动是国际化经营过程中最初级，也是最重要的市场进入方式，是世界各国经济在国际分工的基础上相互联系、相互依赖的主要形式。如果一个国家出口有最大比较利益的产品，进口有最小比较利益的产品，则该国就能在贸易中获利。

## 一、贸易型市场进入模式

所谓贸易型市场进入模式,就是通过向目标国家或地区出口商品而进入该市场。出口是国际化经营的初级阶段,出口能够实现区位经济和经验曲线经济。比如,我们通常所说的首都经济、珠江三角洲经济、长江三角洲经济,它们都体现了区位经济的特点。随着经验的不断积累和丰富,商品成本会下降,经验曲线经济也就显示出来了。

出口这种跨国经营形式的主要缺点是运输成本较高,贸易壁垒及当地销售摩擦比较严重,特别是贸易壁垒。贸易型市场进入模式也是中小型企业经营国际化起步时常用的一种进入海外市场的模式,这种模式起步的费用和风险很低,但利润回报的速度却很快。贸易型市场进入模式的具体做法有间接出口与直接出口之分。直接出口要求企业在找到国外的买主后,自己还要办理所有的出口和运输手续,将产品运送到买主指定的口岸。如果企业暂时还不具备这种能力,那么,通过国内的出口商间接出口就是一条比较方便的途径。

## 二、契约型市场进入模式

契约型市场进入模式就是本企业通过与目标国家或地区的法人之间订立长期的非投资性的合作协议而进入目标国家。这种合作协议可以是转让无形资产,包括各种工业产权(如专利、商标、秘诀、管理技能、营销技能等)和版权,也可以是劳务出口或工程承包等。它与贸易型市场进入模式的主要区别是企业输出的是技术、技能、劳务和工艺等,而不是直接输出产品,虽然它也可能带来出口的机会。契约型市场进入模式与投资型市场进入模式的区别是不对目标国家或地区进行资本投资,因而它是一种"非股权安排"。契约型市场进入模式有多种形式,大致可以分为授权经营类、服务合同类、建设合同或生产合同类。下面分别加以介绍。

### (一) 通过授权经营进入海外市场

通过授权经营进入海外市场一般有两种形式,即普通授权经营(以下简称授权经营)和特许经营。许多公司通过授权经营和特许经营扩大了在全球的经营规模。在考虑这两种进入方式时,企业不仅要考虑自己的产品是否适合采用这种方式,而且还须注意海外目标市场的文化习俗。

#### 1. 普通授权经营

授权经营是一种非常经济地进入海外市场的方式。所谓授权经营,就是企业在规定的期限内将自己的无形资产(专利、技术秘诀、商标等)通过契约转让给海外法人,以换取授权费和其他补偿。其中出让无形资产的一方称为许让方或授权方,而接受无形资产的一方称为受让方或受权方。授权经营的基本过程如图 13-5 所示。

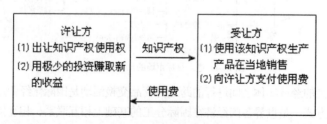

图 13-5 授权经营的基本过程

授权经营过程中应注意以下问题。

(1) 确定授权的范围。

(2) 确定付费标准。

(3) 明确规定所授的权利和限制。

(4) 规定授权经营的期限。

西方发达国家的企业认为，在本国市场上，企业对授权经营可能会有更多的控制权，因为有熟悉的法律机构可以保护授权的公司免受版权和专利的侵犯，当地的法律部门也可以在授权的公司受到损害时出面解决问题。

国际市场上的授权经营具有以下一些优点：需求资金较少，销售产品的费用较低，当地的受权经营人能够调整产品、技术或服务以适应当地市场的特点，如果效果不好可以停止继续执行协议。其缺点有：授权企业不能控制所销售的产品的质量，在法制不健全的国家易遭受版权和专利权的侵犯，当地的受权经营人对产品或技术所做的调整可能会造成市场开发策略的改变，授权企业不能参与产品或技术的经营管理。

在海外市场上，另外一种授权经营方式就是开办合资公司或建立战略联盟，采用这两种方法可以使授权企业对产品的销售享有更多的控制权。

### 2. 特许经营

企业通过授权经营进入海外市场的第二种形式是特许经营。所谓特许经营，就是特许方向受让方转让技术、商标、统一的经营方法等，让受让方在特许方的监督与帮助下利用特许方形象和招牌经营特许方的特定业务。例如遍布全球的麦当劳、肯德基、必胜客等都是特许经营的典型例子。特许经营是对外授权向深层经营领域的延伸与扩展。特许经营的基本过程如图 13-6 所示。对比图 13-5 和图 13-6 可以看出，特许经营和授权经营的最大区别在于，在特许经营过程中，特许方还须对受许方的经营管理实行监督，以确保特许的品牌在海外市场上不致降低质量。

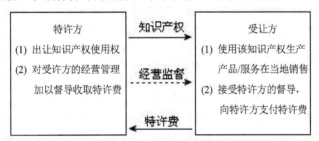

图 13-6 特许经营的基本过程

特许经营过程中应注意以下问题。

(1) 确定授权的范围。

(2) 确定付费标准。

(3) 明确规定所授的权利和限制。

(4) 规定授权经营的期限。

### (二) 通过服务合同等进入海外市场

通过服务合同等进入海外市场有服务合同、技术协议、管理合同等多种形式。

服务合同，通过订立合同而向对方提供财务、营销、人员培训或其他方面的有偿服务。

技术协议，企业与对方签订协议，向对方提供为开发技术或解决技术难题而进行的各种技术咨询服务活动，其中以新产品、新工艺方面的技术咨询服务较为多见。

管理合同，本企业根据与海外目标国家或地区的企业签订的合同而全权负责合同期内该海外企业的全部业务管理。对方给予本企业的服务报酬形式通常有按利润额或销售额的百分比提取报酬、按单位销售额提取固定报酬、按具体服务支付规定的费用。在一般情况下，管理合同一般不涉及以下各项权利和义务：进行新的资本投入、承担永久债务、决定红利政策、设定基础管理或变更政策等，也不涉及对所有权安排做出改变，这些重大决策和基本方针仍由委托人自行掌握。

### (三) 通过建设合同或生产合同进入海外市场

通过建设合同或生产合同进入海外市场有交钥匙工程、合同生产、国际分包等形式。

所谓交钥匙工程，就是企业为东道国建设一个工厂体系或工程体系，承担全部设计、建造、安装、调试及试生产等活动。交钥匙工程可以是固定价格，承担企业赚取的是价格与成本之间的差价。交钥匙工程也可以按照成本加提成的方式来付费，这就把成本超出的风险转移到了发包方。这类项目通常出现在技术与管理力量较为缺乏的发展中国家。交钥匙工程完成后，当地可能还要求本企业提供管理培训、技术援助等，统称为"交钥匙后继追加"的活动。

交钥匙工程进一步发展就是 BOOT 项目。所谓 BOOT，即建设(building)、拥有(own)、运营(operate)、移交(transfer)，承建公司在建设完指定的项目之后，按照合同拥有该项目若干年的经营权，并从经营该项目中获得收益，经营期满之后再把该项目无偿地移交给发包方。例如，澳大利亚和日本的一家合资企业 Transurban 公司承建了墨尔本的环城线(包含隧道的高速公路)的建设，在建成后有 34 年的所有权和经营权。34 年期满之后再无偿移交给维多利亚州的政府和人民。在这 34 年期间，Transurban 公司收取车辆过路费获得收益。

20 世纪 80 年代以后，世界经济的发展使各国对能源、交通等基础设施项目的需求迅速增加，而许多国家，尤其是一些发展中国家又都面临严重的资金短缺问题。为了缓解资金矛盾，减少政府负债，改善政府财政收支状况，发挥私有企业在建设和经营管理方面的优势，减少投资风险，一些国家政府极力促成公共部门和私营企业的合作，从而产生了 BOOT 这种独特的投资合作方式。

合同生产又称合同制造或贴牌生产，是本企业与目标国家或地区的企业订立供应合同，要求后者按合同规定的技术要求、质量标准、数量和时间生产本企业所需要的产品，交由本企业用本企业的品牌销售。合同生产方式的优点是相当于租赁了当地企业的生产能力，而又不必承担租赁所引起的一系列业务工作，既节省资金又能迅速进入目标市场，特别是对于容量有限而发展前途不大的市场，最适合采取合同制造方式进入。例如，美国化妆品和大众卫生用品生产企业宝洁公司的若干产品就是采取合同生产而成功地进入了一些市场容量和潜力都不很大但关税却很高的拉美小国。合同生产方式的缺点是不易物色到理想的合同制造企业，同时还需向对方提供技术改造、工艺改进等方面的服务，本企业只赚取销售利润而不能赚到生产利润。

国际分包通常指发达国家的总承包商向发展中国家的分包商订货，后者负责生产部件或组装产品。最终产品由总承包商在其国内市场或第三国市场出售。国际分包合同通常是短期的，每年续订一次。国际分包与合同生产比较相似，不同之处主要是在合同生产中，目标国家或地区的企业承担生产的全过程，提供的是最终产品；而在国际分包中，目标国家或地区的企业只承担生产过程的一部分，最终产品的规格、数量、性能等又都是按照合同规定加工出来的，故往往只适合发包人的需要，难以作为成品进入市场。

### 三、投资型市场进入模式

投资型市场进入模式是通过直接投资进入目标国家或地区,即企业将资本连同本企业的管理技术、销售、财务以及其他技能转移到目标国家或地区,建立受本企业控制的分公司或子公司。从生产制造的角度来讲,这类分公司或子公司可能有不同的生产模式,从完全依靠由母公司进口半成品的简单组装厂,到那些承担产品制造全部任务的生产厂。从所有权和管理控制的角度来讲,设在国外的企业可以是独资经营或合资经营,可以从投资起家或从购买当地企业开始启动。

#### (一) 独资经营与合资经营

独资经营与合资经营是指企业用股份控制的办法直接参与目标国市场厂商的生产,均属于对外投资活动。

**1. 独资经营**

独资经营是本企业拥有所投资企业100%的股权,独立经营,独享利益,独担风险。合资经营则是本企业在目标国家或地区与当地某家或少数几家企业或第三国的企业各出部分投资,分享股权,利益共享,风险共担。可以看出,国际合资企业是由来自两个及两个以上国家的组织建立的联盟。建立这种联盟有各种各样的原因:来自不同组织的互补技术相匹配、确保或加快市场的进入、跨越技术差距,以及对越来越激烈的竞争做出战略性反应等。另外,有的国家还可能是因为当地政府的政策禁止或限制外商独资经营,而选择合资经营。如果目标国家或地区无明确限制外资独资经营的法规与政策,企业也希望对所投资企业加强控制,则倾向选择独资经营。

海外分公司是开拓国际市场时可以采用的一种模式,即在当地设立办事机构,雇用当地职员进行生产和销售。建立海外分公司有可能是出于以下几种考虑。

(1) 企业在当地已经有许多客户,这些客户需要企业提供售前和售后服务。在这种情况下,办事机构的费用可以从当地的销售收入中开销。

(2) 企业想控制产品的销售、广告宣传,以及版权和专利权等。

(3) 企业想雇用本国移民或当地职员来建立办事机构。

**2. 合资经营**

海外合资公司是一种风险较小的海外投资方式。对于中小企业来说,签署开办海外合资公司的协议时应考虑以下问题:一个合适的合资伙伴要具备劳动力、当地市场、技术及其他有利条件,要投入多少资金、技术、管理人员和销售人员在该国开展业务,如何进行有关销售关系、生产合作及技术转让等方面的谈判。通过谈判解决本企业如何从中获得利润的问题可能有点困难,尤其是在一些发展中国家,其合资产品大部分是出口到国外而不是在生产国当地销售。合资公司的股权安排有时也是棘手的问题,本企业到底是占多数股权,还是占少数股权或对半的股权,常常要费心筹划和反复谈判才能够确定。

世界上的每个国家或地区都有合资公司,要想成功,参与企业就必须考虑以下事项。

(1) 了解自己的能力和需求。企业真的需要一个合资伙伴吗?需要多久?会有多大的收益?合资经营是最好的选择吗?

(2) 选择一个合适的合资伙伴。合资伙伴与本企业的合资目标相同吗?合资伙伴具有必需的技能和资源吗，合资企业能使用它们吗？

(3) 启用经验丰富、忠诚可靠的当地管理人员管理合资公司。如果要启用本国移民，一定要雇用懂得当地文化背景的人。

(4) 运行合资企业。经常去该国与合作伙伴见面，缺少面对面的交流可能会导致合资公司失败；注意文化差异，防止不平等现象的发生，保持灵活性。

(5) 延长衡量公司是否成功(考核指标包括销售、市场份额、利润等方面)的时间表，因为国外市场往往还包含政治、经济、市场等风险因素。

(6) 一定要具有可靠的当地商业情报来源。及时了解合资伙伴不知道的市场上的行情。

(7) 拥有能够掌握产品销售、版权或专利权等有关情况的可靠途径。

## (二) 新建与兼并

新建是指在目标国建立新企业或新工厂，形成新的经营单位或新的生产能力。如果是在目标市场从平地开始投资设厂，则常称为"草根式进入"或"绿地策略"。兼并式进入则是通过对目标国家或地区的现有企业进行参股或收购来进入目标市场，其基本方式有两种：第一种是创立合并，是两家或两家以上的企业合并成一家新企业，新企业接管各参与企业的全部资产、债务和责任，各参与企业将不复存在；第二种是吸收合并即收购，是由一家企业收购另一家企业，被收购企业因而解散，其全部资产和业务由收购企业接管，全部债务和责任亦由收购企业承担。下面重点介绍并购的方式。

企业并购通常是指一家占有优势的公司吸收一家或多家公司来扩大自己的经营规模和经营领域。TCL等企业基本上属于这种模式。2002年，TCL以820万欧元的价格收购了德国的施耐德旗下的商标、生产设备、研发力量、销售渠道和存货，以及施耐德拥有的三条彩电生产线，可年产彩电100万台。国际企业并购的主要形式如下。

(1) 用现金或证券直接购买境外公司的财产后成为存续公司，被并购的公司就此消亡。

(2) 购买境外公司的股份或股票使其成为自己的附属公司或子公司。

(3) 当企业的国际化经营程度不断提高成为跨国企业时，经常出现一种新的合并形式——创立合并，即两个或两个以上的公司通过合并同时消失，在一个新的基础上形成一个新的公司，这个公司叫作新设公司。它接管原来几家公司的全部资产和业务，并组成新的公司治理结构。

企业并购主要有以下几种类型。

(1) 横向并购，即同一行业内企业间的并购。

(2) 纵向并购，即同一生产过程中不同阶段的企业间的并购。

(3) 混合并购，即业务毫不相关的企业间的并购。

企业并购的主要动机如下。

(1) 国际企业并购可以占领国际市场，促进企业发展。企业为了自身的发展，在实施全球计划战略时，需要不断扩大生产和经营规模，这是导致当前世界性企业并购的一个重要原因。企业规模的扩大，一是靠自身资本的增加，二是靠多个资本的重组。近年来，世界范围内的资本积累方式有了较大的变化，资本集中明显加快。当今一些大企业更多地依靠横向、纵向以及混合式的兼并和收购来实现资本的集中，向更大规模的巨型或超巨型公司转变。例如迪士尼公司收购美国广播公司后，成为世界上最大的传媒业企业。

(2) 企业并购可以提高企业的规模经济性，降低生产成本，有利于企业组织专业化生产，先进的管理方法和科研开发能力等资源也可以得到充分共享。

(3) 横向并购和混合并购的方式可以使企业以较低的成本进入新的行业。任何一个行业都存在有利于已有企业，而不利于新进入和潜在进入企业的因素，即进入壁垒。形成进入壁垒的主要因素包括规模经济、资源配给、市场饱和、法律和行政干涉、原有企业的反进入政策等。采取企业并购的方法并未给所要进入的行业增添新的生产能力，短期内不会引起行业的供求失衡，引起价格战或报复的可能性也相对较小。

(4) 企业并购可以使企业获得某些竞争优势并有利于实现经营的本地化。在许多行业中，随着生产和经营经验的积累，存在单位生产成本不断下降的趋势，这也是企业并购相对于投资新建的一个重要优势所在。

(5) 投资新建企业不仅涉及开发新的生产能力，还要花费大量的时间和财力以获取稳定的原料供应，寻找合适的销售渠道，开拓和争取市场，不确定性因素较多，风险成本较高，而企业并购可以避免这些风险。

总之，与新建相比，并购进入的主要优点是开拓海外目标市场起步较快，而且可以实现市场多元化、产品多样化，可以较快地开展新业务或很快取得用新建方式难以掌握的资源或技术。主要缺点则是寻找好的并购对象十分困难，有时在目标国家不存在好的并购对象，即使有，也因保密、不同的会计准则、虚假或靠不住的财务记录以及其他隐藏的问题，给客观评估并购对象造成困难。

## 四、战略联盟进入模式

战略联盟可以让一个企业在海外市场以最小的代价获得立足之地，其较低层次的形式可以是双方的简单合作，也可以是正式签署协议。简单地说，战略联盟是与外国合作伙伴或公司建立的联盟，这个公司可以充当本企业的供应商、批发商、贸易伙伴、当地代理商等。这种关系一般是通过多年的业务合作建立起来的，为了具备全球化的竞争力，实施全球战略的跨国公司逐渐建立全球合作体系。全球战略伙伴关系成为重要的战略选择并触及世界经济的每一个行业，它具有以下几层含义。

(1) 两个或两个以上的公司建立长期的、普遍的战略关系，目的是成为国际竞争中领先的低成本供给者与营销者。

(2) 全球战略伙伴关系是一种相互的关系，每个联盟者拥有特定的优势并与对方共同分享。

(3) 联盟者在全球范围内做出努力，从少数发达国家市场到新兴工业化国家市场、一般的发展中国家市场。

(4) 联盟者之间是一种横向而非纵向的关系，技术交换、资源共享及其他资源的合并是必然的。

(5) 即使联盟之后，在国际竞争中，其中的一方仍在国家上保持与对方的区别。

全球战略伙伴关系并不只是存在于大型跨国公司中，很多大公司通常会合并一些小公司以利用它们的企业资源和市场份额。对于小公司来说，与大公司或市场领先者建立全球战略伙伴关系无疑是获得市场机会最有利的途径。例如，IBM与微软公司合作就是为了利用后者在软件方面的优势，而微软这家当初的小公司，则依靠大公司强大资源的扶持进入全球市场。

建立战略联盟的优点：用于投资和维持双方关系的费用较低，可以随时停止合作，能与其他伙伴甚至是国外市场上的竞争对手联盟。

建立较低层次的战略联盟的缺点：本企业不能对版权、专利权以及销售渠道进行控制，不能控制当地的产品销售和生产，不能阻止竞争对手与其他合作伙伴签订类似的协议。

尽管存在许多不利因素，大部分中小型企业在经营国际化的初期还是愿意建立较低层次的战略联盟以减少开拓海外市场的前期投资并降低风险。但这种战略联盟只有在双方存在良好关系的前提下才能发挥作用,因此双方必须建立长期的互信合作关系。尽管战略联盟有许多优点,但仍建议在当地雇一名代理商以解释协议中的有关条款。

事实上,战略联盟的形式有很多种,从一次性的合作安排,到专利转让、特许经营、交叉专利转让、合作研究机构,再到合作生产、合资企业等,都是某种意义上的战略联盟。各种形式的战略联盟,其参与双方或各方之间的互动程度、竞争程度及合作程度是各不相同的,如图13-7所示。

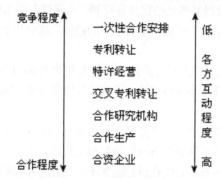

图13-7 不同战略联盟形式下各方的互动程度、竞争程度与合作程度

## 阅读链接 13-2

### 英国罗弗汽车公司与日本本田汽车公司的战略联盟

罗弗公司最初是英国政府拥有的一家汽车厂,因多年亏损,英国政府不愿意再向其提供资助。此时,世界汽车市场经过几年的增长之后达到稳定状态,如果要想增加市场份额,就要有能力生产新车型。罗弗公司曾寄望于Metr0车型,但由于质量不稳定没有达到目标销售量。此后,罗弗公司想在它的生产线中增加新品种以填补中低档汽车细分市场中的空白,但由于缺少必要的资金和时间,也无法实施这一计划。世界汽车产业进入成熟期以后,被全球汽车生产巨头所控制。大规模生产的经济性、销售网的强大销售能力,再加上对新型车的准确判断,都成了通向成功之路的条件。但罗弗公司恰恰缺少这些成功的因素,被美国政府视为英国工业的一只"瘸腿鸭"。

本田公司是一家成功的企业,但在世界汽车产业中,它仍被视为摩托车制造商。尽管本田公司在20世纪80年代中期的营业额增长了2倍,但仍未成为汽车世界中的巨人,它在欧洲市场的销售额仅占市场的1.2%,罗弗公司为3.1%,而大众汽车占到了15%,欧洲福特占了14%。虽然本田公司已在美国站稳了脚跟,但在欧洲一直没有什么发展。本田公司知道欧洲人对汽车的兴趣和偏好与美国人不同,但是不知道自己对差别的判断是否正确,同时也没有足够的时间来开发自己的欧洲车型。正如本田公司的一位董事长所说,当时对欧洲的出口受到了限制,因此无法增加出口,欧洲的生产能力也严重过剩,无法在欧洲建厂。本田公司在产品设计上具有务实的态度,有足够的财力与罗弗公司合作。

罗弗公司认为未来的发展需要一个长期合作的伙伴。因为本田公司的规模与罗弗公司相当,罗弗公司的产品质量是最大的问题,而本田公司恰好在产品质量上具有很高的声誉,本田公司还以先进的管理而著称,这正是罗弗公司所缺少的。

本田公司与罗弗公司的第一个许可证交易于1979年12月签署,本田公司允许罗弗公司在伯明翰的长桥工厂中生产它的KD系列中的Triumph Aeelaim轿车,此车以本田的Accord车为基础,填补了罗弗产品系列中的空白。长桥工厂大约生产了13万辆Accord轿车,尽管该车是本田产品的翻版,但却成为英国十大畅销汽车之一。

罗弗公司的工厂中有大量的闲置生产能力，本田公司能出售多少，就能生产多少。罗弗公司非常了解欧洲人的需求，因此有利于控制新车型的开发成本，把这个重要因素控制在两个公司财力所允许的范围之内。罗弗与本田联盟就是从非常有限的许可证交易开始的，随着伙伴之间相互了解、相互信任的增进，联盟关系逐渐扩大到多方面，进而发展到双方相互交换20%的股权。这充分表明双方伙伴关系将会长期存在。

罗弗与本田的合作产品——传奇牌轿车为本田公司进入欧洲开辟了道路。罗弗公司的汽车内部装置设计能力和对欧洲消费者需求的深入了解对这一产品的成功起到了很大的作用。与此同时，罗弗公司已经成为本田公司欧洲战略的一个有机的组成部分。这一点也许就是保证罗弗与本田联盟存在的主要条件。

针对联盟需要做出较大调整的公司是罗弗，它们为此付出了很大的代价，花了很多精力才从日本人那里学到了管理大型企业的成功经验。在文化差异上，他们也付出了很大的努力和耐心来克服沟通的障碍，包括语言、文化、思考问题的方式和价值观念等。他们知道，只有克服了这些障碍，两家公司的员工才能互相理解和信任，并最终建立朋友关系。双方成立了联合设计小组共同开发设计新车型，双方的工厂都在为对方生产汽车，为了满足对方生产上的要求，也各自做出了必要的调整。但双方的目标仍是不相同的：罗弗公司主要想在欧洲市场上占据一定的份额，而本田公司的目标仍然是全球市场，好在这两个目标并不冲突。

1984年，罗弗200型汽车的问世标志着双方伙伴关系的第二个阶段的开始。该车型总共生产了17.5万辆，是本田公司Ballade的姐妹车型。罗弗200型汽车以日本车为基础，安装了罗弗公司生产的挡泥板、车轮、保险杆等。罗弗200型汽车及Ballade都在长桥工厂生产，此时的合作内容已经不仅仅是许可证交易了。

1985年，本田公司宣布将在斯维顿建立一家工厂。英国媒介担心罗弗与本田联盟会因此而衰落。事实证明并非如此，本田公司计划只生产发动机，随后生产罗弗汽车和本田汽车。

1986年，罗弗800车型和本田传奇问世，标志着双方的伙伴关系又上了一个台阶。这是双方联合开发生产的第一个车型，双方在设计方面的紧密合作极大地促进了两家公司之间的关系。当时罗弗公司与本田公司签署了一项理解备忘录来规范和扩展双方的关系，其内容包括一些有关双方关系的准则。实际上，双方在共同工作中建立起来的相互信任远比任何法律文件更重要。

1989年，双方推出了罗弗200/400和它的姐妹车型本田Concert0，使双方的关系又有了进一步的发展，因为这是双方共同开发、共同生产的产品。1990年，罗弗公司以日本人接受的质量标准为本田公司生产了4万辆Concert0。

虽然现在罗弗公司被宝马公司兼并，但罗弗公司与本田公司的合作仍在进行，这正体现了战略联盟的力量所在。

## 五、市场进入模式的选择

企业可以采用不同的方式参与国际化，进入模式的范围包括前面讨论过的直接出口和间接出口、许可证和对外直接投资等。企业不应该只考虑用一种方式进入国外市场，而应当有所选择；同样，企业也不能对所有的国外市场使用相同的进入模式。

如果企业是为了达到生产的规模经济、提高生产设备利用率或追求成本优势，那么最好的进入模式很可能是出口；如果企业认为网络利益最重要，那么对外直接投资和并购则更合适，因为企业必须出现在国外的当地市场上；如果企业进入国外市场是为了获得学习机会，则合资和联盟也许是企业的第一选择。

不同的进入模式反映了不同的行为、风险和不同的时间观。如果考虑风险和企业保留选择权的能力，那么出口就是风险最低的进入模式，因为这种模式的投资额和退出成本都很低，其次是合资与联盟，然后是跨国并购。而最具风险的进入模式是对外直接投资，因为这种模式需要花费大量的资金和时间，使企业面临更高的机会成本，并且其投资几乎是不可变更的。

进入方式决策主要包括经营内容和目标国家组合的决策，以服务于企业经营国际化为目的。在不同的进入动机下有不同的经营内容和目标国家的组合。下面依然以市场指向为例来论述进入方式的定性决策。

在以争取海外市场为目的的经营国际化中，经营内容和目标国家组合的决策就是既定产品的目标市场组合的决策。企业对进入目标市场的方式的选择取决于对各种相互联系、相互制约因素的综合权衡。由于各相关因素都处于不断变化之中，各项因素的作用方向与强度又难以估计，因而市场的进入方式确定是一个需要对最佳方案反复筛选的复杂决策过程。

在进入方式决策中，需考察的因素有企业环境因素、企业内部因素、进入方式特征因素。企业海外市场进入模式的选择可以用图 13-8 所示的模型来概括。

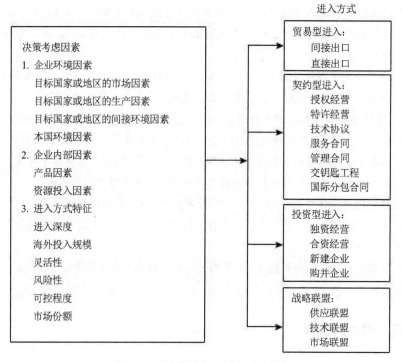

图 13-8　选择海外市场进入模式的模型

# 第三节 跨国公司经营管理

## 一、企业全球化演变的路径

大多数企业在国际化发展的过程中要经历几个阶段,在这个过程中,其组织结构会发生多次变化,导致这一变化的因素有以下三点:业绩增长和地域扩张的需要;减少各业务单位之间由于协调和控制造成的压力;当地政府的规定对资产所有权和股权施加的约束。

跨国公司并不是一夜之间产生的,从一家国内公司发展成为一家真正的全球化企业要经历漫长而曲折的过程,如图13-9所示。虽然跨国公司国际化都会经历相似的过程,然而对不同的企业来说,国际化过程并不完全相同。图13-9表明,有些企业会采取许可、分包或者其他经营方式来代替直接在国外建立生产和服务基地。

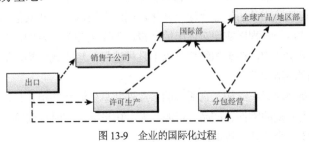

图13-9 企业的国际化过程

### (一) 出口

出口是企业进行跨国经营的最典型的初始阶段。对于出口来说,除非出口销售水平达到了一定程度,否则它不会对企业产生多大的影响。出口经常通过中间商来操作,如出口代理商、国外经销商(通常是东道国人员,因为他们对当地市场非常了解)。当出口销售增长时,就必须委派主管出口的经理对国外市场加以控制并积极开拓新的市场。当出口额继续增长,公司更加重视或更加依赖于该出口额时,也许就要成立和国内销售部门规模相当的出口部门。

### (二) 销售子公司

当公司在国外市场积累了一定的发展经验后,就可以在国外成立销售子公司或办事处进行直接销售以取代经销商和代理商。公司总部始终对出口进行控制,同时企业必须就销售子公司之间的协调问题,包括人员配备问题进行决策。

### (三) 国际部

对于一些企业来说,从成立销售子公司到建立国外生产和服务设施间隔非常短。假如公司已经在国外进行产品的装配从而可以利用国外廉价的劳动力并节约运输费用和关税,那么这个阶段就会非常短。然而,对于某些企业来说,到国外进行投资是一个非常艰难的过程。一旦做出了在国外进行生产的决定,公司就要投入自己的生产设施,或与当地一家企业组成合资企业,或并购当地一家企业。无论以何种形式,国外生产和服务的管理趋于积极创办一个独立的国际部,由这个部门开展所有国际活动。随着国际活动的深入,公司会成立越来越多的"微缩公司"。子公司经理不仅向国际部的领导汇报,还可能向其他部门的领导进行非正式汇报。

### (四) 全球产品/地区部

随着时间的推移，企业从早期的国外生产阶段转为通过产品(或服务)标准化和多样化来实现快速增长的阶段，因此，企业规模过大的问题就会出现，国际部过度扩张使有效沟通和高效管理变得困难。母公司与子公司之间的紧张关系通常来源于子公司对东道国政策的响应和母公司全球一体化战略之间的矛盾。子公司对东道国政策的响应是不断发展的，并且受不同的市场结构、分销渠道、顾客需要、当地文化以及来自该国政府压力的影响。母公司更加集中的全球一体化战略需求则来源于跨国的顾客群、全球的竞争者、快速发展的信息流和技术流，以及经济范围的大容量的要求。

各种引发变化的力量导致跨国公司面临两个结构上的主要问题：一是母公司或者子公司做出关键决策的程度(集权还是分权)；二是母公司对子公司控制的类型或者形式(官僚控制还是规范控制)。在这个国际化过程中，可以选择以产品或服务为基础的全球化结构，也可以选择地区结构。

随着跨国公司的发展和全球中心化进程的加快，跨国公司会越来越多地面对"思维全球化，运作当地化"的矛盾。日趋复杂的国际环境，包括全球范围内的竞争者、顾客群、产品、技术革新和世界范围内的工厂，迫使跨国公司推进全球一体化，同时东道国政府和其他利益相关者，如顾客、供应商、员工，将推动这一进程以实现对该国的回报。为满足冲突双方的需要，跨国公司尤其需要考虑一种更加合适的组织结构，该组织结构有以下几种选择：矩阵式结构、混合式结合、多中心结构、跨国结构及多国网络结构等。

跨国公司是一种新型的组织结构，它所有的事业部共享资源和共担责任，不分国别。跨国公司试图处理其子公司间大流量的零件、产品、资源、人、信息等，同时也要顾及已经分配的专业资源和能力。同样，这需要一个复杂的协调和合作过程。

事实上，矩阵式结构、多中心结构和跨国结构在人力资源方面的要求是相同的。因此，培养能够跨越国界与子公司的界限进行思考和运作的跨国经理人员或全球中心领导者，是最高管理层在引入这些复杂的组织结构时的重要任务。人员调动在整合和协调中起着关键作用。

## 二、跨国公司作为网络

一些学者将大型的、成熟的跨国公司称为网络的原因在于以下几方面。

(1) 子公司已经发展成为投资、活动和影响力的重要中心，它不再被认为只是外围者。公司总部与子公司之间的相互作用是二元化的，在很多不同的组织层面的各种角色之间产生并涉及不同的交换，这种相互作用对于有效的全球业绩来说是很重要的。

(2) 这样的跨国公司是松散的，是具有双重机制的政治系统，而不是紧密型的、单一的、科层式的控制系统。跨国公司在联系方式上与传统结构完全不同。传统结构中的联系方式如果是通过组织结构和标准程序确定的则被认为是正式的，而通过个人或社会化的联系确定的则被认为是非正式的。

一个子公司就好像是联结一簇卫星组织的节点，这样，一个中心就能承担起这个国家或地区其他部门的责任。

一个中心网络组织的管理是很复杂的。除了组织内部的网络(包括公司总部和许多子公司)，每一个子公司也有一定范围内的外部联系(包括当地供应商、顾客、竞争者、东道国政府和合作者)。组织结构内部和组织结构之间以及整个网络的管理对全球中心公司的业绩是很重要的，它涵盖所谓的扁平化结构，其特点包括：决策权下放至适当的单位和层面；不同国家单位间的主要职能部门在地理上的分散化；缩小层次化；减少正式程序的官僚作风；工作的多样性。

### 三、跨国公司作为网络之外的结构

多斯、桑托斯和威廉姆森创造了"元国家"这个词来描述由三种类型的单位所组成的公司。第一,基于地区的"敏感单位"负责发现分散的市场和工程信息的来源,开发新的技术和流程不再仅仅是母国总公司研究和开发部门或者跨国公司全球开发中心的任务;第二,"磁性单位"负责吸收这些分散的创新流程,开发一个商业计划来把这些创新流程转化成有望实现的产品和服务;第三,"第三种单位"负责根据全球客户的要求进行产品和服务的调整和营销。全球化的较量发生在三个层面上,竞赛先于竞争对手发现和获取新的技术,竞赛把分散的知识转化成创新的产品和服务,竞赛在全球范围内开发这些创新产品和服务的市场。

## 第四节　中国企业国际化经营

国际企业的迅猛发展推动了世界经济的发展,世界经济的发展为国际企业的进一步发展提供了广阔的空间。生产、贸易和投资的国际化,为国际企业扩大商品出口、拓展国际市场、获取利润提供良好的机会,金融国际化有利于国际企业在国际市场筹措资金。因此,要掌握国际企业的方方面面,必须了解国际企业的发展历史。

**阅读链接 13-3**

中国企业对外直接投资起步于 1979 年改革开放初期。当时经国家批准,只有少数国有企业,主要是贸易公司走出国门,开办代表处或设立企业。

经过几十年的探索和发展,中国对外投资的规模已经取得较大进展。中国改革开放以来在经济发展领域所取得的成就,离不开中国与世界市场之间的互相联系和互相影响。作为承载全球将近五分之一人口的大国,中国对世界经济的影响自然不容小觑。40 年来,中国始终坚持对外开放的基本政策,积极融入经济全球化的发展进程。在经济全球化日益面临重大阻力的背景下,中国始终积极推动双边及多边贸易、投资发展。1978 年,中国进出口贸易额为 355 亿元;2017 年,根据海关总署的统计,中国外贸进出口总值已经达到 27.79 万亿元,是 1978 年的 782.82 倍。其中,进口额由 1978 年的 187.4 亿元上升至 2017 年的 15.33 万亿元;出口额由 1978 年的 167.6 亿元上升至 2017 年的 12.46 万亿元。相关数据统计显示,2011—2016 年,中国进出口货物和服务总额占全球的份额由 8.4% 上升至 9.7%。显然,中国对外贸易的迅速发展为国际市场和国际贸易的繁荣做出了越来越大的贡献。特别是在 2008 年全球金融危机爆发之后,受到全球经济不景气的影响,全球贸易额增长率长期处于低位。中国进出口贸易相对稳定的增长态势为全球贸易的稳定增长做出了不小贡献。2018 年 4 月世界贸易组织发布的年度全球贸易报告显示,中国商品贸易出口继续位居世界第一位,占全球份额的 12.8%,而中国商品贸易进口仅次于美国,位居全球第二位。与此同时,根据 2017 年商务部发布的《中国对外直接投资统计公报》,中国 2016 年对外直接投资规模达到 1961.5 亿美元,蝉联全球第二大投资国地位,占全球外国直接投资规模的比重首次超过 10%。此外,自 2016 年 10 月 1 日起,人民币正式被纳入国际货币基金组织特别提款权的货币篮子,从而获得国际主要货币的地位。随着中国经济实力的逐步增强,以及中国在全球市场中话语权的不断提高,中国的进出口贸易、对外投资将对全球贸易的增长产生越来越大的影响,日益成为平衡全球经济的重要力量。

## 一、中国企业国际化经营的特点

国际化经营是指企业从全球战略出发,在国外设立经营机构,利用国内外资源,在一个或若干个经济领域进行经营活动。与国内经营活动相比,国际化经营具有以下特征。

(1) 国际化经营以国际市场为活动领域。企业开展经营活动是从全球战略出发的,以国际市场为舞台,主要考虑国际市场的需求。当然,企业在从事生产和经营管理活动的过程中,要与国内市场发生联系,但其主要的经营活动是在国际市场上进行的。

(2) 开展国际化经营,要在国外设立经营机构或广告、促销机构。企业必须通过这些经营机构在国际市场上开展活动,这些国外的经营机构既可以是生产性机构,也可以是经营性或服务性机构;既可以是独资的,也可以与国外合资或采取其他形式。

(3) 开展国际化经营要广泛利用国内外资源,尤其是国外资源。这些资源包括物质资源、人力资源、技术资源、资本和信息资源,合理运用这些资源,才能在国际化经营活动中取得经济效益。

(4) 国际化经营活动往往是在多领域进行的综合性经营活动。国际化经营可以在某一领域开展经营活动,但为了减少国际经营风险,获得更大经济效益,国际企业往往进行跨行业、跨经济领域的活动,开展综合性经营。

## 二、中国企业国际化经营的问题和挑战

### (一) 中国企业国际化经营存在的问题

改革开放以来,中国企业在实现国际化经营方面取得了显著的进展,但从总体来说,我国企业跨国经营还处于初级阶段,实践中还存在许多问题,主要表现在以下几个方面。

**1. 企业经营机制、管理模式存在缺陷**

从国际化经营的微观机制及管理模式来看,仍带有较多行政色彩,许多海外投资项目是由国家计划指令安排的,从而导致了政府部门过多的行政干预,企业没有经营的自主权。管理上主要沿袭国内现行体制的模式,不能完全适应跨国经营的国际惯例,企业难以对国际市场的变化做出及时、有效的反应,缺乏主动性和灵活性。这些缺陷势必造成企业经营与市场脱节,企业不能及时根据市场信号调节经营活动,从而阻碍跨国经营的发展。

**2. 投资结构不尽合理,总体投资效益不高**

投资结构不合理主要体现在两方面:从地区分布角度来看,投资过分集中在发展中国家和地区,投资区域狭小;从产业结构角度来看,偏重初级产品的产业,加工项目较多,高科技项目较少,且忽视生产资料投资,偏重消费品投资。这些问题导致海外投资风险加大,总体投资效益不高。另外,海外投资中美元的比重过大,币种选择单一,削弱了抵御国际金融风险的能力。

**3. 企业海外融资和投资能力较弱**

一方面,国家对外汇汇出的限制以及给予海外企业的贷款和融资额度不足,企业缺乏足够的资金用于投资和经营;另一方面,企业与金融业的融合进展不大,没有金融业的支持和参与,企业海外贷款和项目担保的风险较大,削弱了企业跨国融资和投资的能力。

**4. 生产企业与外贸企业的矛盾制约着跨国经营的综合竞争力**

我国专业外贸公司虽已转型为企业化经营,但本质上仍具有国家进出口贸易行政管理职能,而

国际化经营需要以实业化为基础，专业外贸公司因技术、资金、规模的限制，发展跨国经营力不从心。而大中型企业无法直接面对国际市场，从事跨国经营缺乏经验和信息，导致生产与市场脱节。这种工贸分家、各自出击的现状，造成跨国经营中的重复建厂，项目规模小、水平低，竞争能力差。

### 5. 许多项目缺乏科学的决策

许多企业的投资决策不够慎重，在没有对东道国的投资环境以及市场、销售渠道等进行科学的可行性研究的情况下，盲目上项目，导致效益低下，损失严重。另外，许多企业对合作伙伴的实力、信誉等资信情况缺乏详细的了解，仓促上马，也造成了许多失误和损失。

### 6. 缺乏能胜任国际化经营的专业人才

开展国际化经营，需要大批通晓国际金融、国际投资、国际贸易、生产科技管理及国际商法等知识的专业人才，只有具备这些人才，企业才能熟练应用外语、独立经营、开拓国际市场。我国目前海外投资人员的总体素质还不够高，如果没有一批优秀的企业家和管理人员，国际化经营就是一句空话。

## (二) 中国企业国际化经营存在的挑战

中国企业国际化经营要从起步阶段进一步发展，除了要解决自身的一些问题，还将面临外部环境的严峻挑战。

### 1. 出口贸易将面临日趋激烈的竞争

出口贸易是我国开展国际经营活动的主要方式。目前，我国的出口贸易受到四个方面的冲击：第一，20世纪90年代以后，世界经济处于低增长时期，国际经济的低速发展致使国际市场容量缩小，国际贸易额萎缩，导致扩大出口的竞争更加剧烈；第二，区域经济集团化趋势有增无减，由于经济区内资源的自由流动及关税、进口限额的取消，生产和分配成本降低，造成贸易转向，需求从集团外部转到内部，世界市场对我国出口产品的需求相应减少；第三，我国加入世贸组织，企业失去国内市场的保护依托，跨国经营企业将直接与外国跨国公司进行面对面的激烈竞争，进口国还将运用世贸组织的有关条款，阻碍我国产品的出口；第四，世界范围内的新技术革命使产品中的知识和技术含量增大，原材料耗用量下降，直接影响我国以初级产品出口为主的出口贸易。微电子技术的广泛应用，生产自动化、办公自动化程度大大提高，劳动力成本在产品成本中的比重逐渐减少，劳动力成本低这一比较优势在竞争中的地位下降，以劳动密集型产品为主的出口贸易将直接受到冲击。

### 2. 发展中国家对跨国公司采取许多限制政策

发展中国家为保护本国民族经济的发展，对跨国公司采取了多项限制政策。第一，规定一些重要经济部门不对外资开放。例如许多国家不允许跨国公司进入国防工业、交通、银行、保险、新闻传播媒介等行业，有些国家通过立法限制跨国公司进行不利于东道国国计民生的投资和经营活动。第二，对跨国公司在合资企业中所占股权的比重加以限制。许多发展中国家规定外国投资要采取与当地资本联合投资的方式，有些国家规定外资在合营企业中拥有的股权不能超过49%。第三，加大对跨国投资活动的监管力度。许多发展中国家专门制定了监管外资的法律和法令，设立专门机构负责审查跨国公司的投资和经营活动，对外资入境的条件、投资方向、规模和股权程度加以限定，而且把跨国公司各子公司的产品销售、利润分配、财务状况等都置于政府监管之下。

### 3. 发展中国家采取进口替代政策

近年来，许多发展中国家为了提高本国自主能力，减少对进口产品的依赖，改善国际收支状况，纷纷实施进口替代政策，鼓励本国生产原来依靠进口的产品。发展中国家是我国主要贸易伙伴，进口替代政策的实行，无疑直接影响我国跨国经营企业进一步开拓发展中国家市场。

## 三、中国企业国际化发展的战略选择

### (一) 宏观发展战略

从国家整体即宏观层次上，要制定中国企业国际化经营和跨国公司的总体战略，进行经营主体的选择，确定政府政策的导向。

#### 1. 战略模式选择

对国际企业盈利能力和东道国经营模式进行不同的组合和选择，国际企业的战略可以分为本国中心战略、多中心战略、地区中心战略和全球中心战略四种模式。现阶段，根据我国国情，跨国公司宜采用本国中心战略，待国际化经营发展到一定程度，跨国公司具备成熟的条件后，再向多中心、地区中心乃至全球中心的战略模式转移。

本国中心战略是指国际企业将战略重心放在国内业务上，国际经营业务处于较次要的地位。其特点主要是从母公司的利益和价值判断出发制定战略决策，公司的盈利能力是优先考虑的问题。采用本国中心战略的企业，集中权力于总公司，国际经营的政策、程序、方式也与国内基本相同。采用这种战略模式的企业，其组织结构是在全球组成若干产品集团，通过自上而下的计划，加以控制和协调。

从这一战略模式出发，我国企业国际化可先以出口商品为主，在此基础上逐步过渡到发展海外企业，这个顺序比较符合我国企业的实际情况。商品出口是发展国外企业的前提条件。在商品出口阶段建立国际营销网络，在经营过程中积累经验，为发展海外企业打好基础和创造条件。外贸专业公司可采取出口商品战略，逐步过渡到在销售业务上向国外发展企业，直至发展生产性企业。实力雄厚的工业企业和大集团，可采取到海外发展生产企业的战略，并可兼做贸易，逐步向生产贸易型的跨国公司发展。

#### 2. 战略目标和投资目的

我国企业国际化经营的宏观战略目标应分为近期目标和中远期目标，近期目标应是以发展进出口贸易带动外向型经济的发展，学习国外先进技术和管理经验，参与国际市场竞争，利用外资获取短缺资源，并努力实现由进出口贸易向国际贸易的转变；由商品贸易向多元化、多功能转变；由外向型企业集团向跨国公司转变。中远期目标则是直接参与国际分工，扩大对外直接投资，更多地发展海外企业，最后实现全球化经营目标。

投资目的实质是一个宏观经济导向问题。一国对外投资的目的是由该国国民经济的战略目标决定的，并受到本国生产力水平、经济政治制度及资源状况等因素的影响。我国企业跨国投资的目的应是多种目的的协调统一体，即投资目的是多元化的，主要有：①降低成本。降低成本、获取海外利润是国际企业海外投资最直接的经济动因。当国际企业具备了所有权优势、内部化优势和区位优势后，就能有效利用海外廉价资源，从而降低产品成本，获取丰厚利润。这一投资目的的实现，既为国际企业自身发展积累了资金，同时也为国内经济发展解决了部分外汇不足的问题。②获取资源。可以弥补国内部分资源短缺，有助于国内经济建设。③推动商品出口。通过国际化经营带动我国产品出口，开拓海外市场，参与国际竞争，是我国海外投资目的体系中重要的一环。上述目的不是相互孤立的，而是彼此联系的，构成了协调的统一体。每一目的只是侧重点不同，针对不同时期、不同企业而言，并随着国家经济建设的发展需要和国际经济形势的演变适时予以调整。

### 3. 主体战略

国际市场是一个强手如林、充满风险的市场，其竞争对手是具有长期国际经营经验、实行全球战略的有实力的跨国公司，什么样的企业才能走出国门，担当海外投资的经营主体呢？跨国经营的特点要求其经营主体具有雄厚的经济实力和较强的竞争能力，能够融生产、贸易、科研为一体并具有很强的融资能力。目前，我国开展国际经营的企业主要有三类：一是条件较好的外贸专业公司，可以由进出口贸易向国际贸易转变，开展国际化经营；二是具有雄厚的经营能力、技术实力和资金实力的大型生产、金融、服务型企业；三是大型企业集团，尤其是集生产、科研、贸易、金融为一体的大企业集团，它们将是中国企业跨国经营的重要力量。

上述三类企业从事国际化经营各具特色。外贸专业公司有丰富的国际经营经验和广泛的国际营销渠道，但受资金限制，在生产、技术方面也不具优势。生产型企业具有产品、技术优势，但缺少国际经营经验，不具备广泛的国际市场营销和信息网络。金融、服务型企业资金雄厚，但多从事间接投资业务。企业集团集中了资金和其他资源，集生产、贸易、科研于一体，具有单个企业无法具备的实力和优势。我国的国情是企业数量多，但生产集中度、经济规模和竞争能力有限，单凭企业各自的力量开展跨国经营是很困难的。我国发展跨国经营不能走西方发达国家以自我扩张为主的发展道路，应当走企业联合的集团化道路。

### 4. 宏观政策导向

发展跨国经营，从宏观管理角度来看，需要国家从战略决策上予以高度重视，政府的政策导向以及政府的规划、协调、指导具有重要的作用。

国家应制定有关跨国经营的政策，对国际化经营予以鼓励和支持。在金融政策上，要对海外投资予以倾斜。在宏观财政税收政策上，应对海外直接投资所带动的出口给予退税；对资源开发型海外投资项目产品的进口给予优惠关税待遇；对国外收入实行阶段性免税，以加强其资金积累等。在产业政策上，应扶持优先、重点发展的海外投资项目，如同制定国家产业政策和利用外资的产业政策一样，对外投资的流向、结构要与国内产业调整、结构优化的过程结合起来。在管理体制上，国家应对有条件的大中型企业集团赋予进出口经营自主权、国际金融市场借贷权、股票或债券发行权、利润再投资权等。

国家应根据国民经济发展需要和国际经济环境的变化，按国际跨国公司的有关惯例，制定我国跨国公司近远期的发展规划。国家应建立对外投资的专门管理机构，从宏观上统一领导、协调、组织和管理跨国经营活动，审批和监督大型海外投资项目，提供信息指导和咨询服务。国家还应制定和完善对外投资、跨国经营方面的法律法规，使中国跨国投资向法制化、规范化方向发展，符合国际规范和准则。同时，国家应积极为本国跨国经营企业在国际上争取公平、合理的待遇，保护我国跨国企业在海外的合法权益。

## (二) 经营战略

### 1. 投资战略

从投资的区位战略来看，应将重点放在亚太地区。亚太地区不仅是世界上经济增长最快的地区之一，是世界最具潜力的市场之一，而且也是发展中国家及欠发达国家较集中的地区。我国与这一地区许多国家在政治和经济上有着传统的良好关系，存在着广泛的技术经济合作和互补关系，这也是地缘文化、种族因素的影响所致的。我国与亚太地区国家在技术上相近或具有相对的优势，我国的中等、适用技术尤其适合这些国家的需要。同时，发展中国家有着丰富的自然资源，也适合我国自然资源开发型投资战略目标。发展中国家有许多投资空白需要填补，它们迫切需要引进外资发展本国经济，为此制定了相应的招商引资的优惠政策。向这些国家投资可以带动我国技术、设备、劳动力、管理等生产要素的转移，扩大出口创汇。因此，向亚太地区及发展中国家投资应是我国海外投资的战略重点，近几年我国的海外投资也大多流向这些地区和国家。

以亚太地区及发展中国家作为海外投资重点的同时，还应积极发展对发达国家尤其是高新技术领域的投资。发达国家经济发展水平高，资本、技术力量雄厚，有先进的管理经验可供借鉴。尤其是发达国家的市场经济制度健全，有比较完善的竞争机制和法律制度，拥有较好的投资环境。在目前发达国家大规模调整产业结构时期，可以寻找投资的发展空隙。发达国家和地区的消费水平高，为海外投资提供了巨大的市场潜力。此外，由于欧洲统一市场、北美自由贸易区的形成，我国通过直接投资向其渗透，可以绕开区域贸易保护壁垒，保护我国在发达国家的经济利益。

### 2. 筹资战略

目前，跨国经营所需资金的筹集渠道主要有国际股票和债务市场、国际融资机制、跨国公司内部资金调度系统及东道国金融市场。

近年来，在外国股票交易所挂牌上市发售股票来筹集资金的案例有所增加，但这种筹资渠道需经过当地政府管理机构的严格审查，手续十分烦琐，成本很高。跨国公司还可以通过欧洲货币市场和国际债券市场来筹集资金。欧洲货币市场是一种在货币的发行国之外进行货币储蓄和贷放的市场。该市场可经营各种可自由兑换的货币，跨国公司可从该市场筹集适合的币种和中长期资金，以满足全球性生产经营对货币的需求和海外投资对中长期资金的需求。通过国际债券市场发行公司债券也是一种重要的筹资渠道。债券具有发行成本较低、市场容量大、受投资者信赖等特点，跨国公司可通过这条渠道筹集到长期资金。

专门的国际融资机制主要包括短期贸易信贷、长期贸易信贷、国际租赁和国际项目融资。短期贸易信贷适用于金额较小、周转较快的资金需要。长期贸易信贷是指一年以上的信贷，通常是一国政府或银行为了鼓励本国商品出口，而对本国出口商、外国进口商或进口方银行提供的信贷，一般适用于大型承包项目或大型机电产品的进出口等。国际租赁是一种被普遍采用的外资筹措方式，具有一定的灵活性，有利于更新机器设备，减少通货膨胀带来的风险。进行大型工程项目投资，可以借助国际金融机构和国际商业银行提供国际项目贷款，以弥补巨额资金的缺口。

公司内部资金是由公司所属海内外各生产经营单位提取的折旧费、管理费和未分配利润构成的，是公司拥有的可自由支配的资金。内部融通也是跨国经营的重要资金来源。

跨国公司的子公司所在国家或地区的银行、金融机构和政府提供的资金，也是跨国经营的重要筹资渠道。我国企业海外投资的筹资战略应充分挖掘公司内部资金潜力，或以非现金资产如机器设备、知识产权等折股投资。同时，还应积极开拓海外筹资渠道，如股权债券融资、东道国银行贷款、有关国际金融机构和世界银行贷款及各种短期融资方式等。本着资金成本最低、项目效益大的原则，经过技术分析和经济分析，结合各种风险因素，对各种筹资方案做出优化选择。

### 3. 市场进入战略

跨国公司通过对外直接投资在国外设立生产性子公司的这种方式进入目标国市场，即跨国公司在东道国的生产实体拥有股权和控制权。从所有权与管理控制权角度，子公司可分为由母公司完全掌握所有权和控制权的独资子公司、母公司与东道国当地企业的合伙人分享所有权和控制权的合资子公司。后者按母公司对国外子公司拥有股权份额的多少又分为多数控股子公司、对等控股子公司和少数控股子公司。

中国企业进入国外市场的战略，在今后相当一段时间内，应以股权式合资为主，以独资企业为辅。根据我国企业的实力及国际化经营管理水平，选择以合资较为适宜。加之海外投资风险系数较大，采取与当地企业合资的形式共同经营，可以共担风险。随着企业实力的增强和跨国经营实践经验的积累，我国一些大企业对跨国经营实行更有效控制的愿望也不断提高，这些企业可以采取股权参与方式以及全资子公司进入方式进行投资。

### 4. 技术战略

从跨国经营的技术战略来看，我国长期研究开发出的一些特有技术，由于种种原因不能在国内转化成生产力时，可以采取技术投资或技术资本化方式，与国外企业合作，共同生产。我国还拥有许多小规模生产、多功能和劳动密集型的中间适用技术，这些技术大多处于其生命周期的衰退阶段，属于成熟技术或标准化技术，面临贬值或被淘汰的境遇。而这些技术在一些次发达国家和发展中国家可能还处于刚刚开发阶段，根据技术在国家间梯度流动的特点，将这些成熟的技术向发展中国家转移，对我国技术经济发展大有好处。对引进的技术加以吸收提高后再出口，是十分经济而又有效的战略。对进口的技术、设备进行合理组合和适应性改良，对引进产品的设计、性能、品质进行适用性变更，然后通过海外子公司移植他国，是国际上比较成功的经验。此外，管理、营销技术也是创建和办好海外企业需要依赖的技术优势，其重要性不亚于生产技术，应予以重视。总之，制定正确的技术战略，不仅可以尽快收回技术投资，延长技术效益的寿命，而且还可以通过技术转移带动设备、产品的出口，绕过贸易壁垒，以技术换取市场。

## 【本章小结】

国际企业是指从事涉及国际范围内的产品、技术、劳务、信息、资金等经营活动的企业。企业在国际环境下应采用不同于本国的经营方法和经营战略，这些战略模式包括贸易型市场进入模式、契约型市场进入模式、投资型市场进入模式，还可以建立各种形式的战略联盟。

国际企业并不是一夜之间产生的，从一家国内企业发展成为一家真正的全球化企业要经历漫长而曲折的过程，在这个过程中包含了许多阶段，如出口、销售子公司、国际部、全球产品/地区部等。虽然国际企业在全球化进程中都会有相似的经历，但对不同的企业来说，国际化过程并不完全相同。有些企业会采取许可、分包或者其他经营方式来代替直接在国外建立生产和服务基地。

在初步探讨国际企业环境、对外直接投资、跨国公司的形成和发展等宏观管理理论的基础上，从微观的角度，即从管理的职能方面研究我国企业在国际化和全球化的经营过程中所面临的各种战略决策。

## 【思考题】

1. 简述国际企业的产生过程。
2. 简述西方跨国公司的发展新趋势。

3. 简述国际企业战略的三个层次。
4. 简述企业实施多元化战略应注意的问题。
5. 简述东道国政治风险对国际企业的威胁。
6. 简述国际企业汇率风险及其主要表现。
7. 请谈谈目前我国中小企业国际化经营中面临的问题。
8. 我国现阶段为什么要大力发展中小型跨国公司？

## 【案例分析】

### 迪士尼乐园的东京模式和巴黎模式

创建于 1923 年 10 月 16 日的美国沃特·迪士尼公司，作为一个综合性娱乐巨头，拥有众多子公司，并且业务涉及的领域也很多，共分为四个大的部分：影视娱乐、主题乐园度假区、消费品和媒体网络。1983 年，迪士尼集团在美国加州和佛罗里达迪士尼乐园经营成功的基础上，选择日本东京作为其跨国经营的第一步。由于这是第一次在美国国外开设迪士尼乐园，经验少，风险大，沃特·迪士尼集团为了降低自己的风险，决定自身不投资产，不参股，采用了向日方转让技术，收取转让费和管理服务费的市场进入方式，由日方的东方地产公司投资建造和经营东京迪士尼乐园。结果是意想不到的成功，当年游客就突破了预计的指标，达到 1000 万人次，游乐园收入达到 3550 万美元，比预计数高出 1550 万美元。人均支出 30 美元，超过预计数 21 美元。到了 1990 年，东京迪士尼乐园的游客人数已经达到每年 1400 万人次，超过了美国加州迪士尼乐园的游客人数。东京迪士尼乐园的成功大大增强了沃特·迪士尼集团跨国经营的自信心，决定继续扩展其国外市场。因此，第二次海外扩展时，集团决定在欧洲开办一个迪士尼乐园。对于东京迪士尼乐园的成功，沃特·迪士尼集团发现，以技术转让的方式跨国经营虽然风险小，但其收入仅限于门票收入的 10%和商品销售额的 5%。于是，1992 年为了获得更多的利润，其采取了股份合资的方式，投资 18 亿美元，在巴黎郊外开办了占地 4800 公顷的欧洲迪士尼乐园，同时占有 49%的股权。但欧洲迪士尼乐园的运作并没有达到预期目标，第一年游客人数和人均支出都大大低于预计，当年经营亏损达 9 亿美元，迫使欧洲迪士尼乐园关闭了一所附设旅馆，解雇了 950 名雇员，全面推迟第二期工程项目的开发，欧洲舆论界戏称欧洲迪士尼乐园为"欧洲倒霉地"。

问题讨论：
1. 欧洲迪士尼乐园东京模式具有什么特征？
2. 欧洲迪士尼乐园巴黎模式具有什么特征？
3. 欧洲迪士尼乐园东京模式成功，而巴黎模式失败的原因是什么？

## 【技能训练】

### 国际企业管理挑战赛

国际企业管理挑战赛(GMC)起源于欧洲，是一年一度的国际赛事。它的宗旨是在全球范围内提高现代化企业管理水平，促进各国企业管理技术的规范化。目前，已有中国、英国、法国、意大利、西班牙、巴西、德国、摩洛哥、墨西哥、葡萄牙、波兰、捷克、斯洛伐克、新加坡、比利时、卢森堡、罗马尼亚、丹麦、希腊、瑞士、卡塔尔等二十多个国家和地区参赛。挑战赛的国际组委会常设在葡萄牙里斯本。

国际企业管理挑战赛的核心是一套逐年更新、高度完善的计算机动态仿真模拟系统，模拟标准化市场经济条件下，企业管理至关重要的基本参变量以及在现实市场中无法避免的偶然因素，在此基础上，按照工商管理的基本理论建立一个互动的、定量化的模型。

比赛由5人组成的参赛队经营一家虚拟的企业，队员分别扮演总经理和生产、营销、人力资源、财务、研发部门的经理。比赛前，队员会得到一本《参赛手册》，内容囊括了经过提炼的企业管理过程中所遇到的几乎所有问题(如经营背景、市场营销、生产与分销、人力资源管理、财务资产和会计)和详细的比赛方法；队员还会得到一套《公司历史》，内容是参赛队着手经营的虚拟公司最近5个财政季度的决策及经营状况。队员根据现代企业管理知识对该企业每季度的经营做出一系列的决策，与同一市场的其他7个虚拟企业竞争。

决策涉及企业的发展战略、生产、研发、营销、人力资源、投资及财务等方方面面，同时还穿插着金融、贸易、会计、期货、投资、信息技术等许多重要的学科知识，最大限度地模拟一个公司在市场经济条件下的真实运作状况。

每一个参赛团队都必须很好地把握不断变化的宏观经济环境、各公司之间的竞争态势及本公司内部各职能部门之间的关系，通过建立各种数量模型进行边际分析、数量博弈、价格博弈，制定自己的竞争战略、产品组合、营销组合、销售预测，并通过对资本结构、生产规模、边际贡献率、产能、库存、现金流量、劳动力储备等的分析和决策，对经营结果进行控制和调整。

各公司的决策由计算机模拟软件系统处理后，形成公司的《管理报告》，反映该公司决策所产生的市场效果，并以公司股票市场价格作为综合指标，衡量企业经营效果。各公司根据《管理报告》对下季度的经营做出决策，再次提交计算机处理，并得到第二季度的《管理报告》。以此形式循环反复，直到第五季度结束，股票市场价格最高的公司获胜。

这是一种高水准的管理能力竞赛，培养、考验、评价管理者统观全局、系统思考、正确决策、灵活应变的能力。经过多年的更新、完善和大力推广，参加过比赛和培训的人员已达十几万人，遍及全球各地。作为唯一得到欧共体推荐的权威管理系统，国际上许多院校已将其作为培养工商管理硕士的教具，许多大公司也将其作为选拔、培训、考核、评估企业管理人员的重要工具。

从1996年开始，中国赛区已成功举办了10届比赛，在全国已颇具影响力。参赛的队伍也由首届的70多支发展到2001年的256支，2002年和2003年激增到400多支，2004年达到656支，2005年达到872支。参赛者中，其中80%具有MBA学位或是MBA在读生。参赛者学历水平之高，国内同类比赛绝无仅有。越来越多的中国企业也开始意识到这种比赛是企业管理人员丰富管理知识、增强团队精神、提高管理技能及市场应变能力的捷径，从而派出人员和队伍加入比赛，并获得较好成绩。

训练目标：
1. 增强对国际企业管理的认识。
2. 培养对国际企业的管理能力。

**训练方法：**
1. 以小组为单位，按照国际企业管理挑战赛的要求组队。
2. 每个小组按照比赛规则进行分析。
3. 应用所学理论分析其国际企业管理。
4. 请老师担任裁判，进行评判及分析。

**训练要求：**
1. 通过资料收集与调研，获得较为充分的资料。
2. 每组准备发言稿。
3. 结合理论与本章知识进行分析与讨论。

**成果检验：**
1. 每个小组提交一份完整的分析报告。
2. 每组派一个代表发言，各组之间相互讨论。
3. 老师根据报告的质量和小组成员的表现给予评价，并确定成绩。

# 参考文献

[1] 彼得·德鲁克. 管理的实践[M]. 北京：机械工业出版社，2006.

[2] 彼得·德鲁克. 创新与企业家精神[M]. 北京：机械工业出版社，2012.

[3] 吴何. 现代企业管理[M]. 北京：中国市场出版社，2010.

[4] 王钊. 现代企业管理概论[M]. 北京：中国农业出版社，2007.

[5] 刘兴倍. 企业管理基础[M]. 北京：清华大学出版社，2006.

[6] 文大强，陈容中. 企业管理原理[M]. 上海：复旦大学出版社，2004.

[7] 伍爱，荣瑞荣. 现代企业管理学[M]. 2版. 广州：暨南大学出版社，2001.

[8] 张振刚. 企业管理实务[M]. 北京：化学工业出版社，2009.

[9] 黄保强. 现代企业制度[M]. 上海：复旦大学出版社，2004.

[10] 周三多，陈传明. 管理学[M]. 3版. 北京：高等教育出版社，2010.

[11] 刘秋华. 现代企业管理[M]. 北京：中国社会科学出版社，2003.

[12] 余存龙. 现代企业管理[M]. 北京：华文出版社，2003.

[13] 王华芳. 现代企业管理[M]. 上海：复旦大学出版社，2003.

[14] 彼得·德鲁克. 管理——任务、责任、实践[M]. 北京：中国社会科学出版社，1987.

[15] 弗雷德蒙德·马利克. 管理技艺之精髓[M]. 刘斌，译. 北京：机械工业出版社，2011.

[16] 里基·W. 格里芬. 管理学[M]. 刘伟，译. 北京：中国市场出版社，2008.

[17] 林长青，秦小梅. 管理之舞[M]. 北京：东方出版社，2006.

[18] 黄津孚. 现代企业管理原理[M]. 北京：北京经济学院出版社，2011.

[19] 周建波，刘志梅. 管理学[M]. 北京：高等教育出版社，2004.

[20] 高金章. 管理学[M]. 上海：立信会计出版社，2008.

[21] 周三多. 管理学[M]. 北京：高等教育出版社，2007.

[22] 龚荒. 企业战备管理——概念、方法与案例[M]. 北京：清华大学出版社，北京交通大学出版社，2008.

[23] 张蕾，闫奕荣. 现代企业管理——理论与案例[M]. 北京：中国人民大学出版社，2010.

[24] 肖祥伟. 企业管理理论与实务[M]. 广州：中山大学出版社，2007.

[25] 希尔，琼斯，周长辉. 战略管理[M]. 孙忠，译. 北京：中国市场出版社，2007.

[26] 王关义，等. 现代企业管理[M]. 北京：清华大学出版社，2008.

[27] 亨利·明茨伯格. 战略历程——纵观战略管理学派[M]. 北京：机械工业出版社，2002.

[28] 迈克尔·A. 希特，等. 战略管理——竞争全球化(概念)[M]. 4版. 北京：机械工业出版社，2002.

[29] 库林特·辛格，尼汀·潘加卡，林奕永. 战略管理：竞争与全球化(亚洲案例)[M]. 北京：机械工业出版社，2002.

[30] 弗雷德·R·戴维. 战略管理[M]. 8版. 李克宁，译. 北京：经济科学出版社，2002.

[31] D. J. 科利斯，C. A. 科利斯，蒙哥马利. 公司战略[M]. 大连：东北财经大学出版社，2000.

[32] M. 科特，G. 哈默，等. 未来的战略[M]. 成都：四川人民出版社，2000.

[33] 迈克尔·波特. 竞争战略[M]. 陈小悦，译. 北京：华夏出版社，2001.

[34] 乔治·斯坦纳. 战略规划[M]. 李先柏，译. 北京：华夏出版社，2001.

[35] 刘冀生. 企业经营战略[M]. 北京：清华大学出版社，2002.

[36] 施炜. 企业战略思维——竞争中的取胜之道. 北京：中国时代经济出版社，2003.

[37] 小乔治·斯托尔克，等. 企业成长战略[M]. 北京：中国人民大学出版社，哈佛商学院出版社，1999.

[38] 陈荣秋，马士华. 生产运作管理[M]. 北京：高等教育出版社，2000.

[39] Richard B. Chase，Nicholas J. Aquilano，F. Robert Jacobs. 运营管理[M]. 任建标，译. 北京：机械工业出版社，2003.

[40] James A. Fitzsimmons，Mona J. Fitzsimmons. 服务管理——运作、战略与技术[M]. 北京：机械工业出版社，2003.

[41] 张卓，蔡启明，等. 企业管理学[M]. 北京：科学出版社，2010.

[42] 姚顺波. 现代企业管理学[M]. 北京：科学出版社，2005.

[43] 杨善林. 企业管理学[M]. 北京：高等教育出版社，2009.

[44] 胡宇辰，等. 企业管理学[M]. 北京：经济管理出版社，2003.

[45] 科特勒，凯勒. 营销管理[M]. 梅清豪，译. 上海：上海人民出版社，2006.

[46] 乔治·柏兰德，斯科特·斯内尔. 人力资源管理[M]. 魏海燕，译. 大连：东北财经大学出版社，2006.

[47] 陈维政，余凯成，程文文. 人力资源管理[M]. 北京：高等教育出版社，2006.

[48] 张德. 人力资源管理与开发[M]. 北京：清华大学出版社，2007.

[49] 陈国海. 人力资源管理概论[M]. 北京：高等教育出版社，2009.

[50] 刘静中. 财务管理[M]. 开封：河南大学出版社，2010.

[51] 方虹. 国际企业管理[M]. 北京：首都经贸大学出版社，2006.

[52] 王蕴，孙静. 人力资源管理[M]. 北京：清华大学出版社，2008.

[53] 黄维德，董临萍. 人力资源管理与开发案例[M]. 北京：清华大学出版社，2005.

[54] 杨蓉. 人力资源管理[M]. 大连：东北财经大学出版社，2002.

[55] 董克用，李超平. 人力资源管理概论[M]. 北京：中国人民大学出版社，2011.

[56] 窦胜功，卢纪华，戴春凤. 人力资源管理与开发[M]. 北京：清华大学出版社，2005.

[57] 吴健安. 市场营销学[M]. 北京：高等教育出版社，2009.

[58] 生奇志，杜林. 品牌学[M]. 北京：清华大学出版社，2011.

[59] 李小霞，刘剑. 消费心理学[M]. 北京：清华大学出版社，2011.

[60] 王世良，等. 生产运作管理教程[M]. 杭州：浙江大学出版社，2002.

[61] 陈荣秋，马士华. 生产运作管理[M]. 北京：高等教育出版社，2010.

[62] 陈福军. MBA 案例精选——生产运作管理[M]. 大连：东北财经大学出版社，2009.

[63] Jay Heizer，Barry Render. 运作管理原理[M]. 北京：北京大学出版社，2010.

[64] 张晓天. 财务管理[M]. 北京：北京工业大学出版社，2010.

[65] 刘善华，等. 现代企业管理学教程[M]. 广州：暨南大学出版社，2005.

[66] 胥朝阳，等. 精编财务管理原理[M]. 2 版，武汉：武汉理工大学出版社，2010.

[67] 张忠寿，等. 现代企业财务管理学[M]. 上海：立信会计出版社，2008.

[68] 主民亮，张廷芹. 现代企业管理基础与方法[M]. 北京：石油工业出版社，2009.

[69] 张平华. 中国企业管理创新[M]. 北京：中国发展出版社，2004.

[70] 陈春花. 企业文化管理[M]. 广州：华南理工大学出版社，2008.

[71] 张云初，王清，陈静. 让企业文化起来[M]. 深圳：海天出版社，2003.

[72] 中国企业文化研究会. 企业文化简明手册[M]. 北京：企业管理出版社，2002.

[73] 胡石明. 漫谈企业文化[M]. 北京：经济科学出版社，1990.

[74] 吴何. 现代企业管理——激励、绩效与价值创造[M]. 北京：中国市场出版社，2012.

[75] 尤建新，张建同，杜学美. 质量管理学[M]. 北京：科学出版社，2003.

[76] 张公绪，孙静. 质量工程师手册[M]. 北京：企业管理出版社，2003.

[77] 约瑟夫·M. 朱兰，等. 朱兰质量手册[M]. 5 版. 北京：中国人民大学出版社，2003.

[78] 王海林，等. 现代质量管理——质量及其管理的科学发展观[M]. 北京：经济管理出版社，2005.

[79] 芮明杰. 中国企业发展的战略选择[M]. 上海：复旦大学出版社，2000.

[80] 克里斯托弗-弗里德里克·冯·布朗. 创新之战[M]. 冯瑄，等译. 北京：机械工业出版社，1999.

[81] 巴特·维克托，安德鲁. C. 博因顿. 创新的价值——实现增长和盈利的最大化[M]. 陈晓彬，译. 北京：新华出版社，2000.

[82] 范丽君，郭淑红，王宁. 物流与供应链管理[M]. 北京：清华大学出版社，2011.

[83] 王槐林，刘明菲. 物流管理学[M]. 武汉：武汉大学出版社，2005.

[84] 骆温平. 物流与供应链管理[M]. 北京：电子工业出版社，2002.

[85] 王志坚. 企业物流管理[M]. 广州：广东经济出版社，2005.

[86] 马述忠，等. 国际企业管理[M]. 北京：北京大学出版社，2000.

[87] 马春光. 国际企业管理[M]. 北京：对外经济贸易大学出版社，2002.

[88] 梁镇. 国际企业管理[M]. 北京：中国铁道出版社，经济科学出版社，2006.

[89] 韩福荣. 国际企业管理[M]. 北京：北京工业大学出版社，2006.

[90] 曹洪军. 国际企业管理[M]. 北京：科学出版社，2006.

[91] 张新胜，等. 国际管理学——全球化时代的管理[M]. 北京：中国人民大学出版社，2002.

[92] 巴特利特，等. 跨国管理：教程、案例和阅读材料[M]. 2版. 大连：东北财经大学出版社，2000.

[93] 胥悦红. 企业管理学[M]. 2版. 北京：经济管理出版社，2013.

[94] 邓焱. 企业管理概论[M]. 北京：科学出版社，2011.

[95] 里基·W. 格里芬，唐宁玉，等. 组织与人员的管理[M]. 北京：中国市场出版社，2010.

[96] 邸彦彪. 现代企业管理理论与应用[M]. 2版. 北京：北京大学出版社，2013.

[97] 李道芳，姚和平. 企业管理概论[M]. 北京：高等教育出版社，2011.

[98] 王关义. 现代企业管理[M]. 5版. 北京：清华大学出版社，2008.

[99] 陈国海，马海刚. 人力资源管理学[M]. 北京：清华大学出版社，2016.

[100] 胡茉. 欧洲企业管理经典案例解析[M]. 上海：上海交通大学出版社，2016.

[101] 邬适融. 现代企业管理[M]. 2版. 北京：清华大学出版社，2008.

[102] 顾倩妮. 美国企业管理经典案例解析[M]. 上海：上海交通大学出版社，2016.

[103] 张平华. 中国企业管理创新[M]. 北京：中国发展出版社，2004.

[104] 吴何. 现代企业管理[M]. 北京：中国市场出版社，2008.

[105] 李启明. 现代企业管理[M]. 4版. 北京：高等教育出版社，2011.